Springer-Verlag Berlin Heidelberg GmbH

Ulrike Häßler

Photoshop 6
Innovatives Bildmanagement

Zweite, überarbeitete
und erweiterte Auflage

Ulrike Häßler
Media Engineering
Augustinusstr. 11e
50226 Frechen-Königsdorf
u.haessler@ivent.de

Die Vorauflage erschien in der Reihe Edition PAGE unter dem Titel Photoshop 5.

Die Deutsche Bibliothek - CIP-Einheitsaufnahme

Häßler, Ulrike: Photoshop 6: Innovatives Bildmanagement / Ulrike Häßler. – 2., berarb. und erw. Aufl. – Berlin; Heidelberg; New York; Barcelona; Hongkong; London; Mailand; Paris; Tokio: Springer, 2002
(X.media.press)
ISBN 978-3-540-41614-2   ISBN 978-3-642-56287-7 (eBook)
DOI 10.1007/978-3-642-56287-7

ISSN 1439-3107
ISBN 978-3-540-41614-2

Dieses Werk ist urheberrechtlich geschützt. Die dadurch begründeten Rechte, insbesondere die der Übersetzung, des Nachdrucks, des Vortrags, der Entnahme von Abbildungen und Tabellen, der Funksendung, der Mikroverfilmung oder der Vervielfältigung auf anderen Wegen und der Speicherung in Datenverarbeitungsanlagen, bleiben, auch bei nur auszugsweiser Verwertung, vorbehalten. Eine Vervielfältigung dieses Werkes oder von Teilen dieses Werkes ist auch im Einzelfall nur in den Grenzen der gesetzlichen Bestimmungen des Urheberrechtsgesetzes der Bundesrepublik Deutschland vom 9. September 1965 in der jeweils geltenden Fassung zulässig. Sie ist grundsätzlich vergütungspflichtig. Zuwiderhandlungen unterliegen den Strafbestimmungen des Urheberrechtsgesetzes.

http://www.springer.de

© Springer-Verlag Berlin Heidelberg 2002
Ursprünglich erschienen bei Springer-Verlag Berlin Heidelberg New York 2002

Die Wiedergabe von Gebrauchsnamen, Handelsnamen, Warenbezeichnungen usw. in diesem Werk berechtigt auch ohne besondere Kennzeichnung nicht zu der Annahme, daß solche Namen im Sinne der Warenzeichen- und Markenschutz-Gesetzgebung als frei zu betrachten wären und daher von jedermann benutzt werden dürften. Text und Abbildungen wurden mit größter Sorgfalt erarbeitet. Verlag und Autor können jedoch für eventuell verbliebene fehlerhafte Angaben und deren Folgen weder eine juristische Verantwortung noch irgendeine Haftung übernehmen.

Umschlaggestaltung: KünkelLopka, Heidelberg
Texterfassung und Layout durch die Autorin
Bindearbeiten: Schäffer, Grünstadt
Gedruckt auf säurefreiem Papier   SPIN 10795827   33/3142 ud   5 4 3 2 1 0

Üblicherweise bedankt sich der Autor bei allen Beteiligten, bei den fleißigen Lektoren, den geduldigen Testlesern und der Familie, die ihn mehr oder weniger missen mußte.
Ich danke an dieser Stelle auch Gregor Reichle, der an diesem Buch nicht beteiligt war, für seine kompetente Unterstützung an all den vorangegangenen Büchern.

Inhaltsverzeichnis

Kapitel 1 Auf den Ton gekommen – Grundlagen

Grau ist alle Theorie 13
Völlig aufgelöst 20
Alles eine Frage des Formats 26

Kapitel 2 Farbmanagement – ein Königsreich für die Farbe

Am Rande des erforschten Farbraums 37
Adobe Gamma 42
Farbmanagement einrichten 45
Softproof – mal sehen, wie's aussieht 48

Kapitel 3 Bildverbesserung – alles für feine Töne

Der gute Ton 51
Tonwertkorrekturen 58
Die Gradationskurve 63
Aus der Praxis: Tips und Techniken 68
Farbkorrekturen 78
Ein Kapitel für sich: Hauttöne 86
Unscharf macht scharf 88
Praxistips, Techniken und Verfahren 98
Bilder vergrößern und verkleinern 103

Kapitel 4 Kleine Korrekturen – Bildretusche

Zeitzeugen: Staub und Kratzer 107
Alte Fotografien aufarbeiten 116
Vom Farbbild zum Schwarzweißbild 121
Digitales Make-up für das Portrait 126
Kosmetische Operationen 130
Large-Format-Montage 138

Kapitel 5 Werkzeuge für die Bildmontage

Die Zeichenfeder ohne Tusche 141
Die Trennung des Motivs vom Hintergrund 144
Flausch und fliegende Haare freistellen 151
Am Rande: Auswahlen verändern 156
Der Zeichenpfad 162
Auf allen Ebenen 169
Hilfsfunktionen für Montagen 181
Das Wort ins Bild gesetzt 185
Am Anfang war der Alphakanal 189

Kapitel 6 Agfarelle und Illustrationen

Filtereffekte 195
Der neue Pfad: Formebenen 211

Kapitel 7 Wie gedruckt

Auf den Punkt gebracht 219
Jedermanns Liebling: Der Tintenstrahldrucker 221
Unter Druck gesetzt: Druckertreiber 224
Ausdruck oder Digital Fine Art Print? 230
Verdruckt 234
Separiert und aufgerastert 238

Kapitel 8 ImageReady: Fit fürs Web

Komprimiert, reduziert und indiziert 243
Zerschnippelt und gestückelt 257
Wenn die Maus kommt: Rollover-Effekte 259
Sag es durch Texte 262
Randlos glücklich: Transparenz 266
Digitales Daumenkino – animierend 270
Effektiv und effektvoll 273

Kapitel 9 Voll erfaßt: Digitalkamera und Scanner

Pixelfänger – die Digitalkamera 275
Lichtstreifen – der Scanner 285
Bilderfassung per Twainprogramm 290
Schwarzweißvorlagen scannen 293
Weitere Vorlagentypen 295

Anhang Glossar und Quellen

Glossar der digitalen Bildbearbeitung 299
Quellen im Web 311
Literatur 313
Index 316

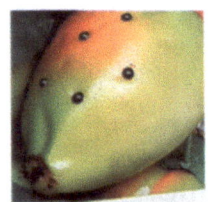

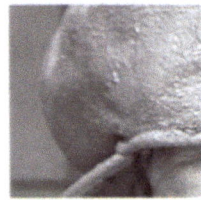

Einleitung

Das Spektrum der elektronischen Bildbearbeitung reicht vom spielerischen Umgang mit den eigenen Fotos über die professionelle Bildbearbeitung für Werbung und Printmedien bis hin zur Kunst aus dem Computer. Welche Ziele wir auch immer verfolgen: Wenn die Sprache auf die Bildbearbeitung kommt, fällt der Name eines Programms: Adobe Photoshop.

Das ehemals so komplexe Thema der digitalen Bildbearbeitung, dass früher den Profis der Druckvorstufe vorbehalten war, zieht in die Büros und das heimische Arbeitszimmer, in die Galerien und Hochschulen für Design ein und weckt kreative Ressourcen in allen. Scanner und Fotodrucker sind auf ein Preisniveau gefallen, das sie für jeden Schreibtisch erschwinglich machen, täglich fordern neue Berichte über bessere und potentere Digitalkameras unsere Aufmerksamkeit.

In dieser Umgebung ist Adobe Photoshop seit vielen Jahren unangefochten die Nummer eins. Als grundsolides Programm für die Bildverbesserung, für Retusche- und Bildmontage, für Internet und Multimedia lädt Photoshop zum Experimentieren und Spielen ein, daß so manch eine Nacht dabei zum Tag wird.

Adobe Photoshop stellt für die meisten Benutzer nur ein Teil der kreativen Arbeit an Printprodukten, Multimedia-CDs und Internetseiten dar. Darum nehmen Themen wie Farbmanagement, der Einsatz von Bildern in Anwendungen wie Microsoft PowerPoint und Word, in Layoutprogrammen wie QuarkXPress, PageMaker und InDesign, der Im- und Export von Grafiken aus Illustrationsprogrammen, der Offsetdruck und Fine Art Print und natürlich auch die Webgrafik für das Internet einen breiten Rahmen ein.

Kapitel 1 Auf den Ton gekommen – Grundlagen

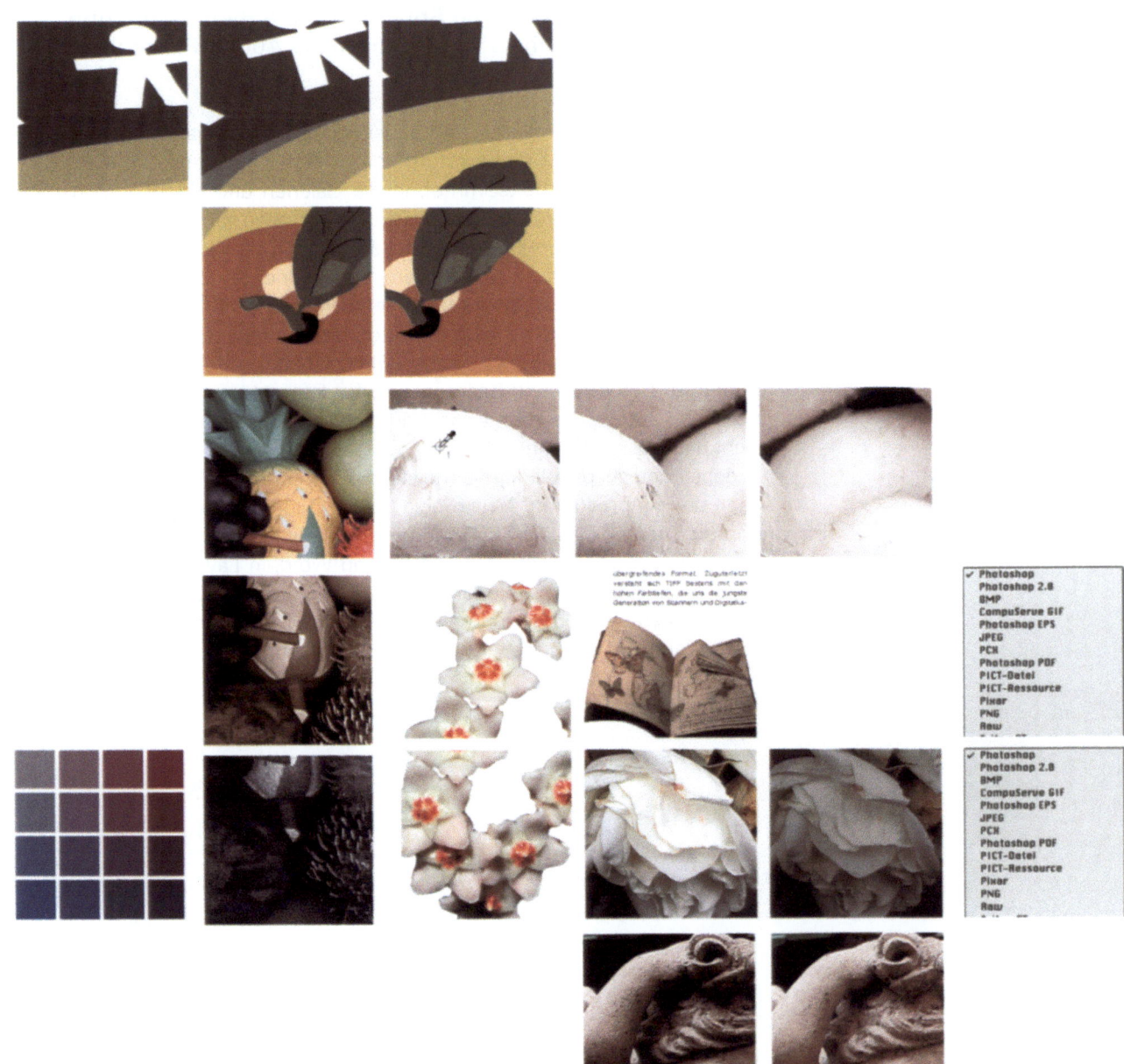

Grau ist alle Theorie

Bunt sei der Pixel und viereckig – wie bunt er allerdings sein kann, darüber entscheiden der Bildmodus und das Datenformat, in dem ein Bild gespeichert wird. Und wie groß so ein Pixel sein kann, darüber entscheiden diverse Auflösungen und Geräte.

Am Anfang war der Pixel.

Der Ton macht das Bild

Das digitale Bild – ob es sich um ein im Scanner digitalisiertes Foto oder um ein Bild aus der Digitalkamera handelt – besteht aus Pixeln, kleinen Quadraten, die jedes genau eine Farbe annehmen können. Bei einem gescannten Schwarzweißbild sind es 256 »Farben« – nämlich 256 Stufen vom tiefen Schwarz über Grautöne bis zum Weiß. In der Bildbearbeitung werden die Abstufungen »Tonwerte« oder »Helligkeitsstufen« genannt.

Stellen Sie sich das Schwarzweißfoto einer weißen Kugel vor, die von oben beleuchtet wird: Auf dem Foto ist die Kugel oben weiß und geht nach unten im Schatten immer mehr in Schwarz über. Dieser Übergang geschieht auf einem fotografischen Abzug stufenlos über unendliche viele Grautöne. Bei der digitalen Bilderfassung wird die unendliche Skala von Schwarz über Grau bis Weiß durch Pixel in 256 Helligkeiten simuliert.

Die Farbe des Pixels

Digitaler Hans Dampf in allen Gassen ist das RGB-Bild, in dem die Farbe eines Pixels aus drei Komponenten zusammengesetzt ist: einem **R**ot-Wert, einem **G**rün-Wert und einem **B**lau-Wert, die jeweils zwischen 0 und 255 liegen können. Dabei stellt 0 jeweils den dunkelsten und 255 denn hellsten Wert dar. Alle Systeme, die Farben durch Licht darstellen, können auf diese Weise beschrieben werden: Werden alle drei Farben in voller Intensität ausgesendet, entsteht Weiß, fehlt jedes Licht, entsteht Schwarz.

Die Farbe Gelb ist nicht als Grundfarbe vertreten, sondern wird aus Rot: 255 und Grün: 255 gemischt. Ein gedämpfteres Gelb entsteht, wenn helleres Rot und Grün mit einem kleinen Anteil von Blau gemischt werden. Das Gelb der Holzbanane etwa wird durch das Tripel Rot: 229, Grün: 177 und Blau: 81 gebildet, das Rotbraun der Kastanie aus Rot: 107, Grün: 74 und Blau: 101. Insgesamt können 256 x 256 x 256 = 16,8 Mio. Farben im RGB-Modus dargestellt werden.

Sowohl Scanner als auch Digitalkamera erfassen das farbige Bild als RGB-Bild. Der Bildschirm des Computers stellt RGB-Bilder dar, in Photoshop ist RGB der bevorzugte Modus bei der Bildkorrektur, bei der Retusche und Montage.

Der Standard für den Druck – CMYK

Trotz dieses Lobgesangs auf das RGB-Bild: Der Druck benutzt Pigmentfarben, und zwar die vier Farben Cyan, Magenta, Gelb und Schwarz. Theoretisch würden bereits Cyan, Magenta und Gelb ausreichen, aber da die Mischung aus den drei Farben nur ein schmutziges Braun anstelle eines tiefen Schwarz ergibt, wird Schwarz als vierte Farbe zugesetzt.

Mit den vier Werten Cyan: 1, Magenta: 34, Gelb: 75 und Schwarz: 0 wird jetzt das Gelb der Banane gedruckt, der Braunton setzt sich aus Cyan: 40, Magenta: 78, Gelb: 39 und Schwarz: 12 zusammen. Alle Bilder in diesem Buch sind CMYK-Bilder; alle als RGB-Bilder bezeichneten Abbildungen sind tatsächlich nur eine Simulation.

CMYK – Farben für den Vierfarbdruck
CMYK ist das Bildformat für den Offsetdruck. Für den Tintenstrahldrucker muss das Bild nicht separiert werden. Der Druckertreiber führt die Konvertierung durch – er kennt die Tinten und die Papiere und ist dieser Aufgabe dadurch bestens gewachsen.

Vom Monitor aufs Papier: Von RGB nach CMYK

Irgendwann und irgendwo muß das RGB-Bild vor dem Druck immer in CMYK umgewandelt werden, auch wenn es der Anwender gar nicht merkt. Viele Tintenstrahldrucker verlangen zwar ein RGB-Bild – aber nur, weil der Druckertreiber die Transformation selbst durchführen will. Die Farbpatronen der Tintenstrahldrucker sind schließlich mit Cyan, Magenta, Gelb und Schwarz gefüllt.

Beim Offsetdruck wird die Transformation von RGB nach CMYK sehr bewußt durchgeführt. So sind alle Bilder in diesem Buch behandelt worden: Sie entstanden in der Digitalkamera als RGB-Bilder oder wurden als RGB-Bilder eingescannt und vor dem Druck in CMYK transformiert (»separiert« lautet der Fachausdruck für diesen Vorgang).

Eine Reihe von Photoshop-Filtern verweigert den Dienst und viele Anwendungen aus der Office-Welt können CMYK-Bilder nicht importieren oder stellen sie in interessanten, aber falschen Farben dar.

RGB – Farben aus Licht
An die kuriose Tatsache, daß eine Mischung aus Rot und Grün die Farbe Gelb ergibt, müssen wir uns erst gewöhnen – wir befinden uns in einer Welt, in der Farben durch Licht und nicht durch Farbpigmente dargestellt werden. Wenn Sie eine weiße Fläche mit farbigen Lampen bestrahlen, sehen Sie den Effekt auch außerhalb des Computers.

Farbtiefe – Qualität für Kontraste und Farben

Mit dem digitalen Wort von 8 Bit sind wir aber nur am Anfang. Die Technik macht Fortschritte und die Sensoren der Scanner und Kameras sind in den letzten Jahren weiterentwickelt worden.

Ein wichtiges Qualitätsmerkmal für Scanner und Digitalkamera ist die »Farbtiefe«, mit der das CCD das Bild erfaßt. Wenn ein Gerät wie Scanner oder Digitalkamera die Farbe des Pixels in 8 Bit speichert, spricht man von 8 Bit Farbtiefe. Vereinzelt hört man aber auch, ein Gerät habe 24 Bit Farbtiefe – dann sind 8 Bit Farbtiefe pro Farbkanal gemeint.

Heute bieten die meisten digitalen Bilderfassungsgeräte die Option, das Bild mit 10, 12 oder 16 Bit Farbtiefe zu erfassen; in einem RGB-Bild mit drei Farbkanälen spricht man darum manchmal von 30, 36 und 48 Bit Farbtiefe. Dementsprechend wächst die Anzahl der Helligkeitsstufen in jedem Farbkanal des Bildes und damit die Anzahl der gesamten Farben.

Die Farbtiefe ist gleich nach dem Auflösungsvermögen des Scanners – seine magische dpi-Zahl – und den Megapixeln der Digitalkamera eines der ausschlaggebenden Kriterien bei Kaufentscheidungen.

Bits, Bytes und Farbtiefen
Der Computer stellt eine Zahl intern durch eine Kombination aus Nullen und Einsen dar – den sogenannten Bits. Damit der Computer weiß, wo eine Zahl oder ein Buchstabe beginnt und aufhört, weist er jeder Zahl und jedem Buchstaben acht Stellen zu und nennt diese 8 Stellen ein »Wort« oder »Byte«. In einem Wort aus 8 Bit lassen sich die Zahlen von 0 bis 255 oder 256 Zeichen darstellen. In der Welt der Farben speichert ein Wort eine von 256 möglichen Helligkeitsstufen einer Farbe.

Auf den Ton gekommen – Grundlagen

Farbempfindung	Additive Farbmischung			Subtraktive Farbmischung		
	Blau	Grün	Rot	Yellow	Magenta	Cyan
Blau	100	0	0	0	100	100
Eisblau	100	50	0	0	50	100
Cyan	100	100	0	0	0	100
Seegrün	50	100	0	50	0	100
Grün	0	100	0	100	0	100
Gelbgrün	0	100	50	100	0	50
Yellow	0	100	100	100	0	0
Orange	0	50	100	100	50	0
Rot	0	0	100	100	100	0
Karmin	50	0	100	50	100	0
Magenta	100	0	100	0	100	0
Violett	100	0	50	0	100	50
Weiß	100	100	100	0	0	0
Schwarz	0	0	0	100	100	100
Mittelgrau	50	50	50	50	50	50

RGB-Farbe

◀ Das Gelb der Holzbanane etwa wird durch das Tripel Rot: 229, Grün: 177 und Blau: 81 gebildet, das Rotbraun der Kastanie aus Rot: 107, Grün: 74 und Blau: 101.

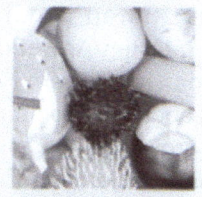

▶ CMYK benutzt vier Farbkanäle, um die Helligkeiten der Druckfarben Cyan, Magenta, Gelb und Schwarz darzustellen.

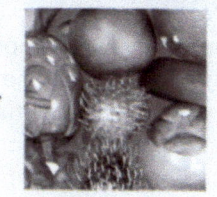
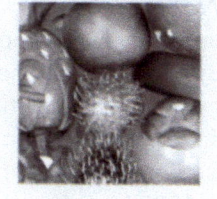

◀ Die Helligkeitswerte der Grundfarben werden durch Graustufenbilder repäsentiert: die Farbkanäle. Ein RGB-Bild hat drei Farbkanäle, ein Graustufenbild nur einen einzigen.

Auf den Ton gekommen – Grundlagen

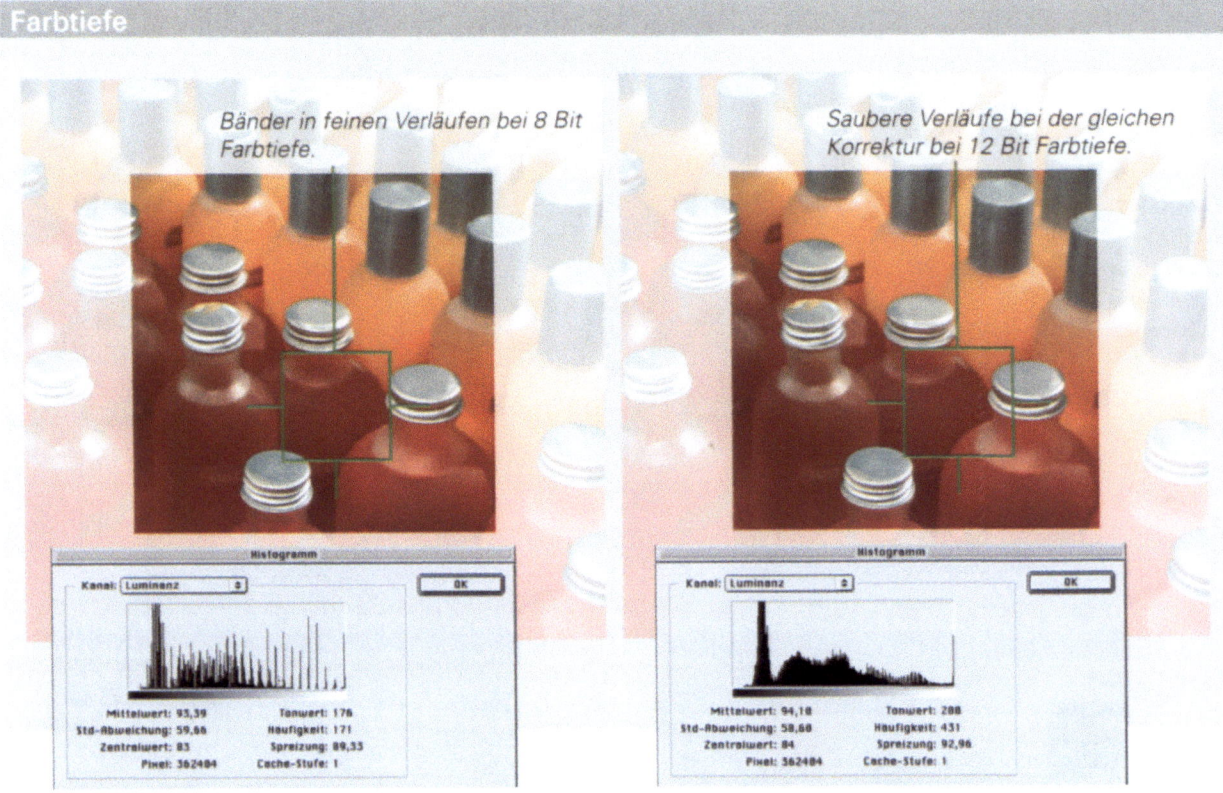

Farbtiefe

Bänder in feinen Verläufen bei 8 Bit Farbtiefe.

Saubere Verläufe bei der gleichen Korrektur bei 12 Bit Farbtiefe.

Hohe Tiefen – mehr Töne

Die meisten Anwendungen – außer den Bildbearbeitungsprogrammen – können mit diesem Reichtum nichts anfangen und verweigern den Import, und auch der Monitor hat zumeist nur 8 Bit pro Grundfarbe zur Verfügung. Ein großer Teil der Bilder, die in hohen Farbtiefen aufgenommen wurden, muß also wieder auf die niedrigere Farbtiefe reduziert werden.

Wozu also dieser Überschwang, wenn beim Druck nur ein kleiner Bruchteil dieser Farbpracht wiedergegeben werden kann?

Bei höheren Farbtiefen als 8 Bit lassen sich Bilder besser korrigieren – vor allem Fehlbelichtungen und Farbstiche. Während sich aus 8 Bit Farbtiefe 16,8 Mio. Farben in jeweils 256 Abstufungen der drei Grundfarben mischen lassen, kann in einem Bild mit 12 Bit Farbtiefe jede Farbe eine von 4096 Helligkeitsstufen besitzen und die Anzahl der Farben im Bild erhöht sich auf 4096 x 4096 x 4096 = 68,7 Mrd.

Nicht alle Bilderfassungsprogramme sind in der Lage oder willens, diese Farbfülle auch an Photoshop weiterzuliefern – viele Scanprogramme und die Software der digitalen Kameras korrigieren intern mit 12 und mehr Bit Farbtiefe, rücken aber ihre Bilder nur mit 8 Bit Farbtiefe heraus.

Auf den Ton gekommen – Grundlagen

Die Optimierung des Machbaren
Zwar müssen die Helligkeitsstufen für den Druck wieder reduziert werden, aber durch die Erfassung und Korrektur mit hoher Farbtiefe liegen nach der Komprimierung auf 8 Bit in jedem Fall 256 Helligkeitsstufen im druckbaren Bereich – wo bei einer Aufnahme oder einem Scan mit 8 Bit Farbtiefe vielleicht nur 160 Helligkeitsstufen vorhanden waren. Mit konventionellen 8 Bit wäre das Bild kaum zu retten gewesen, während sich das Bild in 12 oder 14 Bit Farbtiefe von seiner besten Seite zeigt.

Vektorgrafik in Photoshop
Auch mit Photoshop kann der Benutzer Vektorgrafiken erstellen, und Photoshop kann Vektorgrafiken aus Corel Draw!, Illustrator und Freehand öffnen und darstellen, muß aber zuerst das Bild »aufrastern« – in Pixel umrechnen.

Mehr oder weniger Farben
Auch in Photoshop sind nicht alle Operationen mit 16 Bit Farbtiefe möglich: Ein paar Filter etwa bleiben ausgeblendet.

Neben 8 Bit und mehr Farbtiefe oder Millionen von Farben gibt es jede digitale Spielart. Schon mit einem Bit oder zwei Farben kann ein Bild sinnvoll aufgebaut werden, wie Laserdruck und alle schwarzweißen Druckwerke zeigen. Die Graustufen, die dem Bild fehlen, werden durch ein geschicktes Rastern schwarzer Druckpunkte simuliert.

Weniger als 8 Bit Farbtiefe werden häufig im Internet eingesetzt. Je weniger Farben dargestellt werden müssen, desto kleiner wird die Bilddatei. Da bis heute die Übertragungsgeschwindigkeit grafiklastiger Seiten das Internet unerträglich langsam macht, verringert der Designer die Anzahl der Farben von Grafiken und Animationen, damit der Ladevorgang schneller wird.

Das »andere« digitale Bild: Vektorgrafik
Einen ganz anderen Ansatz, ein Bild im Computer zu erstellen, bildet die Vektorgrafik, die Bilder durch mathematische Kurven erstellt. Der Grafiker benutzt dafür Programme wie Corel Draw!, Adobe Illustrator oder Macromedia Freehand. Schon alleine daran, daß hier drei professionelle Programme vorhanden sind, erkennt man die Bedeutung dieses Genres: Vektorgrafik war ein Hit auf dem Computer lange bevor das Pixelbild salonfähig wurde.

Da die Vektorgrafik das Bild durch Kurven beschreibt, ist es bei weitem nicht so rechenintensiv und verbraucht deutlich weniger Speicher als das Pixelbild, das jeden einzelnen Bildpunkt durch seine Farben erkären muß.

Auch heute noch ist die Vektorgrafik ein beliebtes Ausdrucksmittel von Grafikern und Designern, die Illustrationen und ganze Plakate erstellen, denn Vektorgrafik ist beliebig skalierbar. Während das Pixelbildes in der Vergrößerung deutlich seine pixelige Natur zeigt, sind alle Kanten der Vektorgrafik immer glatt und messerscharf. Auch die Farben der Vektorgrafik werden entweder in RGB oder CMYK definiert. Wer seine Grafiken für den heimischen Tintenstrahldrucker erstellt, wird die Farben seiner Grafik von vornherein im RGB-Farbraum wählen, wer Grafiken für den Druck erstellt, legt die Farben auch in CMYK an.

Auf den Ton gekommen – Grundlagen

Auf den Ton gekommen – Grundlagen

Bitmap: 1 Bit Farbtiefe reicht

Als Bitmap bezeichnet man Bilder, die nur zwei Farbwerte, nämlich Schwarz und Weiß, beeinhalten und somit die Farbtiefe 1 haben. Sieht man sich den extremen Zoom auf das grobe Pixelbild aus schwarzen und weißen Pixeln an, kann man kaum glauben, daß unser Auge die Struktur zu einem abgestuften Bild zusammenstellen kann.

Das Bitmapbild eignet sich für einen niedrigauflösenden Druck und stellt außerdem eine interessante grafische Variante dar, die dem Mezzotint-Effekt unter den Effektfiltern des Photoshops gleicht.

Nur Graustufenbilder können in Bitmaps umgewandelt werden.

Graustufenbilder

Im Graustufenbild hat jeder Pixel einen Helligkeitswert zwischen 0 (Schwarz) und 255 (Weiß). Sowohl Duplex-, Bitmap- als auch Farbbilder können in den Graustufenmodus umgewandelt werden. Für das Farbbild stellt dieses Verfahren die hochwertige Umwandlung des Bildes in ein Schwarzweißbild dar.

Da das Graustufenbild nur einen Farbkanal besitzt, braucht es deutlich weniger Speicherplatz als das Farbbild mit drei oder vier Farbkanälen. Also empfiehlt sich die Umwandlung eines Bildes in den Graustufenmodus, wenn es von vornherein für den Schwarzweißdruck vorgesehen ist.

Indizierte Farben: 256 Farben

Ein indiziertes Farbbild basiert auf einer Farbtabelle mit maximal 256 Farben. Bei den ersten Farbmonitoren und VGA-Grafikkarten wurde dieser Modus zur Darstellung von Bildern verwendet, denn mehr Farbe gab die Technik nicht her. Heute erleben indizierte Farben ein Revival im Internet, wo die Reduktion auf 256 Farben zu einer spürbaren Verkleinerung der Bildgröße führt.

Die Zahl der Farben kann auch kleiner als 256 sein. Das macht Sinn, wenn das Bild von vornherein weniger Farben aufweist (etwa eine Geschäftsgrafik) oder das Bild noch stärker verkleinert werden soll. Für den Druck allerdings sind indizierte Farben ungeeignet.

Duplexbilder

Sie können dem Graustufenbild eine zweite Farbe zuweisen. Duplexbilder sind eine elegante und preisgünstige Alternative zum Vierfarbdruck: Anstelle von vier Filmen müssen nur zwei Filme erstellt werden. Durch die zweite Druckfarbe wird der Tonwertumfang des Bildes erweitert, und das Bild erhält einen speziellen Charakter – etwa warmes Sepia oder kühles Blau.

Nur Graustufenbilder können in den Duplexmodus versetzt werden. Duplexbilder lassen sich nur im Photoshop-Format oder als EPS-Dateien sichern. Sie enthalten einen einzigen Farbkanal und die zusätzliche Farbinformation.

Sonderfarben

Sonderfarben werden mit einer vorgemischten Farbe gedruckt, die nicht durch die vier Prozeßfarben Cyan, Magenta, Gelb und Schwarz (CMYK) dargestellt wird.

Um sicherzustellen, daß die Farbe im Fachhandel verfügbar ist, sollte sie aus den Paletten von Pantone oder HKS gewählt werden – auf die bei uns unüblichen Farbpaletten wie Truematch oder Toyo verzichtet man besser, da es nicht für jede Farbe ein Äquivalent gibt. Großer Beliebtheit erfreuen sich silberne und goldene Zusatzfarben auf Werbematerial.

In diesem Buch allerdings sehen wir nur ein einfaches Bild – für ein schlichtes Buch sind Sonderfarben zu teuer.

RGB: Millionen von Farben

Farbfotos beginnen ihr digitales Leben mit einer Pixelmatrix, in der jeder Pixel eine Mischung aus den drei Farben Rot, Grün und Blau darstellt. Da jede Farben in 256 Helligkeitsstufen vorliegen kann, enthält ein bunt gemischter Pixel eine von 16,8 Mio. Farben: eine von 256 möglichen Helligkeitsstufen »Rot« gemischt mit einem Ton aus 256 Stufen »Grün« gemischt mit einem Ton aus 256 Stufen »Blau«.

Das Farbbild mit 8 Bit Farbtiefe ist heute der universelle Standard, aus dem sich alles machen läßt: Sie können es in ein Graustufenbild umwandeln, in ein Bild für den Vierfarbdruck konvertieren, es ist die beste Grundlage für Effektfilter aller Art und ist der Liebling der Office-Anwendungen.

Völlig aufgelöst

3,7 Megapixel hat das Bild aus der Digitalkamera, der Scanner behauptet, das Bild mit 1000 dpi zu scannen, der Drucker meint, er schaffe 1440 oder sogar 2880 dpi, aber handfeste Maße, mit denen wir etwas anfangen können, will niemand so recht rausrücken.

Aller Laster Anfang sind die magischen dpi, die die Anzahl der Dots per Inch (Inch = Zoll, also etwa 2,54 cm) bezeichnen. Dots, also Punkte, setzt natürlich nur der Drucker aufs Papier. Die Kamera nimmt Pixel auf, der Scanner löst das Bild auch in Pixel auf, und der Monitor stellt Pixel dar. Aber die feine Unterscheidung zwischen dpi und ppi ging irgendwo in der Vergangenheit verloren, und wir scheren Druckpunkte und Pixel über einen Kamm.

Die »Auflösung« ist eine einheitliche Bezeichnung für die Größenverhältnisse digitaler Bilddaten. Während ein Bogen Papier 21 x 29,7 cm groß ist, hat ein Bild im Computer eine Auflösung von 2000 x 3000 Pixel. Gleichzeitig ist die Auflösung ein Gütemerkmal: Die Kamera kann 2000 x 3000 Pixel erfassen, der Scanner kann 1000 Pixel pro Inch (etwa 2,54 cm) auflösen, der Drucker kann 1440 Punkte, also dots, pro Inch drucken. Je mehr, desto besser.

Die Monitorauflösung

Auch der Monitor »löst auf«: Er wird einerseits durch eine handfeste Angabe für die Größe der Bildröhre beschrieben – etwa 19 Zoll in der Diagonalen. Andererseits kann er mehr oder weniger Pixel darstellen, z.B. 800 x 600 oder 1024 x 768 Pixel. Die Darstellungsgröße eines Bildes auf dem Monitor des Computers hängt also von mehreren Bedingungen ab:
- der Größe der Bildröhre (in der Diagonalen in Zoll angegeben),
- der Auflösung des Monitors (in Pixel angegeben) und
- von der Bildauflösung (beschrieben in Pixel).

Zwischen 640 x 480 und 1600 x 1200 Pixel kann ein Monitor dem Benutzer heute bieten. Je höher die Auflösung des Monitors, desto kleiner erscheint das Bild auf dem Bildschirm, aber auch die zahlreichen Menüs und Paletten werden kleiner, so daß mehr Platz für die Anzeige des Bildes übrigbleibt und der Monitor einen aufgeräumten Eindruck macht.

Auf großen Monitoren ab 19 Zoll bieten sich also hohe Auflösungen von 1280 x 960 Pixeln an, während derart hohe Auflösungen auf kleineren Monitoren eine fast unlesbar kleine Schrift mit sich bringen oder gar nicht darstellbar sind. Die maximale Auflösung eines Monitors hängt auch vom Speicher auf der Grafikkarte ab. Wenn er nicht ausreicht, um die gewünschte Auflösung anzuzeigen, schaltet die Grafikkarte die Anzahl der darstellbaren Farben zurück, und Sie sehen eventuell nur noch 64.000 oder 32.000 Farben statt TrueColor mit 16 Mio. Farben.

Auf den Ton gekommen – Grundlagen

Monitorauflösung

Der Schnappschuß des Montorbildes bei einer Auflösung von 832 x 624 Pixeln: große Schrift, große Paletten, wenig Platz für das Bild.

Der Schnappschuß des Montorbildes bei einer Auflösung von 1280 x 960 Pixeln: Viel Platz für das Bild, aber kleine Schriften.

Monitorauflösung auf dem Mac

Auf dem Mac öffnen Sie das Kontrollfeld MONITORE, um die Monitorauflösung zu ändern – entweder über die Kontrolleiste oder das Apfel-Menü.

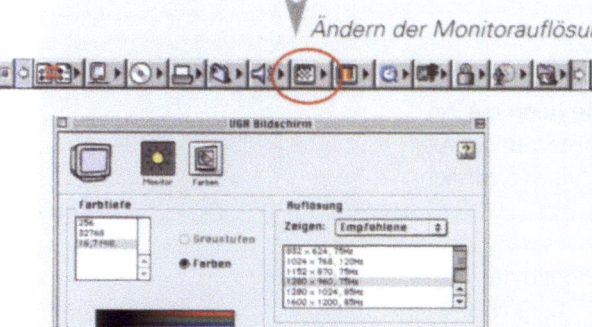

Ändern der Monitorauflösung

Monitorauflösung auf dem PC

Auf dem PC öffnen Sie die Eigenschaften der Anzeige über START/EINSTELLUNGEN/SYSTEMSTEUERUNG und rufen dort das Symbol für die ANZEIGE auf.

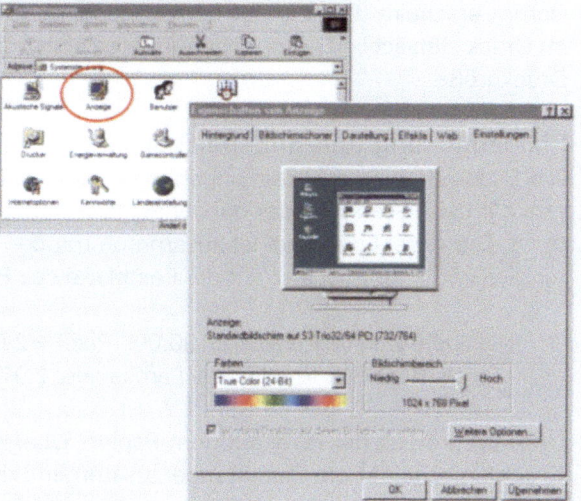

Auf den Ton gekommen – Grundlagen

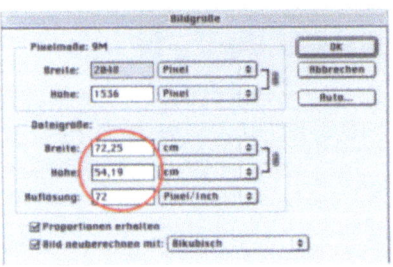
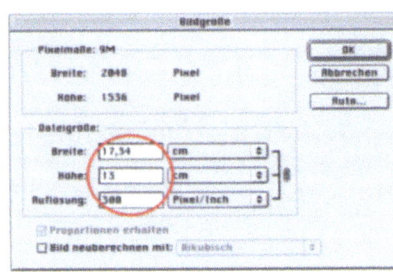

◂ Im Druck würden die 72 dpi des Bildschirms ein riesengroßes, aber stufiges und unscharfes Bild liefern. So um die 300 dpi für die Ausgabe bekommt dem Bild deutlich besser – deutlich kleiner wird es dadurch allerdings auch.

◂ Die Auflösung im Menü BILD/BILDGRÖßE ist eine zusätzliche Information für den Drucker. Wird BILD NEUBERECHNEN MIT ausgeschaltet und ein höherer dpi-Wert eingegeben, verändern sich Breite und Höhe bei der Druckausgabe, nicht aber Pixelmaße und Speicherbedarf.

Monitorauflösung kontra Druckauflösung

Die Auflösung des Monitors setzt sich aus der Anzahl der Bildpunkte – etwa 1024 x 768 – und der Größe der Bildpunkte – etwa 72 dpi – zusammen. Ein Bildschirm kann also nicht so fein auflösen wie der Drucker. Darum erscheint das Bild auf dem Bildschirm so viel größer als nachher im Druck. Tatsächlich entspricht eher ein Zoom auf 50% der tatsächlichen Druckgröße.

Pixelauflösung und Bildspeicher

Die Bildgröße wird in Pixeln angegeben und beschreibt, wie hoch die Anzahl der beim Scannen oder bei der digitalen Aufnahme erfaßten Bildpunkte ist. Die Anzahl der Pixel ist zusammen mit der Farbtiefe verantwortlich für die Größe der Bilddatei auf der Festplatte des Rechners:

> 1800 x 1200 Pixel = 2.160.000 Pixel = 2,07 MB (Megabyte)
> als RGB-Bild für alle drei Farbkanäle: 2,07 MB x 3 = 6,19 MB

Und wie groß ist der Pixel auf dem Papier? Über die Größe des Bildes im Druck entscheidet die Pixelmenge zusammen mit der Auflösung für den Druck. Die Druckauflösung ist eine zusätzliche Angabe neben der Anzahl der Pixel eines Bildes und beschreibt, wie viele Punkte der Drucker pro Inch drucken soll. Auf die Bildschirmdarstellung hat die Druckauflösung keinen Einfluß.

Aber je höher die Druckauflösung, desto feiner werden die Druckpunkte gesetzt und desto kleiner und schärfer wird das Bild gedruckt. Die Druckauflösung besagt letztendlich, wie groß oder wie klein jeder Pixel im Druck wird. Üblich sind 300 dpi in Bildern, die für den Offsetdruck bestimmt sind, und 150 bis 360 dpi für den Desktop-Drucker.

Sensible Pixel: Vergrößern und Verkleinern von Bildern

Die meisten Digitalkameras liefern das Bild mit einer Auflösung von 72 dpi, die nicht für den Druck geeignet ist. Beim Scanner hingegen stellt der Benutzer die gewünschte Auflösung für den Druck schon beim Scannen ein. Im Menü BILD/BILDGRÖSSE werden die Pixelmaße und die Auflösung verändert. Schalten Sie die Option BILD NEUBERECHNEN MIT aus, um die Druckauflösung zu verändern. Für den Druck setzen Sie zwischen 200 bis 300 dpi ein, und Sie sehen, daß die Pixelmaße dadurch nicht verändert werden, sondern nur Breite und Höhe im Druck.

Wollen Sie hingegen das Bild »interpolieren« oder »skalieren«, d.h. die Anzahl der Pixel herauf- oder herabsetzen, schalten Sie dafür BILD NEUBERECHNEN MIT ein und geben die neue Anzahl der Pixel oder die gewünschten cm-Maße des Bildes beim Druck ein.

Das digitale Bild ist sehr empfindlich, was die Vergrößerung und die Verkleinerung der Pixelmaße angeht – die Skalierung ist immer mit einem gewissen Maß an Weichzeichnung verbunden. Ein Hin- und Her der Bildgröße sollten Sie dem Bild darum ersparen und lieber das Originalbild in der vollen Größe aufbewahren.

Die Druckerauflösung

Wenn Sie einen Laser- oder Tintenstrahldrucker kaufen, werden Sie mit Sicherheit auf die Druckerauflösung Ihrer Neuerwerbung achten: 600 dpi, 720 dpi, 1440 dpi sind gängige Werte für die Druckerauflösung bei Desktop-Druckern und sogar 2880 dpi sind noch erschwinglich.

Die Druckerauflösung eines Druckers gibt an, wie fein das Druckraster des Druckers ist. Es wird in dpi (dots per inch) oder lpi (lines per inch) angegeben. Vom dpi-Wert des Druckers hängt allerdings nicht nur die Feinheit seines Druckrasters ab, sondern insbesondere auch die Anzahl der Helligkeitsstufen, die er in jeder Farbe ausgeben kann. Jeder Rasterdrucker simuliert ja durch mehr oder minder feine Rasterpunkte mehr Farben als er tatsächlich hat: Der einfachste Fall ist ein Schwarzweiß-Laserdrucker, der mit zwei Farben – Schwarz und Weiß – verschiedene Grauabstufungen darstellt.

Da finden wir also schon wieder einen digitalen Überschwang vor: Wozu braucht ein Drucker 1440 dpi, wenn das Bild doch nur mit 150 bis 360 dpi gedruckt wird?

Der Überschwang der Druckerauflösung

Tatsächlich sind die dpi-Angaben der Druckerhersteller in Wirklichkeit »schöngerechnet«. Ein Drucker kann kein Grün und kein Rosa drucken – er simuliert einen hellgrünen Pixel durch kleine Druckpunkte in Cyan, Magenta, Gelb und Schwarz, einen dunkelgrünen Pixel durch große Druckpunkte. Also braucht der Drucker schon mal 4 Druckpunkte, um die Farbe des Pixels nachzuahmen. Teilt man also die Druckerauflösung des Desktop-Druckers durch vier, hat man eine erste Daumenregel für die Druckauflösung des Bildes.

Auflösung von Scanner und Digitalkamera

Die Auflösung von digitalen Erfassungsgeräten wird in Pixel pro Inch (ppi) gemessen, während die maximale Auflösung von Ausgabegeräten als Anzahl der pro Inch druck- oder belichtbaren Punkte (dpi – dots per inch) angegeben wird. Das Verwirrspiel um die Auflösung könnte also um einiges vereinfacht werden, wenn die Hersteller von Scannern und Digitalkameras ihren Geräten keine Punkte andichten würden, sondern ihnen zugestehen würden, Pixel zu erfassen.

Scanner und digitale Kameras bemessen die Leistungsfähigkeit nach dem Auflösungsvermögen ihrer CCD- oder CMOS-Chips. Die echte physikalische Auflösung eines digitalen Bilderfassungsgerätes wird durch die Anzahl der tatsächlich erfaßten Meßwerte pro Inch und durch das optische System (das Objektiv der digitalen Kamera oder eine Linse in einem Filmscanner) bestimmt.

Und noch mehr Schönrechnen: Interpolierte Auflösungen

Viele Scanner besitzen ein horizontales und ein vertikales physikalisches Auflösungsvermögen – etwa 1000 x 2000 dpi. Die größere Zahl leitet sich dann nicht aus dem Auflösungsvermögen des CCD-Chips im Scanner ab, sondern aus einer feineren Schrittweite des Scanschlittens.

Die bunten Prospekte für Scanner liefern häufig zwei Werte für die maximale Auflösung des Scanners: die optische Auflösung und die interpolierte Auflösung. Nur bei der optischen Auflösung erfaßt der Scanner echte Bildpunkte von der Vorlage – bei der interpolierten Auflösung vergrößert die Scansoftware das Bild nach mehr oder minder raffinierten Verfahren. Im Endeffekt ist die interpolierte Größe nichts anderes als eine Vergrößerung des Bildes durch eine Neuberechnung der Pixel in Photoshop.

Digitale Kameras »mogeln« schon mal mit einem ähnlichen Trick: Sie geben Zoomstufen in ihren Leistungsdaten an, die sie nur durch eine Vergrößerung eines Bildausschnitts in der Kamerasoftware erreichen: der »Digitale Zoom«. Dabei geht ein großer Teil der echten Bildinformation verloren – besser wäre es, den Bildausschnitt erst in der Bildbearbeitungssoftware zu bestimmen.

Auf den Ton gekommen – Grundlagen

◀ Der fotografische Abzug gibt ein Bild mit stufenlos gemischten Farben wieder. In extremen Vergrößerungen wird irgendwann das Korn des Films sichtbar, aber niemals ein Druckpunkt.

 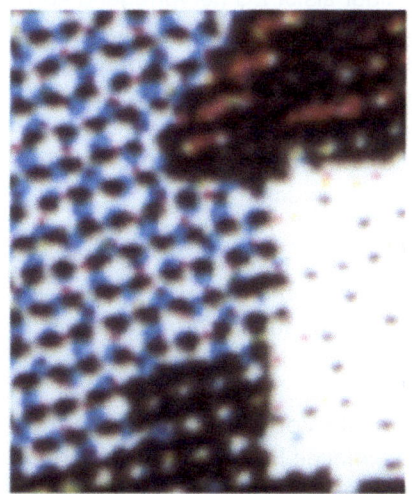

◀ Der Drucker braucht vier Punkte, um die Farbe eines Pixels aufs Papier zu setzen. Darum braucht der Drukker ein Vielfaches der 300 dpi, mit denen das Bild in den meisten Fällen gedruckt wird. Beim Druck werden die Farben nicht gemischt, sondern eng nebeneinander gesetzt.
Beim Offsetdruck in Zeitschriften und Broschüren erkennt man das Druckraster unter der Lupe.

◀ Tintenstrahldrucker haben heute eine Druckerauflösung von 1440 dpi und mehr, obwohl das Bild meistens nur mit einer Druckauflösung von 300 dpi ausgegeben wird. Nur so sind sie in der Lage, ohne sichtbares Druckraster zu drucken.

Alles eine Frage des Formats

Für eine große Artenvielfalt und allerlei Verwirrungen sorgen unzählige Bildformate. Wenn dann auch noch die Frage nach der besten Komprimierung für das World Wide Web dazukommt, heißt es Farben und Pixel zählen.

Der Grund dafür, daß es so viele verschiedene Bildformate gibt, liegt sicherlich nicht nur darin, daß jeder Hersteller eines Bildbearbeitungsprogramms meint, die Welt um ein weiteres Format bereichern zu müssen.

Bilder speichern: Andere Formate, andere Merkmale

Vielmehr bringen verschiedene Bildformate auch verschiedene Funktionen und Optionen mit: So lassen sich Bilder als JPEG hervorragend komprimieren, müssen dafür allerdings auch mehr oder minder starke Qualitätsverluste hinnehmen, Targa-Bilddateien (TGA) hingegen lassen sich verlustfrei, dafür aber bei weitem nicht so stark komprimieren wie JPEG-Dateien. Das Format EPS (Encapsulated PostScript) beherbergt Pixel- und Vektorgrafik in einem Bild und kann Transparenzen darstellen, TIFF schreckt auch vor 16 Bit Farbtiefe nicht zurück.

Das umfassende Format in Photoshop ist PSD, das als einziges Bilddatenformat alle Merkmale eines Bildes speichern kann – insbesondere Photoshop-Ebenen. PSD empfiehlt sich also immer bei komplexen Bildmontagen, damit die »Einzelteile« der Montage für spätere Arbeitsschritte erhalten bleiben.

Rund, sparsam, tief und frei: Merkmale von Bilddatenformaten

Bilddatenformate können mehr als eine einfache Pixelmatrix speichern. In der Tat besitzen sie einen »Header«, in dem sie zusätzliche Informationen ablegen.

- **Transparenz:** Das gedruckte Bild ist schon lange nicht mehr viereckig. In Katalogen und Flyern prangen Dosenerbsen und Parfümflaschen ohne Hintergrund, in der Tageszeitung schmiegt sich der Text rund um das Konterfei des Politikers. Dafür wird entweder ein hauchdünner »Pfad« um das Motiv aufgespannt (der Beschneidungspfad) oder ein zusätzlicher Maskenkanal (der Alphakanal) enthält die Informationen, welcher Teil des Bildes gedruckt wird und welcher beim Druck unterdrückt wird.
- **Farbmanagement:** Damit Farben von Rechner zu Rechner, im Druck und im Internet konsistent dargestellt werden können, enthalten einige Bilddatenformate eine zusätzliche Information über den Farbraum, in dem sie erzeugt und bearbeitet wurden: das ICC-Profil.
- **Komprimierung:** Wenn Bilder zu groß sind für den Datentransfer, werden sie komprimiert. Einige Bilddatenformate können das Bild ver-

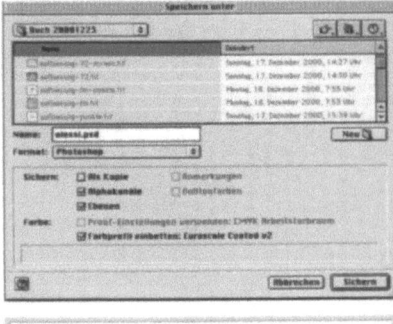

▲ *Photoshop kann rund 25 Bildformate öffnen und das Bild in 18 Formaten speichern. Über Zusatzmodule importiert Photoshop weitere Bildformate.*

▲ *Photoshop bietet beim Speichern automatisch das Format an, in dem das Bild zuvor geöffnet wurde, aber diese Vorgabe kann geändert werden.*
Wenn bei dem gewählten Format bestimmte Merkmale des Bildes verlorengehen – wenn das Datenformat etwa keine Ebenen oder Alphakanäle speichern kann – warnt ein gelbes Dreieck.

lustfrei verkleinern, erreichen dabei aber nur eine unwesentliche Verringerung des Speicherplatzbedarfs, andere Formate können das Bild auf einen Bruchteil seiner ursprünglichen Größe schrumpfen lassen, fügen dem Bild dabei aber unwiderruflich Schaden zu und verschlechtern die Bildqualität.
- **Farbtiefe:** Das moderne Bild will mehr als 8 Bit Farbtiefe: Es will Hifi-Farben (bis zu 16 Bit Farbtiefe) oder weniger als 8 Bit Farbtiefe für das Internet. In Zukunft wird auch immer öfters nicht mit 4 Farben gedruckt, sondern mit 6 Farben.

Der Beschneidungspfad
Wenn Sie auch den Beschneidungspfad im Bild speichern, wird nur der Teil des Bildes gedruckt, der innerhalb des Beschneidungspfades liegt. Das ist die feinste Methode, um einen Bildausschnitt ohne seine Umgebung auszugeben, denn der Vektor des Beschneidungspfades schneidet die Umgebung runder und sauberer aus als die Entfernung der Pixel im Bildbearbeitungsprogramm.

Bildformate für den Druck

Welches Dateiformat ist denn jetzt das optimale für welche Anwendung? Generell ist TIFF das Dateiformat der Wahl, wenn es darum geht, Bilddateien ohne Qualitätsverlust zu speichern, zu archivieren oder zur Druckerei zu schicken. Es ist das bevorzugte Format, wenn das Bild in ein Satzprogramm wie Adobe PageMaker und QuarkXPress eingefügt wird, außerdem ist TIFF ein plattformübergreifendes Format.

EPS wird zwar auch gerne für den Import von Bilddateien in Satzprogramme eingesetzt, wird aber im Satzprogramm auf dem Bildschirm nur in einer niedrigauflösenden Version angezeigt und kann auf nicht-PostScript-fähigen Druckern auch nur in dieser niedrigauflösenden Form ausgedruckt werden. Bilddaten mit einem Beschneidungspfad können zwar auch als TIFF gespeichert werden, aber nicht jeder Belichter und auch nicht jedes Satzprogramm kann TIFF-Bilder mit Beschneidungspfad korrekt umsetzen (QuarkXPress 4 etwa, mit dem dieses Buch gesetzt wurde, kann ein TIFF mit Beschneidungspfad nicht korrekt darstellen, Adobe PageMaker 6.5 hingegen wohl). Für freigestellte Motive und Duplexbilder ist EPS damit das sichere Format. Insofern bleibt EPS im wesentlichen der Druckvorstufe vorbehalten und kein Bilddatenformat für das Archiv.

Bildformate für das Archiv

TIFF versteht sich bestens mit den hohen Farbtiefen, die uns die jüngste Generation von Scannern und Digitalkameras mitbringt, so daß wir davon ausgehen können, daß TIFF noch über viele Jahre von allen Bildbearbeitungsprogrammen und Anwendungen unterstützt werden wird. Das macht TIFF zu einem sicheren Format für das Bildarchiv.

Generell kann auch JPEG für das langfristige Archivieren von Bilder benutzt werden. Wenn das Bildmaterial in der höchsten Qualitätsstufe komprimiert wird, werden weder am Monitor noch im Druck selbst bei Vergrößerungen mit bloßem Auge eine Beeinträchtigung der Bildqualität beobachtet. Wer aber noch etwas Zeit bis zum Anlegen des Archivs hat, wartet, bis sich JPEG 2000 als Nachfolger von JPEG etabliert hat. JEPG 2000 bietet eine bessere Komprimierung und mehr Speicheroptionen.

Auf den Ton gekommen – Grundlagen

EPS-Bilder in Satzprogrammen

▶ Im Satzprogramm zeigt sich die Vorschau eines EPS-Bildes pixelig und mit Stufen an den diagonalen Kanten – auf Druckern, die kein PostScript beherrschen, sieht der Ausdruck genauso aus. Erst ein PostScript-Drucker oder Belichter kann das EPS-Bild sauber und mit glatten Kanten drucken.

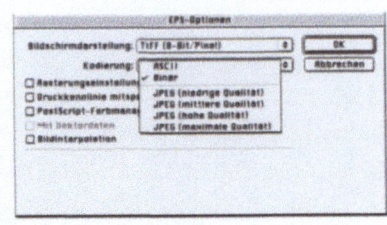

Der Monitor kann EPS-Bilder nicht darstellen. Darum werden sie zusammen mit einer niedrigauflösenden Vorschau als BILDSCHIRM-DARSTELLUNG gespeichert.

Bilder in der Textverarbeitung

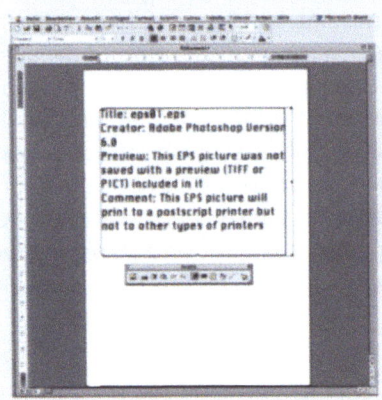

◀ Microsoft Word 98/2000 und Word 2001 für den Mac können die EPS-Vorschau nicht zeigen, aber auf einem PostScipt-Drucker wird das Word-Dokument korrekt ausgegeben.

▶ TIFF und TGA verstehen sich bestens mit Office-Programmen – insbesondere der Alphakanal sorgt für ein lockeres Erscheinungsbild. Und tatsächlich versteht sich Word auf einen Formsatz und Anschnitte genauso wie ein Satzprogramm.

Bilder für Office-Programme

Office-Programme wie Microsoft Word und PowerPoint stellen dem Benutzer heute eine reichhaltige Auswahl von verschiedenen Grafikformaten für den Import zur Verfügung.

Bei einer Standardinstallation solcher Programme wird allerdings oft nur eine kleine Auswahl von Importmodulen eingebaut. Wenn sich also eine Bilddatei einmal nicht im Office-Programm positionieren läßt, hilft es fast immer, die entsprechende Import-Variante von der Programm-CD nachträglich zu installieren.

Probleme verursachen CMYK-Bilder, Bilder im Lab-Modus oder mit 16 Bit Farbtiefe bei älteren Versionen von Office-Programmen. Hier hilft nur eine Konvertierung in das RGB-Format mit 8 Bit Farbtiefe.

Weder mit dem EPS-Format noch mit dem Beschneidungspfad einer TIFF-Datei können Office-Programme etwas anfangen. Eine Maske im Alphakanal hingegen wird schon von einer ganzen Reihe von Programmen gelesen und interpretiert. Wenn also ein Freisteller gefragt ist, legen Sie einen Alphakanal aus der Pfadinformation an – wie das funktioniert, wird in Kapitel 5 erklärt. Ein versehentlich in der Bilddatei gespeicherter Alphakanal, der aus einer Montage übrigblieb, kann dabei zu interessanten, aber unerwünschten Freistelleffekten führen.

Bilder für Film, Grafik, Multimedia und Datentransfer

Nicht nur für professionelle Satzprogramme und die Textverarbeitung sind Bilder gefragt – unzählige Anwendungen verlangen Bildmaterial und verarbeiten es auf unterschiedliche Weise:

- Programme für den Videoschnitt wie Adobe Premiere, Ulead Media Studio und Quicktime 3.0 Pro bevorzugen Dateiformate wie TIFF, TGA, PICT und BMP. Wenn für den Videoschnitt auch Alphakanäle vorgesehen sind, reduziert sich diese Auswahl auf TIFF, TGA oder PICT.
- Illustrationsprogramme wie Illustrator, Freehand und Corel Draw! zeichnen sich dadurch aus, daß sie so ziemlich alles importieren, was an Bildformaten auf sie zukommt – es sei denn, es kommt mit 16 Bit Farbtiefe. Selbst die modernen Bildformate wie FlashPix und PNG bereiten in der Regel nur älteren Programmversionen Schwierigkeiten.
- Das Internet reduziert die freie Auswahl an Bilddatenformaten auf GIF und JPEG. Zwar gibt es inzwischen das modernere PNG-Format (Portable Network Grafics), aber weil die Entwickler die Animationen vergessen haben, fehlt PNG bislang die Akzeptanz.
- Für exotische und herstellerspezifische Bilddatenformate braucht der Browser des Besuchers ein Plug-in. Für so manch einen unerfahrenen Surfer ist das ein Handicap und so manch ein erfahrener Surfer verweigert das Laden von Plug-ins für »irgendwelche« Bilddatenformate.
- Wenn Bilddaten per Datenübertragung an Verleger, Druckerei oder an eine Redaktion geschickt werden, stellt JPEG das sicherste Format und eine ausreichende Komprimierung bei wählbarer Qualität dar.

Auf den Ton gekommen – Grundlagen

Text und Bild

Dank der hohen Funktionalität für Texte, die Photoshop seit Version 6 bietet, und insbesondere, da Texte nicht länger in Pixel aufgerastert werden, lassen sich Montagen aus Text und Bild komplett in Photoshop erstellen. Wenn die Dokumente ins Internet gestellt werden sollen oder Hilfen auf Installations- und Multimedia-CDs weitergegeben werden sollen, empfiehlt sich PDF – das Portable Document Format.

Im Gegensatz zu den klassischen Bilddatenformaten wie TIFF und TGA erhält PDF die Schrift im Dokument als Schrift – das liefert nicht nur exakte, saubere Schriften, sondern erlaubt die extreme Verkleinerung des Dokuments bei der Komprimierung.

PDF kann auf jedem System mit dem kostenlosen Adobe Acrobat Reader auf dem Bildschirm gelesen oder auf dem Drucker ausgegeben werden – am besten speichert man den Acrobat Reader, den man auf den Internetseiten von Adobe stets in der neusten Version findet, zusammen mit dem Dokument oder setzt auf der Homepage einen entsprechenden Verweis auf die Seiten von Adobe.

Kleiner dürfen sie immer sein: Bilddaten komprimieren

Seit es Computer gibt, wachsen die Ansprüche schneller als die Technik mithält. Kaum sind unsere Platten groß genug, die Pixeldateien aus Scannern und Digitalkameras aufzunehmen, fordern Internet und Dateitransfer die Reduzierung der Dateigröße auf die schmalen Bandbreiten der Datenleitungen, damit ein ganz normales Bild in vernünftiger Zeit und zu akzeptablen Kosten von A nach B transportiert werden kann. Die Komprimierung ist qualitätsbewußten Fotografen suspekt – sie nagt an der Substanz des Bildes. Für viele Anwendungen ist die Komprimierung jedoch die einzig handhabbare Lösung.

TIFF kann Bilder verlustfrei komprimieren. 10 bis 30% der Dateigröße spart die LZW-Komprimierung ein, aber das reicht nicht, um das Bild über die Leitung zu schicken oder auf eine der letzten Disketten zu packen.

Auf JPEG fällt die Wahl, wenn fotografische Bilder handlich zu verpacken sind. Die Komprimierung richtet sich nach der Qualität, die erhalten bleiben soll. Photoshop komprimiert in Schrittweiten von 1 bis 12, wobei die höchste Zahl die beste Qualität bei geringster Komprimierung bietet. Sowohl für den Druck als auch die Belichtung liegt die Grenze für sichtbare Auswirkungen ungefähr bei 7 bis 8 der Skala.

Gezipt und gestufft
Was für Einsteiger wie ein Druckfehler aussieht, ist lediglich »Computerdeutsch«: ZIP und STUFF-IT steht für verlustfreie Verfahren für die Datenkomprimierung, die sich nicht nur auf Bilddaten beschränken, sondern für alle Daten gleichermaßen verwendet werden. Beide Verfahren erreichen mehr oder weniger ähnliche Komprimierraten wie das LZW-Verfahren im TFF-Bild.

Komprimierung für den Datentransfer

Maße für den Print	9 x 13 cm bei 200 dpi	13 x 18 cm bei 200 dpi
Pixelmaße	1024 x 709 Pixel	1417 x 1024 Pixel
Unkomprimierte Größe	2,08 MB	3,86 MB
LZW-Komprimierung	1,2 MB	2,1 MB
JPEG höchste Qualitäts bei mittlerer Detailzeichnung	560 KB	900 KB
Ladezeit mit ISDN im Idealfall	70 sek	110 sek
JPEG akzeptable Qualität bei mittlerer Detailzeichnung	250 KB	400 KB
GIF	410 KB	740 KB

Die wichtigsten Merkmale der wichtigsten Formate

	ICC-Profil	Farbtiefe	Ebenen	Transparenz	Duplexbilder	Komprimierung
BMP	nein	8 Bit	nein	nein	nein	ja, LZW + RLE verlustfrei
EPS	ja	8 Bit	nein	Pfad	ja	ja, JPEG
FlashPix	ja	8 Bit	nein	nein	nein	ja
GIF	nein	256 Farben	nein	ja	nein	ja verlustfrei
JPEG	ja	8 Bit	nein	nein	nein	ja
Kodak Photo-CD	ja	8 Bit	nein	nein	nein	ja
PDF	ja	8 Bit	nein	ja	ja	ja
PICT	nein	8 Bit	nein	Alphakanal	nein	ja
PNG	ja	8 Bit	nein	Alphakanal	nein	ja
PSD	ja	16 Bit	ja	ja	ja	ja
TGA	nein	8 Bit	nein	Alphakanal	nein	ja, LZW + RLE verlustfrei
TIFF	ja	16 Bit	nein	Pfad Alphakanal	nein	ja, LZW verlustfrei

Die Grenzen der Komprimierung

Das Ergebnis der Komprimierung hängt auch vom Motiv ab – je mehr Detailzeichnung das Bild aufweist, desto größer wird die komprimierte Datei. Ein Portrait wird bei gleicher Qualitätsstufe kleiner ausfallen als das Landschaftsbild mit fein verästelten Bäumen.

Für die Weiterverarbeitung – wenn die Bilddaten nach dem Transfer noch korrigiert, vergrößert oder verkleinert werden sollen – wird die Grenze enger gesteckt und vorsichtshalber mit einer möglichst niedrigen Komprimierstufe und hoher Qualität von 10 bis 12 gespeichert. Hier gilt: Jede weitere Bearbeitung wie Tonwertkorrekturen oder UNSCHARF MASKIEREN reißt Verläufe auf und läßt die Folgen der Komprimierung deutlich hervortreten.

Die Qualitätsminderung einer JPEG-Komprimierung äußert sich im Druck oder bei der Belichtung in einer Weichzeichnung und auf dem Monitor durch eine Kästchenbildung (Artefakte), die in hohen Zoomstufen sichtbar wird.

Der Name des Bildes

Die Namensgebung kann für Verwirrung zwischen den Systemen sorgen. Während DOS den Fotografen zwang, ein ganzes Bildarchiv mit acht Buchstaben anzulegen, erlaubt Windows die freie Namenswahl mit bis zu 256 Zeichen. Ein paar Vorsichtsmaßnahmen helfen bei den Wirren des Datentransfers:

- Während sich der PC und der Mac nichts aus der Groß- und Kleinschreibung machen, legen Unix-Systeme großen Wert auf die Unterscheidung: Eine Bilddatei Bild.jpg ist eine andere Datei als BILD.JPG. Das spielt insbesondere beim Internet eine große Rolle, wenn der Rechner des Providers auf Unix basiert.
- Der Mac muss mit weniger Buchstaben auskommen als der PC. Darum verwenden wir lieber weniger als 32 Buchstaben.
- Der Mac braucht die »Namenserweiterung« wie .tif oder .jpg nicht. Wenn das Bild aber ohne Namenserweiterung am Mac gespeichert wird, kann es an einem PC nicht mehr ohne weiteres geöffnet werden. Also ist die Namenserweiterung beim Datentransfer eine liebenswerte Pflicht für alle Apple-Anhänger.
- Sonderzeichen und Umlaute können eine Bilddatei buchstäblich für alle Zeiten verschließen. Bindestriche, Unterstriche und Zahlen hingegen sind erlaubt, vorsichtshalber aber sollte der Name immer mit einem Buchstaben beginnen.

PSD (Photoshop Document)

PSD bietet die größte Funktionalität beim Speichern von Dateien. Das eigene Format speichert Ebenen – und zwar so viele, wie im Speicher Platz haben. Außer Ebenen kann PSD 25 Kanäle und unendlich viele Pfade speichern.

Auch Einstellungsebenen sind eine Spezialität von Photoshop. Einstellungsebenen enthalten Bildkorrekturen wie eine Tonwert- oder Farbkorrektur, ohne die »Rohdaten« des Bildes zu ändern.

Weiterhin kann PSD Bilder mit indizierten Farben, im RGB- oder CMYK-Modus oder als Graustufenbild mit 8 oder 16 Bit Farbtiefe speichern.

Zwar kann eine Reihe von Bildbearbeitungsprogrammen PSD-Bilder ebenfalls öffnen, importiert dabei aber keine Ebenen. PSD-Bilder enthalten auch eine zusätzliche, auf die Hintergrundebene reduzierte Ebene, mit der diese Programme umgehen können. Layout- und Satzprogramme wie QuarkXPress und Adobe PageMaker verweigern allerdings den Import.

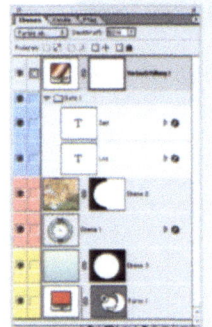

TIFF
(Tagged Image File Format)

Mit all seinen Fähigkeiten ist TIFF der Liebling der Setzer, Fotografen, Grafiker und Drucker. Auch die großen digitalen Bildarchive ziehen TIFF allen anderen Bildformaten vor. Das liegt insbesondere daran, daß TIFF sehr viel kann: TIFF kann sowohl RGB- als auch CMYK-Bilder speichern, kann mit 8 Bit Farbtiefe ebenso souverän umgehen wie mit 16 Bit Farbtiefe oder indizierten Farben. Dazu kann TIFF Maskenkanäle wie den sogenannten »Alphakanal« speichern, mehr als 256 Zeichenpfade und den Beschneidungspfad eines Bildes.

Die LZW-Komprimierung, die für TIFF angeboten wird, komprimiert das Bild verlustfrei, dafür aber auch nur um 10 bis 30%. Die angebotene Option WINDOWS oder MACINTOSH können Sie fast immer beliebig einstellen, denn in der Regel läßt sich jede TIFF-Datei auf jeder Plattform problemlos öffnen. Im Zweifelsfall kann man sich ja einfach der Mehrheit anschließen ...

Die Zukunft

Mit Photoshop 6 stehen TIFF noch weitere Optionen offen: TIFF speichert Ebenen und Transparenz, kann durch den LZW- oder ZIP-Algorithmus verlustfrei oder per JPEG mit Verlust komprimiert werden.

Diese neuen Fähigkeiten werden in den Voreinstellungen (BEARBEITEN/VOREINSTELLUNGEN) aktiviert. Da die meisten Anwendungen und auch andere Bildbearbeitungsprogramme in naher Zukunft noch nichts mit diesen neuen Fähigkeiten anfangen können, ist allerdings Vorsicht bei ihrer Anwendung geboten.

Adobe realisiert damit Release 6 des internationalen TIFF-Standards.

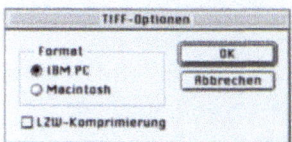

JPEG (Joint Photographers Expert Group)

JPEG ist die erste Wahl bei der Komprimierung fotografischer Bilder für das Internet und bietet hohe Komprimierraten von 1:3 bis 1:20 je nach akzeptablem Qualitätsverlust: JPEG stellt den Benutzer vor die Wahl, ein kleines Bild mit einer geringen Qualität oder größere Bilddateien in hoher Qualität zu erstellen. Auch im Offsetdruck ist JPEG nicht verpönt: Da es separierte CMYK-Bilddaten, das ICC-Profil und einen Beschneidungspfad für den »Freisteller« enthalten kann, ist das Format der Favorit, wenn Bilder per Datenleitung oder Internet an die Redaktion, den Setzer oder die Druckerei geschickt werden.

Mit Einschränkungen ist JPEG auch »archivfest«. JPEG sollte nur dann als Archivformat gewählt werden, wenn das Bild nicht weiter bearbeitet werden soll. Wird das Bild nämlich nach einer Korrektur oder einer Skalierung wieder als JPEG gespeichert, erfährt es erneut die Qualen der verlustbehafteten Komprimierung und Artefakte potenzieren sich.

Zur Zeit befindet sich JPEG im Umbruch: Ein neuer Standard, JPEG 2000, wartet auf die Realisierung in Bildbearbeitungsprogrammen und Anwendungen.

Auf den Ton gekommen – Grundlagen

EPS (Encapsulated PostScript)

Das EPS-Format ist für die Druckvorstufe entwickelt worden und kann sowohl Pixel- als auch Vektordaten aus Illustrator, Freehand, Flash oder Corel Draw! enthalten. Wenn Photoshop eine Vektorgrafik (auch als »generisches EPS« bezeichnet) öffnet, muß das Bild gerastert – in eine Pixelmatrix umgerechnet – werden. Dabei verliert die Grafik ihre speziellen Vektoreigenschaften wie die unbeschränkte Skalierbarkeit.

EPS ist Grafikers Liebling, wenn Bilder mit einem Beschneidungspfad gespeichert werden, da EPS auch auf älteren Belichtern zuverläßig funktioniert. EPS-Bilder lassen sich auch in verschiedenen Qualitätsstufen komprimieren.

Sie können zwischen der speicheraufwendigen ASCII-Kodierung und der unter Mac OS und Windows nutzbaren binären Kodierung wählen, die nur halb so viel Platz verbraucht. Noch mehr Platz spart die JPEG-Komprimierung, die aber nur von PostScript-Level-2-fähigen Ausgabegeräten unterstützt wird.

Zur EPS-Datei gehört eine niedrigauflösende Vorschau, damit der Setzer im Layoutprogramm nicht nur einen leeren Platzhalter sieht.

PDF (Portable Document Format)

Dokumente, die sowohl Texte als auch Bilder enthalten, sind hervorragend für den Adobe Acrobat Reader geeignet, dem wir auf jeder Installations-CD und im Internet begegnen. PDF komprimiert das Dokument so raffiniert, daß Megabyte-lastige, aufwendig formatierte Dokumente problemlos durch die schmalste Bandbreite passen.

In Satz- und Textprogrammen werden PDF-Dokumente durch das Programm Acrobat Destiller von Adobe erzeugt, aber Photoshop kann auch ohne diesen Umweg direkt ein PDF-Dokument erstellen.

Anders herum kann Photoshop PDF-Dokumente öffnen, die genauso wie Vektorgrafiken beim Import in Photoshop in eine Pixelmatrix aufgerastert werden. Wenn das Acrobat-Dokument aus mehrern Seiten besteht, wird jeweils eine Seite zur Konvertierung ausgewählt.

TGA (Targa) und BMP (Bitmap)

TGA ist auf dem IBM-PC zu Hause. Dort erfuhr es seine Blüte mit den 3D-Programmen der PC-Welt, die ihre Texturen gerne als TGA-Bilder aufnehmen und gerenderte Bilder als TGA ausgeben. Attraktiv wurde TGA, weil es einen Alphakanal beinhalten und verlustfrei komprimiert werden kann.

Da TGA weder CMYK-Bilder noch Beschneidungspfade noch Farbprofile speichert, spielt es in der professionellen Bildbearbeitung keine Rolle.

Auch BMP ist auf dem PC zu Hause. Dort war es für kurze Zeit der Star, da nur BMP Windows-Hintergrundbilder speichern konnte. Darüber hinaus besitzt BMP keine bemerkenswerten Eigenschaften.

GIF (Graphic Interchange Format)

JPEG versagt bei flächigen und wenigen Farben. Grafiken und Schriften sind ein Fall für das »andere« Bildformat des Internets. GIF war das bevorzugte Bildformat der frühen Internet- und CompuServe-Zeiten und komprimiert durch die Reduktion auf maximal 256 Farben.

In vielerlei Hinsicht ist GIF ein bemerkenswertes Bilddatenformat: Es kann Motive ohne einen aufwendigen Alphakanal oder Beschneidungspfad transparent vor einen Hintergrund stellen, wenn eine Farbe des Dokumentes zur Transparenzfarbe erklärt wird. Es kann im Internetbrowser schnell in einer geringen Qualität und dann stufenweise immer besser dargestellt werden (Interlaced) und kann gleich mehrere Bilder in einer Datei enthalten – GIF-Animationen sind und bleiben ein großer Renner des Internets.

Da GIF keine CMYK-Bilder speichert, entfällt es als Format für den Offsetdruck. Auch auf dem Tintenstrahldrucker zeigen sich die Abrisse in Verläufen, selbst wenn das Bild auf dem Monitor noch einen passablen Eindruck macht.

Kodak Photo-CD und FlashPix

Auf der Kodak Photo-CD werden gescannte Negative oder Dias in einem speziellen Format in fünf Größen gespeichert. Beim Öffnen eines Bildes kann der Benutzer die gewünschte Auflösung wählen.

FlashPix ist ein Bildformat, das genauso wie das Datenformat der Kodak PhotoCD mehrere Auflösungen eines Bildes speichern kann.

Das FlashPix-Dateiformat wird bei einer einfachen Installation von Photoshop nicht installiert, sondern nur, wenn Sie die Option MANUELLE INSTALLATION im Installationsprogramm wählen. Aktivieren Sie FPX MIT MICROSOFT OLE 2.08. Aber auch dann eröffnet sich Ihnen das FlashPix-Format erst dann, wenn Microsoft OLE für FlashPix installiert ist.

Außer seiner Fähigkeit, gleich mehrere Auflösungen in einem Paket unterzubringen – und das mit einem modernen, hochwertigen Komprimierverfahren – besitzt FlashPix keine nennenswerten Eigenschaften.

PICT – MacBild

PICT ist die Hausmarke des Macs, mit der Betriebssystem und Anwendungen am liebsten spielen – so werden z.B. Screenshots (Bildschirmfotos) als PICT-Dateien abgelegt.

PICT komprimiert das Bild verlustfrei, auf Wunsch auch in vier Qualitätsstufen nach dem JPEG-Verfahren. PICT speichert einen Alphakanal, wenn als Datenformat 32 Bit/Pixel gewählt wird (nur ohne JPEG-Komprimierung).

Am PC kann nicht jedes Programm mit PICT-Bildern etwas anfangen. Besonders verärgert sind PC-Benutzer, wenn Bildmaterial als PICT geliefert wird und die Namenserweiterung fehlt, ohne die der PC Bilddatenformate nicht erkennt.

Kapitel 2 Farbmanagement
– ein Königsreich für die Farbe

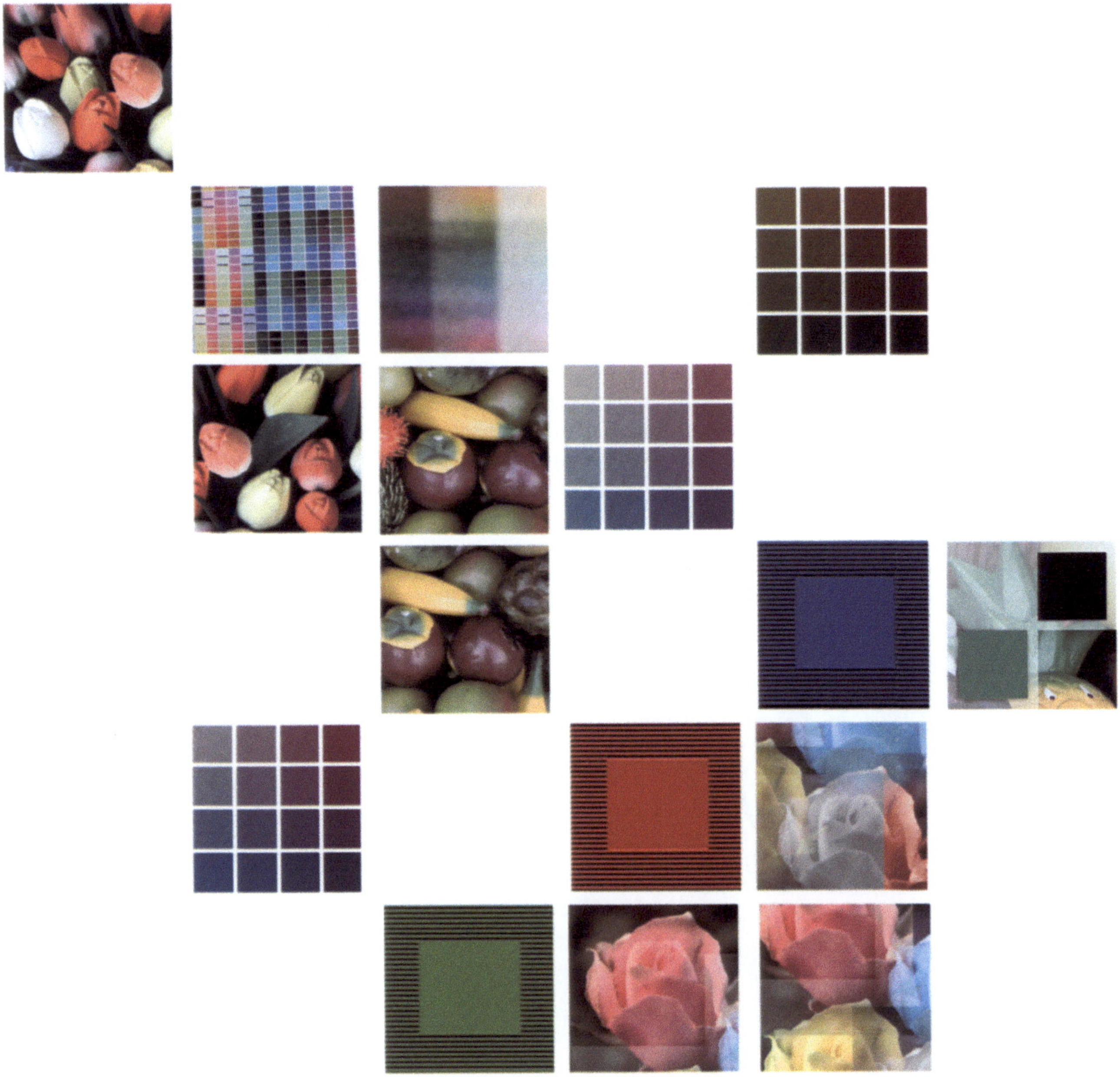

Am Rande des erforschten Farbraums

Was auf dem einen Monitor noch neutral und gesättigt erscheint, stellt sich auf dem nächsten Monitor grünstichig und flau dar, »säuft ab« auf dem Drucker und ein paar Farben verschwinden vollkommen.

Das digitale Bild wird mit der Digitalkamera aufgenommen oder mit dem Scanner erfaßt, auf dem Bildschirm bearbeitet und mit dem Tintenstrahldrucker oder im Offsetdruck ausgegeben – das Problem, das hierbei entsteht, liegt auf der Hand: Jedes der Geräte arbeitet mit anderen Farbstoffen und anderen Materialien, jedes kann den Farbstoffauftrag steuern und alle haben sie unterschiedliche Auflösungen.

Man spricht von einem »geräteabhängigen Farbraum«. So kann der Monitor trendige Farben wie Pinktöne leuchtend und klar darstellen, unsere Drucker aber können diese Farben nicht drucken. Der Drucker wiederum versteht sich gut mit Grüntönen, die wir auf dem Monitor nie zu sehen bekommen.

Eine Norm für die Abstimmung von Ein- und Ausgabegeräten

Faktoren wie Phosphorfarbstoffe beim Monitor, Druckfarben und Papier beim Drucker bestimmen die Farben, die ein Gerät erfassen, darstellen oder ausgeben kann. Das führte früher dazu, daß ein Bild, das aus Photoshop heraus gedruckt wurde, auf jedem Monitor und auf jedem Drucker anders aussah: mal farbstichig, mal viel zu dunkel. Geräte- und Softwarehersteller haben sich darum zum ICC (International Color Consortium) zusammengefunden, um einen Standard für eine konsistente Farbwiedergabe zu schaffen. Das Ergebnis ist ein Verfahren zum Farbmanagement, wie es in Photoshop integriert ist.

Unter Farbmanagement versteht man die Abstimmung aller Eingabe- und Ausgabegeräte, um unabhängig von den jeweils eingesetzten Geräten die gewünschte Farbwiedergabe zu erzielen.

Jedem Gerät sein eigenes Profil

Jeder Scanner, Monitor und Drucker hat ein eigenes Farbsystem:
- RGB: Scanner, Digitalkamera und Monitor,
- CMY: analoge Farbfotografie und einige Drucker,
- CMYK: Drucker,
- YCC: Kodak Photo-CD.

Aber selbst Geräte, die im gleichen Farbsystem arbeiten, unterscheiden sich voneinander: Das eine kann mehr Farben darstellen – hat einen größeren Farbraum –, das andere weniger. Die Beschreibung der Farbräume für die einzelnen Geräte geschieht über Farbprofile, in denen jedes Gerät niederlegt, wie es Farben sieht und wiedergibt.

Als Übersetzer und um die Transformationen zwischen den Profilen zu vereinfachen dient ein geräteneutraler Farbraum als Referenz.

Ein geräteunabhängiger Farbraum ist ein mathematisches Modell, das alle Farben enthält, die der Mensch wahrnehmen kann. Von diesen unabhängigen Farbräumen gibt es eine ganze Reihe. Der gebräuchlichste ist der Lab-Farbraum. Hierbei bezeichnet L die Luminanz, die Helligkeit der jeweiligen Farbe, das kleine a steht für den Farbort auf der Rot-Grün-Achse und b für den Ort auf der Blau-Gelb-Achse. Ein geräteunabhängiger Farbraum muß nur groß genug sein, um die Farbräume aller denkbaren Geräte vom Scanner über den Monitor bis zum Drucker zu umfassen.

Jedes Gerät braucht also »nur« seine Abweichung zu diesem idealen Farbraum zu ermitteln und in einem Farbprofil festzuhalten. Der Übersetzer ist ein ICC-kompatibler universeller Farbrechner, der im Betriebssystem des Rechners integriert ist. Er führt die Transformationen durch.

Auf dem Macintosh ist ein einfaches Werkzeug für das Farbmanagement bereits seit 1995 tatsächlich im Betriebssystem verankert: ColorSync. In der Windows-Welt gibt es seit 1999 Microsoft ICM2 mit Windows 98 und NT 5.0. Sie arbeiten mit identischen Rechenalgorithmen der Firma Heidelberg.

Einfach komfortabel: Gemessen wird beim Hersteller

Ein guter Scanner bringt seine Profile mit – nicht nur eines, sondern für die wahrhaftigen Profis gibt es verschiedene Profile für verschiedene Filmmaterialien und fotografische Papiere.

Der Druckertreiber etwa bringt schon sein geraumer Zeit eine Handvoll Profile mit: Plain Ink Jet-Papier, Photo Glossy, Backlight Film. Da Drucker, Tinte und Papier eine Einheit bilden, sind individuelle Profile nötig, wenn Papiere von anderen Herstellern benutzt werden. Für hochwertige Papiere wie die Künstlerpapiere für den InkJet-Druck von Hahnemühle gibt es darum für jedes Papier Profile für verschiedene Drucker.

Im Prinzip ist es also ganz einfach, wenn der Hersteller seine Geräte selbst ausmißt und sie dem Benutzer zur Verfügung stellt. Wenn alle Gerätelieferanten perfekte Profile mitbringen würden, die sich allesamt auf denselben Farbstandard beziehen und alle denselben, betriebssysteminternen Farbrechner für die Transformationen benutzen würden, müßten alle Probleme der Farbwiedergabe mit einem Schlag behoben sein.

In der Realität sind universelle Profile für Scanner, Kameras, Monitore und Drucker nicht immer optimal, dabei lebt und stirbt das Farbmanagement mit der Genauigkeit seiner Profile.

Das schwächste Glied in der Kette ist in jedem Fall der Drucker: Selbst wenn wir bei den Papieren und Tinten des Herstellers bleiben – Tinten und insbesondere Papiere werden ständig weiterentwickelt, aber die Profile erfahren keinen Update. Und spätestens, wenn wir besondere Papiere einsetzen wollen, etwa Künstlerpapiere für den Galerieprint, gilt: Wer professionellen Ansprüchen genügen will, braucht früher oder später individuelle Profile.

Farbprofil: nur ein paar Werte
Eigentlich ist ein Farbprofil eine simple Datei, die zwei Wertetabellen enthält: die eine für die tatsächlich im Gerät verwendeten Farbnummern (RGB- oder CMYK-Werte), die andere für die gemessenen Farben (typischerweise CIE Lab oder CIE XYZ), die das Gerät als Antwort auf eine Anfrage produziert oder anzeigt.

Farbmanagement – ein Königreich für die Farbe

Prêt-à-porter: Profile vom Scanner- und Druckerhersteller

Vom Scanner- und Druckerhersteller mitgelieferte Profile für verschiedene Fimsorten und verschiedene Papiere:

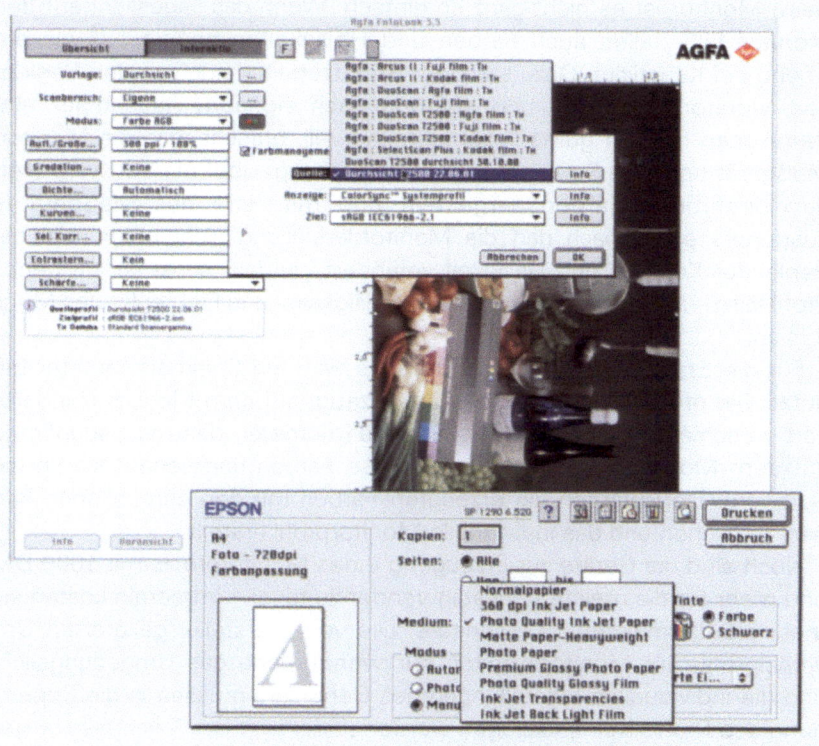

Profile für verschiedene Filmmaterialien im T 2500-Scanner von Agfa.

Profile für verschiedene Papiersorten im Tintenstrahldrucker Epson 1290.

Scanner kalibrieren

1. Scannen Sie ein IT8-Testchart.
2. Die profilerzeugende Software liest das gescannte Chart und erstellt ein Profil.

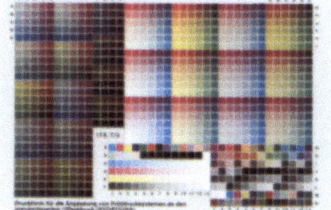

Wie Profile entstehen

Bei einem Scanner wird eine genormte IT8-Testvorlage gescannt und mit einer Software zur Profilerstellung das Profil des Scanners generiert. Programme, die ein solches Profil erstellen, sind z.B. ColorTune von Agfa, ScanOpen von Heidelberg, ProfileMaker von Logo oder ColorBlind von Color Solutions.

IT8-Testcharts gibt es als Aufsichtsvorlage sowie als Diapositiv auf verschiedenen Fotomaterialien von Agfa, Fuji und Kodak, denn zwischen den verschiedenen Filmmaterialien gibt es deutliche Unterschiede. Erforderlich ist eine digitale Referenzdatei, die sich genau auf die bei der Herstellung der IT8-Vorlage verwendeten Film-Emulsionsnummer beziehen muß. Die Vorlagen werden üblicherweise mit der Profilierungssoftware geliefert oder können zusätzlich bestellt werden. Sie machen einen guten Teil der Preisbildung aus – ein vollständiger Satz von Kalibriervorlagen, bestehend aus Dias, Negativen und Aufsichtvorlagen der wichtigsten Filmhersteller, kostet schon mal rund 1000 DM und mehr.

Das Testchart wird gescannt, die profilerstellende Software vergleicht die Farben der Vorlage mit den erfaßten Farben und hält die Abweichungen im Scannerprofil fest.

Farbmanagement – ein Königreich für die Farbe

Profile für den Monitor: Wer mißt den Benutzer?

Beim Monitor ist es nicht ganz so einfach. Wenn das Tageslicht auf den Monitor fällt, fallen auch Farben und Helligkeiten anders aus als am Abend bei Kunstlicht. Dazu stellt der Benutzer auch noch an den Reglern des Monitors Helligkeit und Kontrast nach eigenem Geschmack ein. Wenn man hier ein gutes Profil erstellen will, braucht man ein Monitor-Meßgerät und eine Software zur Profilerstellung. Über die Software werden bestimmte Farben dargestellt und mit Hilfe des Meßgerätes ausgemessen. Danach darf die Monitordarstellung nicht mehr über die Regler für Kontrast und Helligkeit verändert werden, sonst ist ein neues Profil fällig – am besten klebt man den Helligkeits- und Farbregler des Monitors ab.

Für die Erstellung eines Monitorprofils wird ein Spektralfotometer benutzt. Die profilerzeugende Software erzeugt auf dem Monitor Hunderte von verschiedenen Farben. Das Spektralfotometer, das mit Saugnäpfen auf dem Monitor befestig ist, mißt diese Farben und sendet sie an die Software. Dort werden die erzeugten Farben mit den gemessenen Farben verglichen und das individuelle Monitorprofil erstellt.

Noch sind die Geräte zur Erzeugung eines Monitorprofils mit 1000 DM und mehr für die meisten Privatanwender zu teuer – immerhin kosten sie mehr als die meisten 19''-Monitore. Die vom Hersteller gelieferten Universalprofile für Monitore helfen nur wenig, denn das Umgebungslicht und die individuellen Einstellungen des Benutzers müssen in die Berechnung des Profils mit einbezogen werden.

Die von den Monitorherstellern gelieferten Universalprofile können aber durchaus als Basis für die Erstellung eines eigenen ICC-Profils mit Hilfe von Adobe Gamma dienen, so dass die Anschaffung eines teuren Spektralfotometers nicht für jedermann zwingend notwendig ist. In Adobe Gamma werden Kontrast und Helligkeit des Bildschirms visuell erfaßt.

Profile für den Drucker

Noch komplizierter ist die Erstellung eines Druckerprofils. Farben und Kontraste verhalten sich bei einem matten Papier anders als bei einem Hochglanzpapier. Papier ist einmal reinweiß und einmal eher gelblich. Verschiedene Oberflächenveredelungen erzeugen eine unterschiedliche Farbwiedergabe. Vielleicht benutzen Sie die lichtbeständigen Tinten eines anderen Herstellers für den Galerieprint – jedes Profil gilt nur für eine Drucker-Tinten-Papier-Kombination, für die ein IT8-Testchart ausgedruckt und mit einem Spektralfotometer ausgemessen wird.

Monitor kalibrieren

1. Befestigen Sie das Farbmeßgerät an einer bezeichneten Stelle.
2. Die Software erzeugt Farben, die das Meßgerät einliest.
3. Die Software erzeugt ein Monitorprofil.
4. Stellen Sie im Betriebssystem das gemessene Monitorprofil ein.

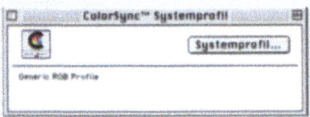

Wenn Sie kein Farbmeßgerät zur Verfügung haben:
1. Rufen Sie Adobe Gamma auf.
2. Folgen Sie den Anweisungen des Programms.
3. Die Software erzeugt ein Monitorprofil.
4. Stellen Sie im Betriebssystem das gemessene Monitorprofil ein.

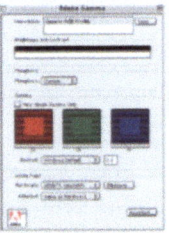

Drucker kalibrieren

1. Wählen Sie Drucker, Papier und Tinte.
2. Drucken Sie eine spezielle Vorlage. Jede Software bringt üblicherweise ihre eigenen Testcharts mit Hunderten von kleinen Testfeldern mit.
3. Messen Sie jedes Farbfeld mit einem Spektralfotometer, und geben Sie die gemessenen Werte in der Profilsoftware ein.
4. Die Software erzeugt ein Profil für die Drucker-Tinten-Papier-Kombination.
5. Wählen Sie im Druckertreiber dieses Profil, wenn Sie mit dieser Drucker-Tinten-Papier-Kombination drucken.

Die profilerzeugende Software druckt eine Testdatei mit ein paar hundert bis tausend Farbfeldern aus. Anschließend müssen sämtliche Farbfelder farbmetrisch ausgemessen und in den Rechner eingegeben werden – harte Arbeit, wenn es sich um ein Handgerät handelt. Wer es sich leisten kann, schafft darum einen XY-Tisch an, der das Ausmessen und die Übertragung der Meßdaten an den Rechner übernimmt (Gretag: Spectrolino und SpectroScan).

Profile für die Digitalkamera: Einfach riesig, einfach bunt

Eigentlich sollte es jetzt einfach sein, ein Profil für die Digitalkamera herzustellen. Man könnte sich vorstellen, daß eine IT8-Aufsichtsvorlage fotografiert wird und das Resultat im Rechner mit der Referenz verglichen wird. Im richtigen Leben allerdings fotografieren wir echte Körperfarben: Haut und Haare, Pullover und Rindsleder, Ziegelsteine und den Metallic-Lack unseres Autos, Holz und Blätter, Gras und Asphalt.

Wer schon einmal die typischen Testbilder der Kameratests in der c't, der Color Foto oder der Chip gesehen hat, kennt die Aufbauten aus Püppchen und bunten Perlenketten, Farbkästen und Malstiften, Teekannen und Weinflaschen, Siemenssternen und Farbkarten aus nicht reflektierendem Material. Standardisiert ist hier nichts, und jede Zeitschrift verwendet einen anderen Testkasten, den sie mit den Lieblingsutensilien der jeweiligen Redakteure füllt. Da aber auch hier die Standardisierungskommitees nicht haltmachen werden, dürfen wir gespannt sein, wie ein genormtes Testchart für die Digitalfotografie eines Tages aussehen wird (und wie groß und schwer es sein wird).

Auf jeden Fall aber muß es in verschiedenen Lichtsituationen fotografiert werden: mit Tageslicht, Blitzlicht, Kunstlicht, Halogen. Bis es soweit ist, gehen wir davon aus, daß Bilder aus der Digitalkamera dem sRGB-Farbraum entsprechen.

Adobe Gamma

Nicht jeder Fotograf wird sich zusammen mit dem Computer und Photoshop auch gleich ein Farbmeßgerät zulegen. Eine akzeptable Alternative bietet das Programm Adobe Gamma.

Zwar kann der Hersteller des Monitors den Farbraum des Monitors ausmessen – aber da gibt ja noch die Regler für Helligkeit und Kontrast, mit denen der Benutzer seinen Monitor innerhalb weniger Sekunden in den Abgrund treiben kann. Dazu verändert auch noch das Umgebungslicht die Darstellung des Bildes auf dem Monitor. Hier hilft nur selber messen ...

Adobe Gamma

Wenn Sie kein Farbmeßgerät für den Monitor haben, helfen Ihnen Augenmaß und das Programm Adobe Gamma, mit deren Hilfe Sie Kontrast, Helligkeit, das Gamma und die Farbbalance sowie den Schwarz- und Weißpunkt Ihres Monitors messen. Die Methode hat auch ihren Vorteil: Im Gegensatz zum Farbmeßgerät zieht Adobe Gamma auch das Umgebungslicht in den Meßvorgang ein.

Auf dem Mac muss ColorSync installiert sein, damit Adobe Gamma funktioniert – und wenn dort bereits ein Monitorprofil angelegt ist, wird dieses als Ausgangsprofil verwendet. Unter Windows NT gibt es ein paar Einstellfelder weniger: Windows NT gestattet keinem Programm die Einstellung des Gammas. Die Änderungen wirken nur im Photoshop – Sie sehen die Auswirkungen allerdings erst, wenn Sie das Adobe Gamma-Programm beenden. Unter Windows 95 kann die Grafikkarte die Einrichtung des Gammas verhindern.

Die Arbeitsumgebung

Ein wichtiger Schritt hin zu einer verläßlichen Farbdarstellung ist ein konstantes Umgebunglicht. Ihr Monitor zeigt bei hellem Sonnenschein und beim Schein der Arbeitsplatzlampe in der Dämmerung einen jeweils anderen Farbcharakter und insbesondere auch andere Kontraste.

◀ Stellen Sie außerdem ein neutrales Grau als Hintergrundfarbe Ihres Desktops ein, und trennen Sie sich von den bunten Bildern, damit Ihr Farbempfinden nicht durch den Hintergrund gestört wird.

Farbmanagement – ein Königreich für die Farbe

Bildschirm messen mit Adobe Gamma

Adobe Gamma kann Schritt für Schritt mit einer ausführlichen Erklärung der Einstellungen durchgeführt werden. Für die ersten Schritte ist dies das empfohlene Verfahren.

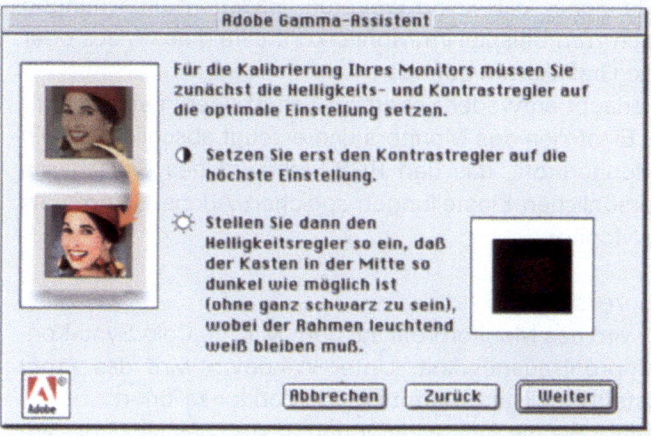

Stellen Sie den Kontrast- und Helligkeitsregler an Ihrem Monitor zuerst auf die maximal möglichen Einstellungen. Dann regeln Sie Kontrast und die Helligkeit soweit herunter, daß die schwarzen und grauen Felder für HELLIGKEIT UND KONTRAST gerade noch voneinander unterschieden werden können.

▶ Im Handbuch Ihres Bildschirms erfahren Sie, welche Phosphorfarben der Monitor verwendet.

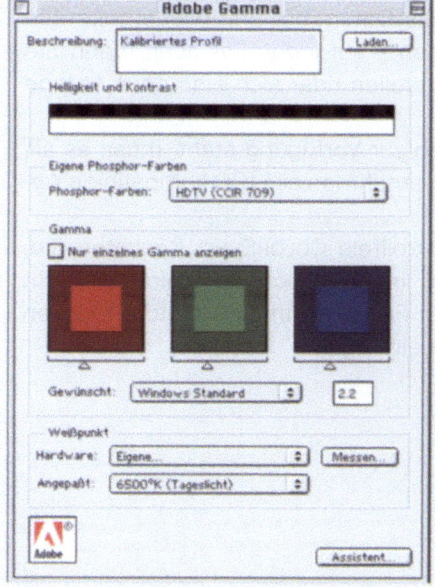

◀ *Gamma* steht für die mittlere Helligkeit des Monitors. Mit den einzelnen farbigen Feldern gleichen Sie einen Farbstich des Monitors aus.
Windows Gamma von 2,2 liefert eine kontrastreiche Darstellung auf dem Monitor – perfekt für Präsentationen mit dem Beamer.
Macintosh Gamma von 1,8 ist eher für den Druck gedacht und simuliert Druckfarben besser.

▶ Mit dem Weißpunkt wird die Papierfarbe – oder besser das Ausgabemedium – nachgebildet. Eine niedrige Farbtemperatur entspricht dem gelblichen Papier, eine mittlere Farbtemperatur liefert die neutrale Ausgabe auf dem fast reinweißen InkJet-Papier. Extrem hohe Farbtemperaturen eignen sich eher für eine kühle Monitordarstellung.

◀ Klicken Sie auf **Messen**. Um die Farbtemperatur visuell vorzugeben, zeigt der Bildschirm drei graue Felder. Wählen Sie das Feld, das Ihnen neutral erscheint. Sobald das neutrale Feld in der Mitte liegt, ist der Auswahlprozess abgeschlossen.

Farbmanagement – ein Königreich für die Farbe

Bevor Sie mit den Einstellungen beginnen, sollte Ihr Monitor mindestens eine halbe Stunde eingeschaltet sein, damit sich die Anzeige stabilisiert hat. Stellen Sie sicher, daß keine weiteren Gradationsanpassungen aktiviert sind, die sich zum Beispiel im Monitorkontrollfeld des Macs oder in Treibern für einige Grafikkarten befinden.

Das Kontrollfeld erlaubt entweder Schritt für Schritt oder in einem Kontrollfeldfenster das Einstellen des Monitors und erzeugt abschließend ein ICC-kompatibles Monitorprofil, das den RGB-Farbraum des Bildschirms beschreibt. Ihre persönlichen Einstellungen speichert Adobe Gamma als ICC-Profil für Ihren Monitor.

Gespeichert und versiegelt

Einmal eingestellt, wird das Monitorprofil auf dem Mac im ColorSync-Kontrollfeld als Systemprofil ausgewählt. Unter Windows wird das Profil durch den Systemstart initialisiert. Damit ist der Monitor kalibriert.

Anschließend kleben Sie die Einstellräder und -tasten des Monitors am besten ab, denn jedesmal, wenn Sie Helligkeit und Kontrast Ihres Monitors über die Regler am Monitor ändern, müssen Sie Adobe Gamma erneut ausführen. Schreiben Sie sich das Datum auf und wiederholen Sie Adobe Gamma nach etwa vier Wochen – auf jeden Fall aber, wenn Sie den Monitor auf einen anderen Platz stellen oder sich eine neue Lampe anschaffen.

Damit das Profil allen Anwendungen zur Verfügung steht, muss es als Systemprofil notiert werden. Damit übernehmen alle ICC-kompatiblen Anwendungen dieses Monitorprofil.

Auf dem Mac passiert das im Kontrollfeld COLORSYNC. Beachten Sie, daß Sie den zweiten Punkt, Monitor, in der ColorSync-Dialogbox nicht wählen können. Den ausgemessenen Farbraum Ihres Monitors müssen Sie im Kontrollfeld COLORSYNC PROFILE eintragen.

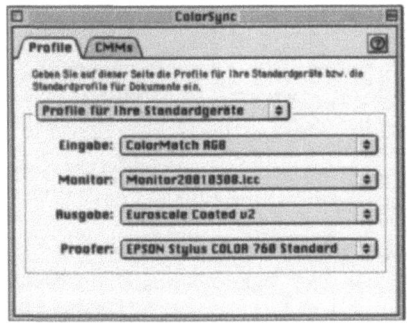

Das Kontrollfeld ColorSync. Unter EINGABE liegt der Arbeitsfarbraum, in MONITOR wird das gemessene Profil des Bildschirms ausgewählt. Für die Herstellung dieses Buches wurde Euroscala V2 als AUSGABE eingerichtet und der PROOFER ist ein ganz gewöhnlicher Tintenstrahldrucker.

Farbmanagement einrichten

Der Clou kam schon mit Photoshop 5: Der Arbeitsfarbraum ist nicht der gemessene Farbraum Ihres Monitors, sondern ein idealisierter und neutraler Farbraum.

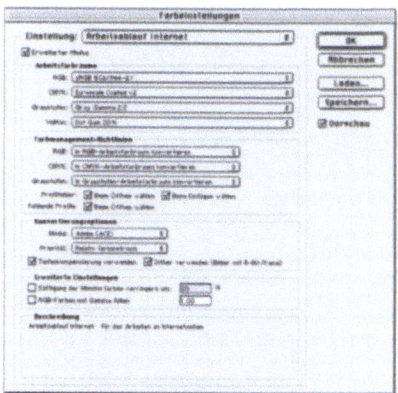

Nachdem der Monitor kalibriert wurde, ist der nächste Schritt die Einrichtung des Farbmanagements unter BEARBEITEN/FARBEINSTELLUNGEN in Photoshop.

Die Charakteristika Ihres Monitors werden über Tabellen in einen standardisierten Farbraum umgerechnet. Die Darstellung auf dem Monitor wird auf diese Weise »geräteunabhängig«.

Farben, die Ihr Monitor nicht darstellen kann, werden nicht mehr »abgeschnitten«. Früher galt nämlich: Was der Monitor vom RGB des Bildes nicht hergibt, holt der Drucker auch nicht wieder raus. Erinnern wir uns daran, daß der Monitor eine Cyan-Grün-Schwäche aufweist – früher verschwanden die gesättigten Cyan- und Grüntöne im Nirwana, wenn das Bild im Monitorfarbraum gespeichert wurde. Auch heute sehen wir sie nicht auf dem Monitor, aber im Druck kommen sie wieder zur Geltung.

Arbeitsfarbraum einrichten in Photoshop

Für die geräteunabhängige Darstellung bringt Photoshop eine Reihe von Farbräumen mit. Sie wählen einen Farbraum je nach Ausgabeziel: für den Druck auf dem Tintenstrahldrucker, für den Offsetdruck oder das Internet.

- sRGB ist ein von Microsoft und Hewlett-Packard initiierter Standard, der sich an den Geräten der Bürowelt und des Heimanwenders orientiert. Von seiner Struktur ist sRGB eine Low-End-Variante mit einem Gamma von 2,2 – optimal für PowerPoint-Präsentationen und Internet. Der geringe Farbumfang (Gammut) allerdings schneidet viel Cyan weg. Damit kippen helle Cyantöne, Grün und Blau beim Druck – insbesondere auch auf dem eigenen Tintenstrahldrucker.
- AppleRGB: AppleRGB ist ein Pendant aus der Mac-Welt, ebenfalls mit einem kleinen RGB-Farbraum, aber einem Gamma von 1,8, das sich für viele Druckverfahren etwas besser eignet.
- AdobeRGB: Hier haben wir einen großen Farbraum, der fast das gesamte Cyan abdeckt und einen kontraststarken Gammawert von 2,2 aufweist. Wenn viele Bilder bereits mit 12 oder 16 Bit Farbtiefe erfaßt werden und ihr Drucker mit 6 Farben druckt, ist Adobe RGB eine gute Basis für die Arbeit in Photoshop. Der Nachteil von AdobeRGB ist, daß dieser Farbraum viele Farben enthält, die sich im Vierfarbdruck nicht darstellen lassen.
- ColorMatch RGB: ColorMatch basiert auf dem Radius Pressview-Monitor und ist einer der interessantesten Farbräume für die Reproduktion. Der Gammawert ist mit 1,8 niedrig, aber der Farbraum ist ausgebaut. Da ColorMatch auf dem (geräteabhängigen) Profil des Radius-Monitors basiert, ist auch hier die Grün- und Cyan-Schwäche zu beobachten, wenn auch nicht so ausgeprägt wie bei sRGB und AppleRGB.

Farbmanagement – ein Königreich für die Farbe

Farbeinstellungen in Photoshop

Alle Einstellungen für das Farbmanagement befinden sich im Dialogfeld FARBEINSTELLUNGEN im Menü BEARBEITEN. Die Einstellungen unterstützen verschiedene Abläufe: Wenn einmal die Aufbereitung der Bilder für Internet und Präsentationen, ein anderes Mal für den Offsetdruck oder für den Druck auf dem eigenen Desktop-Drucker gefordert ist, werden die Farbeinstellungen für verschiedene Arbeitsabläufe gespeichert.

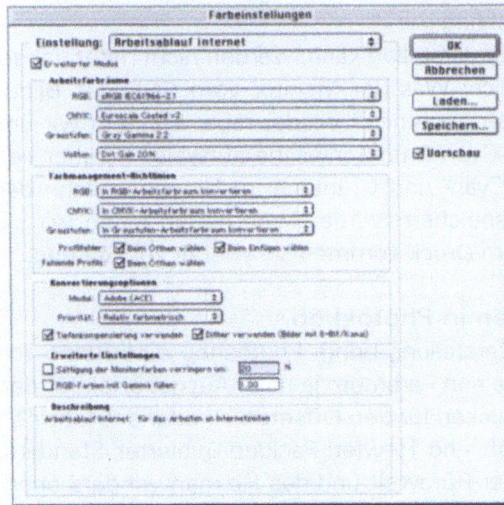

SPEICHERN Sie ihre Farbeinstellungen, um von einem Arbeitsablauf zu einem anderen zu wechseln – z.B. vom Druck zur Präsentation im Internet.

Im Klappmenü **RGB** wird nicht der ausgemessene Monitor eingesetzt, sondern ein Standardfarbraum wie sRGB, Apple- oder AdobeRGB. Wer seine Bilder ausschließlich auf dem eigenen Tintenstrahldrucker ausgibt und nicht für den Offsetdruck plant, braucht sich um das **CMYK** keine Gedanken zu machen. Ansonsten fragen Sie in der Druckerei, welche Einstellung für das CMYK empfohlen wird. Euroscala gestrichen ist dabei ein allgemeiner Standard für den Druck und wird Ihnen in den meisten Fällen ans Herz gelegt werden.

FARBMANAGEMENT-RICHT-LINIEN: Was passiert jetzt, wenn Sie ein Bild ohne Profil oder mit einem anderen als dem eingestellten öffnen? Sie können Bilder beruhigt generell in den Arbeitsfarbraum konvertieren. Hier wird nur die Monitordarstellung umgerechnet, den Farben des Bildes passiert dabei nichts.
Wer – wie viele Photoshop-Anwender – in den Vorgängerversionen ohne Farbmanagement eine verläßliche Farbdarstellung eingestellt hatte, sieht jetzt eine ganz andere Farbwiedergabe und erst die Profilkonvertierung bringt die bekannte Anmutung der Farben zurück.
Sie können aber ebensogut auch beim Öffnen einer Datei wählen, wie Sie mit Bildern ohne Profil oder mit einem anderen Profil umgehen wollen.

Konvertieren oder lieber nicht? Wenn Sie in AdobeRGB arbeiten und öffnen ein Bild aus Ihrer Digitalkamera, werden Sie mit der Frage konfrontiert, ob Sie das eingebettete Profil

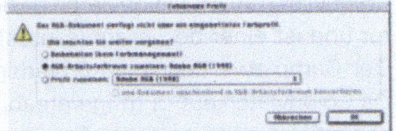

(fast immer sRGB) behalten oder in den von Ihnen eingestellten Monitorfarbraum umrechnen wollen.
- Eine Bild ohne eingebettetes Profil aus einer unbekannten Quelle: nicht konvertieren.
- Ein Bild aus einem verläßlichen Scanner oder der Digitalkamera mit einem anderen Profil als dem eingestellten: nicht konvertieren.
- Wenn Sie das Bild bearbeiten und etwa für das Internet oder den Druck in einem Magazin aufbereiten wollen, weisen sie ihm das Profil zu, in dem Sie arbeiten.

KONVERTIERUNGSOPTIONEN: Wie möchten Sie Farben ersetzen, die Ihr Monitor nicht darstellen kann, wenn das Profil von einem Arbeitsfarbraum in einen anderen umgerechnet wird? PERZEPTIV oder RELATIV FARBMETRISCH sind eine gute Basis für fotografische Bilder. SÄTTIGUNG eignet sich eher für Grafiken und Illustrationen. ABSOLUT FARBMETRISCH ist nur zu empfehlen, wenn der Erhalt bestimmter Farben unerläßlich ist – etwa in der Katalogfotografie oder bei einem Logo.

Welcher Arbeitsfarbraum für welche Konstellation?

Es ist offensichtlich, daß sRGB ein guter Arbeitsfarbraum für Internet und Multimedia ist – mit einem Gamma von 2,2 ist er kontrastreich und zeigt kräftige Farben bei Präsentationen mit dem Beamer. Für den klassischen Aufsichtsscanner und Bürodrucker und die Monitore im Büro reicht der Farbraum allemal.

AppleRGB ist nicht besser als sRGB, nur anders: Das Gamma von 1,8 ist flacher oder anders ausgedrückt »nicht so steil«.

Die Helligkeitsverteilung ist also nicht linear – bei einem hohen Gamma steigen und fallen die Helligkeitsstufen an den Enden der Tonwertskala schneller (die Sprünge von einem Ton zum nächsten sind größer) und das Bild wirkt knackiger. Die Druckprozesse im Offsetdruck mögen lieber einen weniger steilen Anstieg/Abfall. Wer also Bilder für Magazine und Zeitschriften aufbereitet, liegt mit AppleRGB auf der sicheren Seite.

Der Nachteil großer Farbräume

AdobeRGB ist eine gute Empfehlung für die digitale Fotografie, ist aber zu groß, wenn Bilder aus dem Low-End-Scanner in den Arbeitsfarbraum transformiert werden. In einem großen Farbraum liegen die Abstände zwischen den Helligkeitsstufen weit auseinander, während sie in einem kleinen Farbraum, der ja ebenfalls 256 Tonwertstufen enthält, eng zusammen liegen. Wird das Bild aus dem kleinen Farbraum des Scanners in den wesentlich größeren Arbeitsfarbraum transformiert, entstehen große Lücken zwischen den Helligkeitsstufen. Bei einer Tonwertspreizung werden die Lücken unter Umständen so groß, daß Verläufe »aufreißen«.

ColorMatch ist kleiner als AdobeRGB – damit ist ein 12-Bit-Scanner mit einer Dichte von 3 »auf der sicheren Seite«. Die tolle Digitalkamera, die ich mir im nächsten Jahr kaufen werden, wird allerdings unter dem Cyan-Grün-Beschnitt leiden (ohne daß ich jemals etwas davon sehen werde).

Ein eigener Standard

Wenn Sie heute bereits mit Geräten in 12 bis 16 Bit Farbtiefe arbeiten, lohnt es sich, die Farbräume aller Geräte auszumessen und einen eigenen RGB-Arbeitsfarbraum festzulegen, der alle Farben enthält, die Ihre Geräte erfassen bzw. drucken können. Die Qualität der Druckprozesse wächst rapide, neue Papiere und Tinten beherrschen immer größere Farbräume und die Belichtung von digitalen Bildern auf fotografischem Papier, das für digitale Bilder optimiert wurde, zieht in die Fotolabore ein. Da will man natürlich kein Bit Farbe verschenken.

Von verschiedenen Seiten erhält man Vorschläge für Arbeitsfarbräume, die versuchen, die kleinen Handicaps von AdobeRGB und ColorMatch zu umgehen. Im Internet etwa finden wir den Vorschlag von Bruce Fraser. BruceRGB deckt den CMYK-Druckfarbraum sehr gut ab – besser als ColorMatch – , ohne dabei wesentlich größer zu sein als ColorMatch.

Der ideale RGB-Farbraum sollte groß genug sein, um die Farbräume aller Ein- und Ausgabegeräte zu umfassen – andererseits darf er nicht zu groß sein, denn sonst enden vormals feine Verläufe bei der Reduktion auf den kleineren Farbumfang des Druckprozesses in sichtbaren Bändern.

Farbmanagement – ein Königreich für die Farbe

Softproof – mal sehen, wie's aussieht

Unzählige Testseiten einsparen, Drucke am Monitor optimieren und Enttäuschungen ersparen – die Simulation auf dem Monitor zeigt uns, was der Drucker – ob Tintenstrahldrucker oder der Druckprozess in der Druckerei – liefern kann.

Wenn Sie vor dem Ausdruck sehen möchten, wie sich das Bild auf dem jeweiligen Ausgabegerät macht – RGB-, CMYK- oder Graustufendrucker, ein anderer Monitor oder ein anderer Arbeitsfarbraum – ist ein Softproof angebracht. Ohne Transformation in den jeweiligen Farbraum wird das Bild auf dem Monitor so angezeigt, wie es bei der Ausgabe erscheinen wird. Feineinstellungen und die Optimierung des Drucks werden im RGB-Arbeitsfarbraum durchgeführt, der nächste große Papiereinkauf kann aufgeschoben werden.

Die richtige Ansicht

Unter ANSICHT/PROOF EINRICHTEN/EIGENE erscheint die Dialogbox PROOF EINRICHTEN. Im Klappmenü PROFILE wird das Profil herausgesucht, das auf dem Monitor simuliert werden soll.

Die Option FARBWERTE ERHALTEN führt uns vor Augen, was passiert, wenn ein Bild ohne Transformation auf dem Ausgabegerät ausgegeben wird. Die Option steht nur dann zur Verfügung, wenn sich das Bild und das Ausgabegerät im gleichen Farbraum befinden. Wenn es sich bei dem Bild um ein CMYK-Bild handelt und Ihr Tintenstrahldrucker ein RGB-Drucker ist, bleibt die Checkbox FARBWERTE ERHALTEN ausgeblendet.

Besonders nützlich ist FARBWERTE ERHALTEN, wenn Sie sehen wollen, wie sich ein CMYK-Bild, das Sie für einen Druckprozess aufbereitet haben, in einem anderen Druckprozess verhält. So waren die Bilder in meinem Buch Photoshop 5 im UCR-Verfahren separiert, und die offene Frage war: Wie verhalten sich die Bilder, wenn ich Abbildungen für den Zeitschriftendruck im GCR-Druckprozess brauche? Kann ich sie übernehmen, oder muß ich meine RGB-Rohdaten heraussuchen und die Bilder neu separieren?

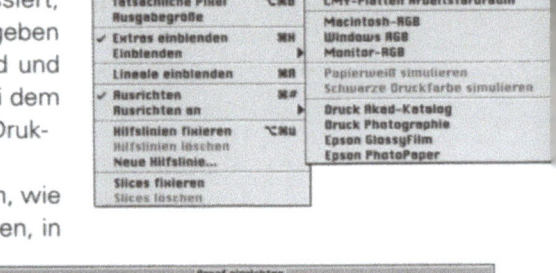

Daß dieses zarte Lila der Holztulpen im Druck nicht gelingen will, verrät der Softproof auf dem Bildschirm.

Perzeptiv

Sättigung

Sobald die FARBWERTE ERHALTEN aktiviert ist, wird PRIORITÄT, der Rendering Intent, ausgeblendet: Photoshop geht davon aus, daß ich das Bild nur beurteilen, nicht aber tatsächlich konvertieren möchte.

Farbverluste minimieren: der Rendering Intent

Im Klappmenü PRIORITÄT wird der RENDERING INTENT, das Verfahren, nach dem Farben von einem Farbraum in einen anderen umgerechnet werden, gewählt. Alle vier Methoden am Monitor auszuprobieren, spart mächtig viel Papier, denn man sieht auf den ersten Blick, wie die verschiedenen Rendering-Methoden die Farbwiedergabe beeinflussen.

Bei den letzten beiden Optionen müssen wir sozusagen den Rückwärtsgang einlegen – jetzt geht es darum, in welcher Weise der Monitor den Softproof darstellt.

Die Simulation von PAPIERWEIß und SCHWARZER DRUCKFARBE ist per Vorgabe zunächst immer inaktiv. Photoshop führt eine relativ farbmetrische Transformation mit Schwarzpunktkompensation vom Softproof-Farbraum auf den Monitor durch. Die relativ farbmetrische Transformation setzt das Weiß des Proof-Farbraums, das bei einer Druckausgabe das Papierweiß ist, auf das Weiß des Zielfarbraums, der in diesem Fall der Monitor ist. Die Schwarzpunktkompensation setzt das Schwarz des Softproof-Farbraums, das bei der Druckausgabe die schwarze Tinte des Druckers ist, auf das Schwarz des Zielfarbraums, der jetzt der Monitor ist.

In den meisten Fällen wird das Monitorweiß heller und blauer sein als das Papierweiß und das Monitorschwarz wird dunkler sein als das gedruckte Schwarz – besonders, wenn auf einem matten Papier gedruckt wird.

Können Sie die bittere Wahrheit verkraften?

Wird SCHWARZE DRUCKFARBE aktiviert, wird die Schwarzpunktkompensation ausgeschaltet. Das Bild auf dem Monitor wird heller, verliert an Sättigung und erscheint besonders in den Tiefen ausgewaschen, aber der Eindruck trifft das Ergebnis der Druckausgabe besser.

Wird PAPIERWEISS aktiviert, führt Photoshop eine absolut farbmetrische Umsetzung vom Proof-Farbraum auf den Monitor durch. Dabei wird die Option SCHWARZE DRUCKFARBE ausgeblendet, denn eine Schwarzpunktkompensation steht bei der absolut farbmetrischen Umsetzung nicht zu Wahl. Absolut ist absolut: Auf dem Monitor wird das Schwarz des Druckers simuliert. ABSOLUT FARBMETRISCH zeigt sowohl den Einfluß der Papierfarbe als auch die Komprimierung des Tonwertumfangs, die im Druck eintreten werden. In der Regel trifft die Simulation des Papierweiß das Ergebnis der Druckausgabe am besten, obwohl der Softproof das Bild vor den Augen des Betrachters regelrecht verblühen läßt.

Wer die bittere Wahrheit verkraftet, daß der Druck nicht so viel hergibt wie der Monitor, kann das Bild jetzt im RGB-Arbeitsfarbraum für das jeweilige Ausgabegerät optimieren, ohne seine teuren Papiervorräte zu strapazieren.

Proof-Umgebungen speichern
Damit wir nicht jedes Mal durch lange Klappmenüs blättern müssen, können die jeweiligen Einstellungen gesichert werden. Die gespeicherten Einstellungen erscheinen am Ende des Klappmenüs PROFILE.

Kapitel 3   Bildverbesserung – alles für feine Töne

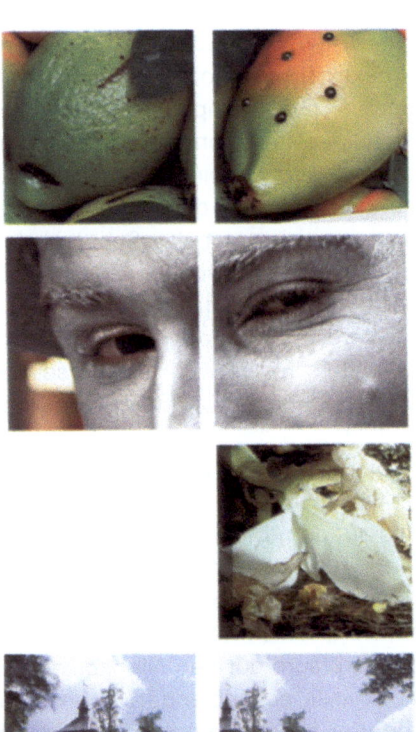

Der gute Ton

In der »digitalen Dunkelkammer« gelingen Korrekturen mit einer Präzision, die in der analogen Dunkelkammer bloße Theorie waren, und lassen eingefleischte Anhänger der analogen Dunkelkammer vor Neid erblassen. Aber das Know-how der analogen Dunkelkammer hilft.

Der Hang zur Perfektion trieb so manch einen Fotografen in die eigene Dunkelkammer und auch für die Anhänger der digitalen Bildverarbeitung steht die Bildverbesserung ganz hoch im Kurs. Unter- oder Überbelichtetes soll an Profil gewinnen, der Blaustich dem warmen Charakter eines sonnigen Herbsttages weichen oder ein leichtes Schärfen den letzten Hauch von Brillanz erzielen.

Der gute Ton: Digitale Qualität
An seinen Tonwerten sollt Ihr es erkennen: Zeichnung und Kontrast, saubere Verläufe ohne Helligkeitssprünge und natürliche, gesättigte Farben machen die Qualität des digitalen Bildes aus.

- Richtig belichtete Fotos zeigen Details sowohl in den hellen Bereichen (den Lichtern) als auch den dunklen Regionen (Schatten) des Bildes. Das reine Schwarz im Bild erstreckt sich nur auf kleinste Bereiche – etwa die Kohleaugen eines Schneemanns.
- In Verläufen wie in Hauttönen und im blauen Himmel liegen die Helligkeitswerte so eng zusammen, daß keine sichtbaren Stufen entstehen.
- Das reine Weiß kommt nur in den »Spitzlichtern« vor, kleinsten Reflexionen. Die Lichter sind reinweiß und ohne Farbstich. In allen hellen Bereichen ist noch Zeichnung zu erkennen.
- Im kontrastreichen Bild erstrecken sich die Helligkeitswerte vom Schwarz bis zum Weiß.

Dennoch sind dies nur Anhaltspunkte – vielfach setzt die Bildgestaltung dieses Regelwerk außer Kraft.

Farben und Bildschärfe
Die Beurteilung der Farben ist eine schwierige Übung – zum einen erfordert sie ein erfahrenes Auge, zum anderen unterliegt sie dem Geschmack.

Die Zitrone ist gelb, der Asphalt der Straße ist grau – Referenzfarben helfen, einen Farbstich zu erkennen, aber ein Überhang in einer Farbe kann auch zum Inhalt des Bildes gehören, etwa in der Sonnenuntergangsstimmung oder in einer kühlblauen Nachtaufnahme.

Die Bildschärfe läßt sich nicht ohne weiteres beschreiben. Schärfe ist ein Eindruck, der durch feine Details und hohe Kontraste an den Konturen im Bild entsteht.

Bildverbesserung – alles für feine Töne

Das Histogramm

Das erste Hilfsmittel bei der Beurteilung eines Bildes ist das Histogramm (Menü BILD/HISTOGRAMM). Es gibt die Verteilung der Pixel über den Tonwertumfang eines 8-Bit-Graustufenbildes wieder. Am Histogramm läßt sich ablesen, ob das Bild einen ausreichenden Tonwertumfang besitzt.

Im Standardbild erstrecken sich die Tonwerte vom Schwarz bis ins Weiß. Dazwischen darf ein unruhiges Gebirge liegen.

Zeigt das Histogramm links ein Gebirge und ist auf der rechten Seite extrem flach, liegt zumeist ein dunkles, vielleicht sogar unterbelichtetes Bild vor. Ist das Gebirge auf einer Seite abgeschnitten, so hat der Scanner oder die digitale Kamera nicht alle Bereiche des Bildes erfaßt, und es fehlen die schwarzen Tiefen oder das helle Weiß im Bild – das Bild erscheint flach und kontrastarm.

Bildverbesserung – alles für feine Töne

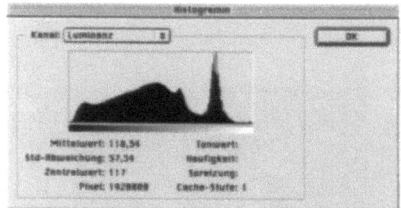

Das Histogramm enthält 256 vertikale Balken, die jeweils einen Helligkeitswert repräsentieren. Die Balkenhöhe ist proportional zur Anzahl der Pixel pro Graustufe. Wenn ein großer Teil der Tonwerte in einem bestimmten Bereich überproportional auftritt, liegen dort besonders viele Bilddetails – hier ist das Bild »durchgezeichnet«.

Wenn das Histogramm durch Korrekturen wie Tonwertspreizung und Änderung der Gradationskurve stark aufreißt – also viele Pixelbalken fehlen – hat die Korrektur zur Tontrennung geführt. Dann fehlen Helligkeitsstufen im Bild und Verläufe sind nicht mehr glatt, sondern weisen deutliche Trennungen zwischen Helligkeitsstufen auf, die besonders im Druck stark ins Auge fallen.

Ein ungleichmäßig verteiltes Histogramm weist aber nicht unbedingt auf ein fehlerhaftes Bild hin. Viele gute Bilder weichen mit Absicht vom Standard ab: So enthalten High-Key-Bilder wenige Schattenpixel, Low-Key-Bilder wenige Lichterpixel.

Histogramm-Informationen lesen

Das Histogramm zeigt in seiner Standardeinstellung die Verteilung der Bildhelligkeit, die Luminanz. Wenn Sie mit dem Mauszeiger über das innere Fenster des Histogramms fahren, können Sie unter TONWERT und HÄUFIGKEIT ablesen, wie oft ein Helligkeitswert im Bild vorkommt. Interessant sind die Grenzen am linken und am rechten Rand des Histogramms, an denen die ersten dunklen und hellen Töne auftreten: Die Werte der Grenzen sind eine wichtige Information für die spätere Bildkorrektur.

Unter dem Pull-down-Menü KANAL verbergen sich die Histogramme für die Farbkanäle des Bildes.

Korrekturen in der Bilderfassungssoftware

Soweit es möglich ist, werden Kontrast- und Helligkeitskorrekturen bei der Bilderfassung durchgeführt. In der Scansoftware steht häufig die höhere Farbtiefe zur Verfügung (nicht jede Scansoftware leitet die Farbtiefe von 12 oder 16 Bit pro Farbkanal weiter, sondern reduziert die Farbtiefe beim Import in Photoshop). In der bilderfassenden Software werden diese Korrekturen anhand eines Prescans durchgeführt, damit das Bild dann bereits mit den korrigierten Parametern erfaßt werden kann – das ist die optimale Voraussetzung für eine volle Ausnutzung der Farbtiefe.

Eine gute Bilderfassungssoftware wird fast immer mit den gleichen Werkzeugen arbeiten wie Photoshop: Histogramm, Tonwertkorrektur und Werkzeugen für die Farbkorrektur. Wenn allerdings die Scansoftware nicht die geeigneten Werkzeuge mitbringt, z.B. nur eine einfache Gammakorrektur, aber keine Werkzeuge für eine differenzierte Kontrastverbesserung wie die Gradationskurve, ist es sinnvoll, das Bild durchgehend im Photoshop zu korrigieren.

Kann eine Scansoftware hingegen Bilder in ihrer vollen Farbtiefe von 10, 12 oder sogar 16 Bit speichern oder an Photoshop durchreichen, ziehen die meisten Bildbearbeiter die Korrektur in Photoshop vor – Photoshop 6 kann Tonwertkorrektur, Gradationskurve, Farbkorrekturen und auch das Schärfen des Bildes mit dem UNSCHARF MASKIEREN-Filter bei 16 Bit Farbtiefe durchführen und bietet damit die besten Voraussetzungen für die Bildverbesserung.

Bildverbesserung – alles für feine Töne

Funktionen für die Bildverbesserung

Bei unterbelichteten Aufnahmen nehmen Zeichnung und Details in den Schatten ab, bleiben aber in den Lichtern und Vierteltönen erhalten.

Eine Tonwertspreizung verschiebt die Verteilung von hellen und dunklen Pixeln und bringt Details aus unter- und überbelichteten Fotos wieder ans Tageslicht.

Kontrastarme Bilder: Bei kontrastarmen Bildern sollen die Kontraste verstärkt werden, wobei das Bild aber keinesfalls zu dunkel oder zu hell werden darf.

Die Tonwertkorrektur und die Gradationskurve verändern die Mitteltöne eines Bildes, ohne dabei Schatten oder die Lichter zu beeinflussen.

In überbelichteten Fotos sind mehr Details in den dunklen Partien des Bildes vorhanden, während in den hellen kaum noch Zeichnung zu erkennen ist.

Genauso wie bei unterbelichteten Aufnahmen hilft eine Tonwertspreizung, die mehr Töne in die hellen Bereiche des Bild verlagert.

Bildverbesserung – alles für feine Töne

Funktionen für die Bildverbesserung

Farbstiche: Farbstiche entstehen durch überaltertes oder schlecht gelagertes Bildmaterial, auch die Art der Beleuchtung kann zu Farbstichen führen.

Wenn die Tonwertkorrektur den Farbstich nicht beseitigt, helfen FARBBALANCE, FARBTON & SÄTTIGUNG oder eine SELEKTIVE FARBKORREKTUR.

Die digitale Aufnahme oder der Scan von der fotografischen Aufnahme bringen immer einen leichten Schärfeverlust mit sich.

Nach den Helligkeits- und Farbkorrekturen wird das Bild für den Druck geschärft. Die feinsten Ergebnisse erzielt der Filter UNSCHARF MASKIEREN.

Wenn der Fotograf die Kamera kippt oder versehentlich nicht gerade hält, entstehen die unerwünschten »stürzenden Wände«.

Noch vor der Helligkeits- und Farbkorrektur wird das Bild von einem überflüßigen Rahmen befreit, gedreht und entzerrt.

Bildverbesserung – alles für feine Töne

Noch zu retten?

Über die Mittel, ein unscharfes oder sogar verwackeltes Bild zu fokussieren, verfügt weder Photoshop noch ein anderes Programm.

Extrem Unter- und Überbelichtetes kann das beste Bildbearbeitungsprogramm nicht in ein kontrastreiches Bild mit kräftigen Farben und Zeichnungsdetails verwandeln.

Abgeschnittene Köpfe und Füße lassen sich nicht wieder hervorzaubern.

Staub und Risse, Mülltonnen und unerwünschte Passanten kann die Retusche und Montage verschwinden lassen, auch wenn etwas Geduld von Nöten ist.

Keine Chance: Die sanfte Rundung der Fassade rührt von einem schlechten Weitwinkelobjektv her. Dafür hat Photoshop keine Lösung zu bieten.

Hier und da kann die Retusche und Montage einen Unglücksfall retten – das passiert aber nur in langwieriger und oft mühsamer Kleinarbeit.

Bildverbesserung – alles für feine Töne

Alles im Lot?
Wenn das Foto mit einem Rand gescannt wurde oder wenn ein Ausschnitt benötigt wird, dann wird das Bild vor den Kontrast- und Farbkorrekturen »freigestellt«, d.h., der Rand wird entfernt, damit überflüssige Pixel nicht die Farbverteilung beeinflußen. Das gleiche gilt, wenn der Fotograf die Kamera »kippt«, um ein Gebäude aufzunehmen, die Kamera unbeabsichtigt schief gehalten wurde oder die Vorlage schief auf dem Scanner lag: Zuerst wird gedreht und entzerrt.

Kratzer, Staub und Mülltonnen
Staub und Kratzer werden entfernt, bevor Kontraste und Farben korrigiert werden, solange die Kanten noch weich sind und ein schwächerer Kontrast und die geringere Farbsättigung für nahtlose Übergänge sorgen.

Kontraste korrigieren
Die Tonwertkorrektur und die Gradationskurve sind die wichtigsten Instrumente der digitalen Bildverbesserung. Sie korrigieren Unter- oder Überbelichtung und verbessern die Kontraste.

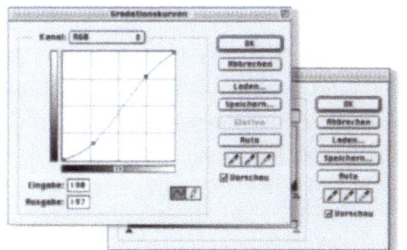

Farben korrigieren
Eine ganze Reihe von Farbkorrekturen stehen in Photoshop zur Verfügung – sie werden je nach Ursache des Farbstichs oder entsprechend dem gewünschten Farbcharakter des Bildes ausgewählt.

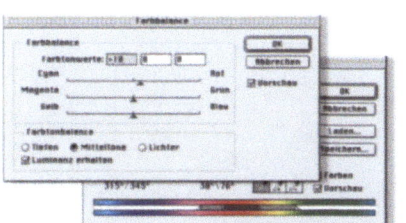

Ein Hauch von Unschärfe
Der Schärfeverlust, der durch Vergrößerungen und Verkleinerungen oder die Digitalisierung im Scanner entsteht, und der bei den unkorrigierten Aufnahmen der Digitalkamera zu beobachten ist, wird erst in Anschluß an die Kontrast- und Farbkorrekturen durch den Filter UNSCHARF MASKIEREN behoben.

Fit für den Druck
Für den Offsetdruck oder einen »Proof« wird das Bild separiert. Auf einem RGB-Drucker bleibt das Bild im RGB-Farbraum.

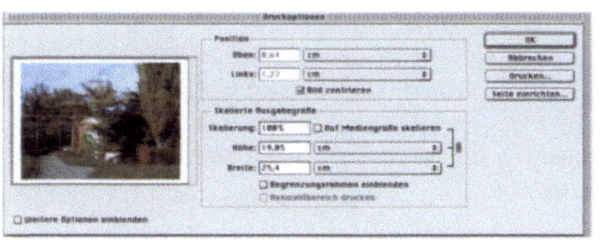

Tonwertkorrekturen

Zu den ausgereiftesten Werkzeugen der digitalen Dunkelkammer gehören die Funktionen zur Korrektur von Helligkeit und Kontrast. Die Tonwertspreizung verbessert Kontrast und Bildhelligkeit, die Gammakorrektur reguliert die Bildhelligkeit, ohne die Lichter und Tiefen zu kappen.

Der erste Schritt der Qualitätsverbesserung sind lineare Korrekturen wie Abdunkeln, Aufhellen und Änderung des Kontrasts. Die Tonwertkorrektur und die Gradationskurve im Menü BILD/EINSTELLEN verändern stufenlos die Verteilung der Helligkeitsstufen im Bild, so daß mehr Tonwerte in den hellen Bereichen in einem überbelichteten Bild oder mehr Tonwerte in den dunklen Bereichen eines unterbelichteten Bildes zur Verfügung stehen.

In einem kontrastarmen Bild fehlen die dunkeln und/oder die hellen Töne. Die Farben sich flach und das Bild wirkt wie mit einem grauen Schleier überzogen. Hier werden die dunklen Töne bis zum Schwarz aufgezogen und die hellen Töne bis zum Weiß. Ein gängiger Begriff für diese Korrektur ist auch die »Tonwertspreizung«.

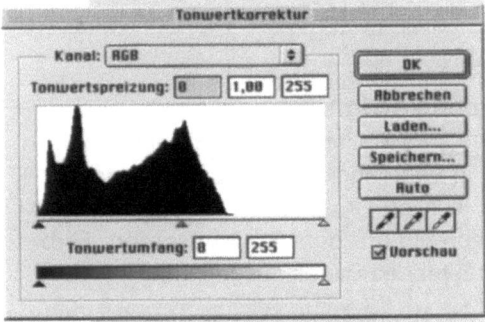

Im Klappmenü KANAL liegen die Farbkanäle des Bildes. Anstatt Korrekturen im Gesamthelligkeitskanal vorzunehmen, kann auch jeder Farbkanal separat korrigiert werden.

■ *Schwarzes Dreieck:* unter den Anfang des Tonwertgebirges ziehen, um die Tiefen bis Schwarz zu spreizen.

■ *Gamma:* nach links ziehen, um die Mitteltöne aufzuhellen, und nach rechts ziehen, um sie abzudunkeln.

□ *Weißes Dreieck:* unter den rechten Anfang des Tonwertgebirges ziehen, um die Lichter bis zum Weiß zu spreizen.

Tonwertspreizung und Bildhelligkeit

In der TONWERTKORREKTUR in Photoshop sind gleich mehrere Funktionen der Kontrastkorrektur installiert: Im weißen Fenster sehen Sie das Histogramm des Originalbildes, darunter drei Regler, mit denen Sie das Bildschwarz und das Bildweiß einstellen und die Mitteltöne aufhellen oder abdunkeln.

Wenn Sie den rechten und linken Regler unter einem abgebrochenen Tonwertgebirge bis unter die ersten Ausläufer des Gebirges ziehen, sehen Sie, wie das Bildes tiefer und kontrastreicher wird. Durch die Neuverteilung einiger dunkler Pixel wird ein dunkleres Bild erzeugt, so daß die hellen Bereiche detaillierter und mit stärkerer Durchzeichnung erscheinen. Ziehen Sie das rechte Dreieck nach links, entsteht ein helleres Bild, das mehr Details in den Tiefen zeigt.

✏ *Tiefe setzen: Ein Klick auf die dunkelste Stelle im Bild setzt das Bildschwarz.*

✏ *Mitteltöne setzen: Ein Klick auf einen Pixel, der ein neutrales Grau enthalten sollte, beseitigt einen Farbstich.*

✏ *Weißpunkt setzen: Ein Klick auf den hellsten Pixel im Bild setzt das Bildweiß.*

Schalten Sie zum Vergleich die VORSCHAU zwischenzeitlich aus, um das Original vor der Korrektur zu sehen.

Bildverbesserung – alles für feine Töne

Tonwertspreizung via Regler

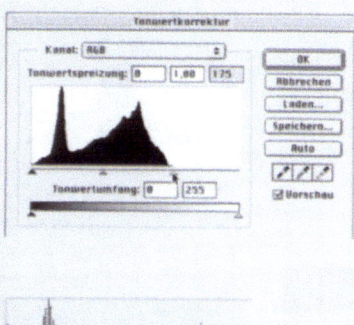

◄ Bei einem kontrastarmen Bild werden der rechte schwarze und der linke weiße Gammaregler bis unter das Tonwertgebirge gezogen. Auf diese Weise werden die Helligkeitswerte vom Schwarz bis zum Weiß verteilt. Im Anschluß zeigt das Histogramm im Menü BILD/HISTOGRAMM die neue Helligkeitsverteilung über die gesamte Skala.

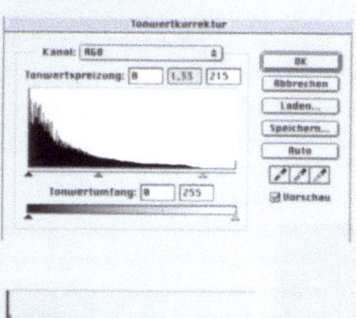

◄ In einem unterbelichteten Bild wird der rechte weiße Regler unter das Tonwertgebirge gezogen und der mittlere graue Gammaregler nach links. Auf diese Weise werden mehr Tonwerte für die dunklen Töne genutzt und die Tiefen öffnen sich, um mehr Zeichnung zu zeigen. Das Bild wird insgesamt heller, ohne dabei an Kontrast zu verlieren.

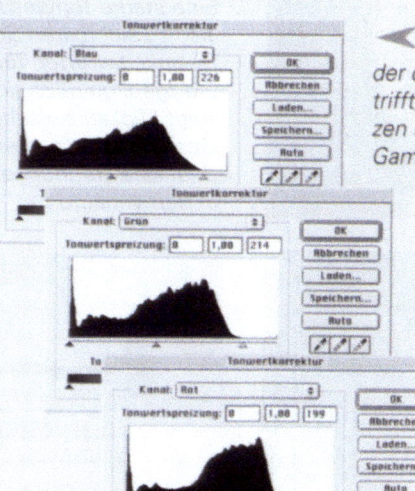

◄ Bei einem Farbstich, der das gesamte Bild betrifft, werden die schwarzen und weißen Gammaregler für jeden Farbkanal separat unter das jeweilige Tonwertgebirge gezogen. Dabei werden die Kontraste verbessert und gleichzeitig der Farbstich beseitigt.

Bildverbesserung – alles für feine Töne

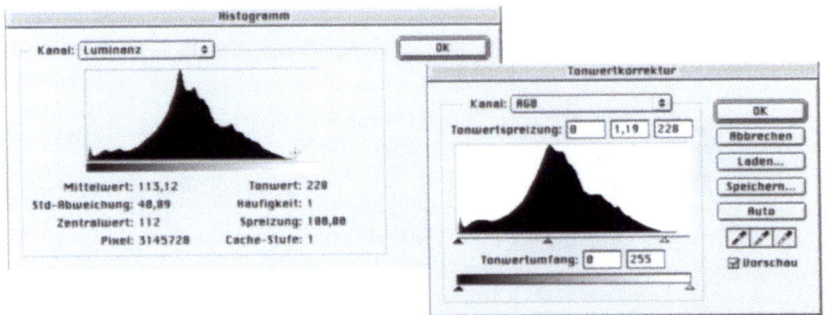

Numerische Tonwertspreizung
Suchen Sie im Histogramm nach dem ersten Tonwert im Schwarz und im Weiß (Häufigkeit > 0) und geben Sie die Tonwerte in die linken bzw. rechten Felder der Tonwertkorrektur ein.

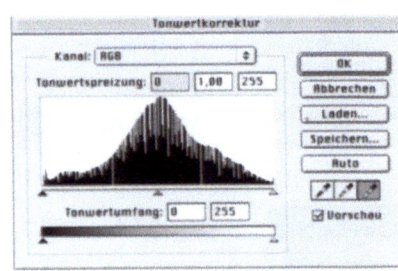

Tonwertspreizung via Pipetten
Suchen Sie mit dem Farbaufnehmer in der Werkzeugleiste nach dem dunkelsten/hellsten Punkt im Bild und kennzeichnen Sie die Punkte. Auf dieser Grundlage geben Sie in der Tonwertkorrektur mit den Pipetten den schwarzen/weißen Bildpunkt vor.

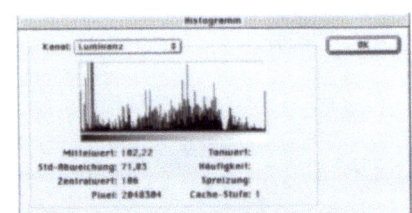
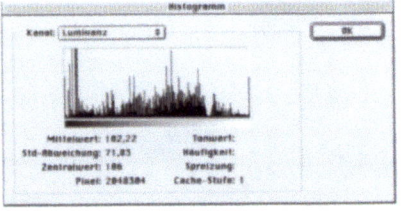

Eine starke Tonwertspreizung kann also zu sichtbaren Sprüngen in den Helligkeitswerten führen. Das Tonwertgebirge reißt sichtbar auf und zeigt Lücken zwischen den Balken. Das Bild wirkt posterisiert: Es zeigt deutliche Trennungen der Tonwerte in den Verläufen.

Gerecht verteilt?
Die Tonwerte sind jetzt über das gesamte Gebirge verteilt. Rufen Sie nun das Histogramm unter BILD/EINSTELLEN/HISTOGRAMM auf, so sehen Sie allerdings auch, daß keine Tonwerte hinzugefügt wurden, sondern nur die vorhandenen Tonwerte auf der gesamten Skala verteilt wurden – die Tonwerte wurden »gespreizt«, aber es fand keine wundersame Tonwertvermehrung statt.

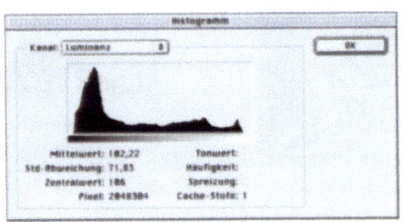

Weniger Kontrast
Manchmal führt der Verzicht auf Kontrast auch zu insgesamt besseren Bildern – wenn z.B. die Zeichnung im Bild durch das Aufziehen der Tonwerte vom Schwarz bis ins Weiß leidet.

Bildverbesserung – alles für feine Töne

Bilder aufhellen oder abdunkeln ohne Kontrastverlust

Das mittlere Dreieck, auch »Gamma« genannt, hellt die Mitteltöne des Bildes auf (nach links ziehen) oder dunkelt sie ab (nach rechts ziehen). Im Gegensatz zur Funktion HELLIGKEIT UND KONTRAST bleiben dabei das Schwarz und das Weiß im Bild erhalten und die benachbarten Tonwerte werden proportional zu ihrer Nähe zum mittleren Ton aufgehellt oder abgedunkelt: Je weiter die Entfernung, desto weniger werden die Tonwerte verschoben.

Numerische Kontrastkorrekturen

Tonwertspreizung und das Aufhellen bzw. Abdunkeln der Mitteltöne können auch numerisch vorgenommen werden. Lesen Sie im Histogramm die Position des ersten »nicht leeren« Tonwerts im Schwarz und im Weiß ab, um einen guten Anhaltspunkt zu bekommen, und geben Sie im linken Feld den Wert des ersten Schwarztons ein, im rechten Feld den Wert des ersten Weißtons.

Ein höherer Wert für das mittlere Feld, das »Gamma«, hellt die Mitteltöne auf, ein kleinerer Wert dunkelt die Mitteltöne ab.

Tonwertspreizung und Farbstich eliminieren

Der dritte Weg der Kontrastverbesserung führt über die Pipetten. Dieses Vorgehen ist immer dann sinnvoll, wenn das Bild farbstichig ist. Mit der linken Pipette (TIEFE SETZEN) setzen Sie das Bildschwarz und mit der weißen Pipette das Bildweiß (WEISSPUNKT SETZEN). Durch die Vorgabe des Schwarz und des Weiß wird ein eventueller Farbstich aus den Tiefen und Lichtern herausgerechnet, kann aber in den Mitteltönen noch weiter bestehen. Mit der mittleren Pipette geben sie einen neutralen Ton vor, um einen Farbstich in den Mitteltönen des Bildes zu eliminieren.

Aktivieren Sie dazu die Weißpipette (rechte Pipette) und klicken Sie mit der Pipette in den hellsten Bereich des Bildes, mit der Schwarzpipette in den dunkelsten. Das Bild soll dabei kontrastreicher und tiefer werden. Als Effekt der Tonwertspreizung durch Setzen von Tiefe und Weißpunkt sehen Sie die Änderung des Histogramms im Fenster Tonwertkorrektur.

Wenn Sie mit der Tiefenpipette einen helleren Punkt treffen als den dunkelsten Punkt des Bildes, werden alle dunkleren Pixel ebenfalls auf Schwarz gesetzt – die Tiefen »laufen zu«. Äquivalent brennen die Lichter aus, wenn der Pixel für das Bildlicht nicht der hellste Punkt im Bild war. In beiden Fällen muss die Funktion nicht abgebrochen werden, sondern Sie setzen einfach einen neuen Schwarz- bzw. Weißpunkt.

Einen Farbstich in den Mitteltönen beseitigt die Vorgabe eines neutralen Punktes im Bild mit der mittleren Pipette (Mitteltöne) – dazu suchen Sie sich ein paar Pixel heraus, die eigentlich ein neutrales Grau enthalten sollten, durch den Farbstich aber eine dynamischere Farbgebung aufweisen. Die falsche Farbe wird damit aus allen anderen Pixeln des Bildes herausgerechnet.

Bildverbesserung – alles für feine Töne

▲ Der richtige Ton ist häufig eine Frage nach dem bevorzugten Farbcharakter – insbesondere, wenn keine eindeutigen Referenzfarben im Bild zu finden sind.

Das »richtige Grau« treffen – neutrale Farbstimmungen

Es ist nicht erforderlich, einen Pixel zu finden, der 50%igem Grau entspricht – die Korrektur funktioniert auch bei helleren oder dunkleren Grauwerten, denn sie korrigiert nur die Farbbalance, nicht aber die Helligkeit. Wenn Sie mit der Pipette MITTELTON SETZEN den falschen Pixel treffen, kann der Farbcharakter kippen.

Sie brauchen aber nur einen neuen Pixel anklicken, um einen Mißgriff zu korrigieren, und nicht gleich die gesamte Korrektur wiederholen.

Die wahre Farbstimmung mit dem Graukeil

Beim Setzen des Mitteltons kann zwar ein Farbstich, der durch die Lichtverhältnisse zustande kam, neutralisiert werden, aber eine sichere Technik stellt dieses Vorgehen erst dann dar, wenn Sie eine Bildserie stets mit einem Graukeil im Bild starten. Aber wer möchte schon immer mit dem Graukeil in der Tasche losziehen?

Bei Produkt- und Modeaufnahmen allerdings ist der Graukeil unerläßlich. Er wird über den Verlauf einer Aufnahmenserie mehrere Male mitfotografiert und dient bei der späteren Aufbereitung der Aufnahmen zur sicheren Korrektur.

Kontraste senken

Die beiden Reglern unterhalb des Gammareglers schneiden die dunklen und hellen Tonwerte ab. Das Bild wird dadurch kontrastärmer. Diese Funktionen benutzt man etwa, um für den Druck die Kontraste wieder zu senken, oder im Layout, um ein stark aufgehelltes Bild unter einen Text zu legen.

Das Senken des Kontrasts ist in die Standardseparation bei CMYK-Bildern bereits eingerechnet und auch der Treiber des RGB-Druckers berechnet diese Kontrastsenkung automatisch.

Die Gradationskurve

Das mächtigste Werkzeug der digitalen Bildbearbeitung wurde in der Dunkelkammer entwickelt: die Gradationskurve.

Wenn es darum geht, die Nuancierung der Lichter, die Durchzeichnung der Schatten sowie die Helligkeitswerte der Mitteltöne an den Charakter des Bildes anzupassen, erlaubt die Gradationskurve eine gezielte Einrichtung der Kontraste in jedem Helligkeitsbereich des Bildes.

Neben dem Bildaufbau ist die Kontrolle des Kontrastes in jedem Bereich der Gradationskurve einer der großen Qualitätsfaktoren des digitalen Fotos. In der analogen Farbfotografie ist es zwar durchaus möglich, den Hell-Dunkelkontrast in den unterschiedlichen Bereichen in den Griff zu bekommen, allerdings ist die Wahl des Papiers, das zur jeweiligen Kur-

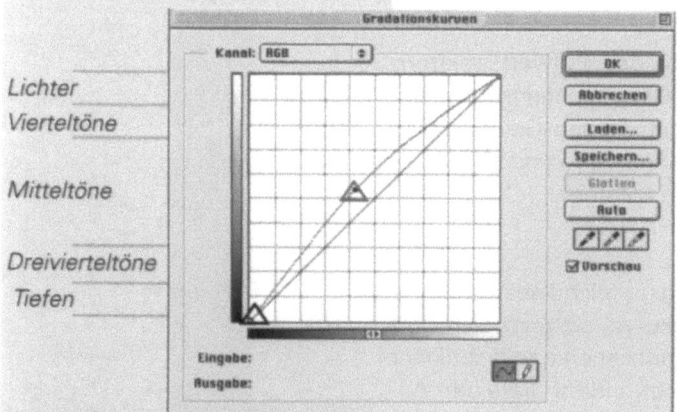

Gradationskurven

Lichter
Vierteltöne
Mitteltöne
Dreivierteltöne
Tiefen

■ *Unterer Anker:* auf einen höheren Ausgabewert ziehen, um einen neuen Schwarzpunkt zu setzen.

■ *Mittlerer Anker:* nach links auf einen höheren Ausgabewert ziehen, um die Mitteltöne aufzuhellen, nach rechts auf einen kleineren Wert ziehen, um die Mitteltöne abzudunkeln.

□ *Oberer Anker:* auf einen niedrigeren Ausgabewert ziehen, um einen neuen Weißpunkt zu setzen.

🖉 *Tiefe setzen:*
Ein Klick auf die dunkelste Stelle im Bild setzt das Bildschwarz.

🖉 *Mitteltöne setzen:*
Ein Klick auf einen Pixel, der ein neutrales Grau enthalten sollte, beseitigt einen Farbstich.

🖉 *Weißpunkt setzen:*
Ein Klick auf den hellsten Pixel im Bild setzt das Bildweiß.

Schalten Sie die VORSCHAU ein und aus, um das Original vor der Korrektur zu sehen und sich der Wirkung der Korrektur zu versichern.

ve paßt, nahezu die einzige Möglichkeit, den Kontrast oder die Sättigung in allen Bereichen einzurichten.

Genauso wie die Tonwertkorrektur richtet auch die Gradationskurve (BILD/EINSTELLEN/GRADATIONSKURVE) Helligkeit, Kontrast und Mitteltöne (Gamma) ein. Anstatt jedoch wie die Tonwertkorrektur die Korrekturen mit den drei Variablen Lichter, Tiefen und Gamma vorzunehmen, kann die Gradationskurve die Tiefen, Mitteltöne und Lichter des Bildes individuell behandeln – also etwa die Tiefen stärker abdunkeln, die Mitteltöne aufhellen und die Lichter wieder abdunkeln. Mit der Gradationskurve werden Korrekturen mit höchster Präzision durchgeführt.

Lineare Korrekturen

Wie in der Tonwertkorrektur wird auch im Gradationskurvendialog zuerst eine Tonwertspreizung durchgeführt, um zu einem kontrastreicheren Bild zu kommen.

Lesen Sie den Wert des dunkelsten und des hellsten Tons im Bild aus dem Histogramm ab. Öffnen Sie die Gradationskurve und setzen Sie mit dem unteren linken Ankerpunkt eine neue Tiefe, indem Sie den Punkt auf den Wert des dunkelsten Tons ziehen. Setzen Sie den Weißpunkt, indem Sie den oberen rechten Ankerpunkt auf den Wert des hellsten Tons ziehen. Im Beispiel auf der rechten Seite ist der Tonwert 175 der hellste Punkt im Bild – also wird der obere Ankerpunkt auf den Eingabewert 175 gezogen.

Tonwertspreizung über TIEFE UND WEIßPUNKT SETZEN

Auch in der Gradationskurve können Sie Schwarz und Weiß über die Pipetten setzen. Mit der weißen Pipette geben Sie die hellste Stelle im Bild vor. Mit der schwarzen Pipette markieren Sie den dunkelsten Punkt im Bild, der noch Zeichnung aufweist.

Durch die Vorgabe von Schwarz und Weiß soll das Tonwertspektrum gespreizt und das Bild kontrastreicher werden. Die Gradationskurve ändert sich bei diesen Aktionen linear. Auch hier gilt wieder: Genauso wie bei der Tonwertkorrektur neutralisiert das Setzen der Tiefe und des Weiß einen eventuellen Farbstich in den Tiefen und den Lichtern.

Nichtlineare Korrekturen

Nach diesem Arbeitsschritt wird die motivabhängige, nichtlineare Korrektur durchgeführt: Klicken Sie auf die Gradationskurve, so zeigt sich dort ein Ankerpunkt, an dem Sie die Gradationskurve aufziehen und nichtlinear manipulieren können. Sie hellen die Mitteltöne auf, indem Sie einen Ankerpunkt in den mittleren Bereich der Kurve setzen und den Punkt nach links oder oben ziehen, sie dunkeln die Mitteltöne ab, indem Sie einen Punkt im mittleren Bereich der Kurve nach unten oder rechts ziehen.

Bis hierhin verhält sich die Korrektur in der Gradationskurve nicht anders als in der Tonwertkorrektur. Noch differenzierter korrigieren Sie die Bildhelligkeit, wenn Sie mehrere Punkte setzen und so Partien des Bildes aufhellen und gleichzeitig andere Partien abdunkeln.

Für besonders starke Kontraste etwa dunkeln Sie mit einem zusätzlichen Punkt im unteren Bereich der Kurve die Dreivierteltöne weiter ab und hellen mit einem weiteren Punkt im oberen Bereich der Kurve die Vierteltöne auf.

Insbesondere für den Druck empfiehlt sich ein leichtes Abflachen der Kontraste. Dann werden die Tiefen leicht geöffnet (aufgehellt) und die hellen Bereiche des Bildes abgedunkelt. Der Verzicht auf Kontrast bringt immer wieder einen Zugewinn an Zeichnung.

Bildverbesserung – alles für feine Töne

Gradationskurven

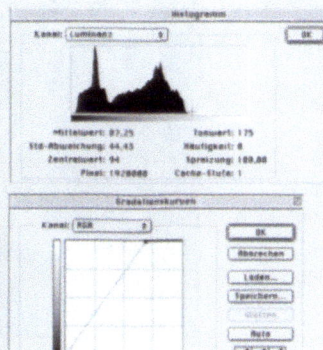

Tonwertspreizung
Die Tonwerte reichen nicht bis ins Weiße, sondern brechen beim Wert 175 ab (Info aus dem Histogramm). Der obere rechte Ankerpunkt der Kurve wird auf den Wert 175 gezogen. Dem Tonwert 175 der Eingabe wird dabei der neue Ausgabewert 255 zugewiesen.

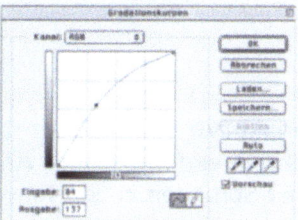

Mitteltöne aufhellen oder abdunkeln
Das Bild ist insgesamt zu dunkel, obwohl es vom Schwarz bis ins Weiß reicht. Ein Klick in den mittleren Bereich der Kurve setzt einen neuen Ankerpunkt, der nach rechts gezogen wird. Einem Eingabewert von 84 wird damit ein neuer und hellerer Ausgabewert von 137 zugewiesen. Die benachbarten Tonwerte werden proportional nachgezogen.

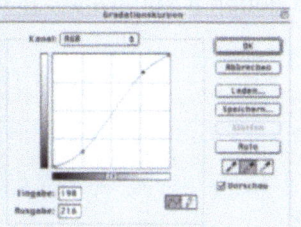

Stärkere Kontraste
Das Bild reicht vom Schwarz bis zum Weiß, es fehlt etwas mehr Kontrast. Ein Klick in den unteren Bereich der Kurve setzt einen neuen Ankerpunkt, der nach unten verschoben wird, um dunkle Töne stärker abzudunkeln. Ein Klick in den oberen Bereich und das Verschieben des Ankerpunktes nach oben hellt die Lichter im Bild weiter auf. Das Bild wird kontrastreicher.

Bildverbesserung – alles für feine Töne

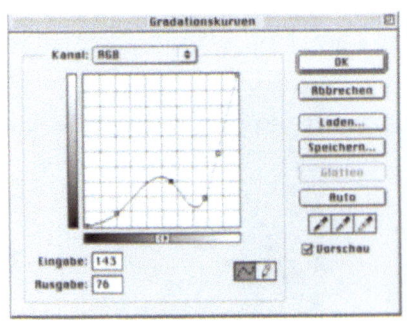

▲ Auch wenn die Gradationskurve das Dunkel des Hintergrunds aufhellt – die starke Korrektur bringt schon Streifen und flächige Bereiche ohne Zeichnung mit sich: eine leichte Solarisation.

▲ Eine starke Farbsolarisation hingegen gehört zu den klassischen Bildeffekten, die schon in der Dunkelkammer geschätzt wurden.

Die Grenzen der Gradationskurve

Die Flexibilität der Gradationskurve verführt schnell zu heftigen Korrekturen, die auf der einen Seite mit Sprüngen in den Tonwerten und auf der anderen Seite mit Farbverschiebungen bestraft werden. Bei Korrekturen im RGB- oder CMYK-Farbraum geht die Korrektur in der Gradationskurve immer auch mit Farbverschiebungen einher. Die Farbverschiebungen werden sofort sichtbar, wenn die Gradationskurve schwingt.

Bilder, die in 16 Bit Farbtiefe vorliegen (und tatsächlich mit 12 oder 14 Bit Farbtiefe erfaßt wurden), sind von diesen Folgen nicht so schnell betroffen. Bei kritischen Korrekturen können Sie das Bild in den Lab-Farbraum transformieren (BILD/MODUS/LAB). Im Lab-Farbraum lassen sich die Bildhelligkeit und die Farben getrennt korrigieren, und während im Lab-

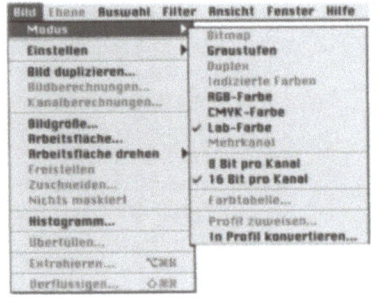

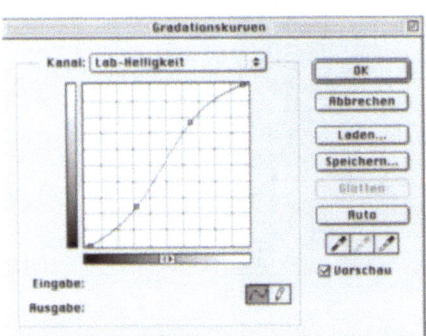

Modus-Änderungen
Mit dem Befehl BILD/MODUS wird das Bild in einen anderen Farbraum konvertiert – etwa in den Lab-Farbraum, in dem Helligkeitskorrekturen nicht zu Farbverschiebungen führen.

Bildverbesserung – alles für feine Töne

▶ *Kontrastkorrektur im Lab-Farbraum.*

▶▶ *Kontrastkorrektur im RGB-Farbraum.*

Helligkeitskanal nur die Helligkeitsinformationen liegen, liegen im a-Kanal die Rot-Grüne-Töne und im b-Kanal die Gelb-Blau-Töne des Bildes.

Obwohl sich der Lab-Modus für Kontrastkorrekturen besser eignet, ist es dennoch nicht sinnvoll, Bilder grundsätzlich in Lab zu scannen, auch wenn das Scanprogramm (wie etwa LinoColor) diese Funktionalität anbietet. Der Lab-Farbraum ist wesentlich größer als die typischen RGB-Farbräume, die auf unsere Geräte abgestimmt sind. Bei der Transformation in den RGB-Farbraum (der etwa für Tintenstrahldrucker fast immer erforderlich ist) werden die Farben auf die schmalere Bandbreite des RGB-Farbraums »zugeschnitten«; dabei geht ein großer Anteil von Farbinformationen verloren.

Erst wenn die Verarbeitungskette durchgehend mit 16 Bit Farbtiefe arbeitet, kann das Bild auch durchgehend im Lab-Farbraum bearbeitet werden.

Farbkorrekturen in den Gradationskurven

Genauso wie in der Tonwertkorrektur kann ein globaler Farbstich bereits in den Gradationskurven neutralisiert werden. Die Vorgabe des Bildschwarz und Bildweiß über die Pipetten setzt nicht nur den dunkelsten Punkt auf Schwarz und den hellsten Ton des Bildes auf Weiß, sondern sorgt für neutrale Tiefen und Lichter und die Mitteltonpipette für neutrale Mitteltöne.

Darüber hinaus können die Kurven für jeden Farbkanal separat angepaßt werden, wenn im Klappmenü KANAL ein Farbkanal gewählt wird – Feintuning für die Farbtöne. Da wird die Gradationskurve für den grünen Kanal in den Tiefen auf einen niedrigeren Ausgabewert gezogen, um einen Grünstich in den Tiefen zu auszugleichen, ein höherer Ausgabewert in den Mitteltönen im roten und grünen Kanal läßt das Bild insgesamt wärmer erscheinen.

Da die Farbkorrektur per Gradationskurve ein hohes Maß an Erfahrung erfordert, werden zumeist die speziellen Farbkorrekturen vorgezogen.

Aus der Praxis: Tips und Techniken

Neben der Theorie und der reinen Lehre gibt es jede Menge kleiner Verfahren, die das digitale Leben erleichtern.

Was tun, wenn sich die Gradationskurve im nachhinein als zu steil erweist? Wenn der Schatten unter dem Baum hartnäckig im Dunkel bleiben will, während der Rest des Bildes eigentlich in Ordnung ist? Wie findet man in einem Bild mit einem Farbstich den Mittelton, einen Pixel, der eigentlich grau sein sollte?

Es kann nur Eine geben

Tonwertkorrektur und Gradationskurve gehören – genauso wie Farbkorrekturen und das Schärfen des Bildes – zu den Arbeitsschritten, die nur ein einziges Mal durchgeführt werden sollen. Wenn Ihnen eine Korrektur später nicht mehr zusagt, steigen Sie besser nicht erneut in die Korrekturen ein, sondern machen Sie die erste Korrektur rückgängig und legen Sie eine vollkommen neue Korrektur an.

Wenn Sie gerade nach der Korrektur zu dieser Entscheidung kommen – kein Problem: Mit WIDERRUFEN im Menü BEARBEITEN wird das Bild wieder in den vorangegangenen Zustand versetzt.

Liegt die Korrektur ein paar Arbeitsschritte zurück, greift das Protokoll, das akribisch Ihre Arbeitsschritte mitschreibt. Hier können Sie – je nach eigener Einstellung – bis zu 100 Arbeitsschritte rückgängig machen.

Um die folgenden Schritte dabei nicht auch zurückzurollen, aktivieren Sie in den Protokolloptionen NICHT-LINEARE PROTOKOLLE SIND ZULÄSSIG. Dann dürfen Sie zurückliegende Schritte löschen, ohne die folgenden Schritte gleich mit zu vernichten.

Original bleibt Original: Einstellungsebenen

Bei aufwendigen Montagen und Retuschen kann es trotz der Regel »Einmal und nie wieder« sinnvoll sein, Tonwertkorrektur, Gradationskurve oder Farbkorrekturen im Laufe der Bearbeitung doch noch zu verändern.

Dafür bieten sich die Einstellungsebenen im Menü EBENE/NEUE EINSTELLUNGSEBENE an. Die Einstellungsebene, die jeweils eine ganze Reihe von Korrekturen enthalten kann, legt sich über die Hintergrundebene und wird durch einen Doppelklick auf das Ebenen-Icon aktiviert und verändert. Einstellungsebenen können ein- und ausgeblendet werden, um die Darstellung vorher und nachher zu vergleichen.

Bilder mit Einstellungsebenen können weiterhin nur als Photoshop-Dateien gesichert werden – »normale« Dateiformate können mit Einstellungsebenen nicht umgehen. Wenn Sie etwa TIFF beim Speichern des Bildes wählen, wird die Option EBENEN im Dialogfenster ausgeschaltet und die Einstellungsebene wird in das Bild hineingerechnet.

Penibele Geschichtsschreibung
Jede Änderung im Bild wird im Protokoll (Menü FENSTER/PROTOKOLL EINBLENDEN) festgehalten.
Wird ein zurückliegender Arbeitsschritt markiert, wird das Bild auf den Status nach dieser Änderung zurückversetzt ...
Raum für Experimente.

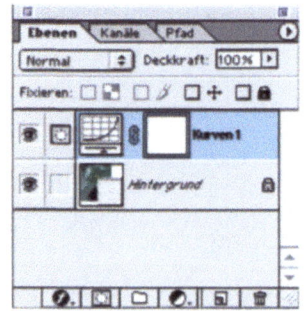

▲ *Einstellungsebenen wirken auf alle darunterliegenden Ebenen. Sie funktionieren allerdings nicht bei höheren Farbtiefen als 8 Bit.*

Bildverbesserung – alles für feine Töne

Nur ein wenig Nachbelichter für etwas mehr Tiefe – die Optionen für den Nachbelichter befinden sich unter der Menüleiste: Pinselradius, Tonwertbereich und Druck.

Einzelheiten manuell korrigieren

Wenn nur kleine Bildbereiche zu korrigieren sind, können Sie mit dem Nachbelichter und dem Abwedler aus der Werkzeugleiste arbeiten. Der Nachbelichter dunkelt eine überbelichtete Stelle im Bild ab und bringt Zeichnungsdetails in hellen Bildbereichen zur Geltung. Der Abwedler hellt einen leicht zugelaufenen Bildteil auf und bringt noch Zeichnung in dunklen Bildbereichen hervor, die vorher kaum zu sehen war.

Nachbelichter und Abwedler werden in der kontextsensitiven Menüleiste gezielt auf Lichter, Mitteltöne und Tiefen eingerichtet.

Der Dritte im Bunde, der SCHWAMM, erhöht oder senkt die Farbsättigung und erhöht oder senkt in einem Graustufenbild den Kontrast, je nach Einstellung in der kontextsensitiven Menüleiste.

Wenn die globale Korrektur nicht gelingen will

Diese Werkzeuge helfen weiter, wenn globale Korrekturen nicht angebracht sind oder wenn mit zusätzlichem Abdunkeln oder Aufhellen Bereiche des Bildes besonders betont werden sollen. Im Beispiel oben bringt der Nachbelichter durch zusätzliche Tiefen mehr Plastizität in das etwas flach geratene Motiv.

Die manuellen Werkzeuge zeigen allerdings nur eine aufhellende oder abdunkelnde Wirkung und ihr Einfluß ist nicht so diffizil wie eine Tonwertkorrektur oder die Gradationskurve. Außerdem wirken Abwedler, Nachbelichter und Schwamm sofort und ohne Vorschau und mit ein paar Tupfern füllt sich das Protokoll sehr schnell, so daß die vorangegangenen Schritte nicht mehr abrufbar sind.

Bildverbesserung – alles für feine Töne

Der Protokollpinsel: Raffiniertes Abwedeln und Nachbelichten

Es muß nicht immer die Gradationskurve sein: Auch der Abwedler bringt Licht in ein unterbelichtetes Bild – und das sehr gezielt.

Die Farbauswahl (AUSWAHL/FARBAUSWAHL) verbirgt eine elegante Technik, um die Tiefen, Mitteltöne oder Lichter eines Bildes auszuwählen.

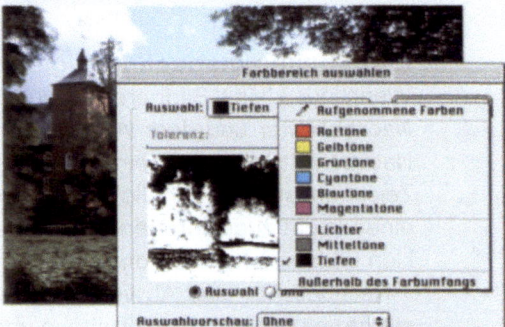

Wählen Sie Tiefen in der FARBAUSWAHL, um die dunklen Bereiche des Bildes vom Rest zu trennen. Das Ergebnis ist eine Auswahl, die nur die Tiefen des Bildes enthält.

Um die Farben aus den unterbelichteten Partien hervorzuholen, wird die Auswahl mit 50% Grau im Modus FARBIG ABWEDELN gefüllt (BEARBEITEN/FLÄCHE FÜLLEN/50% GRAU).

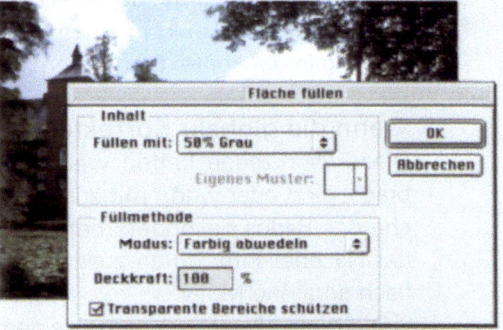

Die Funktion FARBIG ABWEDELN sucht die Farbinformation in jedem Farbkanal, hellt sie auf und mischt sie mit der vorgegebenen Farbe (hier 50% Grau).

Das Ergebnis wirkt schon stark solarisiert.

Hier liegt aber auch nur die Ausgangsbasis für die Korrektur mit dem Protokollpinsel aus der Werkzeugleiste.

Bildverbesserung – alles für feine Töne

Der Protokollpinsel: Raffiniertes Abwedeln und Nachbelichten

Ein Klick auf das Symbol NEUER SCHNAPPSCHUSS in der Fußleiste der Protokollpalette erzeugt einen neuen Schappschuß. Der Schappschuß ist eine temporäre Kopie des Bildes, der beim Speichern des Bildes gelöscht wird.

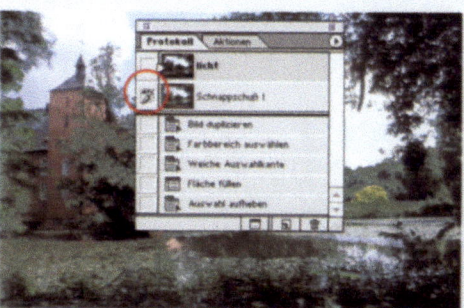

Markieren Sie den Eingangszustand des Bildes – hier die Version LICHT im Kopf der Protokollpalette – und setzen Sie gleichzeitig die Quelle für den Protokollpinsel in die erste Spalte der Miniatur »Schnappschuß 1«.

Mit dem Protokollpinsel aus der Werkzeugleiste wählen Sie eine große weiche Werkzeugspitze in der kontextsensitiven Menüleiste und regeln die Deckkraft des Protokollpinsels auf 50%.

Der Protokollpinsel übermalt gezielt die Partien des Bildes, die aus dem Schatten heraustreten sollen, mit den Pixeln aus dem Schnappschuß.

Malen mit Licht: Auf jeden Fall kann in beiden Techniken der Lichteinfall durch den Gebrauch des Protokollpinsels betont werden – mit einer Tonwertkorrektur ist das nicht ohne weiteres möglich.

Zarter als die Auswahl der Tiefen in der Farbauswahl ist eine Luminanzauswahl, wie sie auf Seite 64 beschrieben wird. Anschließend werden die gleichen Schritte durchgeführt.

Bildverbesserung – alles für feine Töne

Eine raffinierte Helligkeitskorrektur

Starke Unter- und Überbelichtung reparieren
Bei stark überbelichteten Bildern gibt es fast immer mehr Zeichnung in den Vierteltönen als die Tonwertkorrektur oder die Gradationkurven hervorholen können. Kopieren Sie das Bild in eine separate Ebene und stellen Sie den Überblendmodus der Ebenenpalette auf MULTIPLIZIEREN. Werden die Tiefen zu dunkel, verringern Sie die Deckkraft der Ebene.

Sind die Tiefen des Bildes für diese Korrektur zu dunkel, suchen Sie den Farbkanal, der noch die beste Durchzeichnung zeigt. Markieren Sie die Luminanz – die Helligkeit des Kanals – mit Strg/⌘ und einem Klick auf den Kanal. Damit wird eine Luminanzmaske erstellt, die helle Bereiche markiert und dunkle Bereiche ausschließt. Die Zwischenstufen zwischen den hellen und den dunklen Bereichen des Bildes werden nach ihrer Sättigung mehr oder weniger transparent markiert.

Ist das Bild überbelichtet, kopieren Sie die Luminanzmaske in eine separate Ebene (Strg/⌘ + J), wenn das Bild unterbelichtet ist, kehren Sie die Auswahl zuvor um (Menü AUSWAHL/AUSWAHL UMKEHREN).

Korrigieren Sie in der Ebene mit der Luminanzauswahl das Gamma, um die Unter- oder Überbelichtung zu korrigieren. Bei einer Unterbelichtung korrigieren Sie auf diese Weise nur die dunklen Bereiche, ohne die Lichter und Vierteltöne aufzuhellen. Bei einer Überbelichtung werden die Lichter und Mitteltöne korrigiert, ohne die Dreivierteltöne abzudunkeln. Wenn Sie bereits über Erfahrung im Umgang mit Ebenen und Alphakanälen verfügen, ist die Korrektur schnell, elegant und effektiv.

Bildverbesserung – alles für feine Töne

Magie der digitalen Bildbearbeitung: die Autokorrektur

Ein überwiegender Anteil einer Farbe

treibt die Autokorrektur zu überraschenden Interpretationen.

Da hilft nur noch die »digitale Handarbeit«.

Dagegen kann die Autokorrektur selbst bei scheinbar schwierigen Fällen durchaus zufriedenstellende Ergebnisse erzielen.

Die durchaus gelungene Autokorrektur kann als Basis für ein manuelles »Feintuning« dienen.

Sowohl die Tonwertkorrektur als auch die Gradationskurve verfügen über den magischen Knopf AUTO, der das Bild auf Knopfdruck korrigiert. Tatsächlich funktioniert die Autokorrektur bei einigen Bilder hervorragend, bei anderen wiederum versagt sie und liefert unsägliche Ergebnisse. Das Geheimnis liegt im Bildcharakter: Handelt es sich um ein »Standardbild«, das sich vom Schwarz bis ins Weiße erstrecken soll und in dem es keinen Überhang dominanter Farben gibt, funktioniert die Autokorrektur. In Bildern vom Sonnenuntergang, bei Landschaft mit viel Grün und blauem Himmel, klassischen High-Key- oder Low-Key-Bildern versagt sie in der Regel.

Bildverbesserung – alles für feine Töne

▲ Um nur die Tiefen des Bildes aufzuhellen, werden die betroffenen Bereiche mit einer weichen Auswahlkante »eingefangen« und durch eine schlichte Tonwertkorrektur verbessert.

Der Schatten unter dem Baum

Alternativ können Sie einen unter- oder überbelichteten Bereich auch locker mit dem Lassowerkzeug markieren. Wählen Sie dazu eine weiche Auswahlkante mit ein paar Pixeln Breite zum Absoften des Randes (Menü AUSWAHL/WEICHE AUSWAHLKANTE).

Tonwertkorrektur, Gradationskurve oder Farbkorrektur wirken nun nur auf dem markierten Bereich, und die weiche Auswahlkante sorgt für einen nahtlosen Übergang. So läßt sich der schattigen Terrasse nahtlos noch Zeichnung aus den Blättern entlocken.

VARIATIONEN und die Funktion HELLIGKEIT UND KONTRAST

Viele Einsteiger in die digitale Bildbearbeitung lieben die Funktion, insbesondere, weil Ihnen die Variationen den direkten Vergleich ermöglicht, so daß sie sich die Version heraussuchen können, die Ihrem Geschmack

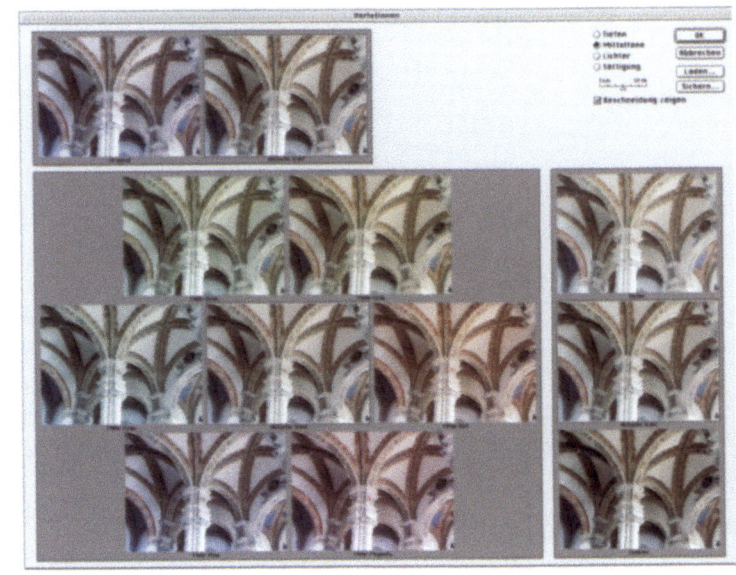

▶ Die Variationen können die Lichter, Mitteltöne und Tiefen stärker betonen und die Schritte von einer Variation zur nächsten können feiner oder weiter eingestellt werden.
Das Bunt allerdings beeinträchtigt das Farbsehen – auf Dauer kann dem ambitionierten Bildbearbeiter nur die Tonwertkorrektur oder Gradationskurve empfohlen werden.

entgegen kommt. Sie können es mit der Funktion Variationen zum regelrechten Meister bringen.

Die Korrekturen in der Tonwertkorrektur oder Gradationskurve fallen am Anfang schwerer, gehen aber auf Dauer gezielter und auch schneller von der Hand.

Von der Funktion HELLIGKEIT UND KONTRAST hingegen kann nur abgeraten werden. Sie liefert nur lineare Korrekturen, bei denen alle Tonwerte im gleichen Ausmaß verschoben werden. Das Aufhellen eines Bildes hat direkt den Verlust des Bildschwarz zur Folge. Warum es die Funktion dann überhaupt gibt?

Sie ist wohl ein Überbleibsel aus alten Zeiten, aber für einige Effekte wie das schnelle Abflachen der Kontraste gut zu gebrauchen.

Kleiner Helfer: Farben messen

Bis zu vier Bildpunkte können Sie messen und mit einem Farbpicker markieren. Über die Farbwerte informiert die Infopalette: Menü FENSTER/INFORMATIONEN EINBLENDEN. Halten Sie die Pipette in der Werkzeugleiste eine Sekunde lang gedrückt, um das Fly-out-Menü zu öffnen, und wählen Sie das Farbaufnahme-Werkzeug.

Bereits gesetzte Meßpunkte können Sie auch verschieben. So suchen Sie für Kontrast- oder Farbkorrekturen wie FARBTON & SÄTTIGUNG einen geeigneten Punkt im Bild. Die Markierungen bleiben auch beim Aufruf der Dialogfenster bestehen und überleben sogar eine Vergrößerung oder Verkleinerung des Bildes.

Wenn Sie zwischenzeitlich einmal ein anderes Werkzeug benutzen – etwa die Zeichenfeder oder das Stempelwerkzeug –, werden die Farbmeßpunkte wieder angezeigt, sobald Sie das Farbaufnahme-Werkzeug erneut aktivieren.

Auf der Suche nach dem schwarzen Punkt

Neben dem Histogramm eignet sich auch die Funktion BILD/EINSTELLEN/SCHWELLENWERT gut, um den hellsten und dunkelsten Punkt im Bild zu finden. Verschieben Sie den Regler, um die dunkelste und die hellste Stelle des Bildes zu finden, merken Sie sich den Bildbereich und brechen Sie die Funktion ab. Setzen Sie die Meßpunkte, um in den Gradationskurven mit den Pipetten die Tiefe und das Licht vorzugeben.

Auf der Suche nach dem wahren Grau

Die »richtige« Farbe des Bildes läßt sich nicht so einfach festlegen – sie ist in einem hohen Maß auch der persönlichen Interpretation des Betrachters unterworfen. Selbst wenn wir das Bild selbst aufgenommen haben, entgeht uns immer wieder der wahre Farbcharakter – die Autokorrektur unseres Farbsehens läßt uns das gelbe Licht der Glühbirne kaum je als Gelb wahrnehmen, das kühle Blau des Morgenlichts überrascht uns auf dem fertigen Foto, und erst ein kräftiger Sonnenuntergang findet den Weg sofort in unseren Kopf (nicht zuletzt wegen der damit verbundenen Romantik) – Farbsehen ist auch eine Frage der Kultur.

Zu diesem Blick tragen die Hersteller von Filmen und Digitalkameras kräftig bei, indem sie ihr Filmmaterial auf neutrale gesättigte Farbwiedergabe optimieren und gleich einen Weißabgleich in die Software der Digitalkamera einbauen.

Aber trotz all dieser Verhütungsmittel setzt sich die echte Farbe des Moments doch noch ab und zu durch. Referenzfarben sind eine große Hilfe: weiße, schwarze und graue Töne, Hauttöne, Zitronen, die prägnante Farbe einer bekannten Markenwerbung. Vielleicht kann eine zusätzliche Aufnahme mit dem Blitzlicht den neutralen Farbcharakter aufdecken. Aber nicht immer stehen solche Rettungsringe im Bild zur Verfügung. Da bleibt dem Bildbearbeiter nur übrig, sich auf sein Farbempfinden zu verlassen.

Auf der Suche nach dem Rot meines Lieblingskleides

Bislang war die Mitteltonpipette in der Tonwertkorrektur und den Gradationskurven auf einen mittleren Grauwert (im RGB-Farbraum durch Rot: 127, Grün: 127 und Blau: 127, im CMYK durch Cyan: 47, Magenta: 37, Gelb: 37 und Schwarz: 3) eingestellt.

Es gibt aber auch Situationen, in denen der neutrale Farbcharakter einem bestimmt Farbton untergeordnet werden muß – das klassische Beispiel ist der Katalogdruck, wo das Rot des Kleides perfekt getroffen werden muß (sonst gibt es viele enttäuschte Gesichter und Reklamationen). Dafür brauchen wir ein Farbmusterbuch, in dem wir den Druckfarbton suchen, der am besten dem Rot des Kleides entspricht. Dieser Druckfarbton wird durch einen Doppelklick auf die Mitteltonpipette in den Gradationskurven als neuer Mittelton eingestellt. Damit der korrekte Farbeindruck entsteht, muß die anzupassende Bildstelle bereits vorher die richtige Helligkeit aufweisen – ein Klick auf einen neutralgrauen Bereich mit dem richtigen Helligkeitswert liefert das richtige Rot im Kleid.

Farbmusterbücher gibt es zum Beispiel von:
- Agfa Gevaert: PostScript Process Colour Guide
- Pinsker, Mainburg: VierFarbSelector
- K+E Druckfarben: Farbwertebuch Europa-Skala

Bildverbesserung – alles für feine Töne

Tips &Tricks: Schnell mit der Tastatur

Wenn Sie während der Tonwertkorrektur, in der Dialogbox der Gradationskurve oder in Farbkorrektur glauben, daß alle Ihre Korrekturen zu nichts mehr führen und gerne noch einmal von vorn anfangen möchten, brauchen Sie den Dialog nicht abzubrechen, um zum Ausgangszustand zurückzukehren.

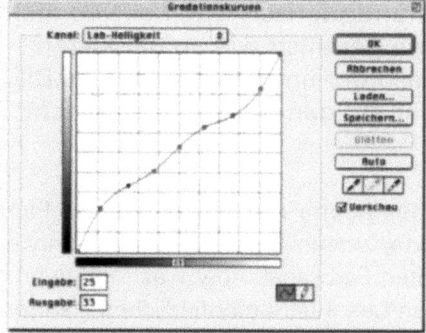

Statt dessen drücken Sie die Alt-Taste – dann wird aus dem ABBRECHEN-Knopf ein ZURÜCK, das alle Eingaben zurücksetzt, und Sie können alles noch einmal in aller Ruhe angehen.
Gleichzeitig erscheint der Knopf OPTIONEN anstelle von AUTO und gibt Zugriff auf Schwarz-, Weiß- und Mittelton.

Wenn Ihnen das Dialogfenster der Gradationskurven zu klein für exakte Korrekturen erscheint, vergrößern Sie es auf dem PC mit einem Klick der rechten Maustaste auf die Kopfleiste des Dialogfensters und wählen MAXIMIEREN aus dem Pull-down-Menü. Ein Klick auf das Verkleinern-Symbol des Fensters stellt das Fenster wieder auf die Originalgröße ein.

Wenn keine der Pipetten für Schwarz-, Weiß- oder Mittelpunkt aktiv ist und Sie mit der Maus außerhalb des Dialogfensters in das Bild klicken, zeigt ein Kreis auf der Gradationskurve die Helligkeit der geklickten Stelle an.

Auf dem Mac vergrößern Sie das Dialogfenster mit einem Klick auf den »Heliumbutton – ▫«, und der nächste Klick verkleinert das Dialogfenster wieder.

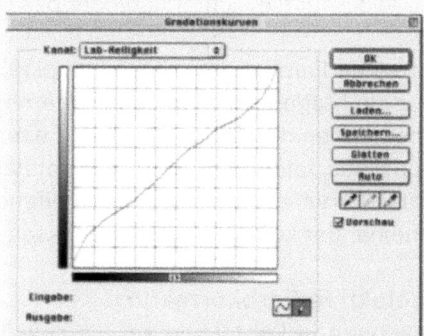

Mit dem Stift unten rechts im Dialogfenster der Gradationskurve wird die Wunschkurve »gemalt«.

Ein Klick mit gedrückter Alt-Taste in das Raster des Gradationskurvendialoges verfeinert das Raster und der nächste Klick mit der Alt-Taste vergrößert das Raster wieder.

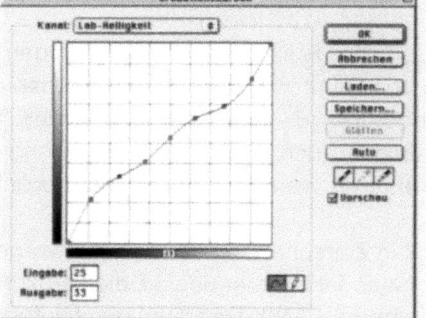

Eine eingezeichnete Kurve bringt schnell Tonwertsprünge und Solarisation mit sich. Ein Klick auf das Kurvensymbol links neben den Stift erzeugt wieder eine Kurve, die mit Hilfe der Ankerpunkte noch sanfter gestaltet werden kann.

Farbkorrekturen

Wenn das Filmmaterial schon antiquarisch war, bei Neonlicht und beim Schein der Glühbirne genauso wie an naßkalten Tagen räumen viele Farben das Feld und überlassen das Bild einem Farbstich, der sich gleich im ganzen Bild breit macht.

Nicht immer fördert das Setzen des neutralen Punktes neutrale Farben oder den gewünschten Farbcharakter zutage: Dann hilft vielleicht noch eine Gammakorrektur im überbetonten Farbkanal. Aber was tun, wenn der Farbstich sich hartnäckig nur in den besonders empfindlichen Hauttönen zeigt und jede Korrektur zwar eine gesunde Hautfarbe, aber gleichzeitig einen unerwünschten Umschwung in allen anderen Bereichen des Bildes mit sich bringt?

Globale und selektive Farbkorrekturen

Wir unterscheiden zwei Methoden, die Farbwiedergabe zu gestalten: die globalen Farbkorrekturen, die auf eine falsche Farbe wirken, die das gesamte Bild betrifft, und die selektiven Farbkorrekturen, die nur auf eine Farbauswahl oder einem Helligkeitsbereich wirken.

Eine falsche Farbe, die in allen Bereichen des Bildes vorkommt, wird in der Tonwertkorrektur oder der Gradationskurve durch die Vorgabe eines neutralen Schwarz für die Tiefe und Weiß für die Lichter und/oder das Setzen des neutralen Punkts eliminiert.

Durch eine Feinkorrektur der einzelnen Farbkanäle werden komplizierte Farbstiche selektiv korrigiert – etwa ein Magentastich in den Lichtern und ein komplementärer Grünstich in den Tiefen des Bildes, der durch eine zu lange oder unsachgemäße Lagerung des fotografischen Films entstand. Solche Manipulationen der Gradationskurve erfordern ein übergreifendes Farbsehen, da die Farbkurven nacheinander korrigiert werden müssen.

Spezielle Funktionen für die selektive Farbkorrektur

Da bieten sich die speziellen Funktionen in Photoshop an, die selektive Farbkorrekturen bei sofortiger visueller Kontrolle zulassen und sich schnell erfassen lassen.

Selektive Korrekturen wie die SELEKTIVE FARBKORREKTUR, Änderungen der FARBBALANCE oder die Anpassung von FARBTON UND SÄTTIGUNG werden erst nach der Tonwertkorrektur durchgeführt, da jede Änderung in den Tonwerten eines RGB- oder CMYK-Bildes auch eine Farbverschiebung mit sich bringen kann. Auch Farbkorrekturen werden in der höchstmöglichen Farbtiefe durchgeführt.

Liegt ein Bild, das für den Druck in Zeitschriften oder Büchern vorgesehen ist, noch im RGB-Modus vor, ist es fast immer besser, die Farbkorrekturen vor der Separation in den kleineren CMYK-Farbraum durchzuführen.

Bildverbesserung – alles für feine Töne

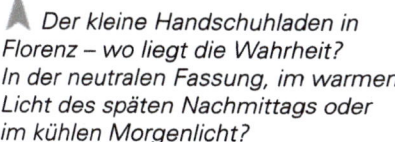
Der kleine Handschuhladen in Florenz – wo liegt die Wahrheit? In der neutralen Fassung, im warmen Licht des späten Nachmittags oder im kühlen Morgenlicht?

Photoshop bietet eine CMYK-Vorschau für das RGB-Bild, anhand der die Verluste durch die Konvertierung vorhersehbar sind (Menü ANSICHT/PROOF EINRICHTEN/CMYK-VORSCHAU).

Farbstich neutralisieren und Farbcharakter ändern

Es gibt eine Vielzahl von Wegen, den gewünschten Farbcharakter zu erzielen – welcher Weg jeweils der beste oder sicherste ist, hängt vom Motiv und den gewünschten Effekten ab.

- Die Anpassung von FARBTON UND SÄTTIGUNG dient weniger der Korrektur falscher Farben als der Anpassung der Farbstimmung im Bild – zum Beispiel, wenn zu schwach geratene Farben eines Herbsttages lebhafter wirken sollen oder wenn die Farben nach der Umwandlung in ein CMYK-Bild abgeflacht sind. Farbton und Sättigung wirkt auch beim Bild in 16 Bit Farbtiefe.
- Die FARBBALANCE ändert den Farbcharakter des Bildes. Mit den drei Reglern wird die Farbgebung jeweils zur Komplementärfarbe verschoben. Die Farbbalance greift, wenn Ihnen das Bild zu kühl erscheint, wenn gleichzeitig ein Tiefenstich und ein andersfarbiger Lichterstich vorhanden sind und einfach nur neutralisiert werden sollen. Die Schieberegler der Farbbalance stellen eine intuitive und gleichzeitig präzise Farbeinstellung dar, die sich auch dem Anfänger schnell eröffnet.
- Die SELEKTIVE FARBKORREKTUR kontrolliert und korrigiert die Mischung von einzelnen Farben im Bild – insbesondere also, wenn nur eine Farbe im Bild nicht den Vorstellungen entspricht. Ist das Gesicht eines Mitteleuropäers magenta- oder gelbstichig, dann entziehen Sie dem Hautton die überschüßige Farbe. Sie verwenden die SELEKTIVE FARBKORREKTUR, um zum Beispiel den Magentaanteil in den Rottönen zu verringern, während der Cyananteil voll erhalten bleibt.

Farbbalance

Die FARBBALANCE (BILD/EINSTELLEN/FARBBALANCE) ändert das Gleichgewicht der Farbmischung im Bild. Die Farbbalance kann auch im 16-Bit-Farbmodus verändert werden.

Dabei kann das Erscheinungsbild gezielt in den TIEFEN, den MITTELTÖNEN und den LICHTERN des Bildes verändert werden. Mit der Farbbalance wird so zum Beispiel Schritt für Schritt ein sogenannter »komplementärer Farbstich« beseitigt – etwa ein Grünstich in den Schatten und ein Magentastich in den Lichtern – und gleichzeitig den Mitteltönen ein neuer Farbcharakter gegeben. Besonders gut geeignet die die Farbbalance zur Verbesserung von Landschafts- und Architekturbildern, eher seltener für Portraits.

Die Option LUMINANZ ERHALTEN ist per Vorgabe aktiv und verhindert, daß die Helligkeitswerte und Farben des Bildes merklich verändert werden und erhält die Tonwertbalance. Bei flachen und kontrastarmen Bildern lohnt es sich, die Option LUMINANZ im Dialogfenster auszuschalten, um anhand der Vorschau im Bildfenster zu entscheiden, ob nicht schon die Änderung der Farbbalance das Bild tiefer und gesättigter erscheint und eine zusätzliche Tonwertkorrektur überflüßig wird.

Die FARBBALANCE eignet sich nicht nur für die Korrektur komplizierter Farbstiche, sondern insbesondere auch für die Verbesserung der Farbstimmung. Wärmere Töne in den Tiefen und kühlere Töne in den Lichtern können den Farbkontrast verstärken und zu einer brillanteren Ausstrahlung führen, mehr Grün oder Cyan in den Mitteltönen eine Abendstimmung betonen.

Farbbalance: Intuitive Farbstichkorrektur und Veränderung der Farbstimmung

Der frühe Morgen läßt das Bild kühl und flach erscheinen.

Der Grünstich in den Tiefen wird durch mehr Magenta eliminiert.

Mehr Gelb in den Lichtern bringt die typischen Farben der Architektur besser zur Geltung.

Mit deaktivierter Option LUMINANZ ERHALTEN wirkt das Bild tiefer und kontrastreicher.

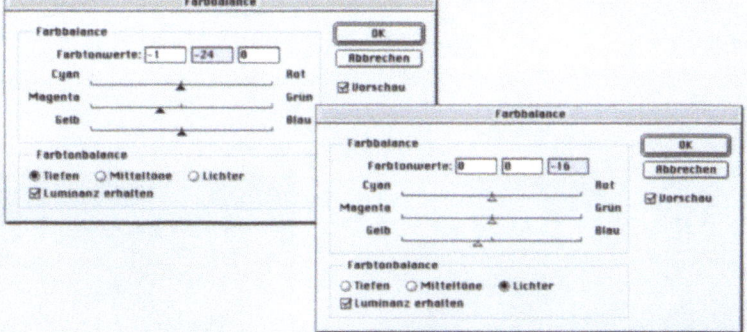

Das Original wurde an einem sonnigen Nachmittag im Spätsommer aufgenommen.

Für eine lebendige, warme Farbgebung sorgt der Schuß Gelb für die Tiefen, Blau für die Lichter und Rot für die Mitteltöne.

Die Mitternachtsstimmung beruht auf Blau und Grün und wurde zusätzlich etwas abgedunkelt.

Die Selektive Farbkorrektur

Die SELEKTIVE FARBKORREKTUR dient zwar eigentlich der Farbabstimmung in CMYK-Bilder, kann aber durchaus auch im RGB-Bild einem Gelbton den unerwünschten Grünstich entziehen oder dem Straßenasphalt die Cyan-Töne, damit ein neutraler Grauton einzieht. Besonders gut geeignet ist die Selektive Farbkorrektur, wenn nach der Separation in CMYK ein hartnäckiger Farbstich die Hauttöne verfälscht.

Die SELEKTIVE FARBKORREKTUR dient der Änderung einzelner Farben im Bild, ist aber hinsichtlich ihres Funktionsumfanges beschränkt und kann nur in Bildern mit 8 Bit Farbtiefe aufgerufen werden. Der Funktion liegt eine Tabelle zugrunde, die angibt, welche Mengen von jeder CMYK-Druckfarbe für die Erzeugung einzelner Primärfarben nötig ist.

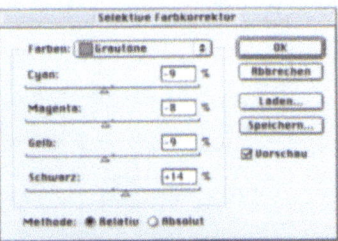

FARBTON & SÄTTIGUNG hat der SELEKTIVEN FARBKORREKTUR, die nur bei 8 Bit Farbtiefe funktioniert, weitestgehend den Rang abgelaufen. Für viele Druckschaffende, deren Daten im CMYK-Farbraum vorliegen und die ihren Druckprozess im Griff haben, ist sie allerdings immer noch gängige Praktis.

RELATIV verändert die vorhandenen CMYK-Werte im Verhältnis ihrer prozentualen Anteile. Wenn Sie mit einem Pixel beginnen, der 50% Magenta aufweist, und 10% hinzufügen, wird der Magentaanteil um 5% (10% von 50%) auf 55% erhöht. Mit dieser Option können Sie kein reines Weiß verändern, da es keine Farbkomponenten enthält.

ABSOLUT verändert die Farben mit absoluten Werten. Wenn Sie also wieder mit einem Pixel beginnen, das 50% Magenta enthält, und 10% Magenta hinzufügen, wird der Anteil der Druckfarbe Magenta in diesem Fall auf 60% erhöht.

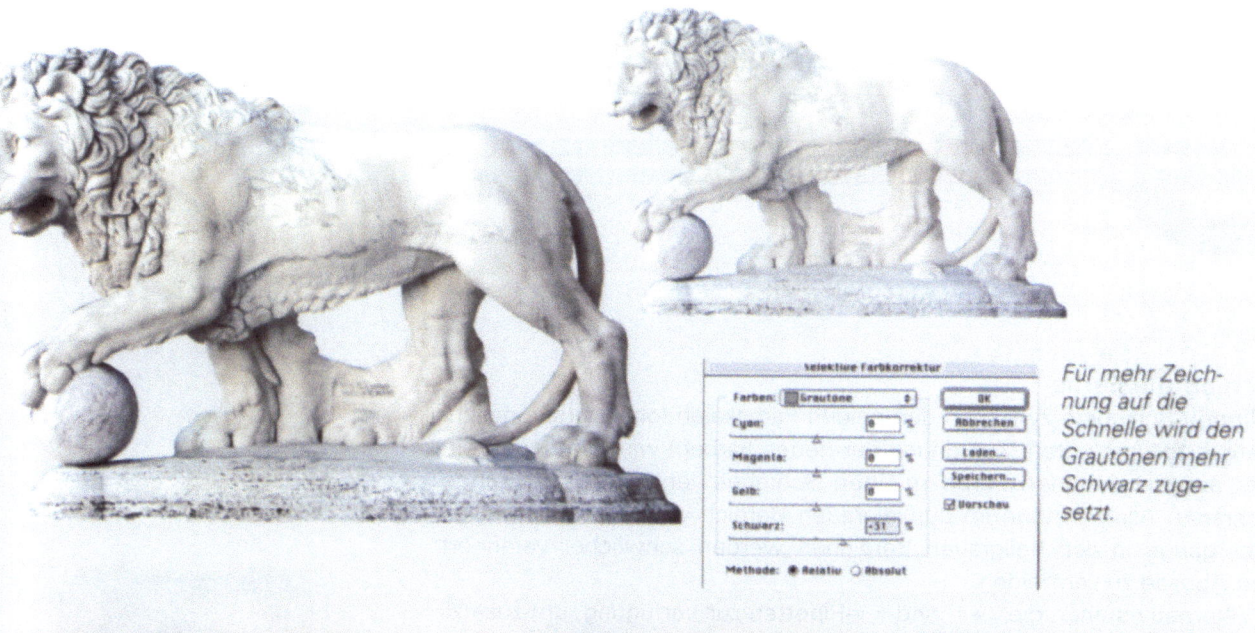

Für mehr Zeichnung auf die Schnelle wird den Grautönen mehr Schwarz zugesetzt.

Mehr Schwarz in den Grautönen hilft auch bei einer blassen Wiedergabe von Hauttönen – ohne die Gefahr eines Farbstichs.

Bildverbesserung – alles für feine Töne

Farbton und Sättigung

Die differenzierte Farbkorrektur bietet Photoshop mit der Funktion FARBTON/SÄTTIGUNG, die auch im 16 Bit-Modus angewandet werden kann.

Im Pull-down-Menü BEARBEITEN ist per Vorgabe STANDARD eingestellt. Änderungen des Farbtons, der Sättigung und der Helligkeit erfolgen im ganzen Bild.

Um hingegen dem Gelb der Narzissen mehr Geltung zu verschaffen, dabei ein kühleres Blau in den Himmel zu legen oder einen helleren Ton, werden in der BEARBEITEN-Liste die Gelbtöne gewählt. Ein Klick mit dem Farbaufnehmer in das Gelb der Blume nimmt die genaue Farbnuance auf.

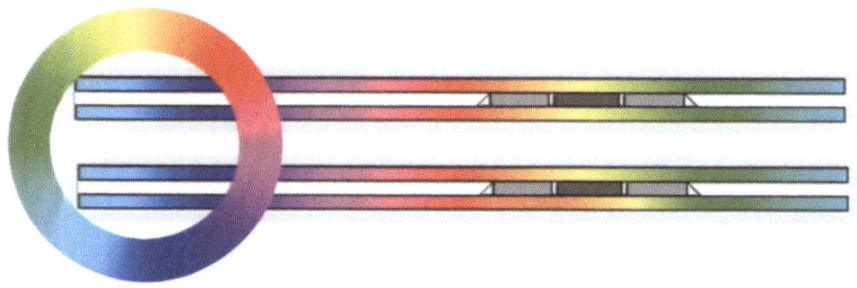

Schieb die Farbe

Mit den Schiebern zwischen den beiden Farbskalen (oben: ursprüngliche Farbverteilung; unten: Zuordnung der neuen Farben) wird die Bandbreite der aufgenommenen Farbe mit den Schiebern erweitert oder eingeschränkt: Alle Farbtöne im dunkelgrauen Bereich werden verändert, die Übergänge in den hellgrauen Bereichen werden schwächer verändert, um Abrisse zu vermeiden.

Alternativ stehen die »+«- und »–«-Pipetten zur Verfügung, um zusätzliche Farben exakt in die Manipulation einzubeziehen oder auszuklammern.

Mit dem Farbschieber (FARBTON) werden alle Farben aus dem gewählten Farbbereich auf einen anderen Farbton verschoben. SÄTTIGUNG und Lab-HELLIGKEIT des ausgewählten Farbumfangs werden durch die entsprechenden Regler verändert (SÄTTIGUNG steht für die Reinheit der Farbe. Mit abnehmender SÄTTIGUNG zieht Grau ein, bei zunehmender Sättigung werden Anteile anderer Farben entfernt).

Die Option KOLORIEREN färbt RGB-Bilder ein. Auch ein Graustufenbild kann damit koloriert werden, wenn es zuvor in ein RGB-Bild konvertiert wurde. Das Bild wird mit dem Farbton in der aktuellen Vordergrundfarbe aus der Werkzeugleiste eingefärbt. Der Helligkeitswert der einzelnen Pixel ändert sich dabei nicht.

Bildverbesserung – alles für feine Töne

Gezielte Korrektur einer einzelnen Farbe: Farbton und Sättigung

Der automatische Weißabgleich der Digitalkamera hat versagt: Der Gelbstich rührt vom Kunstlicht des Kaufhauses her.

Das Setzen des Bildschwarz und Bildweiß sorgt nicht nur für bessere Kontraste im Bild – dabei werden auch gleich die schwarzen und weißen Bildbereiche neutral. Allerdings strahlen die Farben eine Kühle aus, die dem Bildmotiv nicht angemessen erscheint: Die Gesichter sind zu magentastichig, die Haare wirken grün.

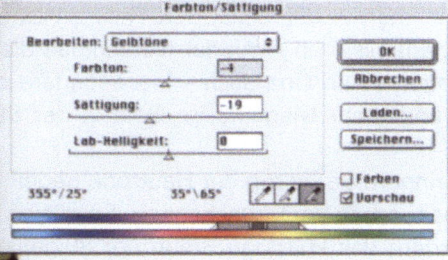

Im Pull-down-Menü BEARBEITEN wird Magenta eingestellt, um den Magentastich in den Gesichtern zu entfernen. Mit der Pipette wird ein charakteristischer Punkt aus dem Gesicht vorgegeben (Sie sehen die Farbe im Farbstreifen zur besseren Kontrolle).

Mit der rechten Pipette werden die Rottöne der Bälle im Hintergrund von der Farbauswahl abgezogen, damit sie nicht in die Korrektur mit eingerechnet werden. Dabei verkleinert sich der Umfang der gewählten Farben – nachvollziehbar in der Darstellung unter den Pipetten.
Die SÄTTIGUNG für den gewählten Bereich wird verringert und der FARBTON wird leicht gegen rot verschoben. Der Kontrollstreifen unten zeigt auch diese Verschiebung an.
Im Anschluß wird in gleicher Manier der Farbton der Haare leicht aufgehellt und von Grüngelb nach Rotgelb verschoben.

Ein Kapitel für sich: Hauttöne

Gerade wenn es um Kopf und Kragen geht, haben wir sehr detaillierte Vorstellungen von Hauttönen.

Die Hersteller von konventionellem Film- und Fotopapiermaterial haben unserem Wunsch nach optimierten und idealisierten Hauttönen schon lange Rechnung getragen und die Titelbilder auf Magazinen jeder Art tragen dazu bei, daß wir eine bestimmte Vorstellung von »richtigen« Hauttönen haben: Eine »gesunde« Hautfarbe ist das Braun der Mädels, die in Kalifornien als Rettungsschwimmer arbeiten, der zarte Bronzeton der Models auf der Fernsehzeitschrift und die rosigen Wangen der Kleinen aus der Werbung für Kinder Country. Was beim Erwachsenen ins Rötliche geht oder gar den leichten Grünstich der Winterzeit birgt, ist nach dem Farbsehen von heute gleich ein Farbstich.

Hauttöne bewegen sich im CMYK in einem Magenta-Gelb-Bereich, mit etwas Cyan in den Tiefen, im RGB im Rot-Grün-Bereich mit einem deutlich kleineren Blauanteil.

Hauttöne optimieren

Die erste Aktion am Portrait ist die Tonwertspreizung durch die Vorgabe der Bildtiefe und des Bildweiß, denn auf diese Weise werden Tiefen und Lichter neutral eingestellt. Einen Wunschton setzt man als Vorgabe in die Mitteltonpipette, muß dann aber akzeptieren, daß die restlichen Farben im Bild unter Umständen kippen und individuell korrigiert werden müssen.

Einen Magentastich kann man in der SELEKTIVEN FARBKORREKTUR durch weniger Magenta im Rot neutralisieren – mit der Gefahr, daß die Hauttöne ins Gelbe wandern. Gegen einen Grünstich – insbesondere bei Blonden – hilft weniger Gelb und mehr Magenta im Gelb in der SELEKTIVEN FARBKORREKTUR.

Fast immer hilft eine geringere Sättigung der Hauttöne gegen unnatürlich wirkende Farben, insbesondere bei Erwachsenen. So dürfen wir heute wieder korrigieren, seitdem das knackige Braun der 80iger endgültig »out« ist. Am einfachsten gelingt die Korrektur in FARBTON/SÄTTIGUNG, wenn die Rottöne des Gesichts mit der Pipette vorgegeben werden.

Bildverbesserung – alles für feine Töne

Hauttöne korrigieren

Die Tonwertspreizung in der Tonwertkorrektur liefert hier ohne weitere Aktionen natürliche Hauttöne. Eventuell werden bei einem süßen kleinen Mädel die Rottöne stärker gesättigt.

 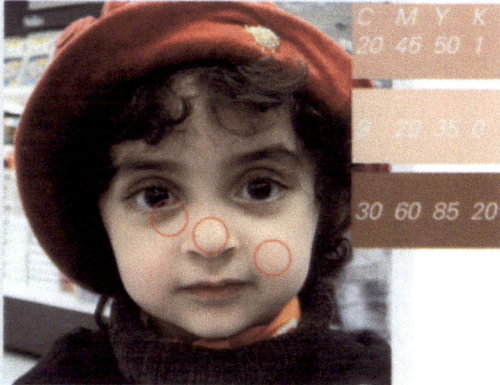

Der Grünstich verschwand auch mit der Tonwertspreizung nicht – weniger Cyan und mehr Magenta für die Gelbtöne eliminiert den Grünstich, der sich insbesondere bei Blonden auch in den Haaren zeigt.

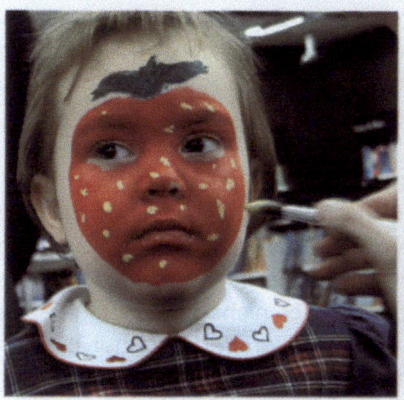 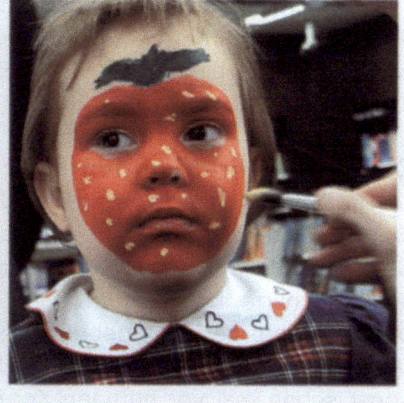

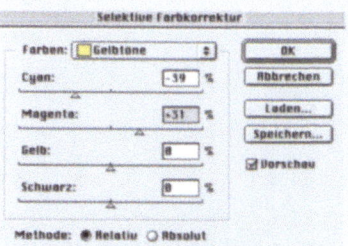

Nach der Tonwertspreizung zieht ein leichter Magentastich ein – die Sättigung der aufgenommenen Rottöne wird gesenkt, um natürliche Hauttöne zu erzeugen.

 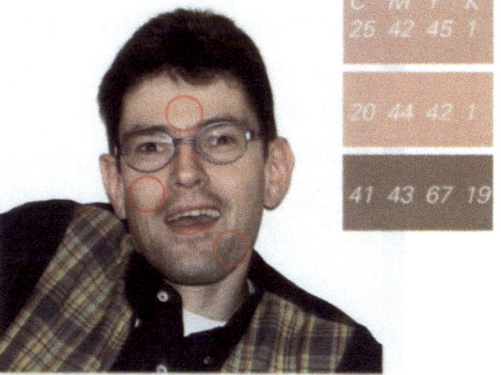

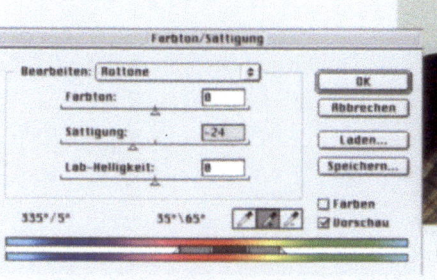

87

Unscharf macht scharf

Kurz vor dem Druck gerät das Bild immer noch einmal so richtig unter Druck – insbesondere das UNSCHARF MASKIEREN wirkt den kleinen Unzulänglichkeiten des Druckrasters und des Vierfarbdrucks entgegen.

Jede Technik des Digitalisierens eines Bildes – also sowohl das Scannen als auch die digitale Fotografie – geht mit einem leichten Weichzeichnungseffekt einher. Beim Digitalisierungsprozess werden analoge kontinuierliche Tonwerte in ein »diskretes« digitales Raster umgewandelt. Wenn Details kleiner sind als das digitale Raster, werden ihre Farb- und Helligkeitswerte nur in einer Mittelwertbildung einbezogen.

Einige Drucktechniken – insbesondere das Druckraster der Presse und des Farblasers – sorgen für einen weiteren Weichzeichnungseffekt.

Das Nachschärfen ist der letzte Schritt in der Bearbeitungskette des Bildes, bevor es auf dem Fotodrucker gedruckt oder für den Offsetdruck separiert wird. Es bringt neben der scheinbaren Schärfe einen Gewinn an Kontrast.

Der letzte Schritt vor dem Druck

Die besten Ergebnisse liefert der UNSCHARF MASKIEREN-Filter (USM) unter den Scharfzeichnungsfiltern im Filtermenü – aber bitte erst ganz zum Schluß. Soll das Bild noch weiterbearbeitet werden, ist es besser, vorerst auf die Schärfe zu verzichten. Damit passen sich nicht nur Montageränder besser in ihre neue Umgebung ein – bei der Tonwertkorrektur brechen Verläufe auch nicht so schnell auf. Hardcore-Lithografen zeichnen ein Bild sogar schon mal vor heftigen Korrekturen mit dem Gaußschen Weichzeichner weich.

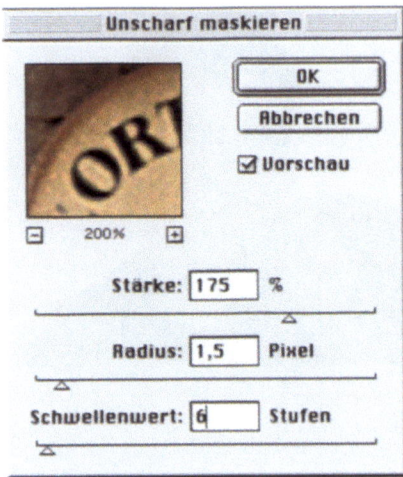

Der kleine Bildausschnitt im Dialogfenster kann verschoben werden: Ein Klick mit dem Mauszeiger auf den gewünschten Ausschnitt im Originaldokument bringt die ausgewählte Stelle in das Dialogfenster.

Bildverbesserung – alles für feine Töne

Hinter den Kulissen

Seinen seltsam anmutenden Namen hat der USM-Filter, weil er das Bild eigentlich nicht schärfer macht, sondern mit einer weichgezeichneten Kopie des Bildes die Konturen von Objekten im Bild stärker betont. Dazu werden deutliche Kanten zwischen unterschiedlichen Farben kontrastreicher gemacht und diese Kontur wiederum an ihrem inneren und äußeren Rand weichgezeichnet. Alles klar?

Aufnahme: analoge Spiegelreflexkamera auf Agfa Negativmaterial, ISO 200

Deutlich zu sehen: die Kontraststeigerung an den Konturen. Da die Kontraste auch an feinsten Strukturen erhöht werden, wird in der Vergrößerung bereits das Korn sichtbar.

Da jedes UNSCHARF MASKIEREN zu einer Farbverschiebung führt (schließlich handelt es sich hier um eine Kontrastkorrektur), ist der 16-Bit-Modus vorzuziehen, wenn das Bild mit einer höheren Farbtiefe als 8 Bit erfaßt wurde.

Die Schärfeparameter

Der Filter arbeitet mit drei Parametern: Die STÄRKE läßt sich zwischen den Werten 1 – 500% einstellen, der RADIUS gibt an, wie viele Pixel breit eine Kontur stärker betont wird. Die Werte für den Radius liegen zwischen 0,1 und 250 Pixeln. Der SCHWELLENWERT wird eingesetzt, damit kleinste Pixelbereiche wie etwa das Korn eines eingescannten Fotos nicht gleich für eine Kontur gehalten werden.

Bilder, die einen großen Anteil an flächigen Farben vorweisen, werden nur wenig unscharf maskiert. Hier versuchen Sie es am besten mit Werten von 50 bis 120% Schärfe. Sehr detaillierte Bilder mit vielen kleinen

Der RADIUS besagt, über welche Pixelbreite der Kontrast erhöht werden soll. In diesem Pixelradius entsteht der »Halo«, ein farbiger Ring rund um die Konturen.

Ein SCHWELLENWERT bremst die ungewollte Verstärkung der feinen Strukturen.

Bildverbesserung – alles für feine Töne

Unscharf Maskieren je nach Bildmotiv

Bildverbesserung – alles für feine Töne

Unscharf Maskieren je nach Bildmotiv

Links: ungeschärfte Aufnahme aus der Digitalkamera (Nikon 990) in 8 Bit Farbtiefe
Mitte: Unscharf maskieren mit 180, 1,5, 0
Rechts: Unscharf maskieren mit 250, 1,5, 0
Bei hohen Werten für die Schärfe zeigt sich bei Aufnahmen aus der Digitalkamera »Bildrauschen«, das in seiner Art dem Korn des Films ähnelt: einzelne fehlfarbene Pixel, die durch den Kontrastsprung betont werden. Die Spitzlichter auf den Flaschenverschlüssen zeigen »Halos« als bunten dünnen Rand.

Links: ungeschärfter Scan vom Negativ (ISO 200) in 16 Bit Farbtiefe
Mitte: Unscharf maskieren mit 175, 1,5, 0
Rechts: Unscharf maskieren mit 280, 1,5, 10
Viele feine und feinste Details können viel Schärfe vertragen. Der Schwellenwert von 10 soll dem Korn entgegenwirken, das bei starkem Unscharf maskieren sichtbar wird.

Links: ungeschärfte Aufnahme aus der Digitalkamera (Canon D30) in 16 Bit Farbtiefe.
Mitte: Unscharf maskieren mit 180, 1,5, 0
Rechts: Unscharf maskieren mit 300, 1,5, 0
Zwar zeigt sich die Zeichnung in der Calla sehr schön, aber am oberen Rand der Blüte weist die schwarze Kontur auf die Schärfung hin.
Also habe ich die Blüte ohne den oberen Rand mit einer sehr weichen Auswahlkante eingefangen und nur die Auswahl geschärft – die linke Blüte liegt von vornherein nicht im Fokus und würde von einer Schärfung nicht profitieren.

Links: ungeschärfte Aufnahme aus der Digitalkamera (Nikon 950) in 8 Bit Farbtiefe.
Mitte: Unscharf maskieren mit 180, 1,5, 0
Rechts: Unscharf maskieren mit 250, 1,5, 0
Spitzlichter leiden schnell unter der Kontrasterhöhung an den Konturen, die mit der steigenden Schärfe einhergeht. Deutlich setzen sich »Halos« um die Spitzlichter ab und verraten ein zu heftiges Schärfen. Bilder mit sehr viel Spitzlicht dürfen nur wenig geschärft werden.

Einzelheiten vertragen meistens mehr an Schärfe: Gehen Sie solche Bilder mit Einstellungen von 100 bis 200% Schärfe an.

Ein Daumenmaß für die Einstellung des Radius lautet: Druckauflösung/200. Der Schwellenwert wird heraufgesetzt, sobald sich Korn oder Bildrauschen zeigen. Am besten stellt man das Bild vor dem Aufruf des UNSCHARF MASKIEREN-Filters auf einen Zoom von 100 oder 50% ein und benutzt die Vorschau, um eine gute Einstellung der drei Werte herauszufinden. Auf jeden Fall vermeiden sollte man alle »krummen« Zoomstufen wie 33,3% und 66,7%.

Nicht nur Ansichtssache: der Zoom
Stellen Sie bei allen Korrekturen den Bildzoom (ANSICHT/EINZOOMEN oder ANSICHT/AUSZOOMEN) immer auf 25%, 50% oder 100% der Bildgröße. Alle »krummen« Zoomstufen wie 33,3% oder 167% zeigen eine stufige und pixelige Darstellung, an der sich insbesondere die Schärfe des Bildes nicht beurteilen läßt.

Der Offsetdruck: Schärfen nach Druckauflösung und Papier

Je höher die Druckauflösung, um so stärker ist der Weichzeichnungseffekt durch den Druck. Bei Werken, die für den Kunstdruck bestimmt sind, wird deswegen stärker unscharf maskiert als bei Bildern, die mit 300 dpi für den »ganz normalen« Offsetdruck verwendet oder mit rund 200 bis 360 dpi auf dem Tintenstrahldrucker ausgegeben werden.

Auch das Papier spielt eine große Rolle bei der Festlegung der maximalen Schärfe, die ein Bild ohne Qualitätsverlust verkraften kann. In meinem letzten Buch hatte man mir im Druck ein besseres Papier spendiert als das zunächst geplante – das Ergebnis war, daß sämtliche Bildbeispiele, welche die Folgen einer Überschärfung darstellen sollten, eine perfekte Schärfung aufwiesen. Bilderdruckpapiere mit einer hochwertigen Oberflächenveredelung brauchen also mehr Schärfung als das Standardpapier des Zeitschriftendrucks.

Wenn das Bild für den Offsetdruck bestimmt ist, darf es auf dem Bildschirm übrigens bei einer Verkleinerung auf 50% ruhig leicht überschärft aussehen, denn durch das Raster des Offsetdrucks erfährt das Bild wieder einen weichzeichnenden Effekt.

Der Tintenstrahldrucker: Ganz schön scharfe Punkte

Der Druck auf dem Tintenstrahldrucker mit frequenzmoduliertem Raster und reinweißen oberflächenveredelten Papieren braucht weniger Schärfe und der Schärfeeindruck der Bildschirmvorschau stimmt in der Regel gut mit dem Schärfeeindruck des Prints überein. Bei feindetaillierten Bildern kann der Schärfeeindruck des Prints die Darstellung auf dem Monitor überbieten und feine Strukturen zerfasern.

Gerade beim eigenen Drucker ist es also angebracht, bei jedem neuen Papier nicht nur die Farbdarstellung zu testen, sondern auch für die Schärfung ein paar Probedrucke zu spendieren.

Belichtungen

Bilder, die für ein fotografisches Ausgabeverfahren wie z.B. für den Print auf einem Durst Lambda oder Filmbelichter bestimmt sind, werden ebenfalls so weit geschärft, daß sie auf dem Monitor perfekt wirken.

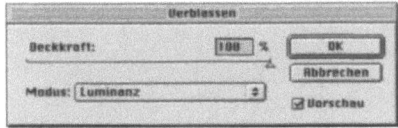

Die Folgen von zu oft und zu viel

Auf keinen Fall sollte man das Ergebnis des USM-Filters durch einen weiteren Aufruf des Filters nachbessern. Der Aufruf des Filters wird lieber widerrufen (BEARBEITEN/WIDERRUFEN) und der Filter mit anderen Werten erneut ausgeführt. Auch hier gilt also wieder der Highlander-Effekt: Es kann nur Einen geben. Das Speichern und Archivieren der ungeschärften Rohdaten verhindert zudem Unglücksfälle bei unterschiedlichen Ausgabeverfahren.

Sollte das Bild allerdings nur noch in einer geschärften Version vorliegen und dabei irgendwann skaliert werden, muß es fast immer noch einmal durch den Prozess des UNSCHARF MASKIERENS.

Bei Farbverschiebungen:
UNSCHARF MASKIEREN im Lab-Modus oder FILTER VERBLASSEN

Da der Filter UNSCHARF MASKIEREN den Kontrast in einzelnen Bildbereichen ändert, kann es – wenn auch nur sehr selten – zu einer Beeinflussung der Farben kommen. Wenn das Bild in 12 oder 16 Bit Farbtiefe vorliegt, wird der USM-Filter aufgerufen, bevor die Farbtiefe auf 8 Bit reduziert wird. Sollte es trotzdem zu sichtbaren Farbverschiebungen an den Konturen kommen, wird häufig die Umwandlung des Bildes in den Lab-Modus empfohlen.

Der Filter UNSCHARF MASKIEREN wird im Lab-Modus auf den Helligkeitskanal des Bildes beschränkt und verhindert so Farbverschiebungen.

Bei Bildern in 8 Bit Farbtiefe kann die Konvertierung in den großen Farbraum und wieder zurück in den wesentlich kleineren RGB- oder CMYK-Farbraum aber auch zu einer unerwünschten Reduzierung des Farbraums führen. Anstatt das Bild in den Lab-Modus zu transformieren, kann man das Bild wie gewohnt im RGB- oder CMYK-Modus Unscharf maskieren und direkt im Anschluß im Modus LUMINANZ »verblassen« (BEARBEITEN/VERBLASSEN: UNSCHARF MASKIEREN). Die Wirkung ist die gleiche wie beim UNSCHARF MASKIEREN im Lab-Modus – Farbverschiebungen werden hierbei sofort korrigiert, aber der Farbumfang des Bildes wird nicht angegriffen.

Bildverbesserung – alles für feine Töne

Alternativ: Scharfzeichnen mit dem Hochpassfilter

◄ So brillant die Ergebnisse von UNSCHARF MASKIEREN auch wirken können, der Filter hat doch auch seine Schattenseiten: USM schärft alles – insbesondere auch das Bildrauschen und die JPEG-Artefakte digitaler Kameras. Zuvor diffuse Spitzlichter zeigen ein unnatürliches Weiß.
Eine sehr sanfte Methode des Schärfens bietet der Hochpassfilter unter FILTER/SONSTIGE FILTER/HOCHPASS. Er fügt den Strukturen an den Konturen des Bildes keinen Schaden zu und liefert dennoch die gleiche Brillanz wie der Filter UNSCHARF MASKIEREN.

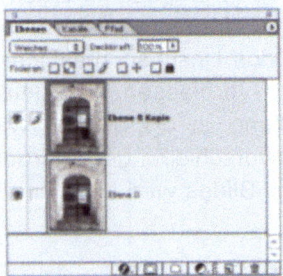

◄ Kopieren Sie das Bild auf eine separate Ebene (Ebenenminiatur auf das Symbol NEUE EBENE ERSTELLEN in der Ebenenpalette ziehen) und stellen Sie als Füllmethode WEICHES LICHT oder HARTES LICHT ein. Beide Füllmethoden liefern ein stark gesättigtes Bild, in dem die Zeichnung in den Mitteltönen stärker hervortritt.

Bildverbesserung – alles für feine Töne

Alternativ: Scharfzeichnen mit dem Hochpassfilter

➤ Der Filter HOCHPASS (FILTER/SONSTIGE FILTER/HOCHPASS) sorgt wieder für ein natürliches Farbbild und der RADIUS des Filters kann je nach Bild- und Lichtcharakter auf Werte zwischen 2 bis 40 eingestellt werden.

➤ Mit zunehmendem RADIUS wirkt das Bild leicht kontrastreicher: Auf der rechten Seite werden drei Stärken von 8,2 bis 40 wiedergegeben. Dabei ändert sich der Helligkeitscharakter des Bildes, nicht aber der Farbcharakter und die Artefakte des UNSCHARF MASKIERENS bleiben aus: Der HOCHPASS erhält diffuse Spitzlichter, vermeidet die Bildung von Halos rund um kontrastreiche Konturen und führt fast nie zu einer Verstärkung von JPEG-Artefakten.

➤ Die Füllmethode WEICHES LICHT liefert eine sanfte Schärfe, HARTES LICHT wirkt wieder kontrastreicher und eignet sich nicht für jeden Bildtyp.
Das Verfahren ist »nicht destruktiv«: Es greift die Pixelstruktur nicht an und erlaubt im Gegensatz zum Filter UNSCHARF MASKIEREN weitere Korrekturen im Bild. Wenn das Bild im PSD-Format gespeichert oder ERWEITERTE TIFF-OPTIONEN in den Voreinstellungen aktiviert sind, bleibt das Originalbild erhalten. Ohne die Haloeffekte des Filters UNSCHARF MASKIEREN und die Betonung der Spitzlichter eignet sich das Verfahren gut für den Druck mit hohen Skalierfaktoren.

Bildverbesserung – alles für feine Töne

Schärfenmasken konstruieren

In einigen Fällen ist auch das sanfte Schärfen des Hochpaßfilters kritisch: bei Portraits, in denen etwa die Augen, nicht aber die Haut geschärft werden soll, oder bei Bildern, die unter einer heftigen Komprimierung gelitten haben. Dann soll eine Maske kritische Bereiche beim Schärfen aussparen.

Eine Kopie des Bildes (BILD/BILD DUPLIZIEREN) wird in ein Graustufenbild umgewandelt. Wählen Sie ein Verfahren für die Umwandlung, das ein Schwarzweißbild mit einem möglichst hohen Kantenkontrast erzeugt.

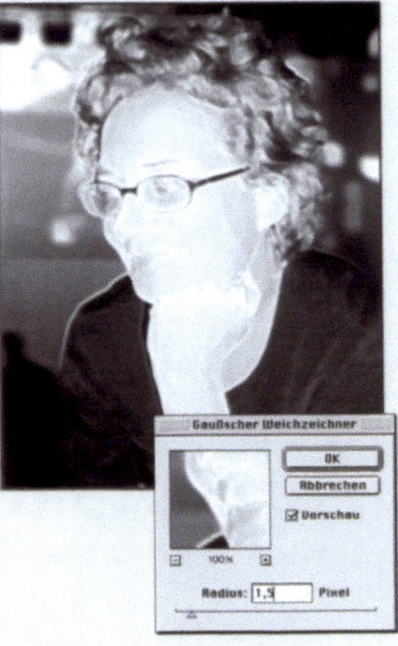

Der Filter MALFILTER/KANTEN BETONEN hebt die Konturen im Bild noch weiter an. Sanftes Weichzeichnen mit Gaußschem Weichzeichner (mit einem Radius zwischen 2 bis 4, je nach Bildgröße und Detaillierung des Bildes) sorgt für weiche Übergänge.

Masken
Der Begriff der »Maske« stammt aus der Dunkelkammer. Auch dort werden Bilder differenziert korrigiert: Dafür schneidet der Fotograf Masken aus Pappe, die Bildbereiche vor den Manipulationen schützen.

Schärfenmasken konstruieren

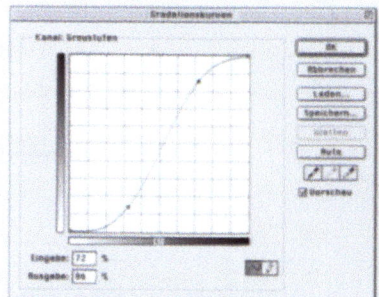

Das Ergebnis wird umgekehrt (BILD/EINSTELLEN/UMKEHREN) und die Kontraste mit einer Gradationskurve verstärkt, bis alle Bereiche, die vor den Folgen eines UNSCHARF MASKIEREN geschützt werden sollen, möglichst weiß dargestellt und alle anderen schwarz.

Im letzten Schritt wird das Graustufenbild kopiert (Strg/⇧ + C) und als neuer Alphakanal in das Originalbild eingefügt (Symbol NEUER KANAL ERZEUGEN in der Fußleiste der Kanalpalette und Strg/⇧ + V).

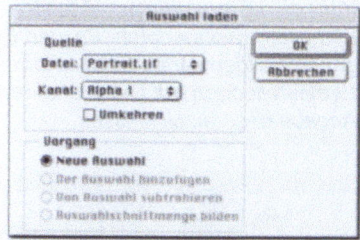

AUSWAHL/AUSWAHL LADEN markiert die Auswahl im Gesamtfarbkanal und schützt die nicht ausgewählten Bildpartien beim anschließenden UNSCHARF MASKIEREN (ein Tip: Strg/⇧ + H verbirgt die Auswahlkante, ohne die Auswahl aufzuheben und ein weiteres Strg/⇧ + H macht sie wieder sichtbar).

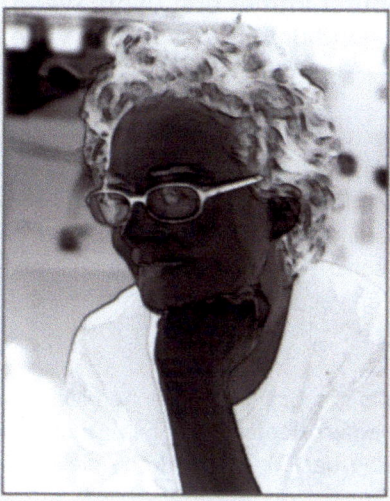

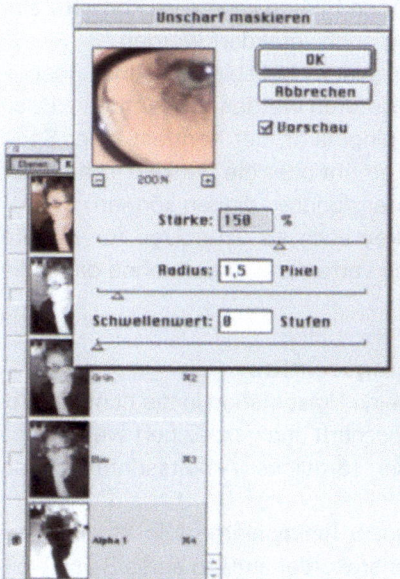

Bildverbesserung – alles für feine Töne

Praxistips, Techniken und Verfahren

So richtig in Gang kommen Computer immer erst dann, wenn wir ihnen klare Aufträge erteilen – und davon gleich sehr viele.

Sobald mehrere Bilder durch die Filter der Bildbearbeitung geschleust werden, spielt Photoshop seine Stärken aus: die automatische Korrektur von ganzen Bildserien, alle Bilder für ein Buch in den CMYK-Modus konvertieren, die Aufbereitung eines Bildordners für das Internet, Dutzende Bilder für den Druck verkleinern und schärfen, einen Effekt aus komplizierten Einzelschritten nach vier Monaten wiederholen.

Bildserien korrigieren

Oft zeigt ein ganzer Film oder eine Serie von Scans die gleichen Mängel: vielleicht einen Farbstich, der durch einen überalterten Film zustande kam, vielleicht nur die flaue Erscheinung der Bilder, die durch die Lichtstimmung entstand.

Alle Dialogfenster der Tonwert- und Farbkorrekturen bieten die Option, Einstellung zu SPEICHERN. In den folgenden Bildern kann eine Korrektureinstellung geladen und unter Umständen noch verändert werden.

Die Werte der Korrektur werden in einem beliebigen Ordner gespeichert und können jederzeit erneut aufgerufen werden. So werden z.B. alle Bilder einer Serie im gleichen Ton eingefärbt, der Kontrast einer Serie von Scans für die Bildschirmausgabe erhöht oder die dunklen Töne einer Serie abgeschnitten, damit sie als Hintergrundbild dienen können.

Die gespeicherten Korrekturen dienen auch als Grundlage für weitere Korrekturen. Die Optionen dürfen noch verfeinert werden, ohne dabei die gespeicherte Korrektur zu beeinflußen.

Aktionen: Rekorder für Bearbeitungsschritte

Sobald Dutzende von Aufnahmen für eine Präsentation in die richtige Größe zu bringen sind, dabei korrigiert, geschärft und gespeichert werden sollen, ist eine Automatik gefragt, die sämtliche Arbeitsschritte ohne Benutzereingriff durchführen kann.

Aktionen (FENSTER/AKTIONEN EINBLENDEN) funktionieren wie ein Videorekorder: Der Benutzer spielt dem Aktionsrekorder anhand eines Beispielbildes alle Manipulationen des Bildes vor – danach kann der Rekorder die durchgeführten Schritte selbständig an weiteren Bildern abspulen. Eine Aktion kann mit einem Klick eine Tonwertkorrektur durchführen, einen warmen Farbton einstellen, das Bild schärfen.

Einmal angelegte Aktionen »überleben« das Schließen von Photoshop und sind beim nächsten Start des Programms wieder präsent. Sie lassen sich speichern und erneut laden, um sie auch auf einem anderen Rechner zu installieren.

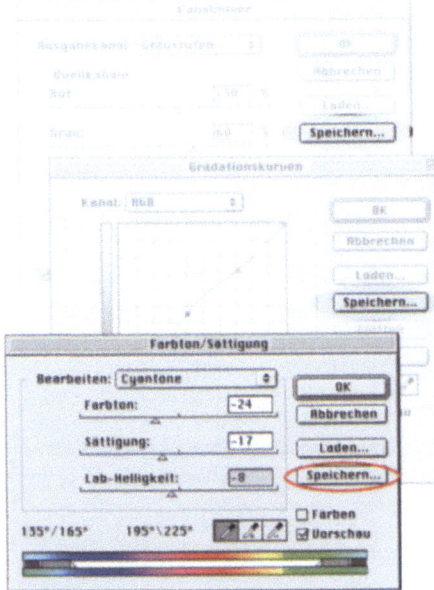

▲ Stellen Sie alle Korrekturen am ersten Bild der Serie ein und aktivieren Sie SPEICHERN. Ein Klick auf OK führt die Korrekturen am aktuellen Bild wie gewohnt durch. Bei den folgenden Bildern laden Sie die Korrektureinstellungen mit LADEN und der Angabe des Verzeichnisses.

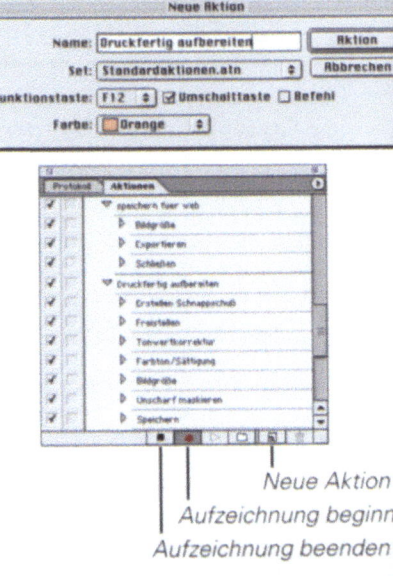

Neue Aktion
Aufzeichnung beginne[n]
Aufzeichnung beenden

Bildverbesserung – alles für feine Töne

▶ **Aktionen abspielen**
Ein Klick mit der Maus markiert die Aktion. Aktion abspielen in der Fußleiste der Aktionenpalette startet die Aktion.

▶ **Aktionen neu anordnen**
Wenn ein Schritt an anderer Position stehen soll, wird er mit gedrückter Maustaste an die gewünschte Stelle gezogen. Ein Schritt kann auch in eine andere Aktion gezogen werden.

Aktion/Schritt löschen
Aktion durchführen

▶ **Einzelschritte deaktivieren**
Ein Klick in die erste Spalte der Palette deaktiviert eine Schritt vorübergehend – das Häkchen wird ausgeblendet.

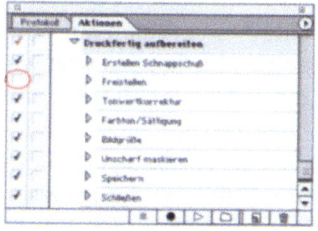

▶ **Individuelle Einstellungen**
Ein Klick in die zweite Spalte der Palette blendet DIALOG AKTIVIEREN ein. Beim Aufruf blendet die Aktion das Dialogfenster FARBTON/SÄTTIGUNG ein, und der Benutzer kann Einstellungen ändern.

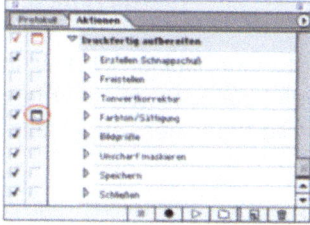

Beispiele für individuelle Einstellungen:
- Bilder auf unterschiedliche Größen zuschneiden.
- Die Druckauflösung einstellen.
- Die Kontraste einrichten.
- Das Bild einfärben.
- Unscharf maskieren.
- In einem vorgegebenen Verzeichnis speichern und die Datei schließen.

▶ **Aktionen unterbrechen**
Ein Stop-Befehl fügt eine planmäßige Unterbrechung ein, etwa um dem Benutzer die Wahl zu lassen, ob er das Ergebnis speichern möchte oder nicht. Insbesondere beim Testen komplexer Aktionen ist die Unterbrechung ein nützliches Instrument.

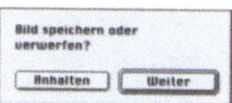

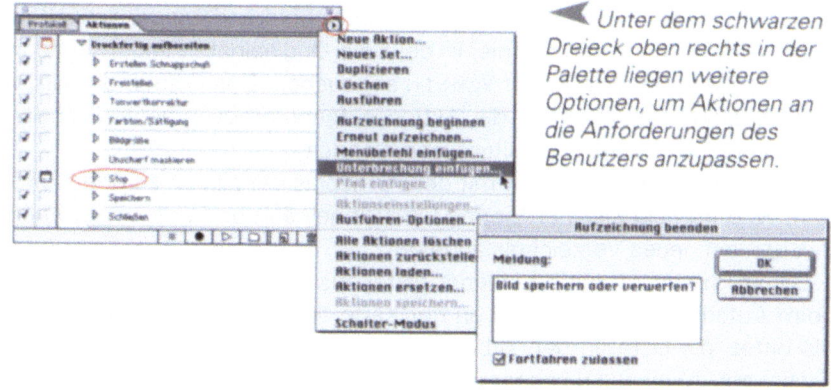

◀ Unter dem schwarzen Dreieck oben rechts in der Palette liegen weitere Optionen, um Aktionen an die Anforderungen des Benutzers anzupassen.

99

Rückversicherung bei Aktionen: Der Schnappschuß

Zwar können alle Schritte einer Aktion in der Protokollpalette rückgängig gemacht werden – sicherer allerdings ist es, in jeder Aktion als ersten Schritt einen Schnappschuß (🔲 ERSTELLT EINEN NEUEN SCHNAPPSCHUSS in der Protokollpalette) zu erstellen, zu dem man direkt zurückgehen kann, wenn die Ergebnisse einer Aktion nicht wie gewünscht ausfallen.

Aber weder Protokollpalette noch Schnappschuß helfen, wenn die Bilddatei im letzten Schritt der Aktion geschlossen wird. Also ist eine Unterbrechung und Rückfrage vor dem letzten Arbeitsschritt ein Muß für alle vorsichtigen Bildbearbeiter.

Detaillierte Einblicke in Aktionen und Änderungen

Wer weiß noch, welche Einstellungen er in einer der zahlreichen Aktionen getätigt hat, die im Laufe langer Sitzungen angelegt wurden?

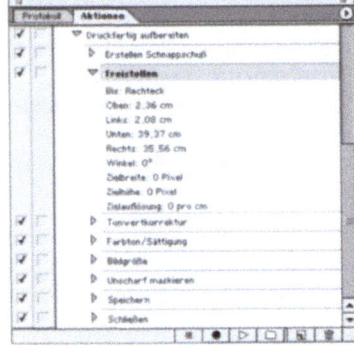

Das Dreieck links vom Namen einer Aktion blättert eine Aktion auf oder klappt sie der besseren Übersicht zuliebe zu. Das gleiche Dreieck sitzt vor jedem Einzelschritt und gibt den Blick frei auf die genauen Einstellungen des Schrittes.

Ein Doppelklick auf einen Einzelschritt in der Aktion öffnet das dazugehörige Dialogfenster und ermöglicht Änderungen. Dabei wird nur dieser eine Schritt der Aktion durchgeführt und anschließend steht der Schritt mit neuen Werten in der Aktion zur Verfügung.

Geordnete Aktionen: Aktionssets

Ein Klick auf das Symbol NEUER AKTIONSSET legt einen kleinen Ordner in der Aktionspalette an, in den komplette Aktionen hineingezogen werden. Selten benutzte Aktionen verschwinden zeitweilig unter dem zugeklappten Aktionsset.

Stapelweise Qualität

Zeit für eine ausgiebige Kaffeepause – währenddessen wird ein ganzes Verzeichnis mittels der vorbereiteten Aktionen aufgearbeitet. Die Stapelverarbeitung (Menü DATEI/AUTOMATISIEREN/STAPELVERARBEITUNG) wird jede Datei im Verzeichnis öffnen, korrigieren, speichern und wieder schließen.

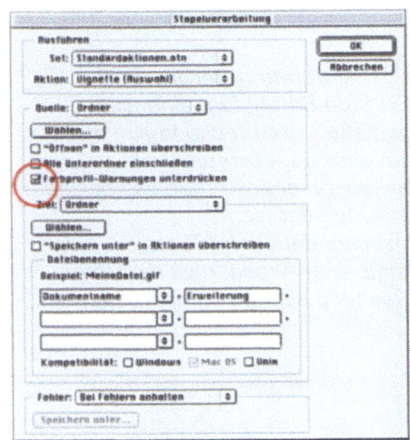

Der Pfad zu dem Verzeichnis, in dem die Originaldaten liegen, wird im Feld Quelle unter dem Knopf WÄHLEN angegeben. Das Öffnen der einzelnen Dateien muss nicht in die Aktion aufgenommen werden, sondern wird durch die Stapelverarbeitung abgehandelt.

Um die Originaldaten nicht mit dem Ergebnis der Aktion zu überschreiben, wird im Feld ZIEL der Eintrag ORDNER gewählt und unter dem Knopf WÄHLEN ein neues Verzeichnis angelegt.

Damit Photoshop nicht bei jeder Datei aus einer Serie von Scans oder beim Aufarbeiten aller Bilder von der Karte der Digitalkamera um Erlaubnis bittet, die Datei in den Arbeitsfarbraum zu konvertieren, werden die FARBPROFIL-WARNUNGEN besser unterdrückt.

Bildverbesserung – alles für feine Töne

Digitale Handarbeit
Eine Reihe von Photoshop-Funktionen kann nicht automatisiert werden. Dazu gehören insbesondere die meisten Werkzeuge für manuelle Korrekturen und die Malwerkzeuge.

Nicht automatisierbar sind z.B.:
- Abwedler und Nachbelichter
- Schwamm
- Wischfinger
- Weichzeichner
- Pinsel und Protokollpinsel
- Zeichenstift
- Kopierstempel
- Radiergummi
- Direkt-Auswahlwerkzeug
- Pfad-Komponenten
- Drucken mit individuellen Einstellungen

Automatisieren lassen sich z.B.:
- Bildeinstellungen wie Gradationskurve, Tonwert oder Farbkorrekturen, Änderungen des Bildmodus.
- Auswahlwerkzeuge wie Auswahlrechteck, -oval, Lasso ... .
- Textwerkzeug und Verlaufswerkzeug
- Markieren und Duplizieren von Ebenen
- Ebeneneffekte und das Transformieren von Ebenen.
- Das Setzen von Vorder- und Hintergrundfarbe.
- Das Setzen von Photoshop-Voreinstellungen im Menü DATEI/VOREINSTELLUNGEN.
- Das Duplizieren eines Bildes mit dem Menübefehl BILD/BILD DUPLIZIEREN.
- Der Menübefehl DATEI/ZURÜCK ZUR LETZTEN VERSION.
- Das ANMERKUNGS-WERKZEUG.

Aktions-Sharing
Das Internet ist eine unerschöpfliche Quelle für Aktionen aller Art, wo mehr oder minder nützliche und witzige Effekte zum Download zur Verfügung stehen.
Aktionen werden im Aktionenmenü unter dem schwarzen Dreieck oben rechts in der Aktionenpalette geladen und gespeichert.

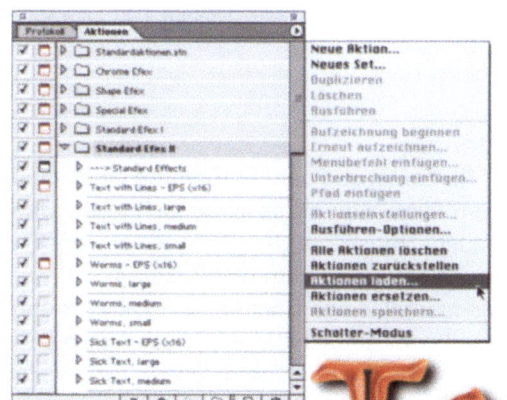

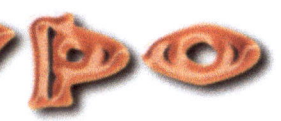

Nils' Type Efex! ist eine professionelle Sammlung von Aktionen, die 3D-Effekte über Schriften legen. Sie versetzen Texte in Metall, Glas und Chrom.

Voll im Griff: Schaltermodus
Der SCHALTERMODUS (OPTIONEN unter dem schwarzen Dreieck) gewährt einen schnellen Zugriff und kann zur besseren Übersicht Aktionen farbig unterlegen. Die Farbangabe beim Anlegen der Aktion war also für den Schaltermodus gedacht.

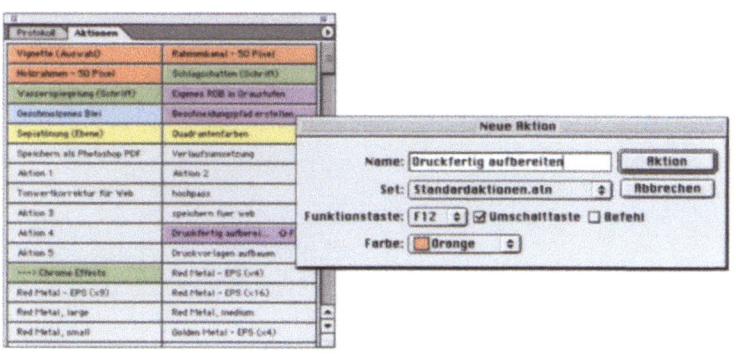

Bildverbesserung – alles für feine Töne

Die Abkürzung zur Web-Fotogalerie

Eine ganze Website legt Photoshop in einem Arbeitsgang an – von der Startseite mit dem Überblick bis hin zu einer Seite mit einer großen Darstellung des Bildes. Alle Seiten sind fertig miteinander verlinkt und können ohne weiteres direkt ins Internet gestellt werden.

Die Bilder für die Galerie müssen nicht zuvor manuell auf eine einheitliche Größe gebracht werden – auch das übernimmt Photoshop.

Unter STILE liegen auch Frames-orientierte Seitendesigns und unter den OPTIONEN werden die Informationen für den Seitenkopf – das BANNER – eingegeben.

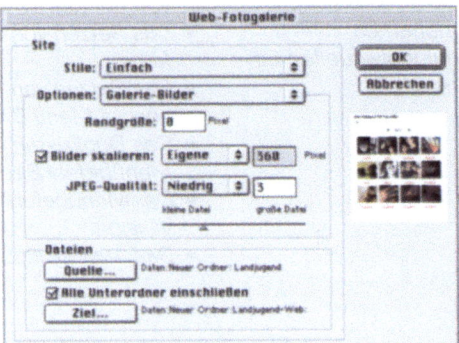

»Hardcopy« – der Kontaktabzug

In der guten alten Zeit bot der Kontaktabzug dem Fotografen einen Überblick über alle Aufnahmen auf einem Film. Wer heute einen schnellen Überblick über seine digitalen Bilder braucht, muss nur den Rechner einschalten und kann alle seine Bilder in einem Katalogprogramm begutachten ...

Damit der Rechner nicht jedesmal eingeschaltet sein muß, wenn eine Übersicht verschickt werden soll oder einfach nur ein »Inlay« für die Bild-CD gebraucht wird, erzeugt KONTAKTABZUG II einen Kontaktabzug für den Druck.

Liegen mehr Bilder in einem Verzeichnis als auf eine Seite des Kontaktabzugs passen, werden entsprechend viele Seiten mit den diagroßen Vorschaubildern erzeugt.

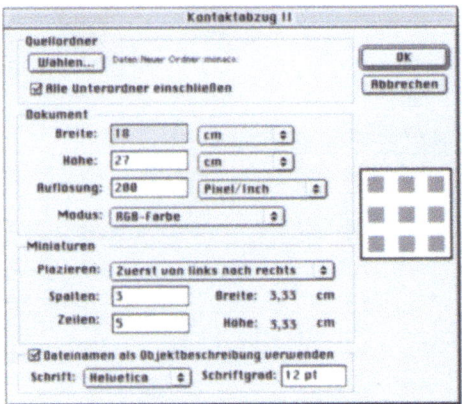
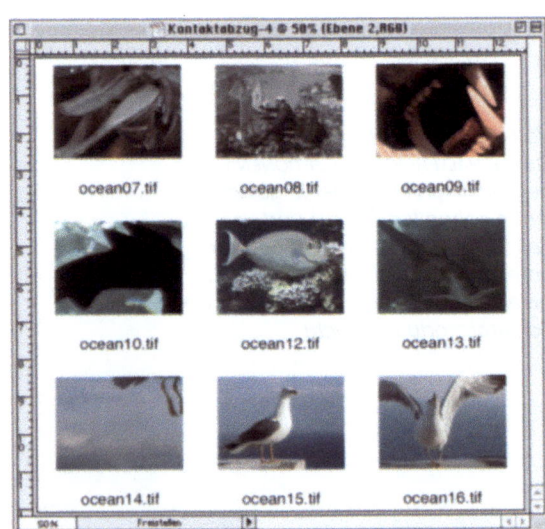

Bilder vergrößern und verkleinern

Kaum ein Bereich der digitalen Bildbearbeitung ist so viel Aberglauben und exotischen Techniken unterworfen wie die Grenzen der Vergrößerung und Verkleinerung des Bildes. Ein paar Voraussetzungen und sinnvolle Techniken jedoch sorgen für eine gewisse Dynamik

Insbesondere das Bild aus der digitalen Kamera ist hinsichtlich seiner Größe beschränkt – digitale Kameras erfassen heute rund 3 bis 6 Megapixel. Für die meisten Anforderungen und den Druck bis DIN A4 reicht die Auflösung aus, aber Ausschnittsvergrößerungen, Ausstellungen, die doppelseitige Anzeige und das Plakat rufen nach Größe.

Nicht anders als auch beim herkömmlichen Belichten sind der Vergrößerung Grenzen gesetzt, aber während das Kleinbilddia von 36 x 24 mm genügend Potential für eine Vergrößerung auf 28 x 21 cm birgt, sind die Beschränkungen beim digitalen Bild deutlich enger gefaßt.

Die besten Voraussetzungen für die Skalierung werden durch die Aufnahme und die Ausrüstung festgelegt: Ein gutes Objektiv, beste Lichtverhältnisse und eine hohe Farbtiefe bei der Bilderfassung mit der Digitalkamera erlauben auch hohe Skalierfaktoren.

Vergrößern und Verkleinern: Bild neuberechnen

Die Bildgröße wird in BILD/BILDGRÖßE verändert. Dabei gibt es zwei alternative Wege: Entweder wird nur die Druckauflösung des Bildes verändert und die Anzahl der Pixel des Bildes bleibt die gleiche, oder das Bild wird neu berechnet, und neue Pixel werden durch eine Interpolation (Schätzung) in das Bild hineingerechnet oder aus dem Bild entfernt.

Um zu einem möglichst großen Druck bei besten Voraussetzungen zu gelangen oder um das Bild für das Internet zu verkleinern, ist die zweite Variante der Neuberechnung der richtige Weg.

Photoshop bietet drei Verfahren für die Interpolation: PIXELWIEDERHOLUNG, BILINEARE und BIKUBISCHE Vergrößerung/Verkleinerung. Pixelwiederholung ist die schnellste Methode, qualitativ aber auch die schlechteste. Die bikubische Skalierung zieht die Pixel aus der Umgebung in die Berechnung neuer Pixel ein und liefert die besten Ergebnisse bei einem hohen Rechenaufwand.

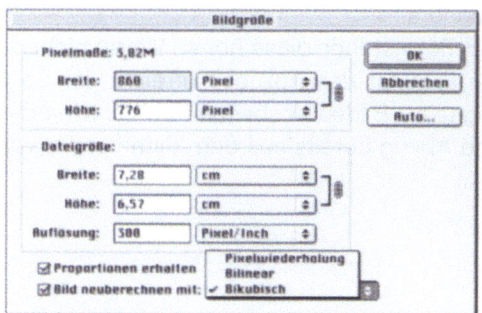
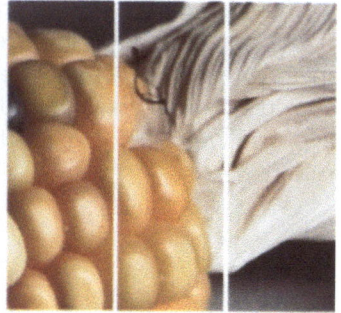

Bildverbesserung – alles für feine Töne

Das rechte Bild zur rechten Zeit vergrößert
Am besten läßt sich das Bild vor den typischen Korrekturen vergrößern oder verkleinern, auf jeden Fall immer vor dem Schärfen. Bilder, die zuvor mit einer verlustbehafteten Komprimierung gespeichert wurden, lassen sich kaum oder gar nicht vergrößern, denn auch die JPEG-Artefakte gelangen dabei zu größerem Ansehen. Bilder, die bereits einmal vergrößert oder verkleinert wurden, leiden in der Regel beim weiteren Vergrößern und Verkleinern.

Die Farbtiefe ist ein weiterer Faktor im Ringen um digitale Größe: Je höher die Farbtiefe, desto besser und schärfer wird das Ergebnis einer drastischen Vergrößerung ausfallen. Die »Rohdaten« des Bildes sind also immer die beste Voraussetzung für detailreiche Vergrößerungen.

Allerdings spielt der Betrachtungsabstand eine wesentliche Rolle: Je größer das Original vor der Vergrößerung ist, desto weiter kann es vergrößert werden, denn wenn das Bild etwa in einer Ausstellung präsentiert werden soll, können wir von einem höheren Betrachtungsabstand ausgehen.

Auch der Charakter des Bildes beeinflußt die Grenzen der Skalierbarkeit: Bilder mit vielen Details lassen sich zumeist weiter vergrößern als Bilder mit weniger Details.

Insgesamt sind die Effekte der Skalierung bei einer Verkleinerung natürlich geringer, und das digitale Bild kann um den Faktor 2 bis 4 verkleinert werden, während die Vergrößerung in der Regel maximal auf den Faktor 2 beschränkt bleibt.

Der skalierte Scan
Der Scan vom analogen Negativ oder Dia unterliegt diesen Beschränkungen nicht. Der typische Filmscanner weist heute 2500 dpi und mehr auf. Hier steht neben der Güte des Kameraobjektivs, der Güte der Scanneroptik und der Gesamtqualität der Vorlage der analoge Film selbst im Mittelpunkt: Je feinkörniger und »langsamer« der Film ist (also ein Film mit einem möglichst niedrigen ISO-Wert), um so höher darf die Scanauflösung sein.

Die Grenzen liegen bei hochwertigen, feinkörnigen Filmen wie Kodachrome oder Fuji Velvia/Provia bei einer 8- bis 12-fachen Vergrößerung des Bildes beim Scan – das entspricht einer Auflösungsleistung von 2400 bis 3600 dpi von seiten des Scanners.

Dem Scan vom ausbelichteten Foto stehen diese hohen Werte nicht offen – bei einer hervorragenden Qualität des Abzuges erreicht der Scan kaum die Skalierbarkeit des digitalen Bildes. Insbesondere zählt hierbei auch, wie weit der fotografische Abzug bereits aus dem Film heraus vergrößert war.

Wenn Größe zählt ...

- Hohe Qualität des Objektivs
- Aufnahmen in hohen Farbtiefen
- Detaillierungsgrad und Kantenschärfe der Vorlage
- Unmanipulierte Rohdaten des Bildes
- Keine Bildkomprimierung durch JPEG oder ähnliches Bilddatenformat

Bildverbesserung – alles für feine Töne

Digitale Vergrößerungen

Mittlere Detaillierung
Vergrößerung durch Pixelwiederholung

Mittlere Detaillierung
Bilineare Vergrößerung

Mittlere Detaillierung
Bikubische Vergrößerung

Hoher Detaillierungsgrad
Vergrößerung durch Pixelwiederholung

Hoher Detaillierungsgrad
Bilineare Vergrößerung

Hoher Detaillierungsgrad
Bikubische Vergrößerung

Kapitel 4 Kleine Korrekturen – Bildretusche

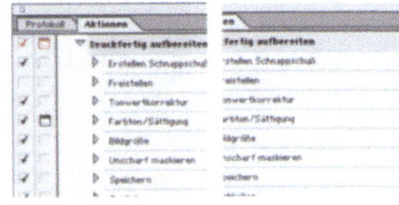

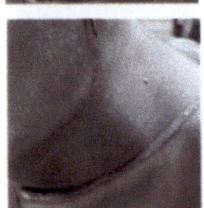

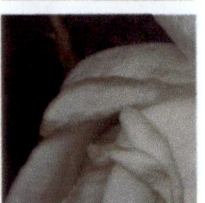

Zeitzeugen: Staub und Kratzer

Der Scanner holt aus Dias, Negativen und Abzügen nicht nur das Beste heraus – auch Staubkörner, Kratzer und das gefürchtete Moiré werden gnadenlos digitalisiert.

Auch wenn das Vorlagenglas des Scanners penibel sauber gehalten und die Vorlage wie ein rohes Ei behandelt wird – Flusen und Staub lassen sich nicht immer vermeiden. Ältere Vorlagen leiden außerdem an Kratzern, und unsachgemäß gelagertes Diamaterial zeigt schnell Ausfälle in flachen Partien wie dem Himmel.

Spätestens, wenn das Bild gedruckt werden soll, ist Feinarbeit angesagt: Kratzer, Staub und Flecken müssen beseitigt werden. Wer Wert auf ein makelloses Abbild legt, braucht Geduld und eine ruhige Hand, denn wie in der Dunkelkammer ist alles Handarbeit: Hier wird getupft und gestempelt, abgewedelt und verwischt.

Die Spuren der Mißhandlung

Die beste Zeit, Flecken, Staub und Kratzer zu entfernen, ist vor den Kontrast- und Farbkorrekturen und dem Archivieren des Fotos, meistens also direkt nach der Erfassung des Bildes – auf jeden Fall aber immer vor dem Schärfen.

Da fast alle Werkzeuge für die Retusche mit Bildern in hohen Farbtiefen bestens auskommen, verbleibt das Bild so lange es geht im 16-Bit-Modus, und einige Säuberungsaktionen werden am besten schon vor der Kontrastkorrektur durchgeführt, wenn die Tonwerte noch ohne Sprünge weich verlaufen.

Trotzdem kann man sich auch bei der Entscheidung, ob zuerst ausgefleckt oder korrigiert wird, nach dem ersten Eindruck richten: Was am meisten ins Auge fällt, wird zuerst korrigiert.

Retuscheurs Liebling: der Kopierstempel

Um gleich vorweg zu sagen: Der Filter mit dem feinen Namen »Staub und Kratzer entfernen« ist keinesfalls das digitale Werkzeug der Wahl, denn er geht mit einem heftigen Weichzeichnungseffekt einher, der das Bild schlichtweg unbrauchbar macht. Das geniale kleine Werkzeug der digitalen Dunkelkammer, das Staubkörner, Flusen und kleine Kratzer im Bild sanft entfernt, ist der Kopierstempel aus der Werkzeugleiste.

Er malt die exakte Kopie einer Bildstelle an eine andere Stelle des Bildes oder auch in ein anderes Bild hinein und verdeckt damit Unliebsames. Dabei geht der Stempel immer von einer vorgegebenen Bildstelle aus – dem Original-Aufnahmepunkt – und überträgt Strich für Strich die Pixel von einer Stelle auf eine andere.

Kleine Korrekturen – Bildretusche

Abgestempelt und ausgetupft: Staub und Kratzer

Durchsuchen Sie das Bild systematisch in der 200%igen Vergrößerung auf dem Bildschirm. Wählen Sie mit dem Stempelwerkzeug eine Stelle möglichst nah an der verunreinigten Stelle und halten Sie beim Aufnehmen einer sauberen Stelle die Alt-Taste gedrückt, um das Muster zu kopieren.

Stempeln mit Stil

Hier darf jeder seinen eigenen Stempelstil entwickeln: Der »Tüpfler« gibt dem Stempelwerkzeug eine saubere und unbeschädigte Stelle möglichst nah bei der Schadstelle vor und tupft damit die Schadstelle zu, der »Zieher« gibt eine Stelle vor und übermalt wie mit einem Radiergummi bei gedrückter Maustaste den Störenfried. Tüpfeln hinterläßt nicht so schnell ein sichtbares Wiederholungsmuster, Ziehen überträgt größere Bildstellen exakt.

Für das Entfernen kleiner Verunreinigungen mit dem Stempel empfiehlt sich der Modus KOPIE, NICHT AUSGERICHTET mit einer weichen Spitze. Je nach Einsatz gibt es Optionen und Parameter, die Werkzeuge wie den Stempel modifizieren. Fast immer sind diese Erweiterungen in der kontextsensitiven Werkzeugleiste zu finden – dort tauchen sie erst auf, wenn das entsprechende Werkzeug aktiv ist.

Eine saubere Bildstelle erfassen
Ein Klick mit gedrückter Alt-Taste gibt den Ursprung an, von dem aus Pixelflicken übernommen werden. Das Austupfen oder Ziehen macht ein Fadenkreuz sichtbar, das sich immer im ursprünglichen Abstand parallel zum Stempelcursor bewegt und die Muster überträgt – so informiert das Werkzeug den Benutzer, welche Stellen aufgenommen und übertragen werden.

Bildpartien kopieren
Mit der Option AUSGERICHTET wird das aufgenommene Bild durchgehend aufgetragen, egal, wie oft das Werkzeug abgesetzt wird – auf diese Weise überträgt man z.B. ganze Teile eines Bildes in ein anderes Bild oder legt eine Kopie eines Motivs im gleichen oder auch einem anderen Bild an. Wird AUSGERICHTET deaktiviert, wird nach jedem Absetzen die Original-Aufnahmestelle erneut abgetastet.

Kleine Korrekturen – Bildretusche

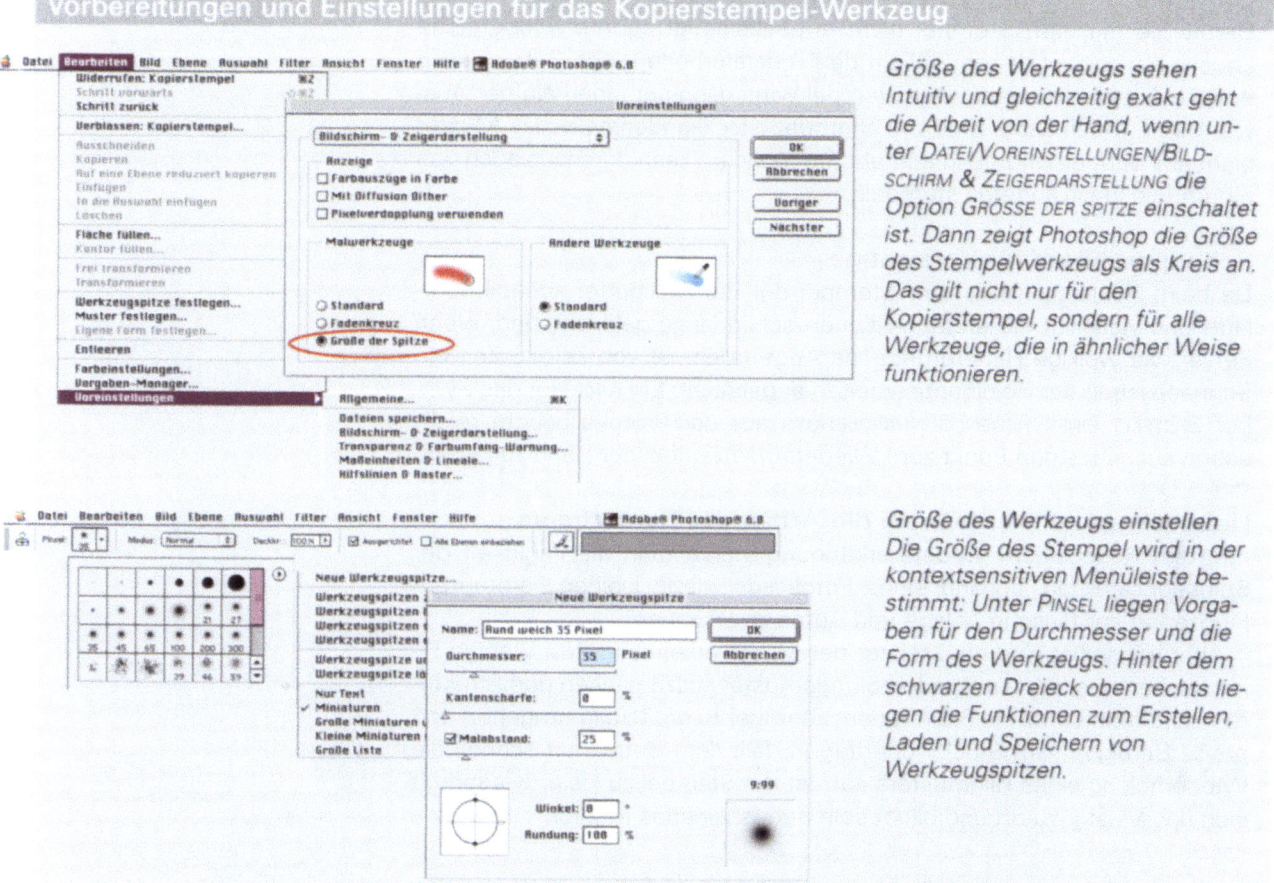

Vorbereitungen und Einstellungen für das Kopierstempel-Werkzeug

*Größe des Werkzeugs sehen
Intuitiv und gleichzeitig exakt geht die Arbeit von der Hand, wenn unter DATEI/VOREINSTELLUNGEN/BILDSCHIRM & ZEIGERDARSTELLUNG die Option GRÖSSE DER SPITZE einschaltet ist. Dann zeigt Photoshop die Größe des Stempelwerkzeugs als Kreis an. Das gilt nicht nur für den Kopierstempel, sondern für alle Werkzeuge, die in ähnlicher Weise funktionieren.*

*Größe des Werkzeugs einstellen
Die Größe des Stempel wird in der kontextsensitiven Menüleiste bestimmt: Unter PINSEL liegen Vorgaben für den Durchmesser und die Form des Werkzeugs. Hinter dem schwarzen Dreieck oben rechts liegen die Funktionen zum Erstellen, Laden und Speichern von Werkzeugspitzen.*

Helligkeit anpassen
Wenn die Helligkeitsunterschiede auch in der Nähe der zu übermalenden Stelle schon zu stark sind, wird der Überblendmodus von NORMAL auf MULTIPLIZIEREN (dunkelt die überstempelten Pixel ab) oder NEGATIV MULTIPLIZIEREN (hellt die überstempelten Pixel auf) und die Stärke des Stempels über die DECKKRAFT geregelt. Bei eher zarten Staubkörnern reicht das Stempeln mit halber Deckkraft oft schon aus und schont dabei die Struktur unter dem Stempel.

Exakt im Muster bleiben
Wenn Sie ganz exakt mit dem Stempel arbeiten wollen – etwa ein Ziegelsteinmuster auf einen anderen Bildbereich übertragen wollen –, schalten Sie das Raster ein oder benutzen Sie eine Hilfslinie, die Sie aus dem Lineal holen (ANSICHT/LINEALE EINBLENDEN und im Anschluß die Hilfslinie mit gedrückter Maustaste aus dem Lineal ziehen). Anhand der Hilfslinien ist es einfacher, eine gerade Strecke mit dem Stempel zu ziehen.

Kleine Korrekturen – Bildretusche

Ohne die Umgebung zu verletzen: die Maske

Damit Sie mit dem Stempel nicht unbeabsichtigt andere Bildbereiche ändern als geplant, legen Sie um den reparaturbedürftigen Bereich eine weiche Auswahlkante an. Der Stempel wirkt dann nur innerhalb der Auswahlkante. Auch dabei muß der Stempel oder die Klonstelle das Muster nicht aus dem gleichen Bild aufnehmen, sondern kann durchaus auch von einem Bild in ein anderes stempeln.

Schnappschüsse für Vorsichtige

Da beim Ausflecken mit dem Stempel der Protokollpuffer schnell überläuft und vielleicht die ersten Aktionen schon lange gelöscht sind, wenn Fehler wie wolkige Hintergründe ins Auge fallen, ist von Zeit zu Zeit ein Schnappschuß der Reinigungsarbeiten angebracht: Ein Klick auf das Symbol ERSTELLT EINEN NEUEN SCHNAPPSCHUSS aus der Protokollpalette reicht schon aus, um einen Punkt zum Wiederaufsetzen bei der Hand zu haben.

Heimlich und unsichtbar sei die Arbeit des Retuscheurs

»Pattern Recognition« (Mustererkennung) nennt man die Fähigkeit der Spionagesatelliten, anhand eines Fotos aus winzig kleinen Farbtupfern Flugzeuge, militärische Anlage und Autos zu erkennen.

Aber wir selbst sind die Meister der Mustererkennung: Nur wenige Pixel reichen uns, um ein Wiederholungsmuster auszumachen und Strukturen zu erkennen. Wenn Sie mit dem Stempel zu großzügig umgehen und große Bereiche »am Stück« übertragen, fällt dem Betrachter schnell die Wiederholung eines Bildmusters auf. Ist der Stempel zu klein, wiederholt sich das Muster zu oft und bildet sein neues, eigenes Muster.

◄◄ *Mit der Option AUSGERICHTET aus dem kontextsensitiven Menü wird eine Bildstelle kopiert, auch wenn das Werkzeug zwischendurch einmal abgesetzt wird.*

◄ *An Wiederholungen im Muster erkennen wir schnell die Retusche.*

Kleine Korrekturen – Bildretusche

Der Filter STAUB & KRATZER ENTFERNEN
Der Filter mit dem verheißungsvollen Namen unter FILTER/STÖRUNGSFILTER kann natürlich ebenfalls zur Entfernung von unliebsamen Pixeln benutzt werden. Allerdings macht es keinen Sinn, den Filter auf das gesamte Bild anzuwenden – er geht mit einem starken Weichzeichnungseffekt einher.

▶ *Der Filter STAUB & KRATZER ENTFERNEN kommt dort zum Einsatz, wo der Stempel aufgeben muss: Wenn sich etwa ein Verlauf von Hell nach Dunkel beim Stempeln zu einer schmutzigen Wolke formiert.*

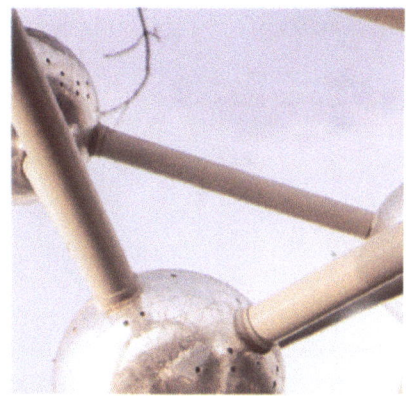 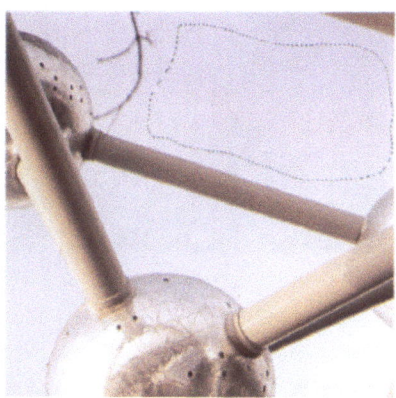

Der Filter sucht nach Kontrastsprüngen, wie sie typischerweise bei einem Staubkorn, einer Fluse oder einem Kratzer vor einem relativ einfarbigen Hintergrund auftreten, und verdrängt den Störenfried durch Pixel aus der Umgebung – er diffundiert regelrecht über die Schadstelle.

Der Auswahlbereich rund um die Fehlpixel darf also keinesfalls zu klein sein, sonst sind nicht genügend Pixel aus der Umgebung vorhanden.

Radius und Schwellenwert
Statt einer vollflächigen Anwendung wählt man mit dem Lasso eine großzügige Partie rund um den Störenfried aus und sorgt für eine weiche Auswahlkante von 3 oder mehr Pixeln. Der Pixelradius bestimmt, in welcher Breite kontrastreiche Konturen mit den Umgebungsfarben überdeckt werden. Bei einem RADIUS von einem Pixel wird nur die äußere Pixelreihe der störenden Kontur übermalt. Je größer der RADIUS, desto mehr Details eines störenden Fussels oder Staubkorns werden abgedeckt.

Der SCHWELLENWERT beschränkt die Anwendung des Filters auf die angegebenen Kontrastunterschiede: Unterhalb des vorgegebenen SCHWELLENWERTS zeigt der Filter keine Wirkung. Auf diese Weise wird eine zu starke Weichzeichnung der Umgebung verhindert.

▶ *Da der Filter an Konturen wirkt und flächige Farben stehen läßt, kann man beruhigt damit einen ganzen Himmel »in einem Abwasch« behandeln, statt wie hier Flecken für Flecken einzufangen.*

Kleine Korrekturen – Bildretusche

Aus der Trickkiste des digitalen Retuscheurs

 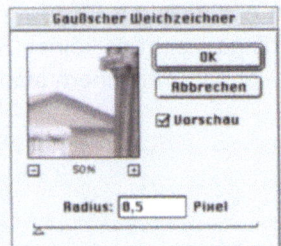

Wenn heftige Pixelbewegungen auf das Foto zukommen, löst der Hardcore-Retuscheur das Foto lieber noch etwas mit dem Gaußschen Weichzeichner (FILTER/WEICHZEICHNER/GAUSSCHER WEICHZEICHNER, Einstellung auf 0,5 Pixel) auf. Das verhindert sichtbare Montageränder bei der Retusche und hilft bei Sorgenkindern mit spärlichen Tonwerten für saubere Verläufe bei der Tonwertkorrektur.

So magisch der Name des Filters STAUB & KRATZER ENTFERNEN auch klingen mag – über das ganze Bild angewendet verdirbt er die Schärfe und die Zeichnung des Bildes.

Für flache Bereiche wie den Himmel hingegen macht der Filter seinem Namen schon eher Ehre: Mit einer weichen Auswahlkante wird der Himmel markiert und anschließend durch den Filter geschickt. Auch feine Verläufe und Wolkenformationen leiden nicht unter der weichzeichnenden Wirkung des Filters.

Kleine Korrekturen – Bildretusche

Raffinierte Techniken auf höchster Ebene

Um einen fleckigen Bereich zu säubern, kann man den Bereich auch mit einer weichen Auswahl auf eine separate Ebene kopieren und dort einen Weichzeichnungsfilter anwenden: entweder den GAUSSCHEN WEICHZEICHNER oder HELLIGKEIT INTERPOLIEREN bzw. STAUB & KRATZER ENTFERNEN unter den Störungsfiltern. Stellen Sie den Ebenenmodus auf Aufhellen oder Abdunkeln und regeln Sie die Deckkraft der Ebenen.

Durch die Arbeit auf einer separaten Ebene werden die Quelldaten des Bildes nicht mit in die Manipulation einbezogen. Mit dem Radiergummi wird der Bereich bereinigt, wenn er durch den Weichzeichner die Konturen des Bildes überlagert.

▶ *Gegen eine gewisse Künstlichkeit, die durch Weichzeichner insbesondere in Hautpartien Einzug hält, hilft eine Portion Störpixel aus FILTER/STÖRUNGSFILTER/STÖRUNGEN HINZUFÜGEN. Sie gleichen die Partien wieder an den Charakter des Originalbildes an.*

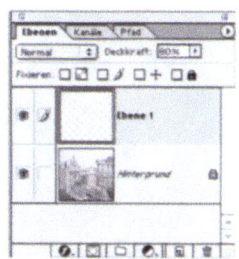
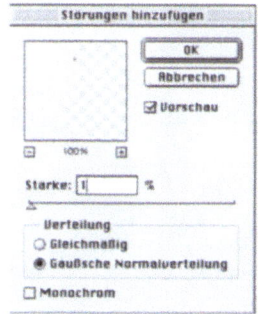

Transparenzebenen im Kampf gegen Staub und Kratzer

Eine Reihe von Retuschewerkzeugen, zu denen der Stempel, der magische Radiergummi, Schmierfinger, Weichzeichner und Scharfzeichner gehören, zeigt in der Menüleiste die Option ALLE EBENEN EINBEZIEHEN. Damit funktioniert eine alternative Technik – die Transparenzebene.

Eine transparente Ebene wird über der Hintergrundebene mit dem Originalbild angelegt (Symbol NEUE EBENE ERSTELLEN in der Ebenenpalette). In der Menüleiste wird ALLE EBENEN EINBEZIEHEN für das jeweilige Werkzeug aktiviert.

▶ *Die Transparenzebene, auf der nun befreit retuschiert wird, läßt sich ein- und ausblenden – sehr gut geeignet, um sich von der Wirkung einer Retusche zu überzeugen – und ihre Deckkraft ist regelbar.*

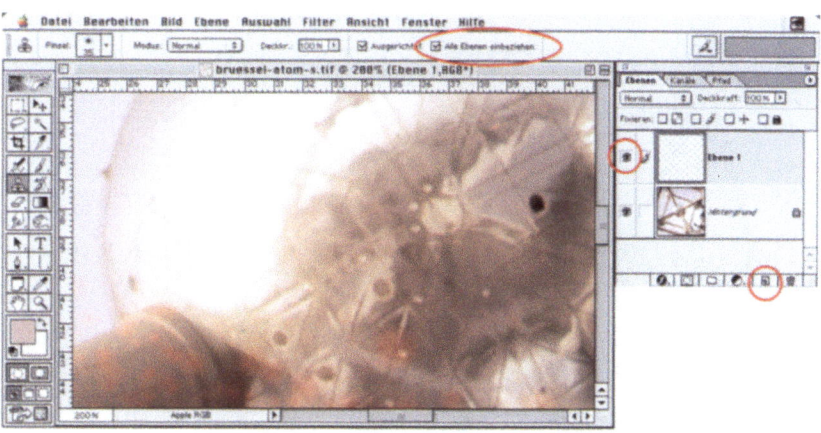

Kleine Korrekturen – Bildretusche

Die Rettung des Atomiums

Die Dias von der Brüsseler Weltausstellung fotografierte Günther Paulsen auf Kodak Safty Film. Zu seinem Namen kam der Film keineswegs, weil er eine Langzeitarchivierung erlaubte, sondern einfach nur, weil er sich nicht mehr wie das Nitratmaterial zuvor selbst bei Temperaturen von rund 40 °C entzündete.

Der Rotstich ist eine Folge der Zeit – obwohl die Dias im Glasrahmen dunkel und kühl gelagert wurden.
Dem Rotstich kommt bereits eine einfache Tonwertkorrektur bei, die roten Flecken hingegen – eine Oxidation des silberhaltigen Materials – sind nicht so ohne weiteres kleinzukriegen.

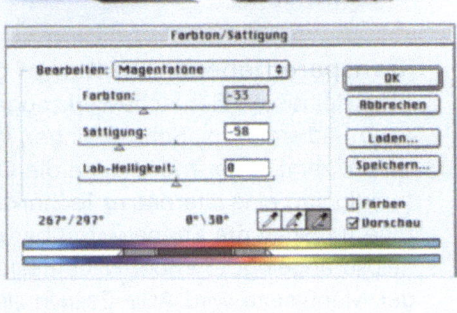
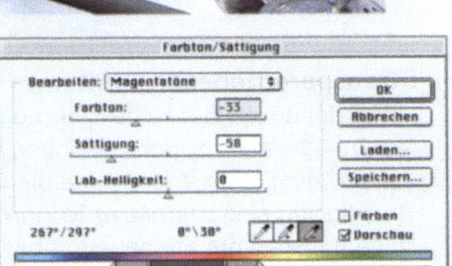

Die Flecken werden in BILD/EINSTELLEN/FARBTON/SÄTTIGUNG ins Blau geschoben und gleichzeitig wird ihre Sättigung gesenkt. Der Erfolg wird in der großen Kugel deutlich sichtbar: Die linke Seite vor der Korrektur und die rechte Seite nach der Farbkorrektur.

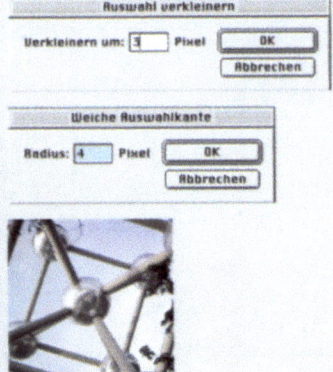

Der Himmel wird mit dem Zeichenwerkzeug exakt eingegrenzt und aus dem Pfad eine Auswahl erzeugt (AUSWAHL ERSTELLEN aus der Pfadpalette). AUSWAHL/AUSWAHL VERÄNDERN/VERKLEINERN sorgt für einen ausreichenden Abstand der Auswahlkante zu den Konturen des Motivs.
In der Auswahl verschwinden die meisten Verschmutzungen unter dem Filter STAUB & KRATZER ENTFERNEN.

Kleine Korrekturen – Bildretusche

Die Rettung des Atomiums

Rund eine Stunde dauert die Retusche eines derart beschädigten Dias. Zusätzlich müssen alle Fotografien zweifach behandelt werden: Sie wurden einmal mit der für das alte Diamaterial maximalen Auflösung von 2400 dpi und einmal in einer kleineren Auflösung von 600 dpi gescannt. Ins Archiv wandern die korrigierten, aber ungeschärften Aufnahmen.

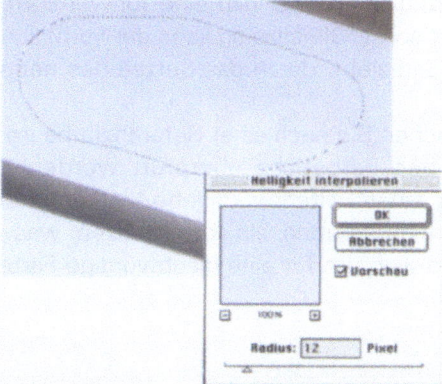

Die hartnäckigen Reste der Rostflecken beseitigt das Stempelwerkzeug, allerdings nicht ohne dabei sichtbare Wolken zu bilden.
Die wolkigen Partien werden locker ausgewählt und mit einer weichen Auswahlkante durch den Filter HELLIGKEIT INTERPOLIEREN geschleust.
Die kleinen Verschmutzungen in den Streben und den Kugeln reinigt wieder der Stempel.

Kleine Korrekturen – Bildretusche

Alte Fotografien aufarbeiten

So manch ein Familienstück trägt schwer an den Spuren der Zeit, ist verblaßt und farbstichig. Da kommt eine digitale Aufarbeitung gerade noch zur rechten Zeit.

Fast immer sind alte Fotografien im Laufe der Zeit verblaßt, Farbaufnahmen nehmen zudem einen Farbstich an. Hier hilft eine Tonwertkorrektur, die für einen besseren Kontrast sorgt. Gleichzeitig kann der Farbstich, der sich meist über das gesamte Bild zieht, durch das Setzen des neutralen Punktes entfernt werden.

Wo immer es möglich ist, suchen Sie nach einer Referenzfarbe im Bild, anhand derer die Korrektur des Farbstichs überprüft werden kann. Manchmal reicht die Werbung eines »altehrwürdigen« Markenprodukts, manchmal bleibt Ihnen nichts anderes übrig, als abzuschätzen, was wohl ein neutralgraues Motiv im Bild war, um für eine glaubwürdige Farbstimmung zu sorgen.

Der Stil der Zeit

Noch vor zehn bis zwanzig Jahren war der Geschmack bei fotografischen Abzügen bei weitem nicht so »bunt« wie heute. Die Farbsättigung und die Vorliebe für knallig rote Pullover, blaue Himmel und tiefgrünes Gras haben deutlich zugenommen.

Alte Fotografien wirken darum oft realistischer, wenn die Farbsättigung nach den Korrekturen wieder etwas zurückgenommen wird.

Ende der 70er war die Welt bei weitem nicht so bunt wie heute. Die Farben der Saison waren Grau, Blau und Dunkelgrau und die Abzüge zeigten farblich noch die reine Wahrheit.
Heute sind die Abzüge aus dieser Zeit verblaßt und zeigen einen typischen Farbstich. Meist reicht schon eine Tonwertkorrektur, um das Abbild der Zeit wieder aufzufrischen.

Kleine Korrekturen – Bildretusche

Alte Schwarzweißfotos

Damit das alte Schwarzweißfoto den »echt alten Touch« annimmt, wird es in der Dialogbox FARBTON/SÄTTIGUNG (im Menü BILD/EINSTELLEN) durch die Option Färben in eine Sepiastimmung versetzt. Wenn das Bild als Graustufenbild gescannt wurde, muß es vorher in ein RGB-Bild umgewandelt werden.

Raffinierter ist die Duplex-Technik. Dafür muß ein Graustufenbild vorliegen, das unter BILD/MODUS in ein Duplexbild mit zwei Druckfarben umgewandelt wird. Das Bild besteht danach weiterhin aus nur einem Kanal, dem Duplexkanal. Obwohl der Monitor Pantone- und HKS-Farben nur selten korrekt darstellen kann, hat dieses Vorgehen hochgeschätze Qualitäten:

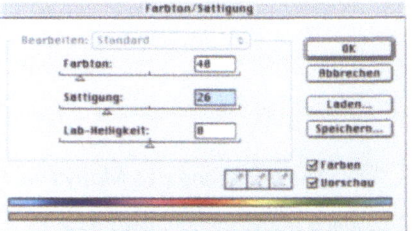

Beim Färben mit FARBTON/SÄTTIGUNG sollte die Sättigung immer großzügig zurückgenommen werden, sonst wirkt der Effekt zu künstlich.

▶ *Statt das Bild gleich einzufärben, verleiht die Einstellungsebene (EBENE/NEUE EINSTELLUNGSEBENE/FARBTON/SÄTTIGUNG) mehr Flexibilität.*

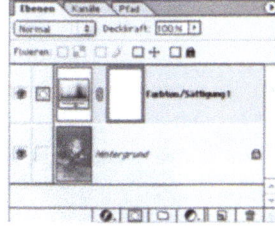

▶ *Die zweite Farbe wird durch einen Klick auf das Farbfeld gewählt.*

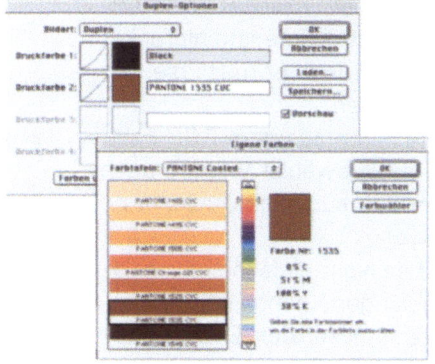

Zum einen gewinnt das Graustufenbild durch die zweite Druckfarbe an Tiefe, Zeichnung und Plastizität, zum anderen erfordert sie gegenüber der RGB-Fassung, die durch FARBTON/SÄTTIGUNG entstand, nur zwei Filme bei der Belichtung, wenn das Bild für den Druck bestimmt ist.

Duplex einrichten

Nach der Umwandlung weist das Duplexbild auch weiterhin nur einen Farbkanal auf und bleibt speicherfreundlich.

Im Dialogfenster DUPLEX-OPTION liegt unter dem Kurvensymbol die Duplexkuve, mit der die Farbbeigabe jeder beteiligten Farbe sehr genau gesteuert wird. Damit ist das Duplexbild offen für ausgefeilte Effekte: komplementäre Farben für Lichter und Schatten, Solarisation einer Duplexfarbe (erzeugt durch eine »schwingende« Gradationskurve unter BILD/EINSTELLEN/GRADATIONSKURVE).

Damit der Duplexeffekt nur auf begrenzte Teile des Bildes wirkt, wird das Bild in den Mehrkanalmodus versetzt (BILD/MODUS/MEHRKANAL). Nach dieser Transformation liegen zwei Farbkanäle in der Kanalpalette, die getrennt voneinander verändert werden können.

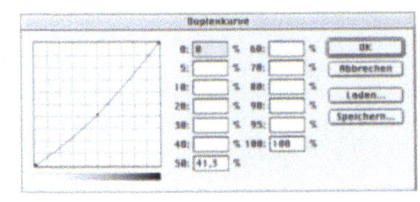

◀ *Die Umgebung des Motivs wurde im zweiten Farbkanal des Mehrkanalbildes gelöst – so bleibt der Farbeffekt auf das Blumenmotiv beschränkt, während der Hintergrund wieder ein normales Graustufenbild zeigt.*

Duplex für den Druck auf dem Tintenstrahldrucker

Da es sich bei den Pantone- und HKS-Tönen, die hier typischerweise eingesetzt werden, um Sonderfarben handelt, trifft der Tintenstrahldrucker auf dem Schreibtisch nur selten den richtigen Ton, denn er muss die Farbe durch Cyan, Magenta, Gelb und Schwarz mischen.

Also ist es in diesem Fall besser, die zweite Farbe aus dem RGB-Farbraum anzulegen. Die Änderungen der Farbe im Farbwähler werden auch hier sofort im Originalbild sichtbar. Zum Abschluß braucht die Duplexfarbe noch einen Namen.

Und selbst unter diesen Bedingungen wird es nicht einfach sein, zu einer guten Farbwiedergabe im Druck zu gelangen, denn vielfach beherrscht das Farbmanagement der Tintenstrahldrucker den Duplexdruck

Kleine Korrekturen – Bildretusche

▶ *Hinter der Schaltfläche FARBWÄHLER liegt der Standardfarbwähler, in dem Farben im RGB- oder CMYK-Farbraum gewählt werden. Der Regler wählt den Farbton und ein Klick auf eine Position in dem großen Feld DRUCKFARBE WÄHLEN legt Helligkeit und Farbsättigung fest.*

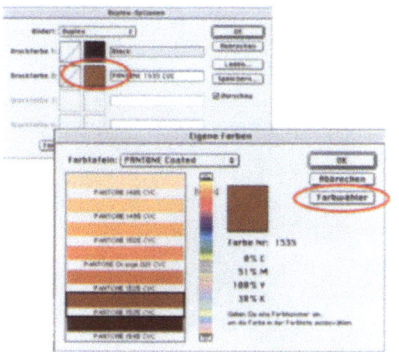
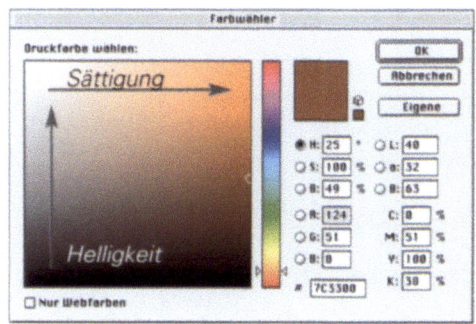

nicht. In diesem Fall sollte das Bild vor dem Druck in ein RGB-Bild umgewandelt werden.

Der Vorteil des Duplexbildes liegt im Steuern der Farbbeigaben durch die Duplexkuve. Im Gegensatz zu Funktionen wie FARBTON/SÄTTIGUNG kann die Farbe in den Lichtern, Tiefen und Mitteltönen geregelt werden.

Schwarzweißbilder kolorieren

Mein Vater hat noch mit der Hand viele alte Schwarzweißfotografien liebevoll mit Aquarellfarben ausgemalt. Auch heute noch, mit Computer und digitaler Bildbearbeitung ist dafür Geduld und »Handarbeit« gefragt.

Würde man die Farben nun einfach mit dem Pinsel direkt auf das Bild auftragen, würden sie sich flach und ohne jede Zeichnung über das Bild legen. Eine differenziertere Technik benutzt die Photoshop-Ebenen und legt die Farben auf separaten Ebenen an. Anschließend werden die Farbebene und das Originalbild in geeigneter Weise »überblendet«, so daß die Zeichnung des Originals wieder zum Tragen kommt.

Das Graustufenbild wird in ein RGB-Bild umgewandelt (BILD/MODUS/RGB-FARBE). Darüber wird eine transparente Ebene erzeugt (Klick auf das Symbol NEUE EBENE ERSTELLEN in der Ebenenpalette). Auf diese Ebene werden die Farben mit dem Pinsel oder einem Füllwerkzeug aufgetragen.

▶ *Fast schon eine Grafik für sich – hier wurde die Farbebene unter das schwarzweiße Originalbild gezogen und der Überblendmodus »Luminanz« sorgt dafür, daß die Zeichnung des Schwarzweißbildes erhalten bleibt, aber die Farbe der darunterliegenden Ebene durchscheint.*

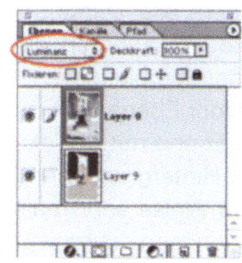

Kleine Korrekturen – Bildretusche

▶ *Nur wenige Farben sind nötig, um das Bild in die Farbstimmung der 50er Jahre zu versetzen.*

Das Einfärben von Bildpartien
Die Bereiche des Bildes, die in unterschiedlichen Farben ausgemalt werden sollen, müssen mit dem geeigneten Verfahren ausgewählt werden (siehe »Die Trennung des Motivs vom Hintergrund« in Kapitel 5). Die Auswahlkanten werden mit AUSWAHL/WEICHE AUSWAHLKANTE um ein bis zwei Pixel abgesoftet. Der ausgewählte Bereich wird mit der ausgesuchten Farbe gefüllt (BEARBEITEN/FLÄCHE FÜLLEN/VORDERGRUNDFARBE).

Am besten legt man für jede Farbe eine neue Ebene an und blendet Ebenen, die im Wege sind, mit dem Augensymbol zum Ein-/Ausblenden von Ebenen aus. So können Farbfelder gezielt auch noch einmal nachgebessert werden.

Die Farbebene einblenden
Wenn alle Bereiche des Bildes ein passendes Farbfeld erhalten haben, blenden Sie die Hintergrundebene aus und markieren eine der Farbebenen durch einen Klick auf das Ebenensymbol. Mit dem schwarzen Dreieck der Ebenenpalette oder im Menü EBENE fügen Sie die sichtbaren Farbebenen zu einer einzigen Ebene zusammen.

Die Farben liegen flach und ohne jede Zeichnung auf dem Bild. Damit sie die Zeichnung voll erhalten und nur die Farbe beisteuern, werden die Farbebene und die Ebene des Originalbildes miteinander überblendet.

Mit dem Klappmenü FÜLLMETHODE EINSTELLEN oben in der Ebenenpalette werden die schwarzweiße Hintergrundebene und die Ebene mit den flachen Farben überblendet – so bleibt die Zeichnung der Hintergrundebene erhalten und der Eindruck der Färbung kann auf diese Weise sehr realistisch wirken. Da die Zeichnung nicht abgedeckt wird, bringen schon wenige Farben einen schönen Effekt.

Vom Farbbild zum Schwarzweißbild

Die Scansoftware und das Bildbearbeitungsprogramm können das farbige Bild in Sekundenschnelle in ein Graustufenbild umwandeln. Allerdings geht dabei der besondere Charakter des Schwarzweißfotos in der Formel »Schwarzweiß gleich Farbfoto minus Farbe« verloren, und das Bild macht der Bezeichnung »Graustufen« alle Ehre.

Während ein niedrig empfindlicher Schwarzweißfilm dem Standardfarbfilm in Hinsicht auf Auflösung und Korn technisch noch überlegen sein mag, so gibt es heute keinen sichtbaren Qualitätsunterschied mehr zwischen dem Schwarzweißbild und einem hochauflösenden Diafilm wie dem Fuji Velvia/Provia oder Kodachrome.

Unter dieser Maßgabe verzichten immer mehr Schwarzweißfotografen auf den Schwarzweißfilm und wenden sich dem universelleren Farbfilm zu – die digitale Dunkelkammer ist der Ort, an dem aus dem Farbbild ein Schwarzweißbild entsteht.

Von Farbe nach Grau, von Grau nach Schwarzweiß

Fast jeder Scanner bietet die Option, das Farbbild als Graustufenbild zu scannen, und genauso nehmen viele digitale Kameras das Bild in Graustufen auf. Hier erzielen Sie fast immer das bessere Ergebnis, wenn Sie das Bild zunächst als RGB-Bild einscannen und dann im Photoshop in den Graustufenmodus umwandeln.

Photoshop bietet verschiedene Verfahren, ein Farbbild in ein Graustufenbild abzuändern. Am einfachsten ist die Option, das Bild in den Modus Graustufen umzuwandeln (BILD/MODUS/GRAUSTUFEN). Dabei gewichtet Photoshop die Farben im Bild mit 30% für Rot, 11% für Blau und 59% für Grün, und es entsteht ein ausgewogenes Graustufenbild. Wer allerdings als Schwarzweißfotograf bereits mit diversen Filtern gearbeitet hat, wird mit diesem Ergebnis kaum zufrieden sein und versuchen, eine interessantere und aussagekräftigere Ausstrahlung seines Motivs zu finden.

Filter für Schwarzweiß: die Farbkanäle

Wenn es darum geht, besondere Aspekte des Bildes zu betonen oder im Schwarzbild zu dramatischen, verträumten oder sachlichen Darstellungen zu kommen, liefern die Farbkanäle den ersten Anhaltspunkt. Dem Bildcharakter angemessen wandelt man das RGB-Bild über die Auswahl des Farbkanals um, der den Bildcharakter am besten unterstützt.

Der rote Kanal bringt Hauttöne am besten zur Geltung und eignet sich immer dann besonders gut, wenn das Bild unterbelichtet ist. Der grüne Kanal zeigt die beste Schärfe und ist die erste Wahl, wenn es um die Detailwiedergabe des Bildes geht. Bei der Wiedergabe von Technik wie Hifi-

Kleine Korrekturen – Bildretusche

Bildschärfe und der blaue Himmel eines Landschaftsbildes gedeihen am besten im grünen Kanal, während der dunkle Himmel im roten Kanal für eine dramatische Stimmung sorgt.

Der rote Kanal betont Jugend und läßt das Gesicht strahlen. Nachteilig ist die Farblosigkeit der Lippen, die kaum einen anderen Ton als das Gesicht annehmen.
Der grüne Kanal bietet zwar die stärkeren Kontraste und betont die Lippen, aber das Leuchten des Gesichts geht dabei verloren.
Der blaue Kanal bleibt bei Portraitbilder am besten dem »alten Mann vom Meer« oder dem Marlboro-Man vorbehalten.

Rot, Gelb und Orange strahlen im roten Kanal. Der grüne Kanal ist meistens nüchtern und sachlich, während der blaue Kanal kontrastreich erscheint und Texturen besonders intensiv wiedergeben kann.

Kleine Korrekturen – Bildretusche

Kleine Korrekturen – Bildretusche

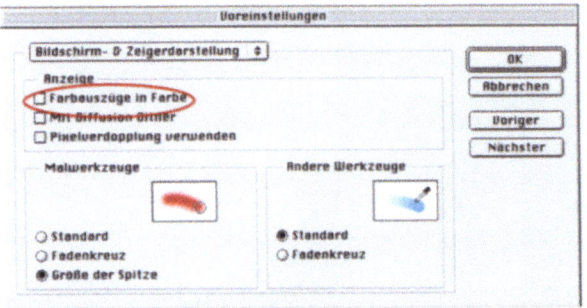 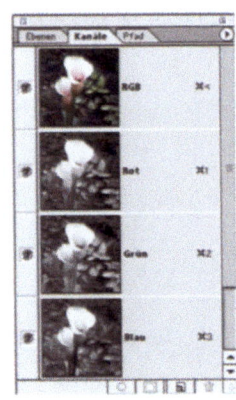

◄ Schalten Sie zuerst FARBAUSZÜGE IN FARBE in den Voreinstellungen des Photoshops aus, um die Helligkeitsinformationen in den Farbkanälen als Graustufen darzustellen.

Anlagen und anthrazithfarbenen Autos kommt der grüne Kanal groß heraus, denn der grüne Kanal zeigt fast die schärfste Wiedergabe.

Im blauen Kanal wird der Himmel weiß – für Landschaftsbilder ist der blaue Kanal deswegen nicht immer der geeignete Kandidat. Bei der digitalen Bilderfassung weist der blaue Kanal fast immer als erster Fehlpixel wie Bildrauschen auf. Hier taucht aber oft noch eine Durchzeichnung auf, die in einem überbelichteten Farbbild nicht mehr auszumachen war.

Die Auswahl des Kanals

Blenden Sie in der Kanalpalette (FENSTER/KANÄLE EINBLENDEN) alle Farbkanäle bis auf einen durch einen Klick auf das Augensymbol in der Miniatur aus, um die Graustufendarstellung des Kanals im Bildfenster zu begutachten. Wenn Sie eine Entscheidung getroffen haben, welchen Kanal Sie für Ihr Bild bevorzugen, rufen Sie die Umwandlung des Bildes in den Graustufenmodus auf: BILD/MODUS/GRAUSTUFEN. Alle anderen Farbkanäle werden bei der folgenden Konvertierung verworfen.

Sie können aber auch zwei Farbkanäle bei der Umwandlung in ein Graustufenbild heranziehen: Blenden Sie durch einen Klick auf das Augensymbol der Kanalpalette einen weiteren Farbkanal ein. Allerdings können Sie das Ergebnis einer Umwandlung in den Graustufenmodus in diesem Fall erst dann begutachten, wenn das Bild tatsächlich umgewandelt wurde. Wenn Ihnen das Resultat nicht gefällt, müssen Sie die Aktion widerrufen.

Die Luminanz: Ein Optimum an Zeichnungsdetails

Wer besonderen Wert auf Details und Auflösung des Bildes legt, kann das Bild vom RGB-Farbraum in den Lab-Farbraum umwandeln. Als Lab-Bild besitzt das Bild einen Helligkeitskanal, in dem die Zeichnung des Bildes liegt und zwei Farbkanäle, den a-Kanal, der Grün und Rot enthält, und einen b-Kanal, in dem Blau und Gelb liegen.

Ebenso wie bei der Transformation des RGB-Bildes wird der Luminanzkanal markiert und das Bild anschließend in ein Graustufenbild konvertiert.

Kleine Korrekturen – Bildretusche

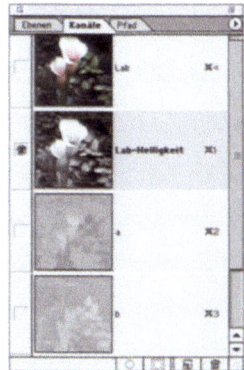

▲ Bei der Umwandlung in Graustufen verlieren sich zarte Zeichnungsdetails schnell. Dann lohnt es sich, das Bild in den Lab-Modus zu konvertieren und den Luminanzkanal zu wählen.

Selbst gemischt: Der Kanalmixer

Die Gewichte der Farben, nach denen ein Farbbild in ein Graustufenbild umgewandelt wird, können im Kanalmixer (BILD/EINSTELLEN/KANALMIXER) individuell eingestellt werden. Die Option MONOCHROM stellt eine Graustufen-Voransicht her, in der die Gewichtung der Farben kontrolliert wird. Der Kanalmixer arbeitet übrigens auch mit Bildern in 16 Bit Farbtiefe.

Ein Bild, das im Kanalmixer in ein Schwarzweißbild umgewandelt wurde, behält seine Farbkanäle – so lange, bis es explizit in ein Graustufenbild umgewandelt wurde. Vorher enthalten alle Farbkanäle die gleichen Informationen, so daß die Konvertierung in ein Graustufenbild Speicherplatz spart, ohne einen weiteren Informationsverlust mit sich zu bringen.

Alltagsgrau

Nach der Umwandlung läßt sich das Graustufenbild genauso behandeln wie das Farbbild: Helligkeit und Kontrastkorrekturen erfährt es in der Tonwertkorrektur oder im Gradationskurvendialog, für den Druck wird es UNSCHARF MASKIERT und kann problemlos als JPEG komprimiert werden.

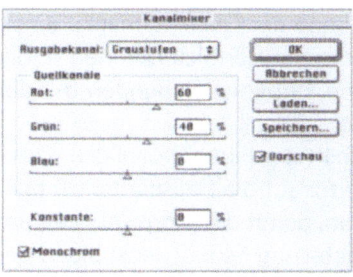

▶ Optimal für feine Hauttöne ist ein Mix aus Rot und Grün im Kanalmixer, bei dem sich die Lippen wieder kontrastreich absetzen, die Hauttöne aber hell und strahlend bleiben.

125

Digitales Make-up für das Portrait

Die eigenhändige »Verschönerung« der fotografierten Opfer ist eines der ältesten und verschwiegensten Gewerbe der Fotografie, so alt wie die Dunkelkammer selbst. Da verschwinden die Spuren der Zeit auf dem Abzug oder die Falten der Diva oder die Diva selbst ...

Auch die Retusche am Portrait ist so alt wie die Fotografie. Was früher mit dem feinsten Pinsel auf dem Abzug und von den ganz großen Künstlern der Dunkelkammer gleich ins Dia gemalt wurde, besorgt heute etwas Weichzeichner. Wie bei jeder »Handarbeit« entwickelt der Retuscheur hier schnell seinen eigenen Stil.

Pfirsichhaut

Im ersten Schritt lege ich eine Maske der Hautpartien an – je nach Bildtyp durch eine Farbauswahl oder grob mit dem Lasso und einer weichen Auswahlkante von 4 bis 10 Pixeln je nach Bildgröße. Wenn es auch noch darum geht, ein paar Falten zu mildern, müssen zumeist die markanten Züge des Gesichts wie die Nasalfalte aus der Auswahl ausgeschlossen werden, damit die Retusche nicht auffällt. Die Maske darf ruhig grob aufgezogen werden – wichtig ist es, Haaransatz, Augenpartie und Augenbrauen, Mund und Nase weiträumig auszuschließen.

Die markierte Gesichtsmake wird auf eine neue Ebene kopiert (Strg/⌘ + J). Zarte Falten und Unregelmäßigkeiten verschwinden mit dem Filter HELLIGKEIT INTERPOLIEREN bei einem RADIUS von 2 bis 8 Pixeln oder mehr – je nach Größe des Bildes. Der Filter besitzt einen weichzeichnenden Effekt, im Gegensatz zum GAUSSCHEN WEICHZEICHNER allerdings breitet er sich kaum nach außen aus und erhält die wesentlichen Strukturen.

Feinkorrekturen

Dies ist der beste Zeitpunkt, um auf der Ebene der Gesichtsmaske einen Farbstich zu eliminieren oder einfach nur die Hauttöne zu betonen – die Weichzeichnung eröffnet besonders weiche Farbverschiebungen mit der Funktion BILD/EINSTELLEN/FARBTON/SÄTTIGUNG.

Wenn das Gesicht jetzt künstlich wirkt, hilft der Filter STÖRUNGEN HINZUFÜGEN unter den Störungsfiltern, wieder Textur auf die Hautpartien zu bringen (Einstellung GAUSSCHE NORMALVERTEILUNG, damit die Störpixel in einem Zufallsmuster hinzugefügt werden; die Einstellung MONOCHROM bleibt deaktiviert).

Anschließend kann die Deckkraft der Ebene heruntergesetzt werden, bis das Ergebnis eine natürliche, jetzt strahlende Hautpartie und deutliche charakteristische Züge zeigt. Manchmal reicht schon eine zarte Überblendung mit einer Deckkraft von 20 bis 30%.

Kleine Korrekturen – Bildretusche

Pfirsichhaut und strahlendes Lächeln

➤ Die markierten Gesichtspartien auf eine eigene Ebene kopieren, z.B. mit dem Tastaturbefehl Strg/⌘ + J.

➤➤ Am Ende der Retuschearbeit die Deckkraft der Ebene senken.

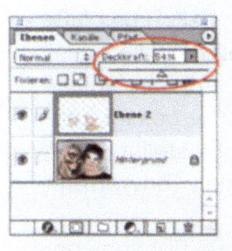

➤ Mit HELLIGKEIT INTERPOLIEREN unter den Störungsfiltern wird die Helligkeit benachbarter Pixel aneinander angeglichen – das Ergebnis sind gleichmäßige strahlende Hauttöne.

➤ An dieser Stelle können die Hauttöne besonders gut korrigiert werden – auf der Ebene mit der Gesichtspartie, die weichgezeichnet wurde.

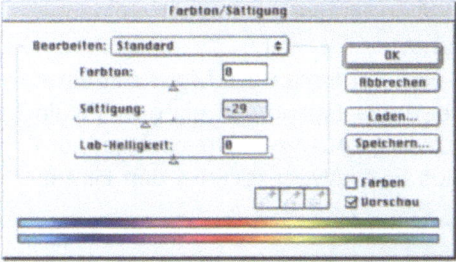

➤ Für den strahlenden Augenblick in der Tonwertkorrektur das Schwarz abschneiden – das erhält die Zeichnung im Weiß der Augen und verleiht ihnen einen besonderen Glanz.

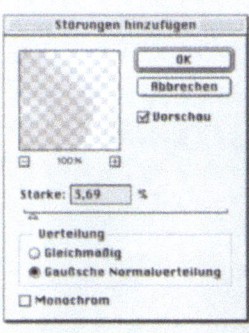

➤ Das Weiße der Augen und der Zähne in der Tonwertkorrektur aufhellen: den Tonwertumfang im Schwarz einschränken.

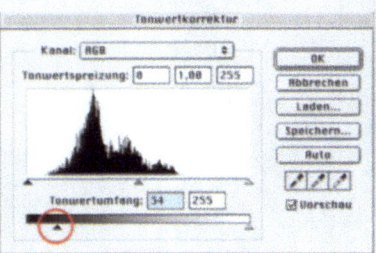

Kleine Korrekturen – Bildretusche

Für ein strahlendes Lächeln

Fast obligatorisch beim Portrait: Das Weiße der Augen wird mit einer weichen Auswahlkante von 1 bis 2 Pixeln markiert und aufgehellt – das läßt die Augen größer und strahlender erscheinen. Auch hier hilft es, die meist winzigen Partien auf eine eigene Ebene zu kopieren, damit die umlaufende Auswahlkontur verschwindet und der Effekt der Korrektur besser kontrolliert werden kann. Zum Aufhellen empfiehlt sich die Einstellung von HELLIGKEIT UND KONTRAST oder die Einschränkung der dunklen Tonwerte in der TONWERTKORREKTUR.

Für ein strahlendes Lächeln erfahren die Zähne die gleiche Behandlung, während das Rot der Lippen weich markiert und durch FARBTON/SÄTTIGUNG unter dem Menü BILD/EINSTELLEN verstärkt wird.

Plastizität

Ein Hintergrund mit wenig Details läßt das Portrait plastischer und markanter erscheinen. Der Fotograf benutzt dazu die »offene Blende« an der Kamera – eine möglichst kleine Blendenzahl, die für einen weichen, verschwommenen Hintergrund sorgt. In einem einfachen Verfahren verwendet man den Weichzeichner in der Werkzeugleiste und wischt einen Hauch von Auflösung in den Hintergrund.

Wenn es etwas komplizierter sein darf, kann man das Motiv mit einer groben Auswahlkante mit einem Sicherheitsabstand von ein paar Pixeln umranden und die Kante mit AUSWAHL/WEICHE AUSWAHLKANTE absoften, um mit dem GAUSSSCHEN WEICHZEICHNER aus FILTER/WEICHZEICHNER den Hintergrund etwas aufzulockern.

Der »aufgelöste Hintergrund« fokussiert auf das Portrait und verleiht mehr Plastizität.

Kleine Korrekturen – Bildretusche

Wer dieses Verfahren sehr exakt anwenden will, sollte um das Motiv mit der Zeichenfeder aus der Werkzeugleiste einen Pfad legen. Der Pfad wird in eine Auswahlkante umgewandelt, die am besten ein oder zwei Pixel außerhalb des Motivs bleibt.

Am besten kopiert man das ausgewählte Portrait auf eine eigene Ebene (BEARBEITEN/KOPIEREN und BEARBEITEN/EINFÜGEN oder einfach Strg/⌘ + J), denn so kann man die gesamte Hintergrundebene weichzeichnen und sieht bei der Anwendung des Filters noch bei geöffneter Dialogbox die Wirkung des Weichzeichners. Vorsicht ist dabei geboten, denn durch die Weichzeichnung »diffundieren« auch Pixel aus dem Motiv nach außen und verleihen ihm einen weichen Heiligenschein.

Strahlende Hauttöne: Weichzeichner »drunter«

Das Weichzeichnen von Portraitaufnahmen hat eine lange Tradition. Da der digitale Weichzeichner auch gleich die Konturen auflöst, benutzen wir eine FÜLLMETHODE der Ebenentechnik in Photoshop: WEICHES LICHT eignet sich besonders gut, um eine romantische Aura ins Bild zu setzen.

Wenn die obere Ebene durch einen Klick auf das Ebenensymbol markiert ist, kann im Klappmenü FÜLLMETHODE die Überblendtechnik WEICHES LICHT eingestellt werden. Anschließend löst man mit FILTER/WEICHZEICHNER/GAUSSCHER WEICHZEICHNER das unten liegende Hintergrundbild auf. Die hellen Hautpartien strahlen, die Falten verschwinden, aber die Konturen bleiben erhalten.

Fast immer laufen bei dieser Überblendtechnik die Tiefen zu. Dann hilft eine Tonwertkorrektur (BILD/EINSTELLEN/TONWERTKORREKTUR), nachdem die Ebenen mit EBENE/AUF DIE HINTERGRUNDEBENE REDUZIEREN wieder zusammengeführt wurden.

Nur ein Schnappschuß, aber durchaus entwicklungsfähig: Das Motiv wird freigestellt und mit BEARBEITEN/KOPIEREN – BEARBEITEN/EINFÜGEN auf eine neue Ebene kopiert. Mit der Füllmethode WEICHES LICHT wirkt das Bild dunkler und gesättigter.

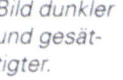

Kleine Korrekturen – Bildretusche

Kosmetische Operationen

Den einen oder anderen kleinen Schnappschuß noch ein wenig »aufpeppen«, die leere Bierdose aus dem Bild kicken, das Denkmal versetzen ... die kleine »Alltagsmontage« ...

Eine hohe Priotität nimmt die Korrektur all der kleinen fotografischen Fehler ein – wie sollte es auch anders sein.

Vordergründiges

Die offene Blende sorgt in der Fotografie für aufgelöste, weiche Hintergründe, vor denen das Motiv besonders plastisch und farbintensiv heraustritt. Wenn das nicht klappt, hilft die Bildbearbeitung nach.

Die Basis dieser Technik bildet das freigestellte Motiv, das mit einer weichen Auswahlkante von ein oder zwei Pixeln auf eine eigene Ebene kopiert wird (Strg/⌘ + J). Ein Auswahlrechteck fängt den Vordergrund bis auf etwa 30% der Bildhöhe ein, der mit einer extrem weichen Auswahlkante ebenfalls auf eine eigene Ebene kopiert wird.

Achten Sie sehr genau auf die Kontur des Motivs: Wird der Hintergrund zu stark aufgeweicht, diffundieren die Pixel des Motivs hervor und geben dem Motiv eine Korona von hellen oder dunklen Pixeln. Wenn Sie das vermeiden wollen, benutzen Sie den Stempel und klonen die Pixel der Umgebung über die Kontur des Motivs auf der Hintergrundebene.

Mit dem gleichen Verfahren wird ein neuer Himmel eingestrippt. Der Vordergrund wird sorgfältig mit einer ein bis zwei Pixeln breiten Auswahlkante freigestellt, in eine separate Ebene kopiert und ein neuer Himmel wird in die Ebene darunter kopiert.

Differenziertes Weichzeichnen

Besonders realistisch wirkt der Effekt, wenn Sie den Hintergrund nicht von oben bis unten weichzeichnen, sondern wenn der Weichzeichnungseffekt erst nach und nach im oberen Teil des Bildes in Kraft tritt: Dann entsteht der Eindruck einer größeren Bildtiefe.

Markieren Sie dazu die obere Hälfte des Hintergrunds mit der Rechteckauswahl und benutzen Sie eine weiche Auswahlkante mit 50 und mehr Pixeln (wie immer ist die Anzahl der Pixel für die weiche Auswahlkante abhängig von der Bildgröße und der Auflösung des Bildes). Verwandeln Sie die Auswahl in einen Alphakanal (Symbol NEUER KANAL in der Kanalpalette) oder benutzen Sie den Markierungsmodus (Umschalten in der Werkzeugleiste), damit Sie das Graustufenbild des Alphakanals gegebenenfalls noch manuell verfeinern können.

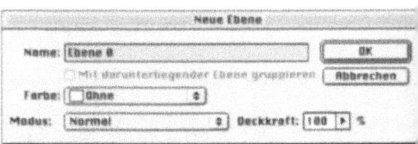

Wenn das Bild noch auf der Hintergrundebene liegt, kann es nicht transformiert werden. Ein Doppelklick auf die Hintergrundebene aktiviert das Dialogfeld NEUE EBENE und nennt die Hintergrundebene in Ebene 0 um – das reicht schon aus, um die Sprerre der Hintergrundebene aufzuheben.

Kleine Korrekturen – Bildretusche

Blendenkorrektur

▶ In der Hintergrundebene liegt das Originalbild, in der Ebene darüber das untere Drittel des Bildes mit einer extrem weichen Auswahlkante, darüber das freigestellte Motiv, das sich besser vom Hintergrund abheben soll.

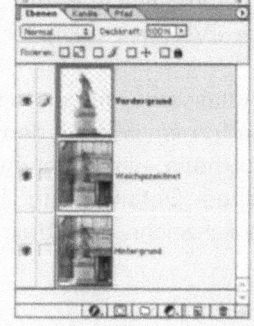 

▶ Der GAUSSCHE WEICHZEICHNER aus FILTER/WEICHZEICHNER erzielt die natürlichste Wirkung. Der Radius bestimmt die Stärke des Weichzeichnungseffekts.

▶▶ Beim Weichzeichnen des Bildes »diffundieren« Pixel aus dem Motiv in die Umgebung und verleihen dem Motiv eine strahlende Aura. Ein Überstempeln der hellen Randbereiche des Motivs im Hintergrundbild mit Pixeln aus der Umgebung verhindert den Effekt der strahlenden Aura.

Kleine Korrekturen – Bildretusche

Eine Perspektivenkorrektur

Nicht immer findet der Fotograf den rechten Standpunkt, um ein Gebäude ohne stürzende Wände ins Bild zu setzen. Eine Transformation in Photoshop rückt die Welt im Menü BEARBEITEN/TRANSFORMIEREN/VERZERREN wieder ins rechte Lot.

Der Aufruf aktiviert einen Auswahlrahmen mit »Anfassern«, an denen sich das Bild wie eine dehnbare Folie in jede Richtung verformen läßt. An den Anfassern wird das Bild in Form gezogen und – wenn nötig – im gleichen Arbeitsgang gedreht. Das ist kein unwesentliches Detail, denn jede Transformation bringt auch immer einen leichten Weichzeichnungseffekt mit sich.

Ansichten

Alle Transformationen werden »live« im Originalbild angezeigt, auch wenn der Berechnungsprozeß je nach Bildgröße und Geschwindigkeit des Rechners ein paar Sekunden auf sich warten lassen kann. Allerdings ist die Darstellungsqualität zugunsten der schnellen Berechnung der Transformation reduziert und das Bild wirkt leicht stufig und pixelig.

Wertvolle Hilfe leistet dabei das Raster (ANSICHT/EINBLENDEN/RASTER), wobei ANSICHT/AUSRICHTEN besser deaktiviert wird, damit die Anziehungskraft des Rasters das exakte Verzerren nicht verhindert.

Wenn das Motiv aufrecht und gerade dasteht, löst ein Doppelklick in den Rahmen die eigentliche Transformation des Rotierens und Entzerrens aus.

Mülltonnen, ungeliebte Verwandte und Laternenpfähle

In so manch einer ansonsten gelungenen Aufnahme steckt ein Ärgernis, Straßenschilder verdecken die schöne alte Haustür, unbeteiligte Personen bevölkern das Familienfoto oder der Kopf der Braut wird gerade im besten Bild von einem Weinglas verdeckt.

Bei kleinen Objekten hilft das Stempelwerkzeug bei der »Entsorgung«. Wenn die Störenfriede zu groß werden, wird das Ausstempeln zur Malerei. Eine andere Methode funktioniert im Ansatz nicht viel anders als das Stempelwerkzeug – sie gibt allerdings mehr Kontrolle über das »Pflaster«. Markieren Sie einen Bereich von Pixeln, mit dem Sie das mißliebige Objekt oder wenigstens einen Teil des Objekts unauffällig verdecken können, und stellen Sie dabei eine weiche Auswahlkante ein.

Kleine Korrekturen – Bildretusche

Perspektivenkorrektur

▶ Die Hintergrundebene kann nicht transformiert werden. Darum wird im ersten Schritt die Hintergrundebene in eine »ganz normale« Ebene umgewandelt. Ein Doppelklick auf das Ebenensymbol öffnet den Dialog NEUE EBENE und der vorgeschlagene Name EBENE 0 kann direkt akzeptiert werden.

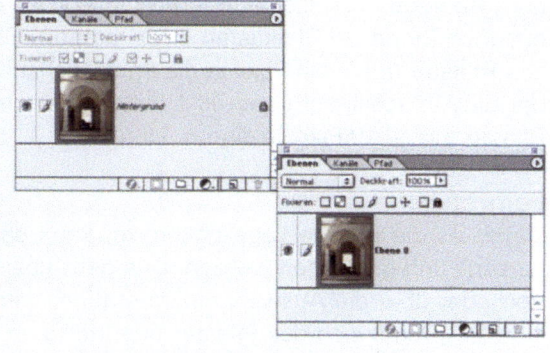

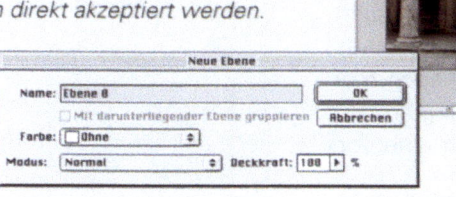

▶ Damit ausreichend Platz im Bild ist, wird die Arbeitsfläche im Menü BILD/ARBEITSFLÄCHE vergrößert. Wenn dabei das vorhandene Bildmaterial in der Mitte liegen soll und lediglich an den Rändern des Bildes neue Pixel eingefügt werden, bleibt das mittlere Kästchen im Dialogfenster aktiv, wenn das vorhandene Bildmaterial nach rechts, links, unten oder oben wandern soll, wird das entsprechende Kästchen aktiviert.

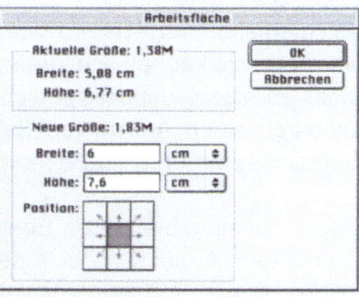

▶ Die Transformation kann in einem Arbeitsschritt drehen und verzerren. Bei aktivem Transformationsrahmen kann der Menübefehl TRANSFORMIEREN erneut aufgerufen werden, um eine weitere Transformation zu starten: Hier wurde zunächst Drehen und dann Verzerren aufgerufen.
Auch der Menüpunkt ANSICHT/EINBLENDEN kann aufgerufen werden, bevor die Transformation durch einen Doppelklick in den Rahmen endgültig durchgeführt wird.

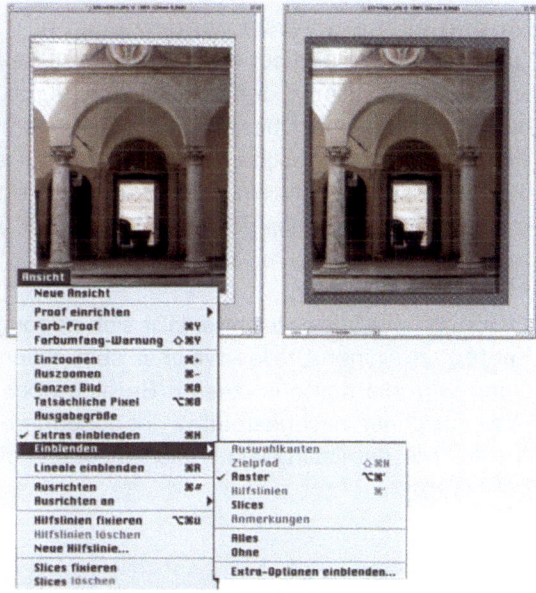

Kleine Korrekturen – Bildretusche

Kopieren Sie die Stelle auf eine separate Ebene (am schnellsten geht das mit der Tastaturkombination Strg/⌘ + J) und schieben Sie sie mit dem Bewegen-Werkzeug über das Objekt. Ein pixelgenaues Verschieben erlauben Ihnen die Pfeiltasten Ihrer Tastatur: Die Pfeiltasten verschieben das Pflaster um je ein Pixel in die entsprechende Richtung. Wenn Sie dabei die Umschalttaste gedrückt halten, verschieben die Pfeiltasten das Pflaster um je 10 Pixel in einem Schritt.

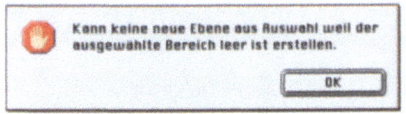

Bei der Vielzahl von Ebenen heißt es gut aufpassen: Bei der Auswahl von Pixeln war hier nicht die richtige Ebene markiert.

Feinretusche

Damit es die richtige Lage bekommt, kann das Pflaster rotiert, skaliert, verzerrt und gespiegelt werden. Das geht über die Ebenentransformationen oder über die Auswahltransformation, wenn das Pflaster noch markiert ist. Damit sich das Pflaster unauffällig an seine Umgebung anpaßt, werden Helligkeit und Kontrast der montierten Bildteile durch eine Tonwert- oder Farbkorrektur angepaßt.

Es empfiehlt sich, die Pflaster in den Ebenen noch eine Weile als selbständige Ebenen zu erhalten, um später noch die eine oder andere Ebene ein Stückchen verrücken zu können. Bei großräumigen Montagen werden die Ebenen schnell zu einem unübersichtlichen Hilfsmittel, so daß man von Zeit zu Zeit durch einen Aufruf von SICHTBARE AUF EINE EBENE VERSCHMELZEN im Ebenenmenü mehrere Ebenen zu einem großen Pflaster zusammenfaßt.

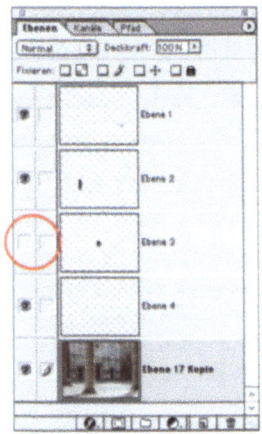

Von Zeit zu Zeit empfiehlt es sich, ein paar Ebenen zu einer einzigen zu verschmelzen. Ebenen, die erhalten bleiben sollen, werden mit dem Augensymbol ausgeblendet.

Dabei werden nur die eingeblendeten Ebenen zusammengefaßt, während Ebenen, die mit dem Augensymbol in der Ebenenpalette ausgeblendet wurden, erhalten bleiben. Auf jeden Fall muß eine der eingeblendeten Ebenen markiert sein, damit der Aufruf durchgeführt werden kann.

Auch hier ist es wieder möglich, Pflaster aus einem anderen Bild zu holen. Die einfachste Methode: Ziehen Sie eine Auswahl direkt mit dem Bewegen-Werkzeug von einem Bild in das andere.

Montagekanten verschwinden lassen

Der WISCHFINGER und der PARTIELLE WEICHZEICHNER aus der Werkzeugleiste arbeiten Motivkanten gezielt nach, um durch glatte und weiche Kanten bei Montagen den Übergang zwischen dem Montageobjekt und dem Hintergrund zu vertuschen. Der Wischfinger arbeitet wie ein Finger auf nasser Farbe: Er zieht ein paar Pixel hinter sich her. Er zieht auch schon mal ein paar Haare aus dem Freisteller oder Gras aus dem Vordergrundmotiv. Der Wirkungskreis des Wischfingers wird in der kontextsensitiven Menüleiste festgelegt.

Der partielle Weichzeichner läßt sich besonders gut gebrauchen, wenn Kanten an einigen Stellen weicher sein sollen als in anderen Bereichen. Dann wird die Kante in diesem Bereich noch einmal mit dem partiellen Weichzeichner nachgearbeitet. Insbesondere im Alphakanal kann eine Maske mit dem partiellen Weichzeichner noch einmal individuell angepaßt werden.

Kleine Korrekturen – Bildretusche

Störenfriede verschwinden lassen

Wenn sich die Vorstellung, man könne einen der klassischen Plätze in Pienza ohne Touristen mit Shorts und Plastiktüten erwischen, wieder einmal als Traum erweist, muss die Retusche nachträglich für Freiraum sorgen.

Lasso, Polygonwerkzeug oder Rechteckauswahl markieren kleine »Pflaster«, die (mit weicher Auswahlkante – hier mit 1,2 Pixel Radius) auf eine separate Ebene kopiert werden. Mit dem Verschieben-Werkzeug werden sie über die Partien gezogen, die sie abdecken sollen – eventuell mit den Pfeiltasten, damit das Muster erhalten bleibt.

Hier dient die rechte Seite der Türe als Pflaster – markiert, kopiert, eingefügt und gespiegelt. Die Pixelgruppe muß noch leicht verzerrt werden, damit sie sich perfekt an die Linien des Türrahmens anpaßt. Mit einer Tonwertkorrektur wird die Helligkeit der Pixelgruppe mit der neuen Umgebung abgestimmt. Die Übergänge, die trotz einer weichen Auswahlkante sichtbar bleiben, werden mit dem Klonstempel abgedeckt.

Wie die Architektur hinter der Gruppe von Kindern aussieht, muß das Gedächtnis rekonstruieren oder muß erraten werden. Manchmal hilft eine zweite Fotografie – entweder von einem anderen Standpunkt aus oder ein paar Minuten später.

Kleine Korrekturen – Bildretusche

Montagen mit Glas und Reflexionen

Was macht man, wenn ein Glas vor einen neuen Hintergrund gesetzt werden soll, oder bei Wasser, Nebel oder eisigen Reflexionen? Zwar stellt es kein Problem dar, das Weinglas aus einem Bild »herauszuschneiden«, aber es muß sich mit glaubwürdigen Reflexionen und Lichtbrechung vor den neuen Hintergrund setzen. Hier kann oft die Luminanz helfen. Suchen Sie den Farbkanal heraus, in dem sich das Motiv am besten von seiner Umgebung abhebt.

Mit Strg/⌘ + Klick auf den Farbkanal werden die hellen Bereiche des Bildes markiert, die Mitteltöne werden um so transparenter markiert, je dunkler sie werden, und die dunklen, gesättigten Pixel des Bildes bleiben von der Auswahl ausgeschlossen – das Ergebnis ist eine Auswahlmaske, die auf der Luminanz (Helligkeit) des Bildes beruht. Ein Glas etwa zeigt weiße Reflektionen an den Konturen, in der Mitte hingegen den Hintergrund. Die Luminanzmaske wird nur die hellen, reflektierenden Bereiche erfassen und den transparenten, stärker gesättigten Hintergrund kaum.

So weich war die Auswahl noch nie ...
Die Luminanzauswahl fängt gerade helle und zarte Strukturen ein: Ein Himmel mit feinen Wolken wird nach dieser Methode in ein Bild mit einem flachen Himmel »eingestrippt«.

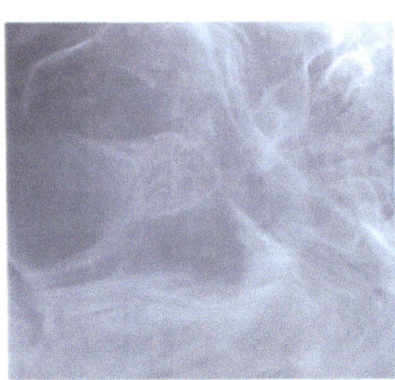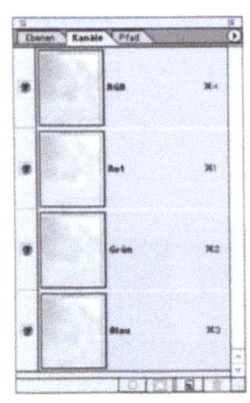

Markieren Sie wieder den Gesamtfarbkanal in der Kanalpalette und kopieren Sie die Luminanzauswahl auf eine eigene Ebene (BEARBEITEN/KOPIEREN – BEARBEITEN/EINFÜGEN).

Suchen Sie in den Farbkanälen des Bildes den Kanal mit der kräftigsten Zeichnung heraus. Ein Klick mit gedrückter Strg/⌘-Taste auf den Kanal markiert die LUMINANZ – die Helligkeit des Kanals.

Die »Rauchebene« wird mit dem Verschieben-Werkzeug direkt auf ein anderes Bildfenster gezogen. Jetzt erst sieht man den Effekt: Der Rauch ist transparent und läßt wie echter Rauch oder Nebel das darunterliegende Bild durchscheinen.

Kleine Korrekturen – Bildretusche

Durch die Scheibe gesehen

Die Kontur des Wagens wird mit der Zeichenfeder als Pfad nachgezeichnet und die Fensterscheiben durch einen zweiten Pfad markiert. Jeder der beiden Pfade kann durch einen Klick auf das Symbol PFAD ALS AUSWAHL LADEN in der Fußzeile der Pfadpalette in eine Auswahl umgewandelt werden.
In der zweiten Ebene liegt die Luminanzauswahl, die als Grundlage für die Wagenfenster dient, in der dritten Ebene die Scheiben und darüber der freigestellte Wagen.

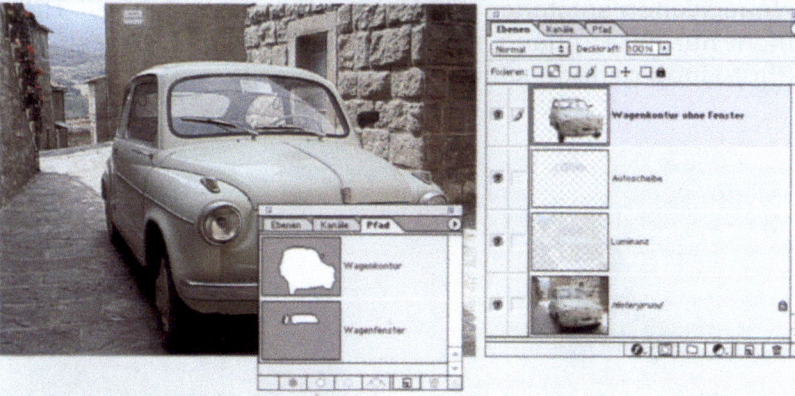

Aus dem kleinen Dorf in Italien soll das Auto auf den heimischen Rasen versetzt werden – freistellen und in das Zielbild verschieben alleine reicht nicht aus.

Der Schatten wird als Schlagschatten über das Menü EBENE/EBENENSTIL unter den Wagen gelegt. Zwar wirkt die Montage jetzt realistischer, aber die fehlenden Glasscheiben fallen schnell ins Auge.
Darum wird das Wagenfenster, das aus der Luminanz des Autobildes herausgeschnitten wurde, in das Zielbild gezogen und genau eingesetzt. Die neue »Transparenz« wirkt durch die alten Reflexionen natürlich.

Kleine Korrekturen – Bildretusche

Large-Format-Montage

Neue Welten entstehen aus kleinen Schnappschüssen. Hier ist nicht nur der Umgang mit dem digitalen Werkzeugkasten in Photoshop gefragt, sondern die Phantasie.

Jörn Lorenz aus Aachen montierte hier aus »ganz normalen« Urlaubsfotos eine eigene Welt und packte sozusagen ganz Tunesien in ein Bild. Wenn man die Vielzahl der Bilder sieht, die in die Fotomontage eingegangen sind, ist auch klar, dass es für große Projekte keine »Bauanleitung« gibt.

Vielmehr kommen in solchen Fotomontagen eine Menge von Techniken und Methoden zusammen oder werden sogar erst während der Montage entwickelt.

Dabei darf man den Aufwand keinesfalls unterschätzen, nur weil hier ein digitales Werkzeug wie Photoshop zur Verfügung stand. Wenn die Bildidee vor den eigenen Augen endlich »steht«, kann die Auswahl der richtigen Bilder, Ausschnitte und Schnipsel schon Wochen und Monate in Anspruch nehmen.

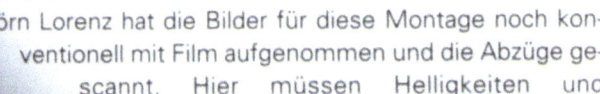

Jörn Lorenz hat die Bilder für diese Montage noch konventionell mit Film aufgenommen und die Abzüge gescannt. Hier müssen Helligkeiten und Kontraste, Farben und Lichteinfall zum Einklang gebracht werden, müssen Größenverhältnisse, und Schattenfall aneinander angepaßt werden.

Bis zu diesem Punkt stellt eine Bildmontage in Photoshop keine geringeren Ansprüche als die Montage in der traditionellen Dunkelkammer. Der kreative Prozess ändert sich durch den Einsatz digitaler Werkzeuge nicht.

Kleine Korrekturen – Bildretusche

Neben den Techniken für die »kleine Retusche«, die in diesem Kapitel vorgestellt wurden, stehen in Photoshop hervorragende Techniken und Werkzeuge wie die Ebenentechnik, Pfade für exakte Auswahlen, Masken und Überblendtechniken zur Verfügung.

Sie sind das A und O der Bildmontage. Aber all diese Werkzeuge haben die kreative Arbeit an Montagen letztendlich kaum verringert, denn im gleichen Maße, in dem die Bildbearbeitung mit neuen Verfahren aufwartet, wachsen auch die Ansprüche an das Werk.

Fotografie und Montage: Jörn Lorenz, Aachen

Kapitel 5 Werkzeuge für die Bildmontage

Die Zeichenfeder ohne Tusche

Schon in der traditionellen Dunkelkammer verschwanden mißliebige Personen aus dem Gruppenbild, wurden die Falten der Diva geglättet und ein neuer Himmel eingestrippt. Von den kleinen Alltagskorrekturen bis zu den aufsehenerregenden Montagen eines Jerry Uelsmann reicht das Spektrum der Königsdiziplin in der Bildbearbeitung.

Wer hier fest an die Allmacht des Computers und den Knopfdruck in der digitalen Bildbearbeitung glaubt, wird enttäuscht: Selbst mit einem so mächtigen Programm wie Adobe Photoshop sind aufwendige Retuschen und Montagen noch immer »Handarbeit«, sobald es darum geht, ein Motiv getrennt vom Rest des Bildes zu behandeln.

Von der Dunkelkammer zur digitalen Bildmontage

In der Dunkelkammer mußte eine »Repro« des Dias erstellt werden – das Dia oder der Abzug wurden auf fotografischem Weg kopiert –, und dann wurden die Werkzeuge hervorgeholt: Feine Scheren und Messer dienten dazu, das Motiv auszuschneiden, die Kanten wurde aufwendig geschmirgelt, damit sie bei der nächsten Repro keinen Schatten warfen, allerfeinste Pinsel übermalten Schnittstellen, Falten und Hintergründe.

Auch in der Bildbearbeitung brauchen wir noch immer eine reiche Auswahl an Werkzeugen: Mit dem Lasso, dem Zauberstab, der Farbauswahl und dem Zeichenpfad wird das Motiv »ausgewählt«, »freigestellt« und »einmontiert«. Und je nach Art und Aufbau des Motivs werden diese Arbeiten auch weiterhin manuell durchgeführt.

Freiraum für Experimente

Natürlich kommt uns die digitale Verarbeitung in vielen Bereichen entgegen: Wenn früher ein Ausrutscher mit dem Chirurgenmesser eine neue »Repro« erforderten, drücken wir heute auf den Knopf »Wiederherstellen«. Wenn uns ein Ergebnis nicht gefällt, stellen wir das Protokoll um die letzten Arbeitsschritte zurück. Die Lernkurve ist steiler, der Weg ist weniger dornenreich.

Pixelfänger

Die Werkzeugkiste des digitalen Retuscheurs ist groß. Sie beginnt mit einfachen und intuitiven Instrumenten wie dem Lasso und dem Zauberstab, bietet raffinierte Funktionen wie das »Extrahieren« und exakte Verfahren, die sogar noch den Pixel und den Druckpunkt

Werkzeuge für die Bildmontage

durchschneiden. Vorlieben und Erfahrungen führen dazu, diese Werkzeuge für den jeweiligen Zweck optimal zu nutzen oder mit gemischten Techniken das Ziel zu erreichen.

Die Auswahlwerkzeuge

Die Werkzeugleiste (FENSTER/WERKZEUGE EINBLENDEN) bietet eine breite Auswahl an einfachen Techniken um geometrische Formen wie Vierecke und Kreise auszuwählen, aber die meisten fotografischen Motive sind nun einmal nicht perfekte Vierecke und Kreise.

Der Klick auf den Zauberstab ist fast immer der nächste intuitive Schritt. Er greift aber leider nur bei »flachen« Motiven mit wenig Farbabstufung, die sich gut von ihrer Umgebung abheben.

Erst in jüngster Zeit sind raffiniertere Auswahlwerkzeuge in die digitale Bildbearbeitung eingezogen. Dazu gehören insbesondere das magnetische Lasso, ein Hintergrund-Radiergummi und ein magischer Radiergummi. Diese Werkzeuge erkennen eine kontraststarke Kontur oder eine Farbe, die sich deutlich von der Umgebung abheben, und können ein Motiv mit wenigen Mausklicks schnell freistellen.

Raffinesse mit kleinen Tücken: Extrahieren

Nicht immer hebt sich die Kontur des Motivs messerscharf von seiner Umgebung ab – immer wieder sind flauschige Teddybären und fliegende Haare die große Herausforderung an die Feinmotorik und das Auflösungsvermögen der Maus oder des Stiftes.

Mit einem dicken Pinsel umrandet der Bildbearbeiter im Dialogfenster Extrahieren (BILD/EXTRAHIEREN) das Motiv und Photoshop sucht die Kontur innerhalb des dicken breiten Pinselauftrags. Der dicke Pinsel erleichtert dem Bildbearbeiter die Auswahl und das Programm findet in diesem beschränkten Bereich schneller eine aussagekräftige Kontur – und insbesondere auch die fliegenden Haare und das kuschelige Fell.

Perfekt, glatt und messerscharf

Der Zeichenpfad oder Beschneidungspfad gehört zu den ältesten und dabei ausgefeiltesten Werkzeugen, mit denen das Motiv von seiner Umgebung getrennt wird. Der hauchdünne Pfad verläuft mitten durch den Pixel und schneidet selbst durch den Druckpunkt. Er wird von Grafikern und Layoutern geschätzt, die ihre freigestellten Motive in Kataloge, Flyer und Zeitschriften setzen. Gleichzeitig bietet er die Basis für exakte Auswahlen in Montagen.

Werkzeuge für die Bildmontage

Destruktiv oder nicht destruktiv
Einige Auswahlverfahren sind »nicht destruktiv« – d.h., sie ändern nichts am Bildinhalt und berühren Struktur und Farbe der Bildpixel in keiner Weise. Zu den nicht destruktiven Auswahlverfahren gehört die umlaufende, schillernde Auswahlkante, die durch Auswahlrechteck und Auswahloval, durch Lasso, Polygonlasso und magnetisches Lasso entsteht. Auch der Pfad ist nicht destruktiv und kann eine Auswahlkante erzeugen.

Die Funktion EXTRAHIEREN, der magnetische Radiergummi und der Hintergrund-Radiergummi hingegen sind destruktiv. Sie entfernen bei ihrer Anwendung die Pixel aus der Umgebung des Motivs.

Die Auswahl kann gespeichert werden. Dadurch steht sie auch anderen Anwendungen zur Verfügung, »freigestellte« Motive prangen im Textverarbeitungsprogramm, in Layout- und Satzprogrammen und Internetseiten.

Kanten schmirgeln
Damit die Montagekante eine ansonsten gelungene Montage nicht verrät, wurden in der Dunkelkammer die Kanten des ausgeschnittenen Motivs »geschmirgelt«. In der Bildbearbeitung sorgt die weiche Auswahlkante (AUSWAHL/WEICHE AUSWAHLKANTE) für gelungene Übergänge zwischen Hintergrund und montiertem Motiv. Sie eliminiert die Treppenstufen, die durch die viereckige Natur des Pixels entstehen, indem sie die Pixel zum Rand hin immer durchsichtiger macht. Gräser und die häufig zitierten fliegenden Haare werden mit dem Wischfinger aus der Werkzeugleiste über den neuen Hintergrund gezogen.

Die Mischung machts
Nicht immer reicht ein Werkzeug, um eine komplizierte Kontur freizustellen. Es ist der richtige Mix, der über eine schnelle und dennoch exakte Auswahl entscheidet. Da werden Teile des Motivs mit dem Ovalwerkzeug ausgewählt, das Grün der Blätter mit der Farbauswahl, der Baumstamm mit dem Zauberstab eingefangen, und das helle Denkmal im Vordergrund mit dem magnetischen Lasso. Alle Auswahlen lassen sich kombinieren: Sie addieren sich, oder eine neue Auswahl wird von einer vorhandenen abgezogen, um eine wackelige Auswahl zu bereinigen oder ein Loch in die Auswahl zu schneiden.

Auf allen Ebenen
Auch die Ebenentechnik in Photoshop kommt so langsam in die Jahre und bietet immer raffiniertere Techniken und Verfahren. In Ebenen liegen Teile von Bildern oder ganze Bilder mit Masken und Effekte wie ein Stapel von Dias übereinander, ohne daß die Pixel miteinander verschmelzen. So bleiben selbst aufwendige Montagen nachvollziehbar und Teile der Montage lassen sich schnell ein- und ausblenden.

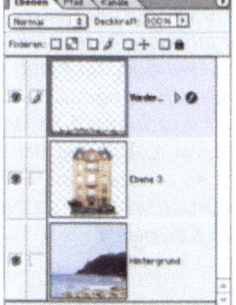

143

Werkzeuge für die Bildmontage

Die Trennung des Motivs vom Hintergrund

Viele kleine und große Unglücksfälle lassen sich nicht durch globale Korrekturen wie Tonwert- und Farbkorrekturen beheben und sind dennoch zu aufwendig für manuelle Werkzeuge wie Stempel und Weichzeichner.

Eigentlich ist die Aufnahme klasse, nur das Denkmal unten links zeigt zu wenig Zeichnung. Und die Farben sind zwar frisch und satt, aber der Grünstich im Fensterrahmen stört. Wenn wir jetzt noch den unpassenden Hintergrund loswerden, ist das Bild durchaus akzeptabel. Also wählt der Bildbearbeiter mit einem der Auswahlwerkzeuge nur einen Teil des Bildes aus und korrigiert den Bereich getrennt vom Rest des Bildes. So verschwindet der Grünstich aus dem Rahmen, das Motiv wird vom Hintergrund befreit und die Vase wandert einfach mal so in ein anderes Bild.

Wie Auswahlen entstehen

Auswahlen entstehen als geometrische Formen, werden entlang von Konturen nachgezeichnet oder anhand von Farben oder Helligkeitswerten ins Bild gesetzt. Sie lassen sich verschieben, verzerren, vergrößern, von einem Bild in ein anderes verschieben und markieren Bildbereiche und Motive mit einem weichen oder harten Rand.

In der Werkzeugleiste befinden sich die geometrischen Auswahlwerkzeuge wie das Auswahlrechteck, das Lasso oder das Polygonauswahl-Werkzeug. Der ausgewählte Bildbereich wird durch eine schillernde Fließmarkierung eingefaßt. Sein Inhalt kann mit den Standardbefehlen BEARBEITEN/KOPIEREN (Strg/⌘ + C) in die Zwischenablage kopiert und mit dem Befehl BEARBEITEN/EINFÜGEN (Strg/⌘ + V) in ein anderes Bild oder ein weiteres Mal in das gleiche Bild wieder eingefügt werden.

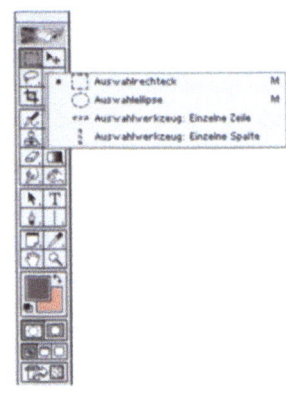

Das Auswahlviereck ist Grundlage für vielerlei Nützliches: Eine viereckige Auswahl läßt sich als Bildausschnitt freistellen (BILD/FREISTELLEN) oder für einen Effekt wie diesen Rahmen nutzen.
Hier wurde die Auswahl umgekehrt (AUSWAHL/AUSWAHL UMKEHREN) und der so entstandene Rahmen »abgeflacht« (BILD/EINSTELLEN/HELLIGKEIT UND KONTRAST).

Werkzeuge für die Bildmontage

▶ Die Auswahlwerkzeuge zeigen in der kontextsensitiven Menüleiste weitere Optionen. Die Kombination einer Auswahl mit einer bestehenden Auswahl erlaubt komplexe Auswahlformen und die Weiche Kante verhintert Treppenstufeneffekte an diagonalen Kanten.

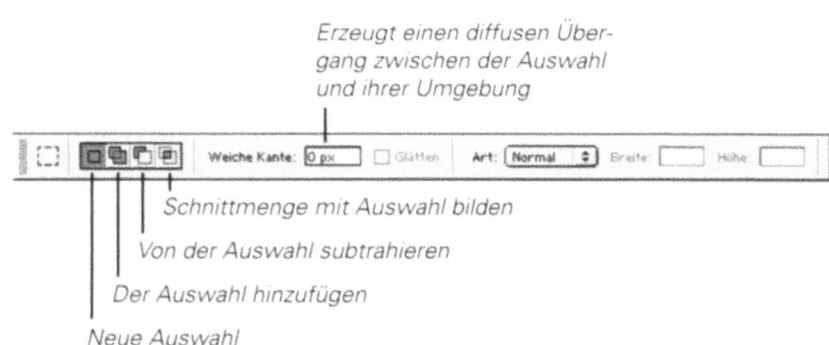

Erzeugt einen diffusen Übergang zwischen der Auswahl und ihrer Umgebung

Schnittmenge mit Auswahl bilden
Von der Auswahl subtrahieren
Der Auswahl hinzufügen
Neue Auswahl

Tastaturkürzel für Auswahlen
- Strg/⌘ + D hebt die Auswahl auf.
- Strg/⌘ + H verbirgt die Auswahlkante, ohne die Auswahl aufzuheben.

Auswahlen beenden
Jedes Auswahlwerkzeug deaktiviert eine unerwünschte Auswahlkante durch einen Klick an eine beliebige Stelle im Bildfenster. Wenn allerdings ein anderer Auswahlmodus als NEUE AUSWAHL in der Menüleiste eingestellt ist, kann die Auswahl nur mit AUSWAHL/AUSWAHL AUFHEBEN aus den Menübefehlen deaktiviert werden.

Auswahlen erweitern, Rahmen, Ringe und Löcher schneiden
Die Auswahlwerkzeuge aus der Werkzeugleiste aktivieren die zusätzliche kontextsensitive Menüleiste in Photoshop, in der Werkzeuge eingerichtet werden: Hier werden Auswahlen zu vorhandenen Markierungen hinzugefügt oder von ihnen abgezogen, die Auswahlkante wird abgesoftet oder eine Viereckauswahl in einem festen Seitenverhältnis aufgezogen.

Wenn DER AUSWAHL HINZUFÜGEN in der Menüleiste aktiv ist, verbindet sich eine zweite Auswahl mit einer vorhandenen.

Dabei dürfen auch unterschiedliche Auswahlwerkzeuge miteinander kombiniert werden – etwa eine ovale Auswahl von einer vorhandenen Rechteckauswahl abgezogen werden.

Eine WEICHE KANTE mit einem oder zwei Pixeln Breite eignet sich gut, um Auswahlen in Montagen sauber zusammenzusetzen. Breite weiche Kanten wie hier erzeugen Vignetten und butterweiche Montagen.

Werkzeuge für die Bildmontage

Bildausschnitte »freistellen«

Wenn das Dia mit seinem schwarzen Rand gescannt wurde oder um den überflüssigen Rand eines Bildes wegzuschneiden, spannen Sie mit dem Freistellungswerkzeug aus der Werkzeugleiste einen Rahmen auf, ziehen den Rahmen an den Anfaßpunkten in Form und verschieben das Rechteck so lange, bis es perfekt sitzt.

Rotiert wird dabei um den Kreis in der Mitte des Vierecks – diesen Kreis können Sie aber auch mit der Maus greifen und verschieben, um das Bild beim Freistellen um einen anderen Angelpunkt zu rotieren.

Eine typische Arbeit ist das Zuschneiden einer Bildserie auf die gleiche Größe. Dafür aktivieren Sie das Referenzbild und anschließend das Freistellungswerkzeug in der Werkzeugleiste. Ein Klick auf V ORDERES B ILD in der Menüleiste stellt Größe und Auflösung des gewählten Bildes ein und jedes weitere Bild, das mit dem Freistellungswerkzeug zurechtgeschnitten wird, erhält dabei die eingestellte Größe. L ÖSCHEN in der Menüleiste löscht die eingetragenen Werte wieder.

◄ **Erste Menüleiste**
Eine feste Größe oder ein Seitenverhältnis müssen festgelegt werden, bevor der Freistellungsrahmen aufgezogen wird.

◄ ◄ **Zweite Menüleiste:**

☒ *deaktiviert den Freistellungsrahmen, ohne das Bild freizustellen.*
☑ *stellt das Bild frei.*

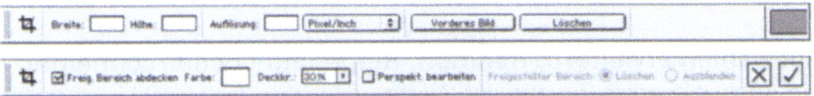

Das Freistellungswerkzeug sorgt für den richtigen Ausschnitt. Ein Doppelklick in das Rechteck befreit das Bild von dem überflüßigen Rand.

◄ *Das Werkzeug rotiert ein Bild auch: Wenn der Mauszeiger von der Außenseite des Rechtecks in die Nähe der Eckanfasser geschoben wird, wird er rund und das Rechteck läßt sich rotieren. Wenn Sie beim Rotieren die Umschalttaste gedrückt halten, wird das Viereck um jeweils 15° rotiert.*

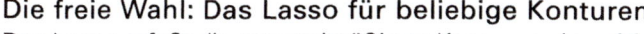

Werkzeuge für die Bildmontage

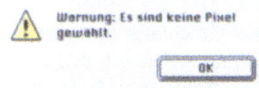

▲ Immer wieder taucht die Warnung bei den Freihandauswahlen auf: Dann besteht die Auswahl nur aus einem Strich oder wurde auf einer leeren Ebene durchgeführt.

Die freie Wahl: Das Lasso für beliebige Konturen

Das Lasso erfaßt die unregelmäßigen Konturen eines Motivs oder einfach einen willkürlichen Bereich des Bildes, wenn es mit gedrückter Maustaste um das Motiv herum geführt wird. Am besten gelingt das in einer hohen Zoomstufe von 200%.

Da nur ein echter Tastatur-Virtuose in der Lage sein wird, eine komplexe Kontur sauber und ohne abzusetzen mit dem Lasso auszuwählen, gestalten weniger Begnadete die Auswahl Stück für Stück: Die kontextsensitive Menüleiste bietet dafür die Symbole DER AUSWAHL HINZUFÜGEN, VON AUSWAHL SUBTRAHIEREN und SCHNITTMENGE BILDEN. Wird bei einer bestehenden Auswahl DER AUSWAHL HINZUFÜGEN aktiviert, bleibt die Auswahl bestehen und die nächste Auswahl erweitert die zuvor gewählte Partie. Entsprechend verkleinert sich die Auswahl, wenn VON AUSWAHL SUBTRAHIEREN markiert wird und eine zweite Auswahl Stücke der Auswahl wegschneidet. Die dritte Option läßt von zwei Auswahlen nur den gemeinsamen Bereich bestehen.

Eckig und kantig: Auswahlen mit dem Polygonlasso

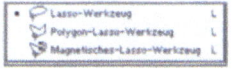

▲ Unter Auswahlrechteck und Lasso verbergen sich weitere Auswahlwerkzeuge.

Wenn Sie den Mauszeiger eine kurze Sekunde lang auf dem Lassowerkzeug gedrückt lassen, klappt ein Fly-out auf, in dem das Polygonlasso und das magnetische Lasso verborgen sind. Mit dem Polygonlasso setzen Sie eine scharfkantige, eckige Auswahl von einem angeklickten Punkt zum nächsten – etwa wenn ein Loch in einer Fensterscheibe ausgeschnitten werden soll.

Das Polygonlasso-Auswahlwerkzeug muss im Gegensatz zum Lasso nicht mit permanent gedrückter Maustaste geführt werden und der nächste Punkt kann in Ruhe anvisiert werden. Darum fällt es oft leichter, auch eine unregelmäßige Form in kleinen Schritten mit dem Polygonlasso zu markieren.

▶ Das Polygonwerkzeug ist intuitiver als das Lasso, da es zwischendurch auch abgesetzt werden darf, und kann so bei der Auswahl in ganz kleinen Schritten schon mal einfacher von der Hand gehen.

Werkzeuge für die Bildmontage

◄ *Da eine Kontur nur selten auf ihrer gesamten Strecke einen gleichmäßigen Kontrast aufweist, enthält eine ansonsten gelungene Markierung mit dem magnetischen Lasso immer wieder Ausreißer.*
Fehlpartien können mit einem beliebigen Auswahlwerkzeug ergänzt oder eliminiert werden: mit kleinen Auswahlovalen, mit dem Lasso, dem Polygonlasso oder dem magnetischen Lasso.

Das magnetische Lasso

Bei Motiven, deren Kontur sich glatt und kontraststark von der Umgebung absetzt, findet das magnetische Lasso seinen Weg in einer »Halbautomatik«. Klicken Sie mit dem Mauszeiger einmal an eine beliebiges Stelle in der Nähe der Kontur und führen Sie die Maus (Maustaste nicht gedrückt) locker um die Kontur des Motivs – die Auswahlkante wird sich selbsttätig rund um das Motiv legen.

Wenn die Auswahlkante nicht perfekt an der Kontur haften will, hilft es unter Umständen, Photoshop in einer kleineren Breite nach einer kontrastreichen Kontur suchen zu lassen (Parameter BREITE in der Menüleiste) und gleichzeitig den KANTENKONTRAST auf einen geringeren Wert zu setzen.

Die FREQUENZ bestimmt die Anzahl der Knotenpunkte, die das Werkzeug einsetzt – je größer die Frequenz, desto mehr Knotenpunkte werden gesetzt. Hohe FREQUENZEN braucht man, damit feine Strukturen wie Äste noch eingefangen werden.

Auswahlkanten schließen

Photoshop bietet zwei Varianten, Lasso und Polygonlasso-Werkzeug zu beenden und die Auswahlkante zu schließen. Entweder kehrt man mit dem Mauszeiger zum Ausgangspunkt zurück – ein Kreis mit ein paar Pixeln Durchmesser zeigt den Anschlußpunkt an. Wenn die Maustaste auf diesem Punkt losgelassen wird, ist die Auswahlkante damit geschlossen.

Läßt man die Maustaste beim Markieren mit dem Lasso schon deutlich vor dem Beginn der Auswahlkante los, schließt Photoshop die Auswahlkante mit einer geraden Linie vom letzten Punkt zum Ausgangspunkt.

Beim Polygonwerkzeug gibt es eine zusätzliche Variante: Durch einen Doppelklick wird die Auswahl mit einer geraden Linie zum Ausgangspunkt abgeschlossen. Der Doppelklick ist auch das Mittel der Wahl, wenn die Auswahllinie wie Gummi am Mauszeiger haftet.

Ganz bewußt schließt die Alt/Ctrl-Taste die Polygonauswahl. Der pixelgroße Endkreis erscheint neben dem Mauszeiger und der nächste Klick schließt die Auswahl.

Auswahlsteuerung per Tastatur
Wer lieber mit der Tastatur die Befehle erteilt: Halten Sie die Umschalttaste gedrückt, wird die nächste Auswahl zur vorhandenen Auswahl hinzugefügt, mit gedrückter Alt-Taste wird eine neue Auswahl von der vorhandenen abgezogen. Ein kleines Plus- oder Minuszeichen neben dem Mauszeiger zeigt die Funktion an.

Werkzeuge für die Bildmontage

▶ *Selbst Motive, die sich augenscheinlich gut von ihrer Umgebung abheben, können nicht so ohne weiteres mit dem Zauberstab markiert werden – hier stören die Reflexionen und die Spitzlichter.*

Die TOLERANZ regelt, wie weit Helligkeit und Farbe vom aufgenommenen Pixel abweichen dürfen. Je höher die TOLERANZ gewählt wird, desto mehr ähnliche Pixel werden markiert. Solange BENACHBART aktiv ist, werden nur aneinanderhängende Pixelgruppen markiert. Wird die Option deaktiviert, werden alle Pixel mit der eingestellten Toleranz im gesamten Bild markiert.

Die Option GLÄTTEN beugt dem pixeligen Stufeneffekt der harten Auswahlkante vor: An der Kontur werden die Pixel semitransparent und der ausgewählte Bereich legt sich nahtlos vor einen anderen Hintergrund.

Farbbereiche auswählen: Der Zauberstab zaubert nicht

Der Zauberstab markiert farbähnliche, benachbarte Bildpunkte. Je höher Sie die TOLERANZ des Zauberstabs in der Menüleiste einstellen, desto stärker können die zu erfassenden Pixel von dem Bildpunkt abweichen, den Sie mit dem Zauberstab anklicken. Für den ersten Versuch empfiehlt sich die Voreinstellung der Menüleiste.

Der Zauberstab eignet sich immer dann, wenn eine einheitliche Farbe in einer Bildpartie markiert wird. Bei allen feinen Details und bei großen Helligkeitsunterschieden wie in Verläufen liefert der Zauberstab keine befriedigenden Ergebnisse.

Noch einmal: Farbbereiche auswählen

Während der Zauberstab nur zusammenhängende Bereiche mit ähnlichen Farben auswählt, kann die FARBAUSWAHL bestimmte Farben im gesamten Bild auswählen. Rufen Sie den Farbauswahldialog unter AUSWAHL/FARBAUSWAHL auf. Wählen Sie die Farbe aus der Liste oder geben Sie mit der Pipette die Farbe vor. Eine zweite Farbe wird mit in die Auswahl einbezogen, wenn Sie die Farbe mit der mittleren Pipette (mit dem kleinen »+«-Zeichen) im Bild vorgeben. Eine Farbe wird von der Auswahl mit der »–«-Pipette abgezogen. Wenn Sie die +- oder –-Pipette durch einen Bildbereich ziehen, werden alle dort enthaltenen Farben in einem Rutsch in die Auswahl aufgenommen oder aus der Auswahl entfernt.

▶ *Eine grobe Auswahl mit dem Lasso vereinfacht die Farbauswahl, die sich dann nicht auf unerwünschte Bereiche ausdehnen kann oder mit einer kleineren Toleranz genauer ausfällt (Toleranz bestimmt, ob mehr oder weniger ähnliche Farben einbezogen werden). Das Ergebnis der Farbauswahl sehen Sie als Maske in dem kleinen Vorschaufenster des Farbauswahldialoges.*

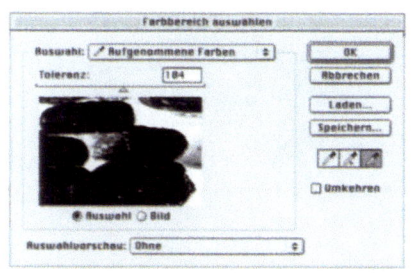 

Werkzeuge für die Bildmontage

> ◀ Im »wirklichen Leben« mag es selten passieren, daß ein Motiv vor einem wahrhaft einfarbigen Hintergrund liegt. Aber überall dort, wo Bilder montiert und bearbeitet werden, verschwinden auf magische Weise immer wieder die Originaldateien, und Rekonstruktion gehört zum Tagesgeschäft.

Für die Grafik: der magische Radiergummi

Wenn ein Motiv auf einem einfarbigen Hintergrund liegt, also gerade bei Grafiken, ist der magische Radiergummi (in der Werkzeugleiste den Mauszeiger kurze Zeit auf dem Radiergummi-Werkzeug gedrückt halten) nicht zu überbieten: Mit einem Klick radiert er den Hintergrund weg.

Der magische Radiergummi ist »destruktiv«: Er schafft keine Auswahl rund um das Motiv, sondern beseitigt die umgebenden Pixel sofort. Das Bild schwebt frei über dem karrierten Fensterhintergrund, der in Photoshop die Transparenz darstellt.

Weiche Kanten: Der Hintergrund-Radiergummi

Sowohl das magnetische Lasso als auch der magische Radiergummi suchen kontrastreiche Konturen. Wenn im Bild gleichzeitig harte und weiche Kanten vorliegen, versagen sie zumeist beide.

Der Hintergrund-Radiergummi ist auf diese Fälle spezialisiert. Er arbeitet wie ein Pinsel mit einer weichen oder harten Werkzeugspitze, der den Hintergrund löscht. Die Größe der Werkzeugspitze und die Beschaffenheit ihres Randes können im Laufe des Freistellprozesses geändert werden.

> ◀ Die Pinselspitze zeigt in der Mitte ein kleines Kreuz – der Pinsel nimmt die Farbe des ersten Klicks in das Bild auf und löscht die Farbe, die er unter dem Kreuz findet.
> Die weiche Werkzeugspitze löscht die Hintergrundfarbe an den harten Kanten korrekt, läßt aber den weichen Schlagschatten stehen und gibt ihm sogar noch eine weiche, transparente Kante. So kann das Bild auch vor einen neuen Hintergrund gesetzt werden.

Flausch und fliegende Haare freistellen

Zur hohen Kunst des Freistellens zählen Objekte mit fliegenden Haaren, weichen flauschigen Konturen, Glas, Rauch und Nebel – sie lassen sich weder mit konventionellen Auswahlwerkzeugen noch mit so exakten Techniken wie dem Freistellpfad in einer natürlich wirkenden Markierung freistellen.

In Anlehnung an den Hintergrund-Radiergummi bringt Photoshop eine ausgeklügelte Funktion mit: EXTRAHIEREN. Im Dialogfenster BILD/EXTRAHIEREN werden flauschige und glatte, nebulöse und klare Motive herausgearbeitet.

Der Benutzer malt die Kontur mit einem Pinsel – dem KANTENLICHT – nach, bis sie vollständig geschlossen ist. Innerhalb dieser Kante sucht der Filter EXTRAHIEREN nach Kontrastsprüngen, um sie als Motivkontur zu identifizieren. Dabei werden auch feinste Strukturen wie der Winterpelz der beiden Rösser und einzelne Haare erkannt.

EXTRAHIEREN ist eine Werkzeugbox, die aus mehreren Hilfmitteln besteht: Ein Radiergummi löscht überflüßiges Kantenlicht, ein Kantenverfeinerer glättet pixelige und aufgerissene Kanten und löscht übriggebliebene Pixel außerhalb des Motivs. Bereinigen löscht Pixel mit einer weichen Kante.

Der Prozess ist bei komplexen Motiven iterativ. Das Motiv wird umrundet, das Ergebnis anhand der Vorschau beurteilt und der Radiergummi korrigiert das Kantenlicht. Wenn die Auswahl gelungen ist, sorgen Kantenverfeinerer und Bereinigen für glatte oder weiche und aufgelöste Kanten.

Werkzeuge für die Bildmontage

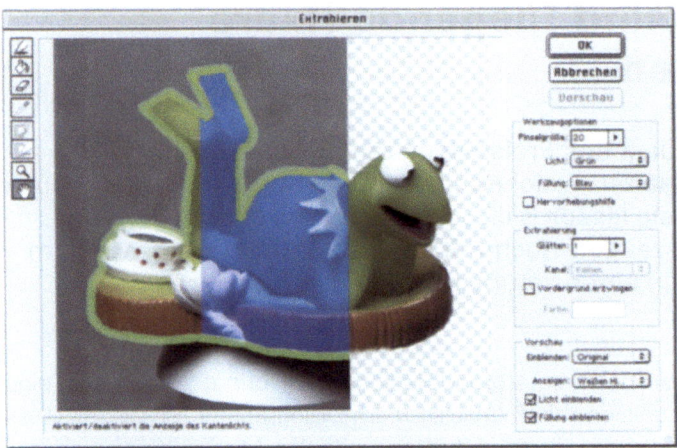

◄ Die Befreiung des Motivs von seiner Umgebung passiert in drei Schritten: Das Motiv wird mit dem Kantenlicht umrissen. Wenn die Kontur komplett geschlossen ist (wobei der Bildrand eine Kante bilden kann), gießt das Füllwerkzeug einen blauen Film über das Motiv (damit der Filter weiß, auf welcher Seite der Kontur das Motiv liegt und auf welcher Seite der Hintergrund entfernt werden soll). Ein Klick auf Vorschau liefert das freigestellte Motiv.

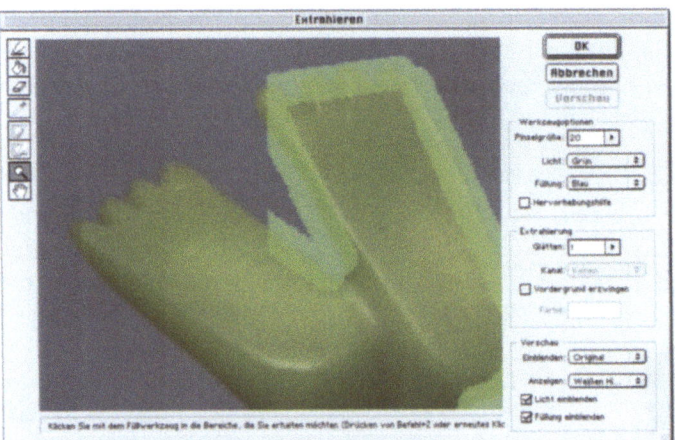

◄ Der Algorithmus des Filters EXTRAHIEREN sucht unter dem Kantenlicht nach kontrastreichen Konturen. Wie breit das Kantenlicht also optimalerweise sein sollte, hängt von der Art der Kontur und ihrer Umgebung ab: Glatte Konturen vor einem »flachen« Hintergrund werden unter dünnen und dicken Kantenlichtern gefunden, flauschige und weiche Konturen müssen vollständig mit dem Kantenlicht abgedeckt werden.

Tip: An vielen Konturen kann das Kantenlicht strikt gerade verlaufen. Mit gedrückter Shifttaste erzwingt ein Klick in einiger Entfernung vom letzten Punkt das Kantenlicht in eine gerade Linie.

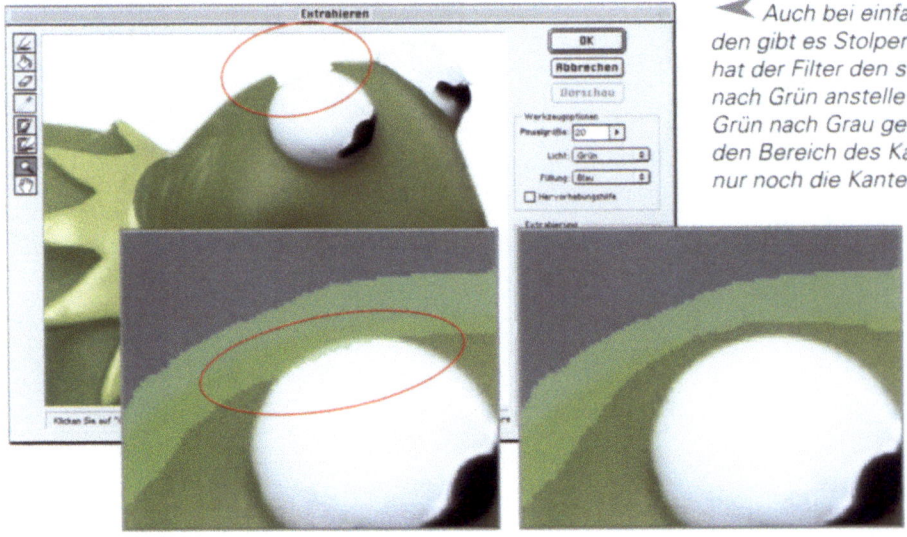

◄ Auch bei einfachen Motiven und Hintergründen gibt es Stolperfallen: Am Auge des Froschs hat der Filter den stärkeren Kontrast von Weiß nach Grün anstelle des schwächeren Kontrasts von Grün nach Grau gewählt. Der Radiergummi löscht den Bereich des Kantenlichts und sorgt dafür, daß nur noch die Kante zwischen Grün und Grau unter dem Kantenlicht liegt.

▶ Ob das Extrahieren gut genug für die jeweiligen Belange gelungen ist, wird am besten vor dem passenden Hintergrund sichtbar. Unter dem Klappmenü ANZEIGEN werden SCHWARZ, WEIß, GRAU und KEINE Hintergrundfarbe angeboten. Andere Farben werden in der Farbauswahl eingestellt.

▶ Der Kantenverfeinerer füllt auf der einen Seite aufgerissene und löchrige Konturen und auf der anderen Seite reinigt er den Bereich außerhalb der Motivkante von Artefakten (überflüssige Pixel).
Wenn das Werkzeug von der Motivseite her zur Umgebung gezogen wird, werden Löcher gefüllt. Wird das Werkzeug von der Umgebung her zum Motiv gezogen, reinigt es weiche Kanten und versucht eine glatte Kontur herzustellen.

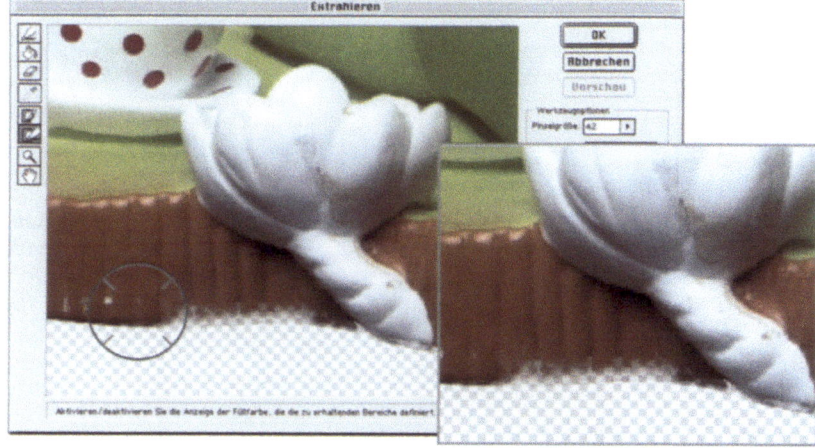

▶ Wo die Kontur unter dem Kantenverfeinerer zu glatt gerät, löscht BEREINIGEN die überflüssigen Pixel.
Beide Werkzeuge sind drucksensitiv und reagieren auf den Andruck eines entsprechenden Stifts. Wer mit der Maus arbeitet, kann statt dessen den Andruck über die Tastatur mit Werten von 1 bis 0 regeln, wobei »1« den schwächsten Druck erzeugt, »0« den stärksten.

Werkzeuge für die Bildmontage

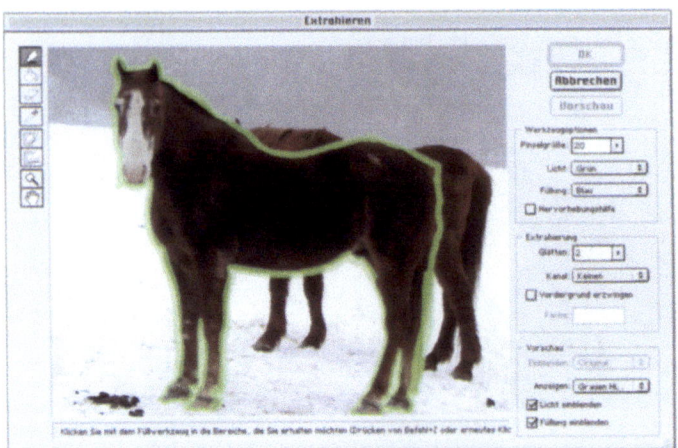

◄ Vor dem Aufruf des Befehls kopiert man das Bild am besten auf eine separate Ebene – im Gegensatz zu den meisten Auswahlwerkzeugen ist EXTRAHIEREN eine destruktive Technik: Hier wird keine schillernde Auswahlkante angelegt, sondern die Pixel rund um das Motiv werden von der Funktion gelöscht. Das Motiv wird im wahrsten Sinne des Wortes »freigestellt«.

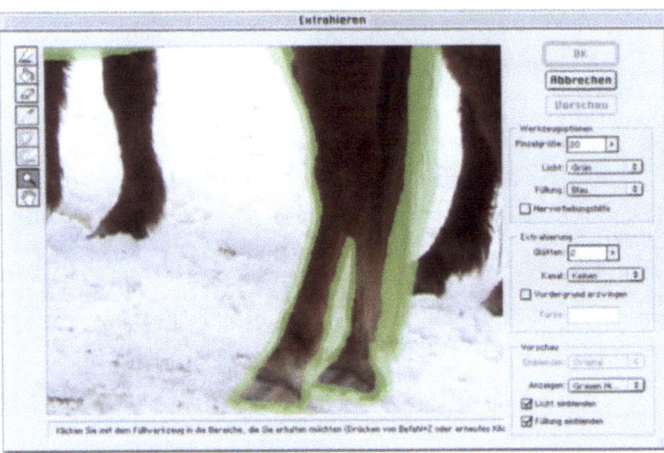

◄ Ein Motiv mit einer weichen und »flauschigen« Kante braucht ein breites Kantenlicht, damit auch die »haarigen« Konturen vollständig mit dem Farbauftrag des Kantenlichts bedeckt werden.

Tip:
- Ein Doppelklick auf das Hand-Werkzeug in der Werkzeugleiste des Dialogfensters zoomt das Bild vollständig in das Fenster.
- Ein Doppelklick auf die Lupe zoomt die Pixel auf eine 100%-Ansicht.

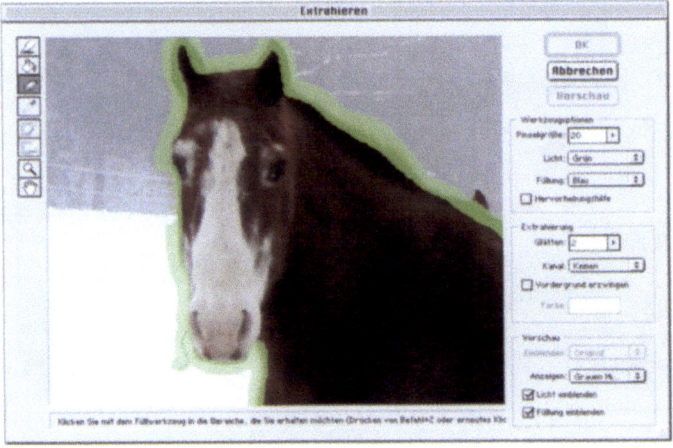

◄ Damit der Algorithmus des Filters nicht die Konturen der braun-weißen Blesse als Motivkontur herausarbeitet, verengt der Radiergummi das Kantenlicht an den entsprechenden Passagen. An der Mähne wird das Kantenlicht wieder breiter. Der feine Halm wird vollständig mit Kantenlicht übermalt.

▶ *Hier kreuzen sich die Konturen. Damit der Filter die richtige Motivkontur besser auffindet, entfernt das Radiergummi das Kantenlicht und schneidet das Grün so nah wie möglich an die gewünschte Kontur heran.*

Tip: Wie im »normalen« Arbeitsfenster macht die Tastaturkombination Strg/Ctrl + Z den letzten Strich mit dem Kantenlicht rückgängig.

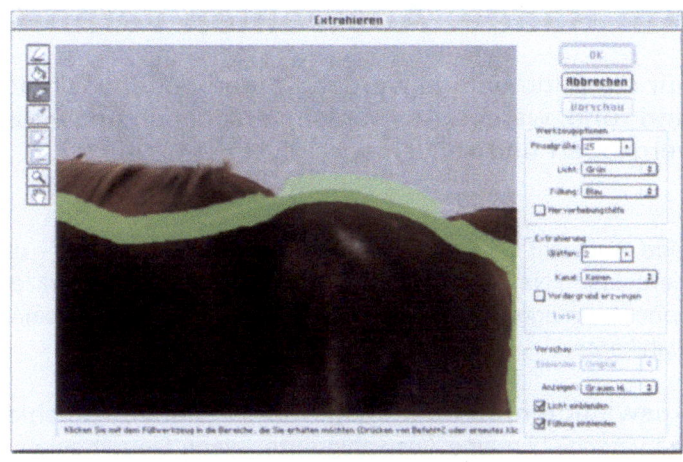

▶ *Wo die Kontur zu weich ist und unsaubere Artefakte aufweist, hilft der Kantenverfeinerer. Aus dem Inneren des Motivs heraus füllt er Lükken in den Konturen und löscht die Pixel, die außerhalb des Motivs liegen.*

Tip: Wenn Sie den Eindruck haben, Sie hätten sich gründlich verfranst, halten Sie die Alt-Taste gedrückt. Dadurch verwandelt der Knopf Abbrechen sich in ein Zurück und Sie können befreit noch einmal neu anfangen, ohne das Dialogfenster zu verlassen.

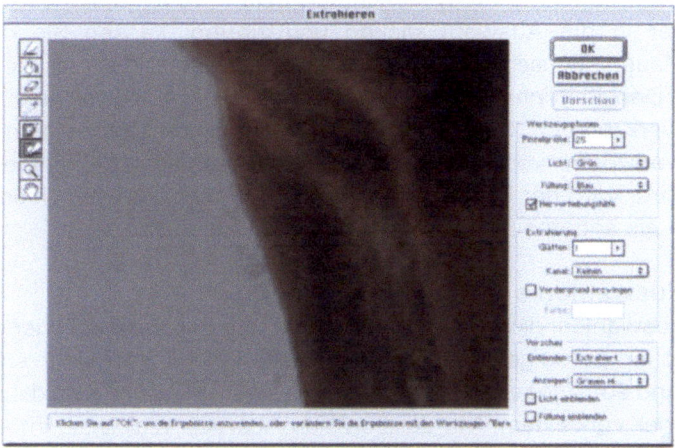

▶ *Dabei würde der Charakter des Winterpelzes in diesem Beispiel leiden. Hier könnte Bereinigen die blitzende Kante von außen her weichzeichnen. Beide Werkzeuge, sowohl der Kantenverfeinerer als auch Bereinigen sind drucksensitive Werkzeuge. Auf der Tastatur simulieren die numerischen Tasten von 1 bis 0 den Druck eines Zeichenstiftes, wobei »1« den schwächsten Druck und »0« den stärksten Druck erzeugt.*

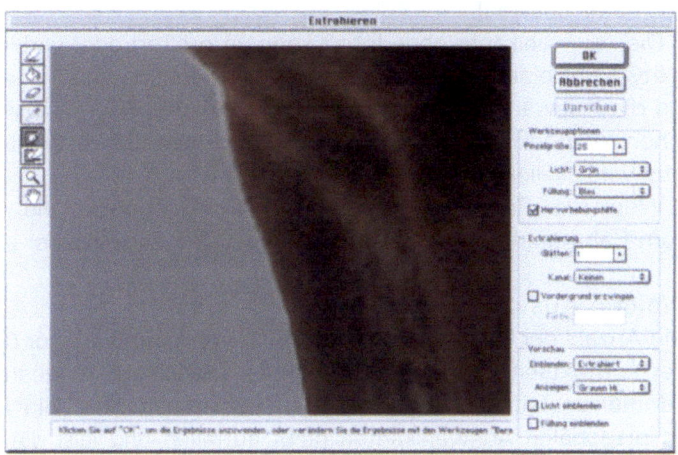

155

Am Rande: Auswahlen verändern

Für die Bildmontage werden Kanten butterweich oder glatt und rund, werden Auswahlen verschoben und verzerrt, vergrößert und verkleinert.

Eine Auswahl wird immer stufig und kantig aussehen – das liegt in der viereckigen Natur des Pixels. Eines der wichtigsten Werkzeuge für gelungene Montagen ist darum die Kantenglättung durch eine weiche Auswahlkante.

Auswahlgrenzen oder ausgewählte Motive verschieben

Sie verschieben eine Auswahlgrenze, wenn Sie mit einem der Auswahlwerkzeuge wie Auswahlrechteck/-oval oder Lasso mit dem Mauszeiger in die Auswahl klicken und ziehen. Lassen Sie dabei nur die Maustaste nach dem Klick nicht los, sonst hebt der Klick die Auswahl auf.

Den Pixelinhalt einer Auswahl verschieben Sie mit dem Verschieben-Werkzeug. Genauso wie eine Auswahlgrenze mit einem der Auswahlwerkzeuge von einem Fenster in ein anderes Bildfenster verschoben wird, wird der Pixelinhalt einer Auswahl mit dem Verschieben-Werkzeug in ein anderes Bilddokument gezogen.

Auswahlen ausweiten und einengen

Auswahlen, die mit dem Zauberstab, der Farbauswahl oder dem magnetischen Lasso getroffen wurden, weisen fast immer einen störenden Farbrand auf – sogenannte »Blitzer«. Auswahlen lassen sich darum ausweiten oder verkleinern: Mit der Funktion AUSWAHL VERÄNDERN im Auswahlmenü weiten Sie eine Auswahl aus, engen sie ein oder erstellen einen Rahmen aus einer Auswahl.

Die Auswahlkante ohne Inhalt kann vergrößert oder verkleinert werden – etwa um eine runde Auswahl um einen Ball zu legen und zu skalieren, bis die Auswahl paßt. Der Befehl AUSWAHL/AUSWAHL TRANSFORMIEREN legt einen rechteckigen Rahmen mit Anfassern um die Auswahl, an denen die Auswahl skaliert, rotiert und verschoben wird.

Wenn der Rahmen »sitzt«, befreit ein Doppelklick die Auswahlkante vom Rahmen und die schillernde Auswahlkante ist wieder aktiv.

Weiche Auswahlkanten

Die Anzahl der Pixel für die weiche Auswahlkante wird vor der Auswahl in der kontextsensitiven Menüleiste des Werkzeugs eingestellt. Mit einer raffinierten Technik sorgt die WEICHE KANTE dafür, daß die Treppenstufen an diagonalen Auswahlkanten nicht auffallen und läßt die Pixel entlang der Auswahlkante immer durchsichtiger werden (Semitransparenz).

Werkzeuge für die Bildmontage

◄ Die Auswahlwerkzeuge sind »nicht destruktiv«. Unter ihnen bleiben die Pixel unangetastet. Erst das Verschieben-Werkzeug setzt die Pixel in Bewegung.

 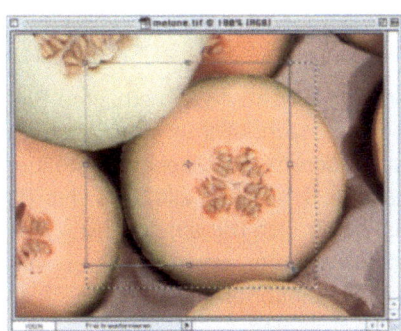

◄ An den Anfassern werden die Grenzen der Auswahl erweitert oder eingeengt.
- Halten Sie dabei die Umschalttaste gedrückt, vergrößern oder verkleinern Sie die Auswahl proportional zu ihrer Ausgangsgröße.
- Nähern Sie sich vom äußeren Rand einem der Anfasser, wird der Mauszeiger zum Halbkreis und Sie können die Auswahl mit gedrückter Maustaste drehen.
- Durch Drücken der Umschalttaste rotieren Sie die Markierung um jeweils 15° bei jedem Schritt.

◄ Exakte Transformationen
- Die Pfeiltasten der Tastatur verschieben den Rahmen pixelgenau nach unten oder oben, nach rechts oder links. Bei gedrückter Umschalttaste beträgt die Distanz genau 10 Pixel.
- Der Angelpunkt liegt in der Mitte des Rahmens, kann aber auch an jeden beliebigen Punkt – auch außerhalb des Rahmens – verschoben werden.

Werkzeuge für die Bildmontage

Der Pixelbereich, in dem die Kante langsam von deckend zur vollen Transparenz gelangt, wird mit einem Wert für WEICHE KANTE festgelegt. Für eine saubere Montage reicht meist die Einstellung auf eine Breite von zwei Pixel.

Im Menü AUSWAHL/WEICHE AUSWAHLKANTE kann die Breite der Auswahlkante später noch verändert werden. Butterweiche Collagen oder die Vignette um ein romantisch ovales Bild erfordern großzügig weiche Auswahlkanten – hier können 20 oder mehr Pixel für den weichen Übergang vom Bildausschnitt zum Hintergrund sorgen.

Die Anzahl der Pixel, die eine perfekte weiche Auswahl ausmachen, ist abhängig von der Größe des Bildes. Vier Pixel in einem Bild bei 100 dpi haben als weiche Auswahlkante den gleichen Effekt wie 12 Pixel in einem Bild, das mit 300 dpi gedruckt wird.

Auswahlkante oder Maske?

In der Dunkelkammer kommen Masken zum Einsatz, wenn einzelne Bildbereiche getrennt vom Rest korrigiert, etwas nachbelichtet oder abgewedelt werden. Viele Fotografen bevorzugen darum die Maskendarstellung einer Auswahl. Dann überzieht ein rosaroter Schutzfilm alle Teile des Bildes, die nicht ausgewählt sind. Die Maske läßt sich mit einer großen Auswahl von Malwerkzeugen wie Pinsel und Radiergummi, Bleistift und Airbrush bearbeiten und ermöglicht so Manipulationen der Auswahlkante, die mit den Auswahlwerkzeugen nicht möglich sind.

Der Schalter für die Bearbeitung im Maskiermodus befindet sich in der Werkzeugleiste. Er schaltet die Ansicht von der schillernden Fließmarkierung auf den Maskierungsmodus um, wenn bereits eine Auswahl vorhanden ist. Wenn noch keine Pixel ausgewählt sind, kann die Maske mit dem Pinsel gemalt werden.

Arbeiten im Maskiermodus

Im Maskiermodus können Sie jedes Malwerkzeug – vom Radiergummi und Airbrush über den Wischfinger bis zum Pinsel – benutzen, um die Auswahl zu erweitern, einzuengen und einzelne Teile der Kanten zu glät-

◄ Pinsel und Radiergummi aus der Werkzeugleiste malen die rote Schutzschicht oder schneiden Löcher in die Schicht. Allerfeinste Striche wie die feinen Schnurbarthaare malt der Buntstift viel einfacher, als wenn man die dünne Linie mit dem Lasso einfangen will.

Werkzeuge für die Bildmontage

➤ Um ein Motiv vor einen neuen Hintergrund zu setzen, reicht eine weiche Auswahlkante von ein bis zwei Pixeln. Damit verschmelzen die Pixel ausreichend gut, ohne erkennbare Montagekanten zu zeigen.

➤ Die superweiche Auswahlkante für den Schuß Romantik – rund 50 bis 150 Pixel breit – sorgt für butterweiche Übergänge.
Mit 10 bis 30 Pixeln liefert das zweite Bild allerdings auch Stimmung.

➤ Der geflügelte Bote weist keine Kantensoftung auf – der Freistellpfad schneidet ihn glatt und ohne Pixeltreppen frei.
Der Löwe hingegen ist halb und halb: Die Auswahl um die Statue herum ist auf zwei Pixeln Breite abgesoftet, der Rand auf der Rechten mit 100 Pixeln.

Werkzeuge für die Bildmontage

ten. Auf diese Weise werden insbesondere Masken erstellt, die harte und weiche Kanten gleichzeitig enthalten.

Die Befehle des Menüs AUSWAHL funktionieren allerdings im Maskiermodus nicht – sie sind ausgeblendet. Wenn Sie eine Auswahl umkehren oder ihr eine weiche Kante geben wollen, müssen sie aus dem Maskierungsmodus wieder in den Auswahlmodus zurückschalten.

Tips und Tricks

- Wenn Sie gerade erst in die Auswahltechniken einsteigen, fällt es Ihnen für den Anfang vielleicht leichter, eine unregelmäßige Auswahl mit dem Polygonlasso Punkt für Punkt in kleinen Schritten zu setzen.
- Um eine Auswahl von festen Ausmaßen zu erstellen, blenden Sie das Lineal ein (ANSICHT/EINBLENDEN) und ziehen Hilfslinien mit der Maus aus dem Lineal ins Bild. Hilfslinien ziehen eine Auswahl beim Aufziehen leicht magnetisch an, damit die Auswahlmaße auch exakt getroffen werden.
- Eine ovale oder viereckige Auswahl wird in der Regel von oben links oder unten rechts aufgezogen. Manchmal ist es aber auch sinnvoll, eine geometrische Auswahl von der Mitte aus zu ziehen. Halten Sie die Alt-Taste gedrückt, dann ziehen Sie die Auswahl zentriert auf.
- Punktgenau verschieben Sie die Auswahlbegrenzung mit den Pfeiltasten der Tastatur um jeweils ein Pixel. Wenn Sie das Bewegen-Werkzeug in der Werkzeugleiste aktivieren, verschieben Sie mit den Pfeiltasten die Pixel der Auswahl. Halten Sie dabei die Umschalttaste gedrückt, verschieben Sie die Auswahlgrenze oder die Pixel um jeweils 10 Pixel.
- Wenn der Mauszeiger an den Rand des Fensters kommt, muß es mit dem Auswählen nicht zu Ende gehen: Durch die Leertaste wird das Hand-Werkzeug aktiviert, mit dem Sie den sichtbaren Fensterinhalt verschieben können, als läge ein Stück Papier vor Ihnen. Wenn Sie die Leertaste wieder loslassen, ist wieder das Auswahlwerkzeug aktiv.

Schnelle Tastaturbefehle
- *Strg/⌘ + J kopiert die Auswahl auf eine eigene Ebene.*
- *Strg/⌘ + H verbirgt die Auswahlkante, ohne die Auswahl zu deaktivieren.*

Das Speichern von Auswahlen

▶ Ein Klick mit gedrückter Strg/Apfel-Taste auf das Ebenensymbol des Freistellers erzeugt eine Auswahlkante rund um das Motiv.

 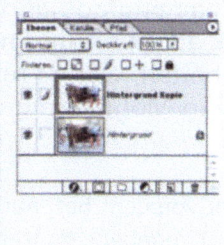

▶ Wenn das Motiv für eine Office-Anwendung wie PowerPoint bestimmt ist, legen Sie einen »Alphakanal« an. Dazu klicken Sie mit gedrückter Ctrl/Apfel-Taste auf die Ebene mit dem freigestellten Motiv, um eine Auswahlkante rund um das Motiv zu erzeugen. Diese Auswahl speichern Sie mit AUSWAHL/AUSWAHL SPEICHERN. Sie können jetzt das Bild entweder mit oder ohne eingeblendete Hintergrundebene als TIFF- oder TGB-Bild speichern – in Word oder PowerPoint wird nur das freigestellte Motiv gezeigt.

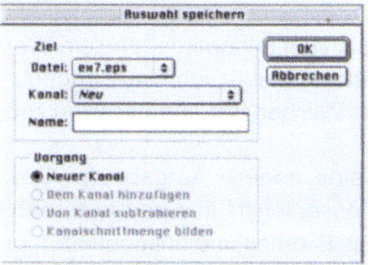 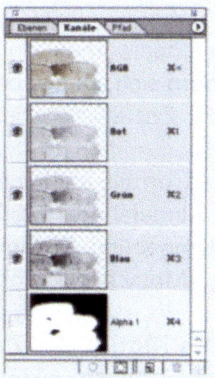

▶ Wenn das Motiv für den Satz in einer Zeitschrift gedacht ist, erzeugen Sie ebenfalls eine Auswahl aus der freigestellten Ebene. Öffnen Sie die Pfadpalette und erzeugen Sie einen Arbeitspfad aus der Auswahl. Markieren Sie das Symbol des Arbeitspfades und speichern Sie den Pfad. Diesen gespeicherten Pfad wiederum (hier Pfad1) können Sie als Beschneidungspfad deklarieren. Als Dateiformat kann TIFF oder EPS gewählt werden.

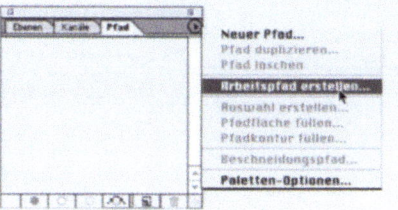 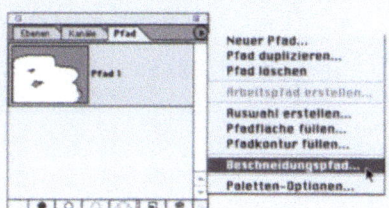

Werkzeuge für die Bildmontage

Der Zeichenpfad

Den genialen Zeichenpfad hat das fotografische Pixelbild aus der Vektorgrafik adoptiert und nutzt ihn für feinste Techniken und exaktes Arbeiten, wenn Freisteller für das Layout oder glatte Konturen in Montagen gefragt sind.

Wer schon einmal versucht hat, mit dem Lasso in Photoshop ein Motiv sauber von seiner Umgebung zu trennen, kennt die Grenzen seiner Feinmotorik. Es ist kaum möglich, die unregelmäßige Kante einer wehenden Fahne oder gar eines Kopfes mit seiner Haarpracht sauber und ohne Ausrutscher zu markieren. Bei komplexen Konturen muß also ein anderes Hilfsmittel her.

Aus den Illustrationsprogrammen hat sich die Bildbearbeitung ein Werkzeug geholt, mit dem sich Motive besonders flexibel von ihrer Umgebung trennen lassen: der ZEICHENPFAD, den der Zeichenstift aus der Werkzeugleiste anlegt.

Der Zeichenpfad erfüllt auch noch eine andere Aufgabe: Im Druck schneidet er das eingerahmte Motiv messerscharf aus und unterdrückt die Ausgabe der Umgebung. So bleibt das Bild heil und unangetastet, und dennoch steht das Motiv frei und ohne störenden Rahmen im Layout.

Hier liegt die gesamte Bildinformation mitsamt dem blauen Hintergrund vor. Der Pfad unterdrückt die Ausgabe aller Pixel, die außerhalb des Pfades liegen und die Umgebung wird transparent.

Einmal rund ums Motiv: Der Zeichenstift

Der Zeichenstift setzt Ankerpunkte und spannt dabei von Punkt zu Punkt eine hauchdünne und flexible Linie rund um die Kontur eines Motivs auf. Sobald das Werkzeug das Motiv vollständig umrandet hat und über dem ersten Punkt liegt, erscheint ein kleiner Kreis und kündigt an, daß der nächste Klick die Kontur schließt.

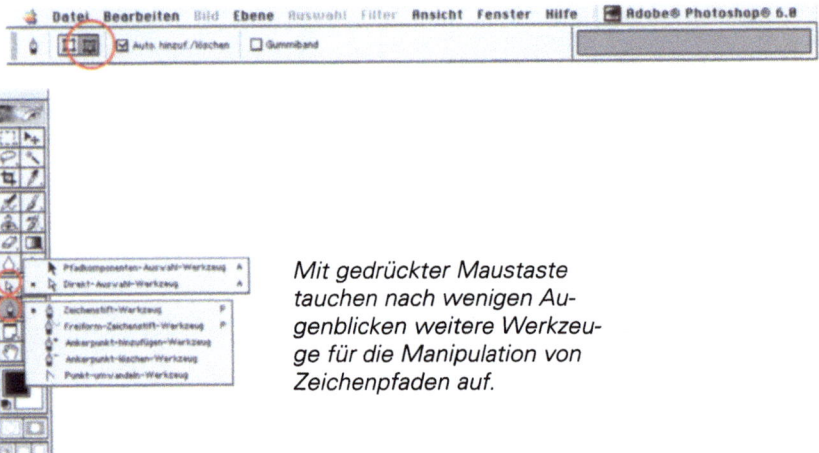

Mit gedrückter Maustaste tauchen nach wenigen Augenblicken weitere Werkzeuge für die Manipulation von Zeichenpfaden auf.

Der Zeichenstift zieht entweder einen Arbeitspfad auf, der das Motiv im Druck freistellt, oder erstellt eine Formebene. Für Freisteller und als Grundlage für Montagen dient der Arbeitspfad (Symbol oben rechts). Die andere Variante ist die Formebene, die für Vektorgrafiken in Photoshop benutzt wird.

Werkzeuge für die Bildmontage

Der Zeichenstift stellt Motive mit glatten Kanten und einfachen Formen besonders schnell frei.

Nach dem ersten Ankerpunkt, der in die Kontur des Motivs geklickt wird, verbindet der Pfad jeden neuen Ankerpunkt mit dem vorangegangenen.

Die Maustaste wird nach dem Setzen eines Ankerpunktes nicht losgelassen, sondern zieht einen Hebel aus dem Ankerpunkt.

Wo das Motiv eine Ecke aufweist, braucht kein Hebel aus dem Ankerpunkt gezogen zu werden, sondern ein einfacher Klick setzt eine Ecke.

Wenn der Zeichenstift über dem ersten Ankerpunkt liegt, erscheint ein Kreis neben dem Zeichenstift und der nächste Klick schließt die Kontur.

Einen überflüssigen Ankerpunkt löscht die Zeichenfeder mit dem Minuszeichen.

Auf ähnliche Weise wird ein zusätzlicher Punkt gesetzt: Der Zeichenstift mit dem »Plus«-Symbol setzt einen weiteren Punkt in den Pfad.

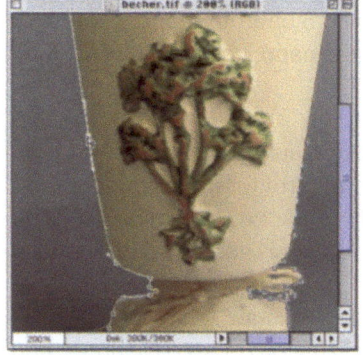

Das Direktauswahl-Werkzeug markiert einen Ankerpunkt und verschiebt ihn. Der Pfad wird dabei wie ein Gummiband mitgezogen.

Ein Pfad, der innerhalb eines umfassenden Pfades liegt, schneidet ein »Loch«.

Werkzeuge für die Bildmontage

Basis für den schnellen Pfad

Auch wenn das Aufziehen eines Pfades kompliziert erscheint, sind nur wenige Punkte zu beachten, bis die Arbeit mit dem Zeichenstift schneller als die Auswahl mit dem Lasso oder dem Zauberstab von der Hand geht:

- **Kurven aufspannen:** Damit nicht immer gerade Segmente mit Ecke aufgespannt werden, sondern eine Kurve, halten Sie die Maustaste nach dem Klick gedrückt und ziehen die Maus ein Stück. Dabei kommt ein Hebel zutage, der sich rechts und links vom Ankerpunkt aufspannt. So entsteht statt einer eckigen Kante eine weiche Kurve. Wenn Sie die Maus dabei in Richtung der Motivkontur ziehen, bildet der Hebel eine Tangente an der Kurve und die Kurve paßt sich perfekt der Kontur an.
- **Anzahl der Ankerpunkte im Pfad:** Nicht eine möglichst hohe Anzahl von Punkten macht die Qualität des Zeichenpfades aus. Für einen glatten Pfad ohne unnötige Ecken und Kanten werden möglichst wenige Ankerpunkte gesetzt: Nur dort, wo sich die Richtung der Kontur ändert, ist ein neuer Punkt nötig.
- **Änderungen bei falsch gesetzten Ankerpunkten:** Umranden Sie bei den ersten Versuchen auf jeden Fall zuerst die Kontur, bevor Sie versuchen, Punkte zu versetzen, die aus der Reihe tanzen – die Zeichenfeder korrigiert den Pfad nicht, sondern dafür muß zuerst ein anderes Werkzeug aktiviert werden.
- **Änderung der Kurvenkrümmung und -richtung:** Erst wenn der Vektorpfad das Motiv vollständig umrandet und geschlossen vorliegt, schalten Sie das Direktauswahlwerkzeug aus der Werkzeugleiste ein, um Punkte zu versetzen und Richtung und Länge der Tangente zu ändern: Je länger Sie die Tangente ziehen, um so größer und runder wird der Kurvenradius, je kürzer die Tangente ist, desto spitzer wird eine Kehrtwendung.
- **Der Sicherheitsrand:** Ein Zoomfaktor von 200% ist optimal für die Arbeit mit dem Zeichenstift. Damit später keine störenden »Blitzer« auftreten, werden die Punkte immer ein bis zwei Pixel tief in das Motiv hineingesetzt und keinesfalls ein kleiner Sicherheitsrand gelassen. Auch die aufgespannte Kurve bleibt immer knapp innerhalb des Motivs.

Pfad versus Auswahl

Im Gegensatz zum Lasso, bei dem ein Motiv »ausgewählt« ist und dessen Pixel sofort durch Helligkeits- und Farbkorrekturen gesondert vom Rest manipuliert werden können, entsteht mit dem Zeichenstift keine Auswahl, sondern ein »Pfad«, der für Bildmontagen noch in eine Auswahl umgewandelt werden muß.

Der Befehl AUSWAHL ERSTELLEN erzeugt eine exakte Auswahl aus dem Pfad. Umgekehrt wird mit dem Befehl ARBEITSPFAD ERSTELLEN unter den Optionen der Pfadpalette (hinter dem schwarzen Dreieck oben rechts) oder einem Klick auf das Symbol PFAD AUS AUSWAHL ERSTELLEN in der Fußleiste der Pfadpalette aus der Auswahl ein Pfad erzeugt.

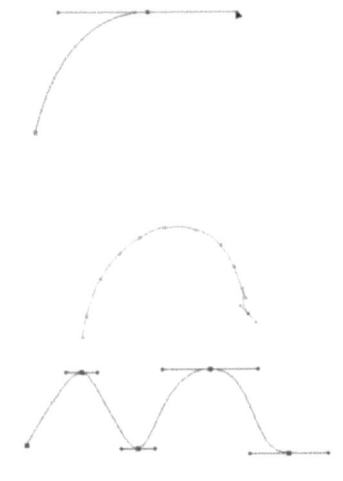

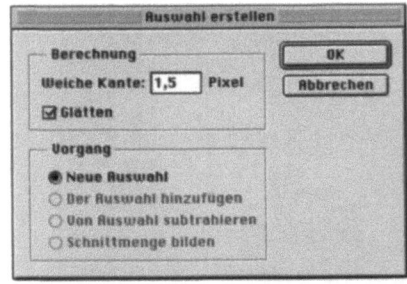

▼ *Mit einer geringen Toleranz liegt der Pfad eng entlang der Auswahlkante und zeigt viele Ankerpunkte, mit einer hohen Toleranz von bis zu 10 Pixeln wird der Pfad immer runder und glatter mit weniger Ankerpunkten, liegt aber auch nicht mehr so exakt auf der Auswahlkante.*

Werkzeuge für die Bildmontage

◀ Quer durch den Pixel und später durch den Druckpunkt verläuft der Pfad. Er liegt immer ein bis zwei Pixel innerhalb der Kontur – sonst entstehen unschöne Blitzer.

Das Verzerren des Bildes – wenn z.B. die Perspektive des Bildes korrigiert werden soll – macht der Pfad nicht ohne weiteres mit.

Das Pfadkomponenten-Auswahl-Werkzeug markiert den Pfad für die Perspektivenkorrektur unter BEARBEITEN/PFAD TRANSFORMIEREN.

Durch eine Transformation erhält der Pfad zwar wieder die passende Form, muß aber fast immer noch manuell kontrolliert und korrigiert werden.

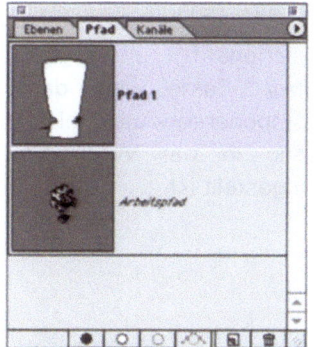

- ⬤ Pfadfläche mit Vordergrundfarbe füllen
- ○ Pfadkontur mit Vordergrundfarbe füllen
- ○ Auswahl aus Pfad erstellen
- ⌇ Pfad aus Auswahl erstellen
- ▫ Neuer Arbeitspfad
- 🗑 Pfad löschen

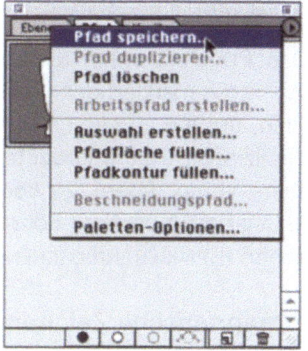

Im Optionsmenü der Pfadpalette (schwarzes Dreieck oben rechts) wird der Arbeitspfad gespeichert. Die Datenformate PSD, TIFF, JPEG und EPS speichern den Pfad zusammen mit dem Bild.

Werkzeuge für die Bildmontage

Techniken für Zeichenstift und Direktauswahl

Für die perfekte Anpassung des Pfades liegen unter dem Zeichenstift weitere Werkzeuge, die Ankerpunkte hinzufügen und entfernen und Eckpunkte in Kurven bzw. Kurven in Eckpunkte ohne Tangente verwandeln. Damit die Arbeit nicht immer wieder für die Auswahl des geeigneten Werkzeugs abgebrochen werden muß, gibt es Shortcuts, die den Werkzeugwechsel erleichtern, und für die meisten Manipulationen bleibt der Zeichenstift das aktive Werkzeug:

- Ein Punkt oder eine Kurve werden mit dem DIREKT-AUSWAHL-WERKZEUG angeklickt und verschoben.
- Ein neuer Punkt wird mit dem ANKERPUNKT-EINFÜGEN-WERKZEUG in die Kurve eingefügt, wenn das Werkzeug über einem Pfadsegment liegt.
- Ein Punkt wird mit dem ANKERPUNKT-LÖSCHEN-WERKZEUG aus dem Pfad gelöscht.
- Das PUNKT-UMWANDELN-WERKZEUG verwandelt einen Eckpunkt ohne Tangente in einen Ankerpunkt mit Tangenten (und umgekehrt), die vom DIREKTAUSWAHL-WERKZEUG verlängert oder verkürzt werden.
- Das PFADKOMPONENTEN-AUSWAHL-WERKZEUG markiert den gesamten Pfad, um ihn zu verschieben, zu duplizieren (mit gedrückter Alt-Taste verschieben), zu kopieren (BEARBEITEN/KOPIEREN) oder zu löschen (BEARBEITEN/LÖSCHEN).

- Zeichenstift und gedrückte Strg/⌘-Taste, wenn das Direktauswahlwerkzeug in der Werkzeugleiste eingestellt ist.
- Zeichenstift über die Kurve legen, so daß sich der Zeiger in einen Zeichenstift mit Pluszeichen verwandelt (AUTO. HINZUFÜGEN UND ENTFERNEN muß aktiv sein).
- Zeichenstift über einen Punkt legen. Der Zeiger wird zum Zeichenstift mit Minuszeichen.
- Zeichenstift und Alt-Taste

- Zeichenstift und gedrückte Strg/⌘-Taste, wenn das Pfadkomponenten-Auswahl-Werkzeug in der Werkzeugleiste eingestellt ist.

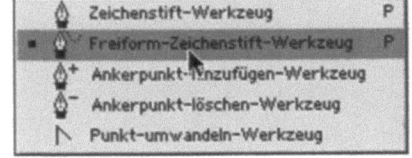

Der magnetische Zeichenstift

Ähnlich wie das magnetische Lasso findet der magnetische Zeichenstift eine kontrastreiche Kontur, und statt Ankerpunkt für Ankerpunkt zu setzen, kann der Bildbearbeiter die magnetische Zeichenfeder locker um das Motiv herumführen.

Der magnetische Zeichenstift ist eine Option in der Menüleiste des FREIFORM-ZEICHENSTIFT-WERKZEUGS.

Werkzeuge für die Bildmontage

Korrekturen und Änderungen
Der Pfad ist flexibel und nachträgliche Änderungen sind einfach. Ankerpunkte lassen sich verschieben, neue Ankerpunkte hinzufügen und überflüssige Ankerpunkte löschen. Dazu wird ein Ankerpunkt mit dem Direktauswahlwerkzeug durch einen Klick markiert und beliebig verschoben. Die Hebel des Ankerpunktes werden verlängert oder verkürzt, um die Kurvenkrümmung zu ändern.

Insbesondere ist der Pfad »nicht destruktiv«: Er verändert das Bild nicht, sondern bildet eine zusätzliche Information, die zusammen mit den Pixeln des Bildes gespeichert wird und nicht nur in Photoshop, sondern auch in anderen Bildbearbeitungsprogrammen und insbesondere auch in Anwendungen wie QuarkXPress, PageMaker, InDesign und Illustrator zur Verfügung steht.

Ohne »Blitzer«
Am besten wird der Beschneidungspfad in der 200%-Ansicht aufgezogen. Das reicht, um Konturen genau zu verfolgen, und beugt einer zu akribischen Arbeit mit zu vielen Punkten vor. Dabei bleibt der Pfad immer ein bis zwei Pixel innerhalb des Motivs und darf sich keinesfalls sichtbar von außen rund um das Motiv legen (weil der Bildbearbeiter Angst hat, wertvolle Pixel zu verlieren). Ansonsten entstehen Blitzer, Kanten in der Hintergrundfarbe, die im Druck sofort auffallen.

Pfade speichern für das Satzprogramm
Der Pfad besitzt ein eigenes Symbol in der Pfadpalette (FENSTER/PFADE EINBLENDEN). Bevor er gespeichert wird, ist er noch ein ARBEITSPFAD. Photoshop speichert beliebig viele Pfade. Der Datensatz des Bildes wächst mit jedem Pfad, aber der Speicheranspruch eines Pfades ist bescheiden.

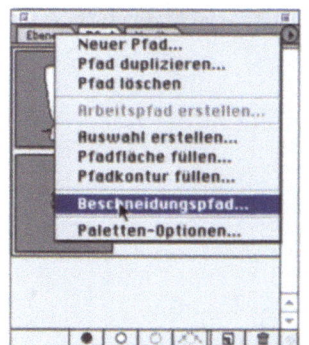

Für den Druck aus einem Layoutprogramm wie QuarkXPress oder PageMaker wird der Arbeitspfad zuerst gespeichert und anschließend als »Beschneidungspfad« identifiziert.

Das Layout zeigt nur das Motiv innerhalb des Pfades und der Pfad unterdrückt die Pixel aus der Umgebung – so messerscharf, daß er den Druckpunkt durchschneidet. Die Umgebung um das Motiv herum muß also nicht gelöscht werden.

Ein Bild kann beliebig viele Pfade enthalten, aber nur ein Pfad darunter kann als Beschneidungspfad für ein Layout- oder Illustrationsprogramm deklariert werden. Erst wenn der Beschneidungspfad definiert ist, kann das Layoutprogramm den Freisteller zeigen.

Aufgemischt: Pfade und Auswahlen für die Bildmontage
Jedes Motiv ist anders: Einmal ist es haarig und flauschig, einmal hebt sich die Kontur glatt und kontrastreich von der Umgebung ab, einmal verschmelzen Motiv und Hintergrund fast miteinander. Von daher sind immer wieder unterschiedliche Techniken zur Auswahl des Motivs erforderlich.

Die schnelle Auswahl mit dem magnetischen Lasso, die einfache geometrische Auswahl mit dem Polygonwerkzeug und die Umwandlung des Pfades in eine Auswahl werden vom Bildbearbeiter je nach Motiv und Arbeitsziel gemischt, wenn Auswahlen erforderlich sind.

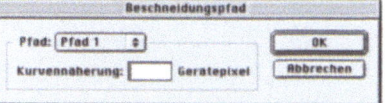

167

Umgekehrt, wenn für Layout und Satz Freisteller mit einem Beschneidungspfad gefragt sind, werden bei den entsprechenden Motiven auch Lasso, Farbauswahl und Zauberstab eingesetzt und das Ergebnis in einen Pfad umgewandelt. Allerdings erfordert der Pfad, der aus einer Auswahl entstanden ist, fast immer noch ein gewisses Maß an manueller Nacharbeit, bis er den Ansprüchen eines Beschneidungspfades für das Layout genügt.

Raster und Transformationen
- Der Zeichenstift rastet am Raster ein und liefert auf diese Weise exakte geometrische Formen.
- Wenn Gummiband aus der Menüleiste aktiviert ist, sieht man den Zeichenpfad schon vor dem Ankerpunkt-erzeugenden Mausklick.
- Beim Vergrößern und Verkleinern des Bildes zieht der Pfad mit: Er überlebt und paßt sich in seiner neuen Größe erstaunlich gut den neuen Verhältnissen an.
- Auch das Freistellen eines Bildausschnitts bringt den Pfad nicht aus der Fasson.

Werkzeuge für die Bildmontage

+

+

=

=

Auf allen Ebenen

Die Basis für komplexe Montagen und aufwendige Retuschen, aber auch ein geniales Hilfsmittel für viele kleine Alltagsarbeiten in Photoshop sind die Ebenen.

Wie ein Stapel durchsichtiger Overheadfolien liegen die Ebenen übereinander und nehmen Motive, Farben und Effekte auf, ohne daß die Pixel der einzelnen Elemente miteinander verschmelzen. Sie lassen sich ein- und ausblenden, zu Gruppen zusammenfassen und können einander überblenden.

Motive einblenden
Damit ein neues Motiv ins Bild gesetzt werden kann, wird es freigestellt und mit dem VERSCHIEBEN-Werkzeug aus der Werkzeugleiste von einem Bild in das Zielbild gezogen – es taucht automatisch auf einer neuen Ebene auf. Seine Pixel sind opak, d.h., sie decken das darunterliegende Bild vollkommen ab, und seine Umgebung ist transparent, so daß der Blick auf das Hintergrundbild frei bleibt.

Das Motiv schwebt frei über dem Hintergrundbild. Das VERSCHIEBEN-Werkzeug zieht es an jede beliebige Stelle im Bild und Transformationen (BEARBEITEN/TRANSFORMIEREN) skalieren es passend zum Hintergrund. Auch wenn das Motiv dabei über die Bildgrenzen hinausgezogen wird, wird es nicht abgeschnitten und kann jederzeit wieder hervorgezogen werden. Ebenenmasken blenden Teile einer Bildebene aus.

Glaubwürdige Schatten entstehen aus semitransparenten Pixeln. Der Grad der Transparenz wird durch die DECKKRAFT der Schattenebene geregelt und kann jederzeit verändert werden.

Ebenen erstellen und speichern
Eine Ebene entsteht,
- wenn ein Motiv aus einem Bild in ein anderes gezogen wird,
- wenn der Inhalt der Zwischenablage in ein Bild eingefügt wird,
- wenn eine Ebene auf das Symbol NEUE EBENE ERSTELLEN in der Ebenenpalette gezogen wird (die Ebene wird dadurch dupliziert),
- durch einen Klick auf das Symbol NEUE EBENE ERSTELLEN (eine leere und vollkommen transparente Ebene wird angelegt),
- bei der Benutzung des Textwerkzeugs – jeder neu angelegte Text entsteht auf einer neuen Ebene,
- durch das Anlegen einer Vektorform.

Ebenen manipulieren
Ohne weiteres kann nur die markierte Ebene manipuliert werden – sie wird nach einem Klick auf das Ebenensymbol in der Ebenenpalette farbig

Werkzeuge für die Bildmontage

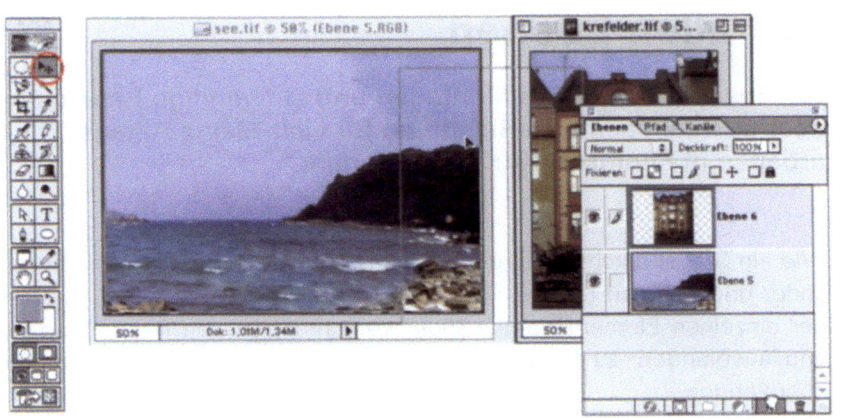

◁ Mit dem Verschieben-Werkzeug aus der Werkzeugleiste wird ein Bild mit gedrückter Maustaste von einem Bild in ein anderes gezogen und bildet dort eine neue Ebene.

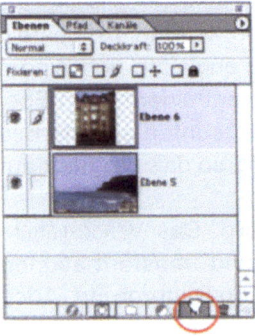 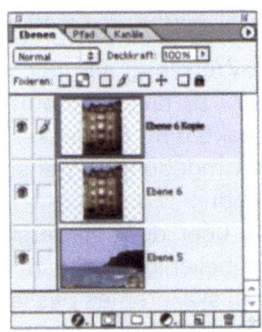 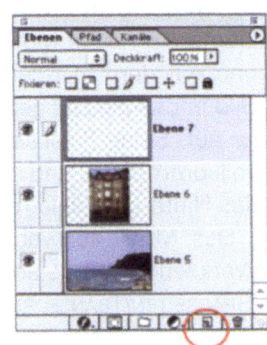

◁◁ Das Ebenensymbol wird mit gedrückter Maustaste auf das Symbol NEUE EBENE ERSTELLEN gezogen, um eine Ebene zu duplizieren.

Ein einfacher Klick auf das Symbol NEUE EBENE ERSTELLEN erzeugt eine neue leere Ebene.

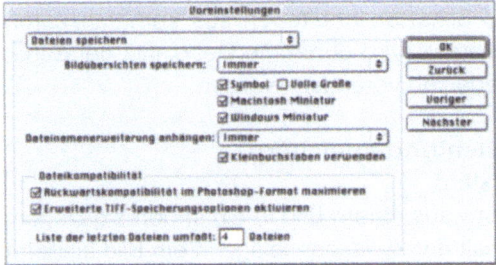

◁ Damit ein Bild mit mehreren Ebenen als TIFF gespeichert werden kann, müssen die ERWEITERTEN TIFF-SPEICHERUNGSOPTIONEN in BEARBEITEN/VOREINSTELLUNGEN aktiviert werden. Wenn Bilder mit Ebenen gespeichert werden, schlägt Photoshop immer automatisch das hauseigene PSD-Format vor. Zwar kann ein Bild mit Ebenen auch als TIFF-Datei gespeichert werden, aber nur wenige Anwendungen können TIFF-Dateien mit Ebenen korrekt öffnen.

unterlegt. Alle Kontrast- und Farbkorrekturen, alle Filter und Transformationen funktionieren in gewohnter Weise, wenn sie auf eine Ebene angewendet werden.

Bilder in 16 Bit Farbtiefe hingegen und im Modus INDIZIERTE FARBEN können in der Ebenentechnik nicht eingesetzt werden – die Ebenenfunktionen der Menüs bleiben ausgeblendet. Wird ein ausgewähltes Motiv aus einem Bild mit 16 Bit Farbtiefe in ein Bild mit Ebenen gezogen, wird es automatisch in 8 Bit Farbtiefe umgewandelt. Bei CMYK, Graustufen- und Duplexbildern wiederum kann die Ebenentechnik eingesetzt werden.

Werkzeuge für die Bildmontage

Ebenentechniken

➤ Bei der Suche nach der richtigen Ebene klickt man auf dem PC mit aktiviertem Bewegen-Werkzeug mit der rechten Maustaste auf ein paar sichtbare Pixel der Ebene, auf dem Mac hält man die Ctrl-Taste gedrückt. Ein Klappmenü zeigt, welche Ebenen unter dem Mauszeiger liegen.

➤➤ *Vergrößern, Verkleinern, Verzerren* und *Spiegeln* sind Transformationen aus dem Menü BEARBEITEN.

➤ EIN-/AUSBLENDEN einer Ebene: Ein Klick auf das Augensymbol in der Ebenenpalette blendet die Ebene aus und der nächste Klick schaltet die Sicht auf die Ebene wieder ein.

➤➤ Ordnung schaffen die EBENENSÄTZE: Zusammengehörige Ebenen werden in einen Ordner gezogen, und verschiedene Ordnerfarben sorgen für den schnellen Überblick.

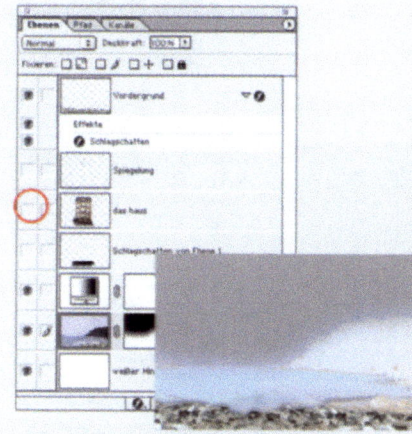
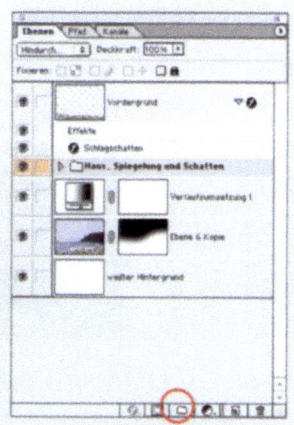

NEUEN SATZ ERSTELLEN

➤ In der zweiten Spalte der Palette werden Ebenen miteinander verbunden, damit sie im gleichen Verhältnis bewegt, skaliert oder rotiert werden. Das Kettensymbol zeigt die Verbindung an.

➤➤ Eine NEUE FÜLLEBENE oder EINSTELLUNGSEBENE hingegen wirkt sich immer auf alle darunterliegenden Ebenen aus, egal ob sie verkettet oder nicht verkettet sind oder in einem separaten Ebenensatz liegen.
Ein Doppelklick auf die Einstellungsebene erlaubt nachträgliche Änderungen der hier eingestellten Korrekturen.

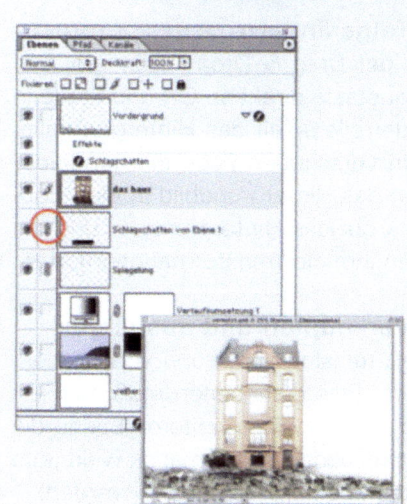
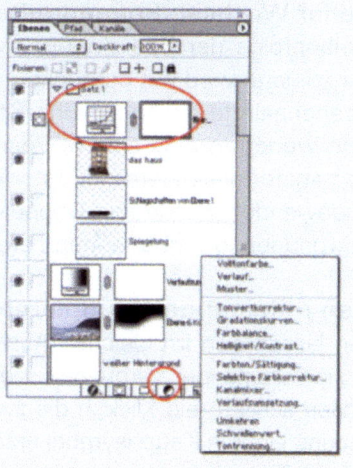

171

Werkzeuge für die Bildmontage

  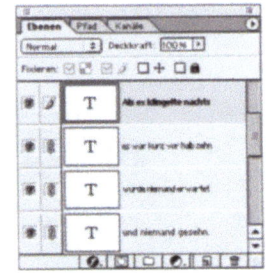

◀ Der Inhalt verknüpfter Ebenen kann gegeneinander ausgerichtet werden: In verknüpften Ebenen setzen Sie mit EBENE/VERBUNDENE AUSRICHTEN alle Elemente an den linken oder rechten Rand, nach unten oder oben oder schaffen gleiche Abstände zwischen den Elementen auf verschiedenen Ebenen mit dem Aufruf EBENE/VERBUNDENE VERTEILEN.

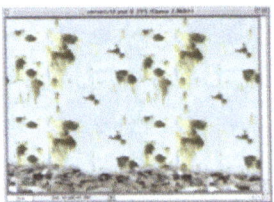  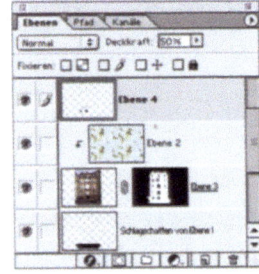

◀ Um die Pixel einer Ebene an die Kontur einer anderen Ebene anzupassen, werden Ebenen gruppiert (EBENE/MIT DARUNTERLIEGENDER EBENE GRUPPIEREN). So läßt sich ein Motiv mit der Textur einer darüberliegenden Ebene füllen. Die Funktion des Gruppierens ähnelt stark der einer Maske: Alles, was sich außerhalb der Form der unteren Ebene befindet, wird abgedeckt,

  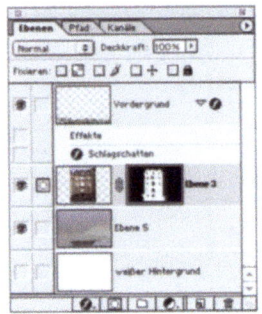

◀ Die Ebenenmaske gehört zu den mächtigen nicht destruktiven Werkzeugen der Ebenentechnik: Sie wandelt eine Auswahl in eine Maske um, die das Bild auf der Ebene komplett erhält, aber alle nicht ausgewählten Bereiche ausblendet. Die Maske wird durch einen Klick auf die Ebenenmaske aktiviert (ein Kreis in der zweiten Spalte zeigt an, daß jetzt die Maske bearbeitet wird).

Schneller Wechsel: Ebenenreihenfolge ändern

Die Reihenfolge der Ebenen läßt sich per Drag & Drop verändern: Die Ebenenminiatur wird mit gedrückter Maustaste direkt an Ort und Stelle in der Ebenenpalette gezogen. Eine Sonderrolle spielt das Hintergrundbild: Es kann weder an eine andere Position verschoben noch in irgendeiner Weise transformiert werden. Erst wenn das Hintergrundbild in eine Ebene umgewandelt wurde (ein Doppelklick auf das Hintergrundbild und die Hintergrundebene umbenennen), stehen ihm die Transformationen offen.

Ebenen miteinander gruppieren, verknüpfen und ausrichten

Ebenen lassen sich im gleichen Ausmaß transformieren und verschieben, wenn sie miteinander verbunden werden. Eine der Ebenen muß markiert sein, dann schaltet ein Klick in die zweite Spalte einer weiteren Ebene die Verbindung ein: Ein Kettensymbol erscheint. Jede Transformation wirkt jetzt auf beiden Ebenen (und auf weiteren, die ebenfalls verbunden werden).

Ebenenmasken

Ebenenmasken speichern genauso wie ein Maskenkanal eine Auswahl im Bild und zeigen nur die Auswahl innerhalb der Ebene. Korrekturen der Ebenenmaske machen weitere Partien des Motivs sichtbar, blenden sie aus oder legen eine butterweiche Grenze, während das Bild auf der Ebene stets vollständig erhalten bleibt – dieses Verfahren bietet ein besonders hohes Maß an Flexibilität bei Montagen.

- Ein Klick auf das Symbol MASKE HINZUFÜGEN in der Fußleiste der Ebenenpalette erzeugt eine schwarzweiße Maske in der Ebenenpalette und blendet alle Bildpartien außerhalb der Auswahl aus, ohne sie zu löschen.
- Ein Klick auf die Bildminiatur aktiviert das maskierte Bild (ein Pinsel zeigt sich in der zweiten Zeile der Ebenenpalette), und alle folgenden Funktionen wirken auf den Bildpixeln.
- Ein Klick auf die Maskenminiatur aktiviert die Pixel der Maske (dann zeigt die zweite Spalte der Palette einen Kreis als Symbol für die Maske). Der Filter GAUSSCHER WEICHZEICHNER z.B. bewirkt eine Weichzeichnung des Maske, ohne daß die Pixel des Bildes verändert werden.
- Ein Klick mit gedrückter Alt-Taste auf die schwarzweiße Maskenminiatur legt die Maske in das Bildfenster, wo sie mit dem Pinsel und dem Radiergummi direkt bearbeitet werden kann. Auf diese Weise werden z.B. harte und weiche Auswahlkanten in einer Maske realisiert.
- Wird die Maske aktiviert und die Maskenminiatur dann auf den Papierkorb der Ebenenpalette gezogen, kann das Bild entsprechend der Maske beschnitten und die Maske gelöscht werden, oder aber die Maske wird gelöscht, ohne sie zum Beschneiden der Bildpixel anzuwenden.

- Ein Klick auf die Maskenminiatur mit gedrückter Umschalttaste schaltet die Maske vorübergehend aus. Ein rotes Kreuz auf der Miniatur zeigt an, daß die Maske ausgeblendet wurde. Der nächste Klick auf die Miniatur der Maske schaltet die Maske wieder ein.
- Ein Klick mit gedrückter Strg/⌘-Taste auf die Maskenminiatur aktiviert die Auswahl und legt die fließende Auswahlkante rund um das ausgewählte Motiv.
- Ein Klick mit gedrückter Strg/⌘-Taste auf die Bildminiatur aktiviert ebenfalls eine Auswahlkante – alle Pixel, die mehr als 50% Deckkraft aufweisen, werden ausgewählt.

Effekte, Effekte!

Die Lieblinge der Ebenentechnik sind die Ebenenstile. Sie setzen den beliebten Schlagschatten (auch »Drop Shadow«) unter Texte, um sie frei über dem Bild schweben zu lassen, sorgen für eine plastische und glänzende Erscheinung und verwandeln eine simple Textur in Eis, Plastik und gebürstetes Aluminium.

Die Ebenenstile liegen im Menü EBENE/EBENENSTIL oder übersichtlich im Dialogfenster EBENENSTIL, das sich durch einen Doppelklick auf das Ebenensymbol öffnet.

Hinzufügen von Ebenenstilen

Ebeneneffekte besitzen ihr eigenes Symbol in der Ebenenpalette: ein »f« in einem schwarzen Kreis neben der Ebenen- oder Maskenminiatur. Das dazugehörige Dreieck blättert die einzelnen Effekte in eigene Zeilen der Ebenenpalette auf und verbirgt sie der Übersicht zuliebe.

Genauso wie die Ebene selber blendet das Ausschalten des Effekts mit dem Augensymbol den Effekt vorübergehend aus. Bei gedrückter Alt-Taste kann der Effekt auch ohne den Umweg über das Dialogfeld EBENENSTIL auf weitere Ebenen kopiert werden: Mit gedrückter Maustaste wird die Zeile in der Ebenenpalette direkt an Ort und Stelle gezogen.

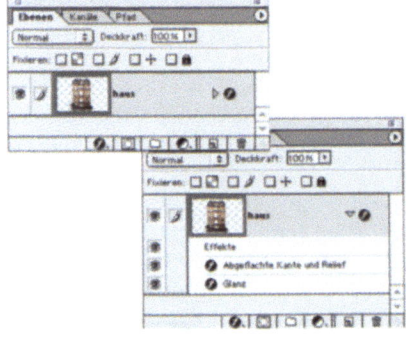

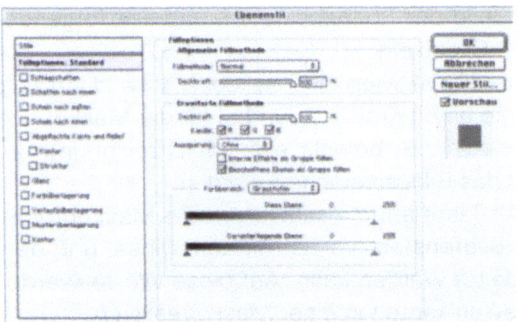 

Alle Ebeneneffekte sind im Menü EBENE/EBENENSTIL/FÜLLOPTIONEN versammelt, aber schneller noch öffnet ein Doppelklick auf das Ebenensymbol das Dialogfenster EBENENSTIL. Nur die Hintergrundebene spielt eine Sonderrolle. Erst wenn sie durch einen Doppelklick auf das Ebenensymbol umbenannt wurde (z.B. in Ebene 0), wirken die Ebenenstile auch hier.

Statt dessen kann man auch alle Ebenen miteinander durch das Kettensymbol in der zweiten Spalte der Ebenenpalette verbinden, den Effekt kopieren (EBENE/EBENENSTIL/EBENENSTIL KOPIEREN) und in alle verbundenen Ebenen einfügen (EBENE/EBENENSTIL/EBENENSTIL EINFÜGEN).

Speichern von Ebenenstilen

Eine besonders reizvolle Kombination von Stilen, die für weitere Bilder interessant werden kann, speichert man als NEUER STIL. Dann müssen die Einzeleffekte wie Schlagschatten, abgeflachte Kante, Glanz und Musterüberlagerung nicht mehr einzeln aktiviert und die Parameter eingestellt werden, sondern mehrere Objekte werden gleich mit dem kompletten Stil überzogen.

Stile können direkt aus der Stilepalette (Menü FENSTER/STILE EINBLENDEN) auf eine Ebene gezogen werden. Unter dem Dreieck oben rechts in der Ebenenpalette liegen die Optionen für die Darstellung der Stilepalette, für das Laden, Speichern und Zurücksetzen der Stile.

Mit dem Befehl SPEICHERN in den Optionen der Stilepalette lassen sich ganze Stilesammlungen speichern und laden. Beliebt sind Sammlungen von diversen Stilen insbesondere im Internet, wo sie Navigationselemente wie Schriften und Buttons zieren. Durch das Anlegen eines Stils werden Abweichungen verhindert, können vorgefertigte Effekte zu einem späteren Zeitpunkt auf weitere Objekte gezogen und Stile aus einem Grundschatz erweitert werden.

Werkzeuge für die Bildmontage

Vergößern und Verkleinern bei Ebenenstilen
Ebeneneffekte wachsen nicht mit und schrumpfen auch nicht, wenn Sie das Bild vergrößern oder verkleinern: Sie behalten immer pixelgenau ihre Parameter. Eventuell müssen Sie also beim Skalieren des Bildes einen Ebeneneffekt per Hand nachbearbeiten, damit er seinen Charakter behält.

Ebenendeckkraft
Mittels des Reglers DECKKRAFT in der Ebenenpalette wird die Transparenz jedes Layers bezüglich der darunterliegenden Ebenen geregelt. In der Voreinstellung steht die Deckkraft immer auf 100% und ein Objekt überdeckt die darunterliegenden Pixel vollständig. Die Deckkraft wird entweder numerisch eingestellt oder durch einen Klick auf das schwarze Dreieck des Deckkraftfeldes anhand des Reglers.

Füllmethoden: Techniken für das Überblenden von Ebenen
Die Ebenenpalette bietet in einem Ausklappmenü verschiedene Modi, um die Pixel zweier Ebenen zu überblenden. Die FÜLLMETHODE steht in der Vorgabe auf NORMAL – so liegt ein Bild oder Bildausschnitt undurchsichtig über dem darunterliegenden.

Ein Mausklick klappt eine lange Liste auf: Von MULTIPLIZIEREN über NACHBELICHTEN bis zum ÜBERBLENDEN je nach Lumianz reichen die verschiedenen Methoden, zwei Ebenen miteinander zu kombinieren.

Jeder Modus stellt eine Formel für die Kombination übereinanderliegender Pixel dar. Dabei setzen sich einmal die Pixel der unteren Ebene durch, einmal die Pixel der oberen Ebene – je nach Helligkeit und Farbsättigung.

▶ *Wird die DECKKRAFT gesenkt, dann scheinen die Pixel der darunterliegenden Ebene mehr und mehr durch.*

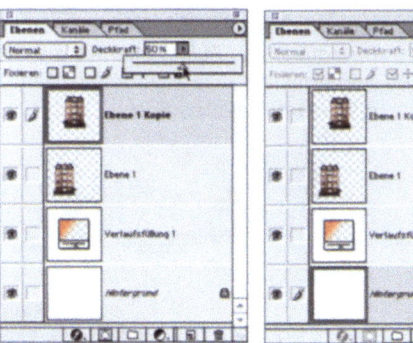

◀ *Das gilt für alle Ebenen außer der Hintergrundebene. Solange die Hintergrundebene noch Hintergrundebene heißt, bleiben alle Optionen der Ebenenpalette ausgeblendet, und auch die Deckkraft der Ebene kann nicht verändert werden.*

▶ *Auf diese Weise werden Ebenen miteinander »überblendet«, ohne daß die Pixel miteinander verschmelzen. Die Deckkraft kann jederzeit neu geregelt werden.*

175

Werkzeuge für die Bildmontage

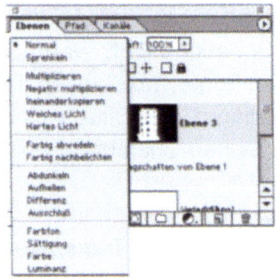

NORMAL funktioniert, als würde man zwei Abzüge übereinanderlegen. Die obere Ebene überlagert die darunterliegende.

SPRENKELN: Erst wenn die Deckkraft geregelt wird, kommen nach einem Zufallsverfahren einzelne Pixel aus der unteren Ebene an das Tageslicht.

MULTIPLIZIEREN multipliziert die Farbwerte der übereinanderliegenden Pixel. Dabei werden alle Farben unter einem schwarzen Pxiel schwarz. Das Ergebnis ist ein dunkleres Bild.

NEGATIV MULITPLIZIEREN kehrt den Farbwert des Pixels um und multipliziert ihn mit dem darunterliegenden. Unter schwarzen Pixeln bleiben die Farben erhalten. Das Ergebnis ist ein insgesamt helleres Bild.

INEINANDER KOPIEREN multipliziert – abhängig von der Farbe des unteren Bildes – die positiven oder negativen Farbwerte übereinanderliegender Pixel. Das Ergebnis sind kräftige Farben und ein dunkleres Bild.

WEICHES LICHT zeigt den Effekt einer diffusen Lichtquelle. Ist der obere Pixel heller als 50% Grau, hellt er den darunterliegenden Pixel auf, ist er dunkler, wird der untere Pixel auch dunkler.

HARTES LICHT wirkt wie ein grelles Ausleuchten und setzt dramatische Schattenpartien ins Bild.

FARBIG ABWEDELN hellt die unteren Pixel auf und gibt ihnen etwas von der Farbe der oberen Pixel. Je dunkler der obere Pixel ist, desto schwächer wird der Effekt – unter Schwarz passiert also nichts.

Werkzeuge für die Bildmontage

Farbig nachbelichten dunkelt die unteren Pixel ab und verleiht ihnen die Farben des oberen Bildes. Das Bild wird insgesamt stark abgedunkelt.

Abdunkeln wählt von zwei übereinanderliegenden Pixeln eines Farbkanals immer den dunkleren.

Aufhellen ist die Umkehr des Verfahrens: Von zwei übereinanderliegenden Pixeln eines Farbkanals wird immer der hellere ins Bild gsetzt.

Differenz zieht in jedem Farbkanal entweder den Farbwert des oberen Pixels vom darunterliegenden ab (wenn er heller ist) oder umgekehrt (wenn er dunkler ist). Das Ergebnis ist eine drastische Farbverschiebung.

Ausschluß erzielt einen ähnlichen, aber weniger auffälligen Effekt wie der Modus Differenz.

Farbton mischt die Farbe des oberen Pixels mit der Helligkeit des unteren Pixels. Die Farben des oberen Bildes werden also ohne Zeichnung auf das untere Bild gelegt.

Sättigung erhält die Farben des untenliegenden Bildes, allerdings wird die Sättigung auf die des oberen Bildes gesetzt. Zeigt das obere Bild kräftige Farben, werden die Farben des unteren Bildes stärker gesättigt.

Farbton und Sättigung erhält die Helligkeitswerte jedes Pixels des unteren Bildes, übernimmt aber Farbton und Sättigung des oberen Bildes. Der Modus eignet sich gut zum Kolorieren von Schwarzweißbildern.

Luminanz ist die Umkehrung des Modus Farbton und Sättigung. Die Farben des unteren Bildes und die Zeichnung des oberen Bildes bleiben erhalten.

Werkzeuge für die Bildmontage

Praktische Anwendungen von Füllmethoden

Je nach Farb- und Helligkeitscharakter der überblendeten Ebenen erzielen Füllmethoden nicht nur aufsehenerregende Effekte, sondern blenden dunkle oder helle, schwach oder stark gesättigte Bildpartien aus oder verstärken sie.

So wird die Zeichnung in den Lichterpartien eines Bildes verstärkt, wenn eine Kopie des Bildes in eine zweite Ebene gelegt wird und die Ebenen miteinander multipliziert werden, wie in dem Beispiel in Kapitel 3 auf Seite 72.

Eine feine Technik zum Schärfen von Bildern überblendet das Originalbild auf der Hintergrundebene mit einer Kopie auf einer eigenen Ebene im Modus HARTES LICHT oder WEICHES LICHT und verwendet den Hochpaßfilter (FILTER/SONSTIGE/HOCHPASS), um Konturen zu schärfen. Dieses Vorgehen vermeidet die Verstärkung von Rauschen und Korn, die bei der Anwendung des klassischen UNSCHARF MASKIEREN stets eine Gefahr darstellt und wird auf Seite 88 bis 92 ausführlich beschrieben.

Füllmethoden für Werkzeuge

Nicht nur ganze Ebenen verstehen sich auf Füllmethoden, sondern auch Ebeneneffekte arbeiten mit verschiedenen Überblendungen.

Eine Reihe von Werkzeugen bietet Variationen per Füllmethode: z.B. der Airbrush, der Stempel, Nachbelichter und Abwedler. Sie übermalen die behandelten Pixel dann nicht mehr einfach, sondern hellen Bildbereiche durch die Korrektur auf, dunkeln sie ab, verringern oder verstärken die Farbsättigung der betroffenen Pixel. Dabei funktioniert die Füllmethode immer in der gleichen Formel, egal ob er sich nun auf die Überlagerung von Pixeln auf Ebenen, auf Ebeneneffekte oder auf Werkzeuge bezieht.

Füllmethoden und Farbraum

Füllmethoden können je nach Ausprägung im CMYK-Farbraum eine mehr oder minder leicht abweichende Farbwirkung zeigen als im RGB-Modus. Darum fragt Photoshop bei jeder Modusänderung, ob die Ebenen an dieser Stelle auf die Hintergrundebene reduziert werden sollen. Nur die Reduzierung erhält die Wirkung (mit der Einschränkung, daß bei der Umwandlung in den CMYK-Modus unter Umständen Farben verloren gehen können).

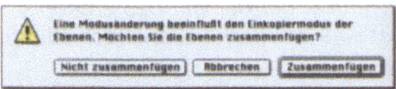

Werkzeuge für die Bildmontage

Kleiner Trick für flexible Blendeneffekte

Eigentlich ist er ein Manko billiger Objektive, aber Fotografen setzen ihn auch gerne als dramatischen Effekt ein und Science-Fiction-Filme kommen nicht ohne ihn aus: Der Blendeneffekt ist ein solider Effekt aus der Trickkiste der Bildbearbeitung.

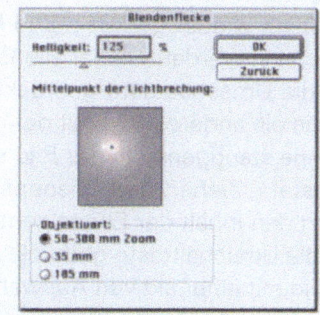

▶ *Der Blendenfleck unter den RENDERING-FILTERN im Menü FILTER simuliert den Effekt einer Reflexion im Objektiv der Kamera – altbekannt aus romantischen Kameraschwenks und Weltallszenen in Science-Fiction-Filmen.*

▶ *Damit der Blendenfleck nicht gleich fest im Bild sitzt, wird eine Ebene mit 50% Grau gefüllt (BEARBEITEN/FLÄCHE FÜLLEN/50% GRAU) und die Ebene mit dem Fülleffekt HARTES LICHT über die Bildebene gelegt.*
Der Fülleffekt macht die Ebene unsichtbar – nur die Farben des Blendenflecks setzen sich durch. So kann der Blendenfleck jetzt beliebig im Bild verschoben werden, bis er am richtigen Ort über dem Bild sitzt.

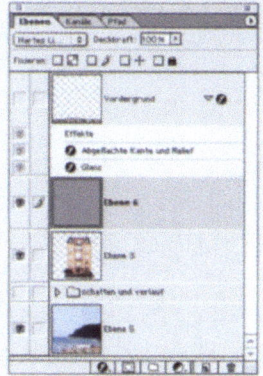 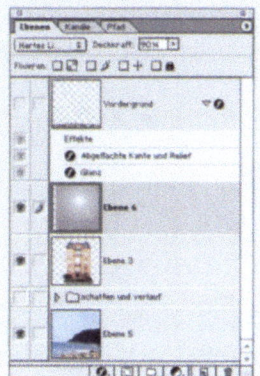

Werkzeuge für die Bildmontage

Tips und Tricks

- Halten Sie die Alt-Taste gedrückt und klicken Sie auf das Augensymbol einer Ebene, um alle Ebenen bis auf diese Ebene auszublenden. Halten Sie die Alt-Taste wieder gedrückt und klicken noch einmal auf das Augensymbol, dann werden wieder alle Ebenen angezeigt.
- Halten Sie die Umschalttaste gedrückt und verschieben Sie das Ebenensymbol in ein anderes Bild mit den gleichen Maßen, so wird der Inhalt der Ebene standgenau in das Bild eingefügt.
- Umschalttaste + Ziehen des Ebenensymbols in ein Bild mit anderen Maßen setzt den Inhalt der Ebene zentriert in das Bild.
- Halten Sie die Umschalttaste gedrückt und ziehen Sie das Ebenensymbol in ein Bild mit einer aktiven Auswahl, damit wird der Inhalt der Ebene in dieser Auswahl zentriert.
- Wollen Sie eine Gruppe von Ebenen mit einem Schlag in ein anderes Bild kopieren, müssen Sie die Ebenen einzeln aus dem Bildfenster herausziehen. Beim Ziehen aus der Ebenenpalette wird immer nur eine Ebene verschoben – auch wenn die Ebenen miteinander verbunden sind.
- Der Inhalt einer Ebene kann über die Bildmaße hinausgehen. Um eine Ebene, die größer als der sichtbare Bildausschnitt ist, auf die Maße des Bildes zu beschneiden, markieren Sie das gesamte Bild (Menü Auswahl/Alles auswählen oder Strg/Alt + A) und rufen Sie im Bildmenü den Befehl Freistellen auf.
- Die Hintergrundebene kann nicht gelöscht werden. Erst wenn sie umbenannt wurde (z.B. in »Ebene 0«), kann sie auf das Symbol Ebene löschen in der unteren rechten Ecke der Ebenenpalette gezogen werden.

Das Bewegen-Werkzeug markiert eine Ebene automatisch, wenn man auf ein Element der Ebene klickt, das höchstens zu 50% transparent ist. Am PC liefert ein Klick mit der rechten Maustaste in das Bild eine Liste aller Ebenen, in der Sie die benötigte Ebene sofort aktivieren können. Auf dem Mac erledigt das ein Klick auf ein paar Pixel der Ebene bei gedrückter Strg-Taste.

Werkzeuge für die Bildmontage

Hilfsfunktionen für Montagen

Immer mehr Funktionen aus den Illustrationsprogrammen bringen Pixel- und Vektorgrafik näher zusammen. Für viele Arbeiten ersparen sie den Wechsel zwischen Zeichen- und Bildbearbeitungsprogramm.

Wichtige Helfer bei Montagen und beim Textsatz sind Hilfslinien und Raster. Wie in den vektororientierten Zeichenprogrammen Adobe Illustrator, Corel Draw! oder Macromedia Freehand werden aus dem Lineal Hilfslinien gezogen, an denen Bildstücke, Texte und Pinselstriche ausgerichtet werden, Schiefgeratenes gerade gerückt und Verdrehtes auf die rechte Bahn gebracht wird.

Mit Lineal und Hilfslinien

Sorgen Sie zunächst dafür, daß die Lineale im Bildfenster angezeigt werden: Menü ANSICHT/LINEALE EINBLENDEN. Klicken Sie in das horizontale Lineal, um eine horizontale Hilfslinie aus dem Lineal herauszuholen. Halten Sie die Maustaste gedrückt, dann wird die Hilfslinie im Bild sichtbar, sobald der Mauszeiger das Lineal verläßt. Ebenso verfahren Sie, wenn Sie senkrechte Hilfslinien benötigen. Die Hilfslinien sind leicht magnetisch (ANSICHT/AUSRICHTEN) und ziehen Pixelgruppen und Bildränder an, um exaktes Arbeiten zu erleichtern.

Ohne Kopfrechnen: Nullpunkt versetzen

Der Nullpunkt des Lineals läßt sich versetzen: Ziehen Sie ihn aus dem Schnittpunkt des horizontalen und vertikalen Lineals an den gewünschten Punkt im Bild. Auch ein neuer Nullpunkt wird von einer Hilfslinie magnetisch angezogen – damit entfällt so manche kritische Addition oder Subtraktion, die den freien Lauf der Kreativität nur behindern würde.

Zurück an den Ursprung oben links springt der Nullpunkt bei einem Doppelklick in den Kreuzungspunkt des senkrechten und wagerechten Lineals oben links.

Um die Maßeinheiten der Lineale zu verändern, klicken Sie doppelt auf ein Lineal.

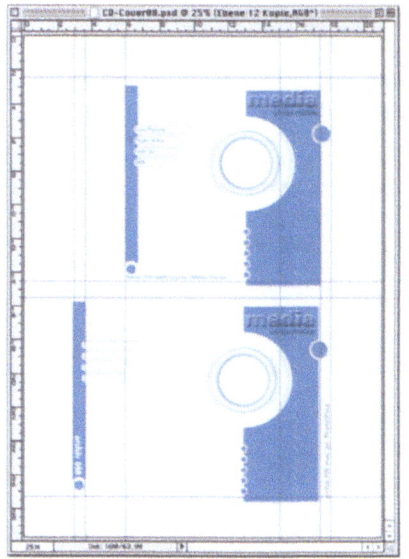

▲ Die Hilfslinien für das CD-Cover orientieren sich an den Zentimeter-Vorgaben auf dem Zweckformpapier.

▶ Exakten Stand erreicht die Hilfslinie, wenn sie mit ANSICHT/NEUE HILFSLINIE numerische eingesetzt wird.

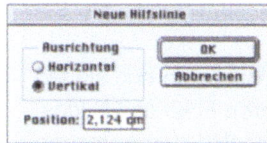

▶ Auch manuell erreicht die Hilfslinie die vorbestimmten XY-Koordinaten, wenn die Informationspalette (FENSTER/INFORMATIONEN EINBLENDEN) zu Rate gezogen wird.

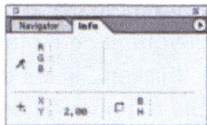

Werkzeuge für die Bildmontage

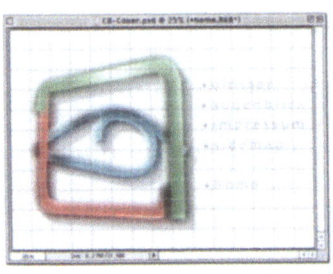 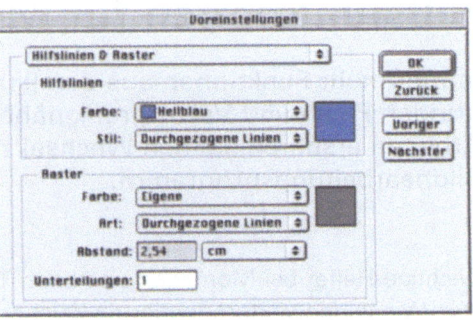

◂ ANSICHT/EINBLENDEN/RASTER überlagert das Bild mit einem Linienraster – auch hier geht es darum, Objekte standgenau auszurichten, wenn etwa die stürzenden Linien einer Aufnahme entzerrt werden.
Farben und Abstände werden in BEARBEITEN/VOREINSTELLUNGEN unter Hilfslinien & Raster bestimmt.

Das Raster

Das RASTER (ANSICHT/EINBLENDEN/RASTER) überlagert das Bild mit einem Linienraster – auch hier geht es dem Bildbearbeiter wieder darum, Objekte standgenau auszurichten. Die Größe und die Farbe des Rasters wird unter BEARBEITEN/VOREINSTELLUNGEN bestimmt.

Magnetismus

Sowohl Raster als auch Hilfslinien und der Rand des Dokumentenfensters ziehen Objekte wie Pixelgruppen und Schriften magnetisch an, wenn die entsprechende Option unter ANSICHT/AUSRICHTEN AN aktiviert ist.

So kommt es vor, daß sich ein Rand von ein paar Pixeln Breite nicht durch ein Freistellen mit dem FREISTELLUNGSWERKZEUG oder dem Auswahlrechteck entfernen läßt, weil das Rechteck immer wieder am Rand des Fensters einschnappt. Dann stellt man entweder ANSICHT/AUSRICHTEN ab oder deaktiviert die jeweils störende Einstellung von HILFSLINIEN, RASTER, SLICES oder DOKUMENTENBEGRENZUNG unter ANSICHT/AUSRICHTEN AN.

Wenn das Bild aus dem Rahmen fällt

Nicht nur für Grafiken und Schriften, sondern auch im fotografischen Bild ist ab und an etwas Geometrie gefragt: Stürzende Wände oder eine Schräglage, die durch eine gekippte Kamera zustande kommen, lassen sich gut anhand des Rasters korrigieren. Das Raster läßt sich auch noch einblenden, wenn die Transformation bereits aufgerufen ist, und wieder ausblenden, wenn es nicht mehr gebraucht wird.

Das Meßwerkzeug

Das Meßwerkzeug liegt gut versteckt unter der Pipette in der Werkzeugleiste und mißt Entfernungen und Winkel. Drehen Sie einen trotz aller Sorgfalt schief geratenen Scan mit numerischen Eingabewerten, die Sie zuvor mit dem Meßwerkzeug ausgelesen haben:

Klicken Sie mit dem Meßwerkzeug eine Ecke des Bildes an und ziehen Sie mit gedrückter Maustaste eine Linie bis zur anderen Ecke des Bildes. In der Infopalette lesen Sie den Winkel ab, um den das Bild zu rotieren ist, damit es waagerecht liegt.

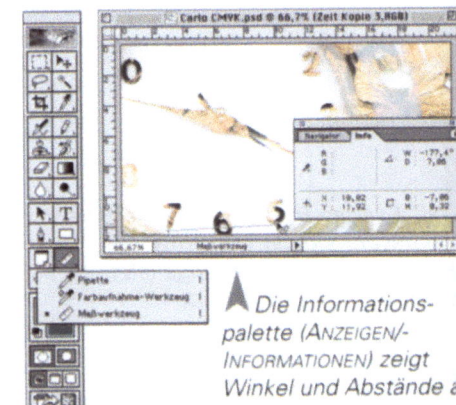

▴ Die Informationspalette (ANZEIGEN/-INFORMATIONEN) zeigt Winkel und Abstände a

Werkzeuge für die Bildmontage

Navigieren und Informieren

▶ Eine Reihe von Funktionen hilft bei der Navigation:
- Die Lupe in der Werkzeugleiste ist ein Zoomwerkzeug, das in das Bild hineinzoomt.
- Wird mit der Lupe ein Rechteck aufgezogen, zeigt das Fenster genau diesen Bildausschnitt.
- Der Navigator (FENSTER/NAVIGATOR EINBLENDEN) zeigt die Bildübersicht. Der Schieber zoomt in das Bild hinein und heraus. Am Anfasser unten rechts wird der Navigator vergrößert.
- Anstelle des Hand-Werkzeugs verschiebt auch der Rahmen im Navigator den Bildausschnitt.

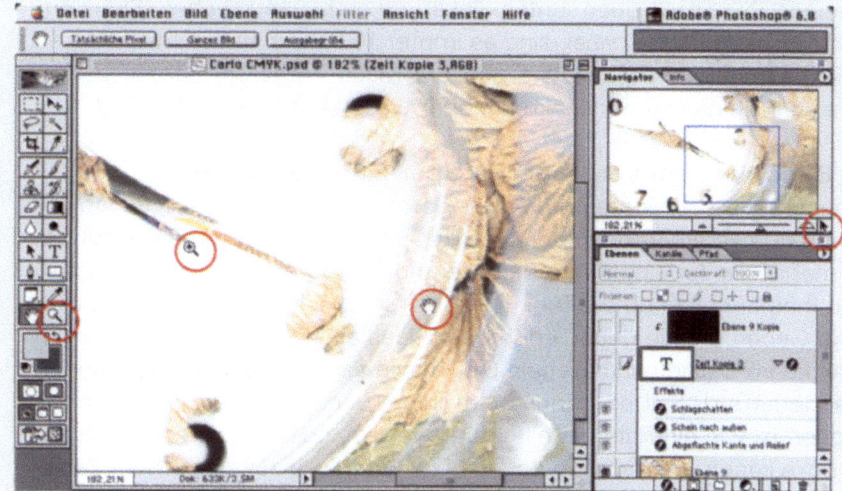

- Bei gedrückter Alt-Taste zeigt die Lupe ein Minuszeichen und jeder Klick zoomt aus dem Bild heraus.
- Das Hand-Werkzeug verschiebt den Bildausschnitt. Das Werkzeug erscheint auch bei gedrückter Leertaste, ohne daß es explizit in der Werkzeugleiste aktiviert wird.

▶ Am unteren linken Rand des Dokumentenfensters liegen Informationen über das Bild und die Leistung des Systems vor:
- DATEIGRÖSSE: Die erste Zahl zeigt an, ob die Datei vollständig in das RAM des Rechners paßt (100%) – ist dies nicht der Fall, werden Teile der Datei auf die Festplatte ausgelagert und alle Berechnungen werden ausgebremst. Die zweite Zahl gibt die unkomprimierte Dateigröße mit allen Ebenen und Masken an.
- DOKUMENTPROFIL: das Profil, das für die Darstellung des Bildes in Photoshop verwendet wird.
- ARBEITSDATEI-GRÖSSEN: der gesamte beanspruchte Speicherplatz inklusive Protokollspeicher.

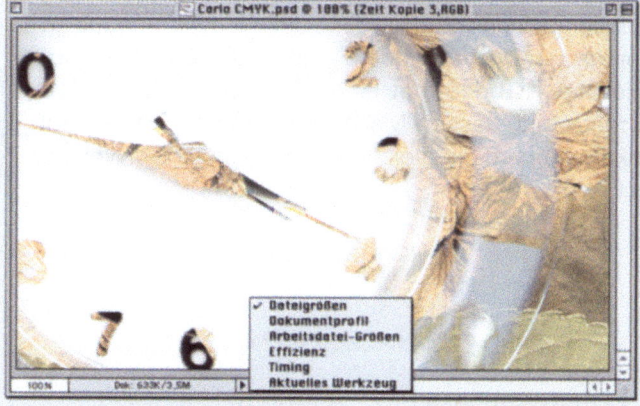

- EFFIZIENZ: Anteil der Operationen im virtuellen Speicher – liegt er unter 100%, so rührt das von den Festplattenzugriffen her.
- TIMING: Dauer der letzten Operation.
- AKTUELLES WERKZEUG: das aktive Werkzeug aus der Werkzeugleiste.

Pixel für Pixel verschoben

Mit den Pfeiltasten der Tastatur werden Pixelgruppen und Schriften exakt um einen Pixel nach oben, unten, links und rechts verschoben. Drücken Sie die Umschalttaste dabei, sind es immer 10 Pixel in einem Rutsch.

Die gedrückte Umschalttaste und die Maus wiederum sorgen dafür, daß eine Pixelgruppe nur senkrecht oder wagerecht verschoben wird.

Ein Bilddokument vergrößern – aber nicht den Inhalt

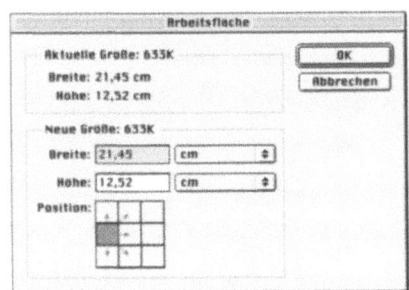

Insbesondere bei Montagen kommt es oft vor, daß man das Bilddokument gerne vergrößern würde, ohne das Bild selbst zu vergrößern – etwa um mehr Platz für eingefügte Bildteile und Schriftzüge einzubauen. Dafür stellt Ihnen Photoshop die Funktion ARBEITSFLÄCHE im Bildmenü zur Verfügung. Geben Sie die neue Größe des Bildes ein – über die neun kleinen Vierecke im Dialogfenster regeln Sie, wohin das vorhandene Bildmaterial »wandern« soll: Soll es in der Mitte liegen, und sollen die neuen Pixel rundherum wie ein Rahmen eingefügt werden, oder soll es oben links in der Ecke liegen, während die neuen Pixel unten und auf der rechten Seite des Bildes erzeugt werden?

Neue Bilddokumente nach Maß anlegen

Häufig kommt es vor, daß man eine einzelne Ebene aus einem Bild in eine separate Bilddatei kopieren möchte oder einen Bildausschnitt in einer neuen Datei speichern möchte.

Wenn Sie einen Bildausschnitt markieren und den gewählten Ausschnitt in die Zwischenablage kopieren (Strg/⌘ + C), stellt Photoshop die Maße für den Bildausschnitt selbst ein, wenn Sie das nächste Mal den Befehl DATEI/NEU aufrufen.

Um ein neues Bild in der gleichen Größe, Auflösung und Farbmodus anzulegen wie eine bereits geöffnete Bilddatei, rufen Sie DATEI/NEU auf. Während das Dialogfenster NEU geöffnet ist, wählen Sie im Menü FENSTER das bereits geöffnete Bild, dessen Maße übernommen werden sollen, und das neue Dokument wird die gleichen Abmessungen vorweisen.

Das Wort ins Bild gesetzt

Die Mischung aus Text und Bild gehört zu den großen Leidenschaften der Grafik. Die digitale Kaligrafie hat ihre besonderen Reize.

Nicht immer soll der Text neben dem Bild stehen oder um das Bild herumfließen. Für viele Zwecke ist der Text im Bild gefragt, und nicht erst seit der Entdeckung des Internets sind Texteffekte ein wichtiges Kriterium für den Funktionsumfang einer Bildbearbeitungssoftware.

Texteingabe
Mit dem Textwerkzeug aus der Werkzeugleiste wird ein Text direkt an Ort und Stelle in das Dokumentenfenster eingegeben und erzeugt eine neue Ebene. Das Textwerkzeug aktiviert die wichtigsten Optionen in der kontextsensitiven Werkzeugleiste: Schrifttyp, -schnitt, -größe, -glättung, -farbe und Ausrichtung.

Der Zeilenvorschub (Returntaste) erzeugt tatsächlich eine neue Zeile, und abgeschlossen wird die Texteingabe auf einer Ebene erst durch die Wahl eines anderen Werkzeuges. Bis zur Wahl eines anderen Werkzeugs bleiben viele andere Funktionen ausgeblendet.

▶ *Der Text kann sofort – ohne zum Verschieben-Werkzeug zu wechseln – bewegt werden. Der Mauszeiger muß nur ein paar Pixel vom Text wegbewegt werden.*

▶ *Textmerkmale können jederzeit geändert werden – allerdings muß der Text markiert sein, sonst zeigen Einstellungen keine Wirkung.*

▶ *Nichts ist unmöglich – Schriftart, -farbe und -größe dürfen beliebig aufgemischt werden.*

▶ *Auch Text, der mit einem Ebenenstil belegt wurde, kann verändert werden.*

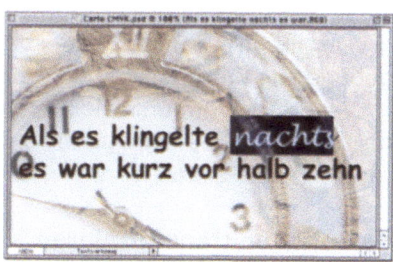

Werkzeuge für die Bildmontage

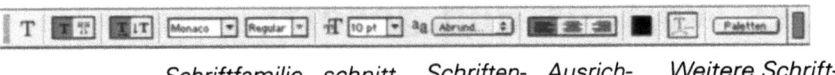

Schriftfamilie, -schnitt und Schriftgrad — Schriftenglättung — Ausrichtung — Weitere Schriftmerkmale

◁ Die wichtigsten Schriftmerkmale befinden sich in der kontextsensitiven Menüleiste.

Textattribute

SCHRIFTFAMILIE, -SCHNITT und -GRAD sind Attribute, die auf den jeweils markierten Text angewendet werden – nicht anders als in einem Textverarbeitungs- oder Satzprogramm.

SCHRIFTENGLÄTTUNG hingegen ist ein generelles Merkmal für den gesamten Absatz und wirkt ohne Markierung. Es handelt sich hier um ein besonderes Merkmal für Schriften, die »gerastert« werden: Anders als gedruckte Schriften, die perfekt glatt und rund dargestellt werden, werden Schriften auf dem Monitor und in Bitmaps durch viereckige Pixel wiedergegeben. Dabei entstehen durch die quadratische Natur des Pixels in diagonalen Kanten Treppenstufen – eine echte Diagonale gibt es in einem Pixelbild nicht. Um die Treppenstufen zu mildern, werden die Pixel durch die Schriftenglättung zum Rand hin heller und transparenter, so daß die Kanten glatter und runder erscheinen.

Schriftenglättung gibt es in vier Geschmacksrichtungen:
- OHNE wendet kein Glätten an,
- SCHARF läßt den Text schärfer wirken,
- STARK läßt den Text schwerer wirken,
- ABRUNDEN läßt den Text weicher wirken.

Weitere Textattribute

AUSRICHTUNG wirkt auch ohne Markierung auf den gesamten Absatz und liefert einen linksbündigen, zentrierten und rechtsbündigen Satz.

VERKRÜMMTEN TEXT ERSTELLTEN bewerkstelligt eben dieses: Der Text wird gebogen, in Wellen gelegt und zur Fahne geschwungen.

Weitere Schriftmerkmale finden sich unter dem Button PALETTEN, und noch tiefer in die Typografie führt das Menü unter dem Dreieck oben rechts in der Palette.

Textebenen transformieren

Ohne Qualitätsverlust rotieren, skalieren und verzerren Sie den Text einer Ebene im Menü BEARBEITEN/TRANSFORMIEREN. Dabei entstehen gebrochene Schriftgrade wie 116,3 pt.

Texte mit Farbebenen füllen

Wenn der Text mit einem Bild oder einer Textur gefüllt werden soll, hilft eine Farbebene. Für eine Farbebene wird eine neue Ebene über der Textebene angelegt (Symbol NEUE EBENE ERSTELLEN in der Fußleiste der Ebenenpalette) und mit einem Muster, einem Verlauf oder einem Bild gefüllt.

Werkzeuge für die Bildmontage

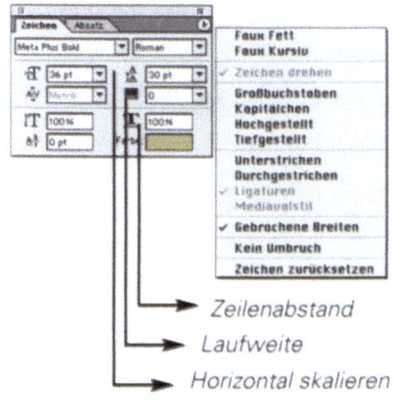

LAUFWEITE setzt die einzelnen Zeichen enger oder weiter zusammen.

METRIK sorgt für ein ausgewogenes Schriftbild, in dem die Abstände zwischen zwei Zeichen optimiert sind.

HORIZONTAL SKALIEREN vergrößert oder verkleinert die einzelnen Zeichen in der horizontalen Laufrichtung.

ZEILENABSTAND verringert oder vergrößert den »Durchschuß« zwischen zwei Zeilen.

▶ Zwar kann ein Text in Photoshop nicht so elegant an einem Objekt oder einem Pfad ausgerichtet werden wie in Illustrationsprogrammen oder einigen anderen Bildbearbeitungsprogrammen, aber immerhin stehen uns jetzt einige Formen zur Verfügung, um den Text endgültig aus der Fassung zu bringen: VERKRÜMMTER TEXT wird aus dem kontextsensitiven Menü erstellt.

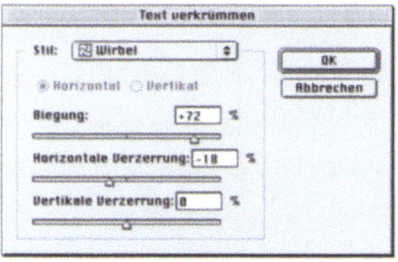

▶ Anstelle des Menübefehls MIT DARUNTERLIEGENDER EBENE GRUPPIEREN klickt man mit gedrückter Alt/Strg-Taste auf die Begrenzung zwischen den beiden Ebenen (der Mauszeiger wird zu zwei übereinanderliegenden Ringen). Damit wird die Farbebene nur dort angezeigt, wo die darunterliegende Ebene Pixel enthält – nämlich auf dem Text oder der Form.

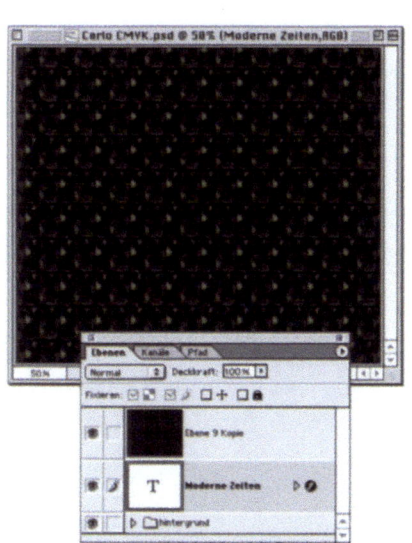

187

Werkzeuge für die Bildmontage

Im Menü EBENE maskiert die Angabe MIT DARUNTERLIEGENDER EBENE GRUPPIEREN die Musterebene mit der darunterliegenden Form. So können Sie weiterhin den Text oder seine Schriftattribute verändern und Ebeneneffekte einbeziehen. Alle Bildeinstellungen wie Helligkeits- und Farbkorrekturen und alle Filter wirken auf der Farbebene und verändern damit die Textur des Textes oder der Form.

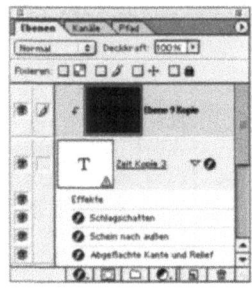

Text als Maske

Das Textmaskierungswerkzeug aus der Version 4 ist uns erhalten geblieben. Es weist zwar nicht die gleiche Flexibilität auf wie das neue Textwerkzeug – aber der Text wird einfach als Auswahl in die aktive Ebene gesetzt.

Für einfache Effekte ist das Maskierungswerkzeug immer noch gut genug: In der Auswahl wirken Filter und Tonwertkorrekturen, aus der Auswahl wird mit AUSWAHL/TRANSFORMIEREN/RAHMEN eine Konturschrift erzeugt.

Werkzeuge für die Bildmontage

Am Anfang war der Alphakanal

Das Bild mit einem butterweichen Rand freistellen und den Untergrund durchscheinen lassen – das ist die Spezialität des Alphakanals. Er gehört neben dem Pfad zu den ältesten Techniken der Bildbearbeitung und ist der Liebling der Multimediaszene.

Multimediaanwendungen wie Macromedia Director (ab Version 7), Programme für den Filmschnitt wie Adobe Premiere und 3D-Programme wie Maxon Cinema und 3D Studio Max – alle diese Anwendungen können mit einer Bildmaske umgehen, die ein Motiv im Bild vom Hintergrund trennt. Auch die meisten Versionen von Microsoft Office, die ja mit einem Beschneidungspfad nichts anzufangen wissen, können mit einer Bildmaske das Logo vor dem bunten Hintergrund der PowerPoint-Folie ohne störenden Rand darstellen.

Während der Pfad mit seiner messerscharfen Kontur in Layout- und Satzprogrammen benutzt wird, brauchen Pixelprogramme eine Maske auf einer Bitmapbasis: den Alphakanal.

Bildmasken im Alphakanal

Das digitale Bild wird durch seine Farbkanäle charakterisiert: Das RGB-Bild zeigt zusätzlich zum Gesamtfarbkanal einen roten, einen grünen und einen blauen Kanal, das CMYK-Bild des Vierfarbdrucks einen Cyan-, einen Magenta-, einen Gelb- und einen Schwarzkanal. In weiteren Kanälen speichert Photoshop Auswahlen als Masken. So überleben Auswahlen das Speichern des Bildes und werden in andere Programme exportiert.

Insbesondere birgt der Alphakanal einen ähnlichen Vorteil wie der Beschneidungspfad: Das Bild muss nicht in verschiedenen Versionen gespeichert werden.

▶ *Eine Auswahl, die mit dem Lasso, dem Zauberstab oder als Farbauswahl erzeugt wurde, wird mit dem Befehl* AUSWAHL/AUSWAHL SPEICHERN *in einem Kanal gespeichert – dem Alphakanal. Während in Photoshop das unberührte Bild weiterhin zur Verfügung steht, verbergen Anwendungen wie Microsoft PowerPoint 98 und Macromedia Director alles, was unter dem Schwarz der Maske liegt.*

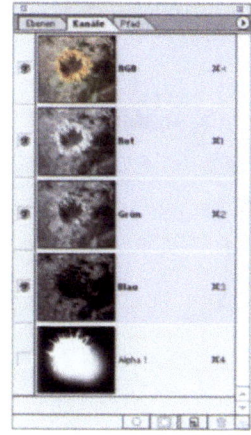

Werkzeuge für die Bildmontage

Der Alphakanal ist ein zusätzliches Graustufenbild unter den Farbkanälen. Ausgewählte Bildbereiche werden weiß, nicht ausgewählte Partien werden schwarz dargestellt. Anwendungen zeigen nur den ausgewählten, im Alphakanal weiß oder grau dargestellten Bereich. Alle Bildbereiche, die unter den schwarzen Bereichen des Alphakanals liegen, werden bei der Bildanzeige und im Druck unterdrückt.

Die eigentlichen Farbinformationen des Bildes »leiden« nicht unter der Maske. Sie bleiben und voll ganz erhalten, so daß nur das Original mitsamt seinem integrierten Alphakanal gespeichert werden muß.

Masken mit hartem und weichem Rand

Mit der richtigen Maske geht das Bild weich in den Hintergrund über: etwa durch das Absoften der Auswahlkante (WEICHE AUSWAHLKANTE im Menü AUSWAHL) vor dem Speichern der Auswahl. Im Alphakanal wird die weiche Kante durch einen Verlauf von Weiß über Grau bis Schwarz dargestellt.

Auswahlen, die als Alphakanal gespeichert wurden, werden durch den Aufruf der Funktion AUSWAHL LADEN im Auswahlmenü oder in der Kanalpalette durch einen Klick auf den Kanal mit gedrückter Strg/⌘-Taste aktiviert.

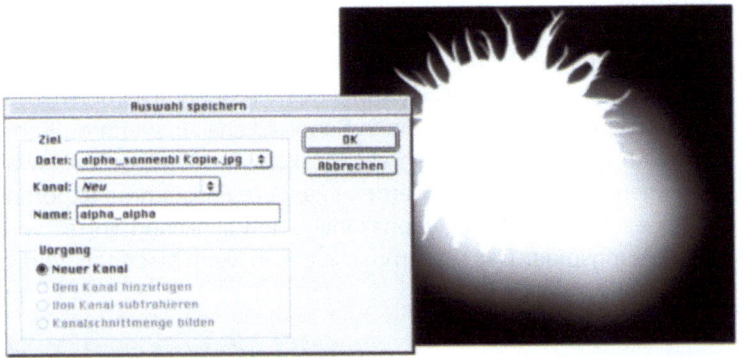

◄ Im Menü AUSWAHL/AUSWAHL SPEICHERN wird tatsächlich nicht die umlaufende Fließkante gespeichert, sondern eine Maske von Schwarz- und Grautönen angelegt, ein sogenannter Alphakanal.

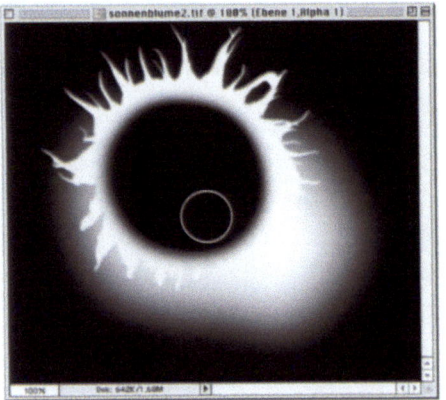

◄ Pinsel, Radiergummi, Airbrush und Wischfinger manipulieren das Graustufenbild im Alphakanal direkt und erweitern die Maske oder schränken sie ein.

Alphakanäle manipulieren

Wenn Sie die Kanalpalette mit dem Aufruf FENSTER/KANÄLE EINBLENDEN laden, sehen Sie den Alphakanal unter den Farbkanälen des Bildes. Durch das Aktivieren des Alphakanals in der Kanalpalette (Klick auf die Miniatur in der Kanalpalette) wird das Graustufenbild des Alphakanals im Bildfenster dargestellt. Jeder Alphakanal läßt sich direkt manipulieren: Malen Sie mit einem Pinsel direkt in die Maske, um sie zu verändern, und erzeugen Sie Auswahlen mit harter und weicher Auswahlkante.

Mit Pinsel und Airbrush oder den Kontrastwerkzeugen können Sie Auswahlen über die Funktionalität der Auswahlwerkzeuge hinaus bearbeiten, ohne mit Lasso und Zauberstab zu hantieren. Malen Sie mit dem Radiergummi Löcher in Auswahlen oder rahmen Sie übriggebliebene Partien, die sich von einer Farbauswahl nicht einfangen lassen wollten, mit dem Lasso ein, um sie mit weißer Farbe zu füllen.

Weichzeichner und Wischfinger aus der Werkzeugleiste glätten die Kanten der Auswahl.

Bildformate für den Alphakanal

Wird das Bild als TIFF, TGA oder im Photoshop-Format PSD abgelegt, werden alle Maskenkanäle gespeichert. Auch eine Reihe anderer Bildformate wie etwa TGA und PICT können Alphakanäle abspeichern – allerdings nur jeweils einen einzigen.

Bis zu 25 Kanäle kann Photoshop in einem Bild anlegen, die allerdings nicht alle als Maskenkanäle genutzt werden können. Jedes Bild im Photoshop besitzt mindestens einen Farbkanal, ein RGB-Bild etwa zeigt einen Farbkanal (1), einen roten Kanal (2), einen blauen Kanal (3) und einen grünen Kanal (4) und kann also noch weitere 21 Kanäle aufnehmen.

Den Alphakanal separat speichern

Wie die meisten Bildbearbeitungsprogramme speichert Photoshop den Alphakanal zusammen mit der Bilddatei. Wenn sich der Alphakanal als störend erweist, was bei einigen Layoutprogrammen oder bei Microsoft Word der Fall sein kann, markieren Sie den Alphakanal in der Kanalpalette (Strg/ ⌘ + A) und kopieren Sie den Alphakanal in die Zwischenablage (Strg/ ⌘ + C). Legen Sie eine neue Datei an (DATEI/NEU oder Strg/ ⌘ + N) – die Datei hat ohne eigenes Zutun genau die Ausmaße der Bilddatei und wird vom Photoshop direkt als Graustufenbild eingerichtet. In diese neue Datei kopieren Sie den Alphakanal, den Sie in einer separaten Datei speichern.

Alphakanäle anlegen, duplizieren und löschen

Mögen Sie Boolesche Algebra? Sie können Alphakanäle vereinen, einen Alphakanal vom anderen abziehen und Schnittmengen aus Alphakanälen bilden. Laden Sie die Auswahl eines Alphakanals (Strg/ ⌘ + Mausklick auf den Kanal) und laden Sie dann mit der Tastaturkombination Umschalttaste

Werkzeuge für die Bildmontage

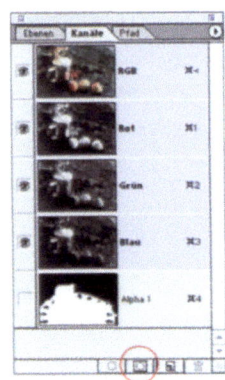

Die umlaufende Auswahl ist das Verbindungsglied zwischen Pfad und Alphakanal, denn sowohl der Pfad als auch der Alphakanal lassen sich in eine Auswahl umwandeln.

Die Auswahl, die aus einem Pfad entsteht, sollte eine leichte Kantenglättung von ein bis zwei Pixeln erfahren, damit die Kontur nicht stufig und pixelig wird (Antialiasing).

Ein Alphakanal läßt sich zwar ebenso in einen Pfad umwandeln, aber das Ergebnis ist fast immer eher mäßig, da die weiche Kontur des Alphakanals dem Pfad widerspricht.

Hier ist wieder einmal Handarbeit angesagt.

+ Strg/⌘ + Mausklick auf einen anderen Kanal einen zweiten Maskenkanal dazu, um die Vereinigung zweier Kanäle zu bilden. Wenn Sie beim zweiten Maskenkanal die Tastaturkombination Alt + Strg/⌘ + Mausklick auf den Kanal benutzen, ziehen Sie den zweiten Kanal vom ersten Kanal ab. Für die Schnittmenge wählen Sie den ersten Kanal nach bewährter Manier, dann klicken Sie mit gedrückter Strg/⌘ + Umschalttaste + Alt-Taste auf den zweiten Kanal. Der Mauszeiger wird dabei zu einer Hand mit einem durchgekreuzten Kästchen.

Zwischen den Fronten: Alphakanal oder Pfad?

Alphakanal und Pfad lassen sich nicht ohne weiteres ineinander überführen. Wenn ein Alphakanal vorliegt, wird zuerst eine Auswahl erzeugt (Klick mit gedrückter Alt-Taste auf das Symbol des Alphakanals in der Kanalpalette), um aus der Auswahl einen Pfad zu erzeugen (durch den Befehl ARBEITSPFAD ERSTELLEN im Menü der Pfadpalette hinter dem schwarzen Dreieck oben rechts).

Werkzeuge für die Bildmontage

▶ *In Word und Powerpoint erlaubt der Alphakanal feine Effekte.*

▶ *EINFÜGEN/BILD/AUS DATEI öffnet sowohl in Powerpoint als auch in Word das Dialogfenster BILD AUSWÄHLEN, in dem Bilder für Präsentationen und Textdokumente ausgesucht werden.*
DIE OPTION MIT DATEI VERKNÜPFEN lädt einen Verweis, aber nicht das Bild. Mit dieser Option aktualisieren Word und PowerPoint das Bild jedesmal, wenn das Dokument geöffnet wird.

◀ *Leider hat Microsoft die Unterstützung des Alphakanals mit der Version Office 2000 auf dem Mac aufgegeben.*

Bei einer weichen Kontur im Alphakanal legt Photoshop die Auswahlkante dort an, wo die Pixel eine 50%ige Deckung erreichen. Bei weichen Konturen wird der Pfad rund und locker um das Motiv laufen und muß manuell bearbeitet werden.

Alphakanäle aus Beschneidungspfaden

Die Umkehrung des Verfahrens liefert ein exakteres Ergebnis: Der Befehl AUSWAHL ERSTELLEN aus dem Menü der Pfadpalette hinter dem schwarzen Dreieck oben rechts erzeugt eine Auswahl mit einer beliebig soften Kontur. Der Befehl AUSWAHL/AUSWAHL SPEICHERN oder ein Klick auf das Symbol AUSWAHL ALS KANAL SPEICHERN in der Kanalpalette erzeugt den Alphakanal, der sich wie zuvor beschrieben bearbeiten läßt.

Weich wie Butter, scharf wie ein Messer

Auf die Lösung, die beide Verfahren – den Pfad und den Alphakanal – miteinander unter einen Hut bringt, warten wir hoffnungsvoll wohl noch für ein paar Jahre. So eine Lösung könnte der Beschneidungspfad sein, wenn er als zusätzliche Information eine Kantenbreite mitliefern würde.

Kapitel 6   Agfarelle und Illustrationen

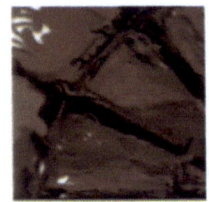

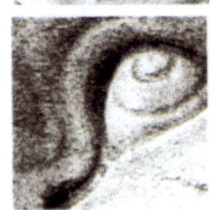

Filtereffekte

Sie sind das Salz in der Suppe der Bildbearbeitung: Effekte in jeder Geschmacksrichtung. Manchmal ist die Suppe schnell versalzen – die besten Effekte nutzen sich schnell ab, weil sie uns auf Schritt und Tritt begegnen. Aber die Evolution hat auch bereits ihre Klassiker hervorgebracht.

Filter, die aus einer Fotografie Aquarelle und Ölbilder in unterschiedlichsten Stilrichtungen zaubern, verweigert uns kein Bildbearbeitungsprogramm. Da hebt sich auch der große Profi Photoshop nicht von seinen kleinen und großen Konkurrenten ab. Diese Filter sind inzwischen so fit, daß wir sie in den Medien kaum als ehemaliges Foto erkennen – vom Hocker reißen sie uns allerdings auch nicht mehr.

Aber ein paar Techniken haben sich zu wahren Klassikern mit Kultstatus entwickelt. Sie sind seit vielen Jahren im Einsatz und zeigen keine Ermüdungserscheinungen.

Agfarelle und Illustrationen

Tontrennung

Ein echter Klassiker unter den Bildbearbeitern und Grafikern ist die TONTRENNUNG (BILD/EINSTELLEN/TONTRENNUNG). Sie bildet die Basis, die Farben eines Fotos so weit zu reduzieren und voneinander zu trennen, bis das Foto in ein vektororientiertes Zeichen- oder Illustrationsprogramm wie Adobe Illustrator, Freehand oder Corel Draw! überführt und dort als Vektorgrafik weiterbearbeitet werden kann. Der Effekt der Tontrennung sind Bilder, die sich an den plakativen Stil des Bauhauses in den 20er Jahren anlehnen.

Grafiker nutzen die Tontrennung, um Logos wiederherzustellen, wenn das Original nicht verfügbar ist und die Vorlage nicht mehr die Qualität für einen Druck aufweist. Per Tontrennung werden aus Scans Straßenkarten digitalisiert, um sie im Computer aufzubereiten, Handzeichnungen in den Rechner überführt und in Schrifttypen oder Grafiken umgewandelt – alles in allem ist die Tontrennung nicht nur ein gefälliger Effekt, sondern ein rechtes Arbeitstier.

Eine 6-Stufen-Tontrennung reduziert das Bild auf 4 Tonwerte in jedem Farbkanal: 4 x 4 x 4 = 64 Farben bleiben also übrig. Damit die Farben ausgewogene und runde Kanten vorweisen, kann es angebracht sein, das Bild vor

der Tontrennung leicht weichzuzeichnen – ausnahmsweise einmal nicht mit dem Gaußschen Weichzeichner, sondern mit dem Filter FILTER/STÖRUNGSFILTER/HELLIGKEIT INTERPOLIEREN. Hier bleibt die Schärfe der Kanten erhalten

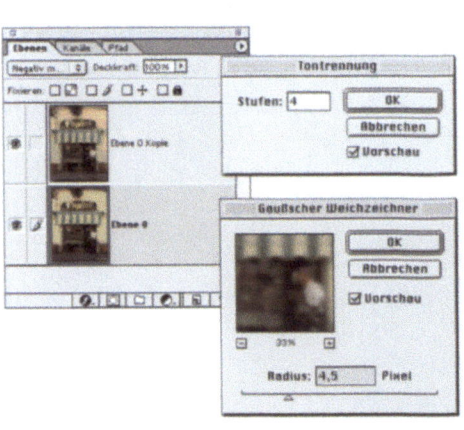

Da die Tontrennung schnell in dunkleren Bildern mündet, ist hier eine kleine Variation angebracht: Das Bild wurde auf eine zweite Ebene kopiert (Ebenensymbol auf das Symbol NEUE EBENE ERSTELLEN in der Fußleiste der Ebenenpalette ziehen). Die untere Ebene ist mit Gaußschem Weichzeichner weichgezeichnet, die obere erfährt eine Tontrennung.

Aqfarelle und Illustrationen

– der Weichzeichnungseffekt beschränkt sich auf die flachen Farben.

Anschließend wird das Bild in einem Illustrationsprogramm in eine Vektorgrafik umgewandelt. Corel Draw! etwa bringt dafür das Programm Corel Trace mit. Wer auf Adobe-Produkte schwört, wird Adobe Streamline benutzen, das ebenfalls farbreduzierte Fotografien und eingescannte Zeichnungen oder Grafiken ins Vektorformat umsetzt.

Die Auszüge der einzelnen Farben lassen sich auch mit einem Schwarzweißdrucker auf Folien drucken und fotochemisch auf Drucksiebe übertragen. Die damit angefertigten Siebdrucke sind »echt«, und niemand kann das Ergebnis als Computersimulation erahnen.

Variationen mit Filtern

Filter, die aus Fotografien Aquarelle und Ölbilder fabrizieren, erfreuen sich großer Beliebtheit. Es gibt niemanden, der diese Schmankerln in seinem Bildbearbeitungsprogramm nicht wenigstens einmal ausprobiert hätte. Trotzdem versinken die meisten Ergebnisse wieder in den Tiefen des digitalen Papierkorbes – nicht etwa, weil es ihnen an dem gehörigen Realismus mangelt, sondern weil uns einfach der besondere kleine Kick in diesen Bildern fehlt.

Versuchen Sie einmal, nur einen Teil des Bildes in ein Gemälde oder eine Strichzeichnung umzusetzen. Markieren Sie einen Teil der Fotografie mit einer großzügigen weichen Auswahlkante von 80 oder mehr Pixeln. Wenn das Bild noch auf der Hintergrundebene liegt, benennen Sie die Hintergrundebene um, damit Sie eine Ebenenmaske hinzufügen können. Mit EBENE/EBENENMASKE HINZUFÜGEN/AUSWAHL MASKIEREN oder einem Mausklick auf das Symbol EBENENMASKE in der Fußleiste der Ebenenpalette erzeugen Sie eine Ebenenmaske, die den ausgewählten Bildbereich schützt. Nur im unmaskierten Bereich verschmelzen Foto und Gemälde ineinander. Lassen Sie so Porträts langsam in Strichzeichnungen übergehen.

Die unterschiedliche Anwendung eines Filters in den verschiedenen Farbkanälen liefert interessante Variationen der mitgelieferten Filter. Ändern Sie Parameter oder löschen Sie unbehandelte Kanäle.

Agfarelle und Illustrationen

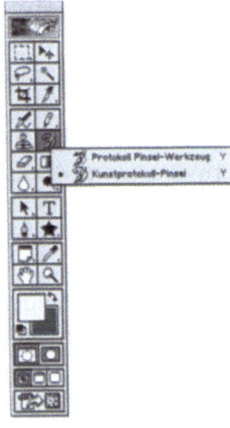

Handarbeit:
Der Kunstprotokollpinsel

Während Filter aus einer Fotografie »in einem Rutsch« ein digitales Gemälde erzeugen, erfordert der KUNST-PROTOKOLLPINSEL individuelle Handarbeit und verleiht dem Pinselstrich einen persönlichen Charakter.

Der Kunstprotokollpinsel liegt in der Werkzeugleiste unter dem PROTOKOLL-PINSEL-Werkzeug. Er benutzt einen Schnappschuß des Bildes, um seine Pixelmuster einzutupfen. Aus diesem Schnappschuß holt das Werkzeug immer wieder die Farbinformationen für den Effekt. Verschiedene Stile von DICHT KURZ bis LOCKER KRAUS LANG variieren das Gemälde.

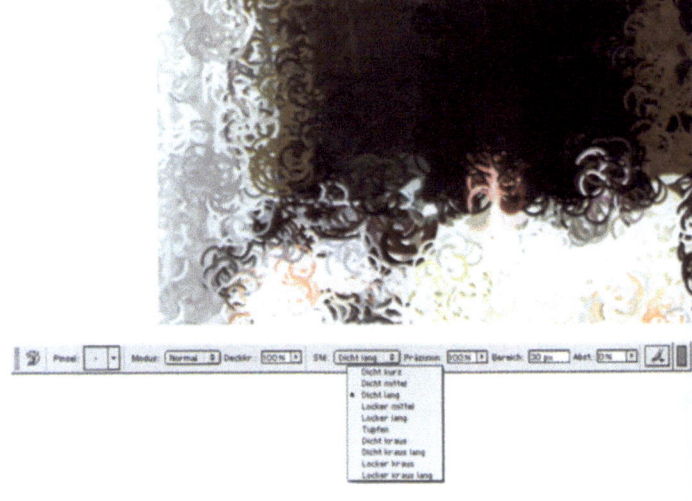

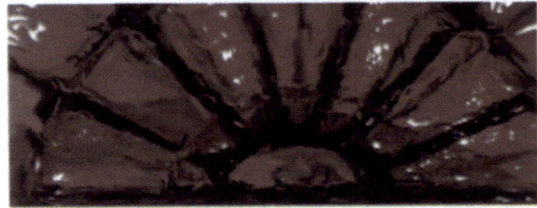

Aqfarelle und Illustrationen

Auf Alt getrimmt

Der Reiz, der von Omas alten Bildern ausgeht, fängt fast jeden ein. Deshalb stellen wir uns die Frage, wie wir – ohne das Original anzutasten – das Bild um Jahre altern lassen können.

Wandeln Sie Ihr Bild zuerst in den Graustufenmodus und dann in den Duplexmodus um. Suchen Sie sich einen warmen Sepiaton heraus, der dem Charakter alter Fotos entspricht. Duplizieren Sie die Hintergrundebene und benutzen Sie den Filter MEZZOTINT. Dieser löst das Bild in feines Korn auf – je nach Einstellung der Parameter. Stellen Sie in der Ebenenpalette die Füllmethode auf WEICHES LICHT ein und verringern Sie die Deckkraft der Ebene, bis das Bild die gewünschte Anmutung erhält.

Insbesondere für die Darstellung auf dem Monitor erzeugt das Dithermuster des Bitmapformats einen interessanten Effekt. Das Bild wird in ein Graustufenbild umgewandelt und anschließend in ein Bitmapbild. Bei der Wirkung des Effekts spielt die Ausgabeauflösung eine Rolle: Wenn das Bild für den Monitor bestimmt ist, sollte sie zwischen 72 bis 120 dpi liegen, für den Druck bei der Druckauflösung.

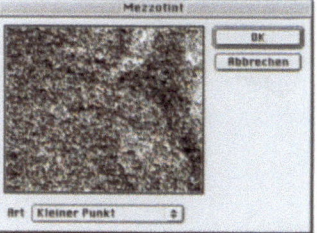

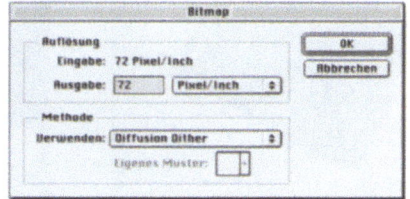

199

Agfarelle und Illustrationen

Eingestempelt

Der Stempel retuschiert den Zahn der Zeit aus dem Bild heraus, er malt wie ein Aquarellpinsel und blendet feine Effekte in ein Bild hinein.

Der Handschuh ist ein freigestelltes Motiv auf einer ansonsten transparenten Ebene. Aus verschiedenen anderen Bildern werden Motive mit dem Stempel in den Handschuh hineinversetzt – im Modus WEICHES LICHT, damit die Textur des Leders erhalten bleibt.

Damit sich die drei Motive voneinander leicht abgrenzen, wird eine rechteckige Auswahl mit einer sehr weichen Auswahlkante (20 oder mehr Pixel) über den Handschuh gelegt. Der Stempel malt dann nur in diesen ausgewählten Bereich. Die Motive werden nur auf den Handschuh, nicht aber auf die Umgebung des Handschuhs übertragen, wenn in der Ebenenpalette die Option TRANSPARENTE BEREICHE ERHALTEN aktiviert ist.

Aqfarelle und Illustrationen

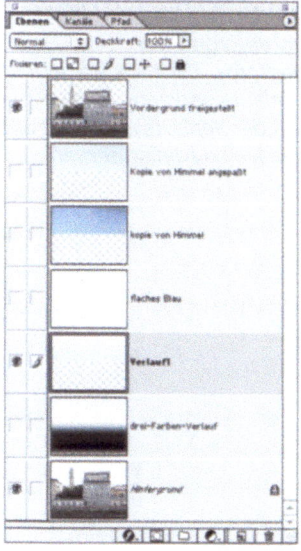

Feine Himmel: Verläufe einstrippen

Ein fader und müder Himmel, der im Bild flach und grau wirkt, kann dem Bild jeden Charakter nehmen. Schon in der Dunkelkammer gehörte das »Einstrippen« eines neuen Himmels zu den Grundübungen der Montage und Retusche.

Der Vordergrund des Bildes wird freigestellt – bei einem flachen und farblosen Himmel eine einfache Übung (BILD/EXTRAHIEREN). Den Himmel mit einer flachen Farbe aufzufüllen, wäre eine langweilige und unglaubwürdige Lösung. Ein Verlauf ist realistischer: Verläufe oder Gradienten sind sanfte und feine Übergänge von einer Helligkeitsstufe einer Farbe zu einer anderen, aber auch Übergänge von einer Farbe zu einer anderen.

In einem frischen Morgenhimmel etwa geht ein Violett in einen dunklen Blauton als Vorder- und Hintergrundfarbe über. Das Verlaufwerkzeug aus der Werkzeugleiste zeigt alle Parameter in der kontextsensitiven Menüleiste: Zum einen kann der Anwender unter linearen und kreisförmigen Verläufen wählen, zum anderen die Farbvarianten aussuchen oder selbst erstellen.

➤ *Wenn der Himmel nur flach und grau ist und eine flache Farbe keine bessere Wirkung zeigt, kann ein Verlauf die Stimmung heben.*

➤ *Anstelle eines selbstgemachten Verlaufs kann natürlich auch ein Himmel aus einem anderen Bild eingesetzt werden. Der markierte Himmel wird entweder markiert, kopiert und in das Zielbild eingefügt oder direkt mit dem Bewegen-Werkzeug in das Zielbild gezogen. Mit einer TONWERT-KORREKTUR oder FARBTON & SÄTTIGUNG wird der Charakter angepaßt.*

Agfarelle und Illustrationen

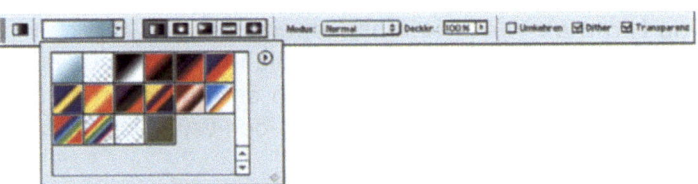

◄ *Der einfachste Verlauf ist der von der Vordergrund- zur Hintergrundfarbe. Ein Klick bei aktiviertem Verlaufswerkzeug in das Klappmenü der Verlaufsliste zeigt alle Verläufe als kleine Miniaturen an.*

Die Farben eines einfachen Verlaufs von Blau nach Weiß werden als Vorder- und Hintergrundfarbe in der Werkzeugleiste eingestellt. Der Verlauf wird auf einer eigenen, leeren Ebene mit der Maus »gezogen«. Mit gedrückter Umschalttaste wird der Verlauf sauber horizontal oder vertikal ausgerichtet. Wie schnell die Vordergrundfarbe in die Hintergrundfarbe übergeht, hängt davon ab, wie lang der Verlauf gezogen wird.

Eigene Verläufe anlegen

Ein Klick auf das Klappmenü für Verläufe in der kontextsensitiven Menüleiste öffnet das Dialogfeld VERLÄUFE BEARBEITEN, in dem Verläufe definiert werden. Ein Klick an eine beliebige Position unter den Verlaufsstreifen fügt dem Verlauf eine neue Farbe hinzu, die durch einen Doppelklick auf das kleine Viereck verändert werden kann.

Die kleinen Vierecke über dem Verlaufsstreifen regeln die Deckkraft der Farben, denn Verläufe können auch von einer Farbe in die Transparenz übergehen. Die Raute zwischen zwei Farbverläufen (Farbmittelpunkt) bestimmt, wie schnell eine Farbe in eine andere verläuft.

Um eine Farbe wieder aus dem Verlauf zu entfernen, wird ihr Viereck einfach nach unten oder oben aus dem Dialogfenster gezogen. Auf die gleiche Weise wird ein Transparenzfeld entfernt. Wird ein Farb- oder Transparenzfeld mit gedrückter Alt-Taste an eine andere Position gezogen, wird das Feld dupliziert.

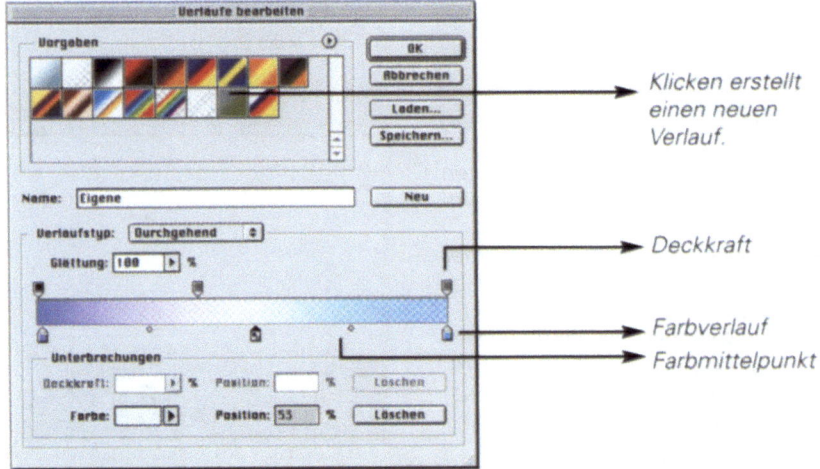

Aqfarelle und Illustrationen

▶ *Der Sonnenball mit dem düsteren Hintergrund ist ein Radialverlauf (zweite Option unter den Verlaufsstilen in der kontextsensitiven Menüleiste).*

▶▶ *Der Regenbogen ist ein hauchdünnes Band von Farbverläufen. Damit er sanft in den Himmel übergeht, ist die Regenbogenebene im Modus FARBTON eingeblendet.*

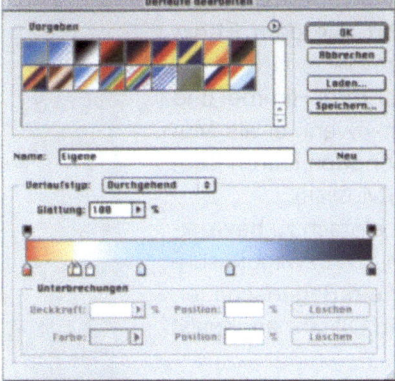
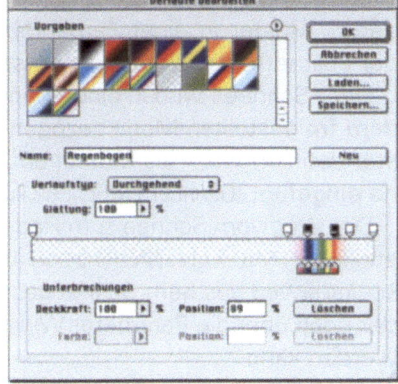

Total verlaufen: Illustrationen mit Verläufen

Verläufe ziehen nicht nur neue Himmel ein und bilden nette Hintergrundbilder – aus Illustrationen sind sie kaum wegzudenken, denn sie bringen Plastizität und Licht in flache Zeichnungen.

Statt einen Verlauf auf die volle Fläche des Bildes aufzuziehen, beschränkt ihn eine Auswahl auf die Grenzen der Auswahl, und aus dem Verlauf auf der vorhergehenden Seite entsteht das Auspuffrohr in einer Rechteckauswahl. Ein radialer Verlauf bringt eine Kugel in einer runden Auswahl in Form.

Agfarelle und Illustrationen

Alle Wetter

Einen dramatischen Himmel, ein Gewitter und düstere Stimmungen mit der Kamera einzufangen gehört auch weiterhin zu den schwierigsten Übungen in der Fotografie.

Einen nächtlichen Wolkenhimmel erzeugt FILTER/RENDERING-FILTER/DIFFERENZ-WOLKEN. DIFFERENZ-WOLKEN erzeugt auf einer monochromen Fläche ein zufallsgesteuertes Wolkenmuster mit Farbwerten, die zwischen Vorder- und Hintergrundfarbe variieren. Bei jedem Aufruf entsteht ein neues Muster in einer Farbkombination, die dem Effekt der Füllmethode »Differenz« entspricht.

Der »Schnee« wird in eine Ebene über dem Himmel und dem freigestellten Motiv gezogen oder – wenn er als Muster definiert war – als Muster auf einer neuen leeren Ebene eingefügt (BEARBEITEN/FLÄCHE FÜLLEN/MUSTER).

Der Weg vom Schnee zum Regen ist einfach zu bewerkstelligen: Mit FILTER/WEICHZEICHNUNGSFILTER/BEWEGUNGSUNSCHÄRFE wird aus dem Schneegestöber ein Regenschauer, der noch über die Parameter WINKEL und DISTANZ angepaßt werden kann.

Aqfarelle und Illustrationen

Petrus in Photoshop: Ein Schneegestöber erzeugen

◀ Der Aufruf von FILTER/RENDE-RING-FILTER/DIFFERENZ-WOLKEN zeigt keine Parameter und bildet jedesmal ein differenziertes Wolkenmuster (nebenbei: Nach etwa 10 bis 20 Aufrufen entsteht ein Marmoreffekt). Mit BILD/EINSTELLEN/FARBTON & SÄTTIGUNG wird das Muster an die Bildstimmung angepaßt.

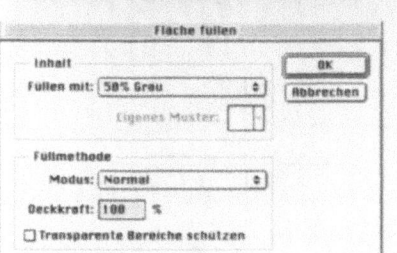
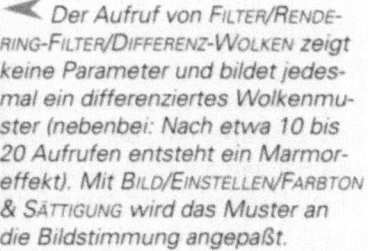

◀ Für einen kräftigen Schneeschauer wird eine neue Ebene mit 50% Grau (BEARBEITEN/FLÄCHE FÜLLEN/50% GRAU) und anschließend mit einem Störmuster (FILTER/STÖRUNGSFILTER/STÖRUNGEN HINZUFÜGEN) gefüllt.

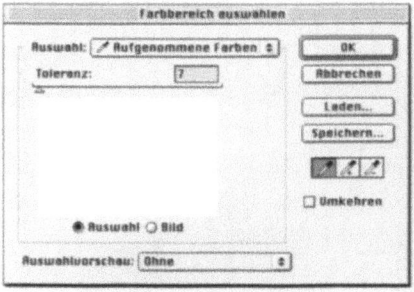
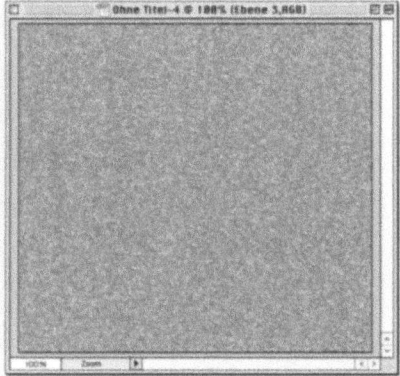

◀ Mit einer Farbauswahl werden die Störpixel vom grauen Untergrund getrennt – die eingestellte Toleranz soll eine passende Menge »Schnee« erbringen. Mit Strg/⌘ + J entsteht eine neue Ebene, gefüllt mit den ausgewählten Störpixeln.

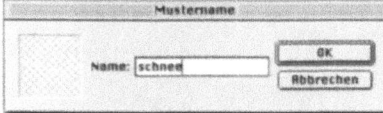
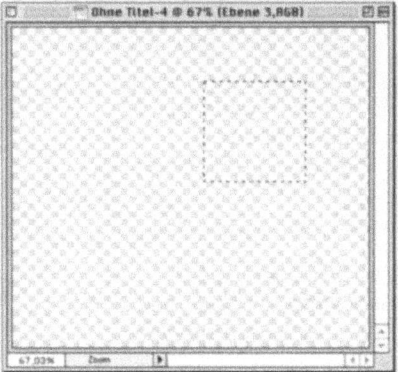

◀ Der so erzeugte Schnee kann zur Wiederverwertung als Muster gespeichert werden: Ein beliebiges Feld mit der Rechteckauswahl markieren und mit BEARBEITEN/MUSTER DEFINIEREN speichern.

Aqfarelle und Illustrationen

Rahmen für die Galerie

Damit Bilder nicht immer öde und schnöde viereckig auf dem Monitor oder auf dem Papier landen, erhalten sie einen würdigen Rahmen. Das Auswahlrechteck aus der Werkzeugleiste markiert einen Bereich innerhalb des Bildes, je nach Bildgröße und Effekt 20 bis 100 Pixel vom Bildrand entfernt, und der Aufruf AUSWAHL/UMKEHREN erzeugt eine Rahmenauswahl rund um das Bild.

Eine Auswahl wird durch Umschalten des MASKIERUNGS-MODUS in der Werkzeugleiste als roter Schutzlack dargestellt, der alle nicht maskierten Bereiche vor Manipulationen schützt.

Schalten Sie aus dem Maskierungsmodus wieder in den Standardmodus, bei dem Ihnen die Auswahl als umlaufende irisierende Linie angezeigt wird. Sie können die Tonwerte einschränken, die Auswahl in eine eigene Ebene (Strg/⌘ + J) kopieren, die Auswahl mit Farbe oder einem Muster füllen oder einen Ebenenstil auf die Rahmenebene ziehen und verändern, um die Auswahl in einen plastischen Rahmen zu verwandelt.

 *Oben:*
FILTER/ZEICHENFILTER/GERISSENE KANTEN. *Die Auswahl wird in einer neuen Ebene über der Bildebene mit Weiß gefüllt, und der Ebenenstil* ABGEFLACHTE KANTE UND RELIEF *mit der Richtungsoption* UNTEN *läßt das Bild plastisch auf dem Untergrund liegen.*

▶▶ *Unten:*
FILTER/VERGRÖSSERERUNGSFILTER/KRISTALLISIEREN. *Die Auswahl wird in einer neuen Ebene über der Bildebene mit Weiß gefüllt, und der Ebenenstil* SCHLAGSCHATTEN *sorgt zusammen mit Kontur und Glanz für den erhabenen Rand.*

Agfarelle und Illustrationen

▶ BEARBEITEN IM MASKIERUNGSMODUS in der Werkzeugleiste stellt eine Auswahl durch eine Maske dar. Der rote Schutzlack, der alle nicht ausgewählten Bildpartien schützt, wird wie eine Bitmap bearbeitet: Der Radiergummi reduziert, der Pinsel erweitert die Maske, Weichzeichner löst sie auf und eine Reihe von Effekten filtert die Schutzschicht, ohne dabei das Bild zu beeinträchtigen. Filter wirken jetzt also nicht auf dem Bild, sondern auf der Maske.

▶ Selbst der neue Superfilter BILD/VERFLÜSSIGEN kräuselt und dreht die Pixel der Maske.
Nachdem die Maske ausreichend in Form gebracht ist, wird der Maskierungsmodus wird auf den STANDARDMODUS zurückgesetzt, und die umlaufende Auswahlkante erscheint wieder (wenn die rote Schutzschicht sowohl harte als auch weiche Kanten enthielt, sind sie in der Auswahlkante zwar nicht sichtbar, bleiben aber erhalten). Die Auswahl rund um das Bild herum wird mit Farbe oder Muster gefüllt oder die Helligkeit gesenkt, Farben verschoben ... Variationen gibt es ohne Ende.

▶ Bei Filtern wie GERISSENE KANTEN aus den ZEICHENFILTERN müssen Sie in der Vorschau des kleinen Dialogfensters unter Umständen zuerst die Kante des Bildes finden, denn der Effekt wird bei der einfarbigen, flachen Bildmaske nur an den Rändern der Maske sichtbar. Wenn Sie mit der Maus in das kleine Vorschaufenster fassen, wird der Mauszeiger zur Hand, und Sie können die Vorschau verschieben, als wäre sie ein Stück Papier, das Sie mit der Hand vor sich her schieben. Schieben Sie die Vorschau bis an den Rand der Maske, dann können Sie den Effekt besser begutachten. Stellen Sie die Parameter des Effekts ein und klicken Sie OK.

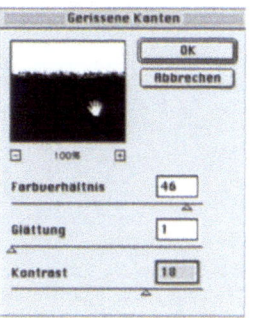

Kachelbilder

Aus dem Internet kennen wir sie alle: Bunte Kacheln, auch »Texturen« genannt, schmücken die Seiten. Dabei wiederholt der Webbrowser eine kleine Musterdatei im Fenster.

Wenn Sie in gleicher Manier einen Hintergrund oder eine Auswahl mit einem Muster im Photoshop füllen wollen, gehen Sie folgendermaßen vor: Markieren Sie mit der Rechteckauswahl in einem Bild einen Bereich, den Sie als Muster oder Textur sehen möchten. Wählen Sie BEARBEITEN/MUSTER FESTLEGEN. Treffen Sie entweder eine Auswahl oder legen Sie ein neues Dokument an und wählen Sie BEARBEITEN/FLÄCHE FÜLLEN/MUSTER. Das Muster wird als Kachel innerhalb der Auswahl oder als Hintergrund im neuen Dokument wiederholt und wird immer in der Größe eingesetzt, in der es definiert worden ist.

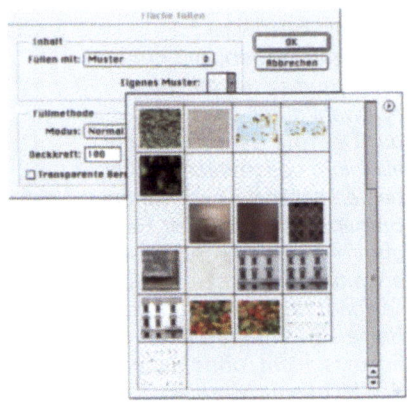

Ein Muster bleibt auch über das Schließen von Photoshop hinaus in der Liste der EIGENEN MUSTER erhalten.

Texturen aus Fotos erstellen

Beliebt sind die Hintergründe aus natürlichen Materialien im Internet: Da zieren Mauern, Steine und Marmor den Hintergrund einer Seite. Obwohl die Muster die gesamte Seite ausfüllen, sind sie nur wenige Pixel groß, um die Übertragungszeiten kurz zu halten. Die Muster reihen sich nahtlos aneinander, so daß der Eindruck einer großen Flächentextur entsteht.

Bei einem Muster, das als beliebiger Ausschnitt aus einem Bild eingesetzt worden ist, sind in der Regel die Grenzen zwischen den einzelnen Kacheln beim Auffüllen eines Hintergrundes deutlich sichtbar.

Damit aus einem Bild eine nahtlose Kachel wird, benutzen Sie den VERSCHIEBUNGSEFFEKT unter FILTER/SONSTIGE FILTER. Er versetzt das Bild um eine angegebene Anzahl von Pixeln. Aktivieren Sie DURCH VERSCHOBENEN BEREICH ERSETZEN, damit die Pixel, die unten aus dem Bild herausgeschnitten werden, oben im Bild wieder angesetzt werden.

Jetzt müssen Sie die Nahtstellen bearbeiten, bis sie nicht mehr sichtbar sind – nehmen Sie dazu den Stempel, den Wischfinger und den Weichzeichner aus der Werkzeugleiste.

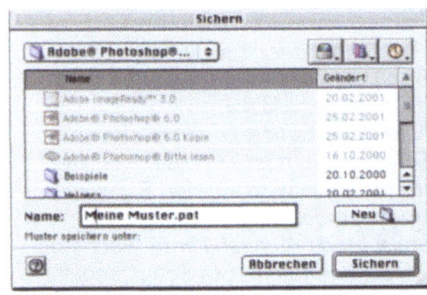

Eine liebevoll angelegte Musterkollektion wird über das Palettenmenü hinter dem schwarzen Dreieck oben rechts gespeichert und kann auch Mitstreitern zur Verfügung gestellt werden.

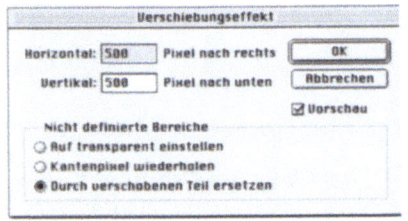

Agfarelle und Illustrationen

Nahtlose Muster: Texturen

Wenn das Muster bereits vor dem Aufruf von FILTER/SONSTIGE/VERSCHIEBUNGSEFFEKT sehr regelmäßig ist, müssen meist nur die Helligkeitswerte der versetzen Bildpartien aneinander angeglichen werden, damit das Muster nahtlos aneinander gesetzt werden kann.

Früchte, die aus dem Originalbild freigestellt wurden, liegen über den Nahtstellen. Bei einem derart ungleichmäßigen Muster sind umfangreiche Pixelbewegungen erforderlich, bis das Muster große Flächen nahtlos füllen kann.

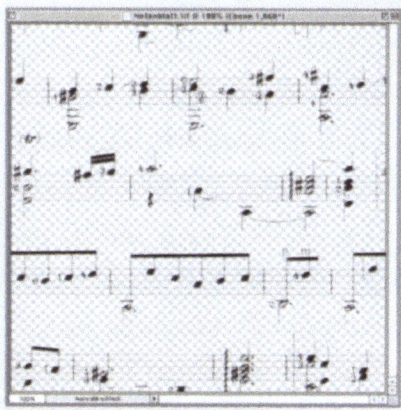

Ein Muster darf durchaus auch einen transparenten Hintergrund aufweisen, damit es sich anschließend über das Bildmotiv legt.

Wenn die Pixel schmelzen: Der Filter VERFLÜSSIGEN

Obwohl Adobe Photoshop beim Thema Filter und Effekte eher zurückhaltend ist und das Terrain den zahlreichen Plug-ins wie Eye Candy und Andromeda überläßt, bietet jede neue Version von Photoshop einen neuen, aufsehenerregenden Effekt. In der Version 6 schmelzen Pixelbereiche unter einem Pinsel, sie drehen sich und lassen sich verquirlen, verrutschen weich wie Butter und legen das Bild in Wellen.

Zu nichts scheint der Filter so geeignet zu sein, wie zur »Verschönerung« digitalisierter Opfer. Die Werkzeugleiste auf der linken Seite des Fensters bietet Pinsel wie VERKRÜMMEN, STRUDEL, ZUSAMMENZIEHEN, AUFBLASEN und VERSCHIEBEN von Pixelgruppen. Unter den Werkzeugoptionen auf der rechten Seite des Dialogfensters wird die Größe der Pinselspitze festgelegt.

Nicht nur die Ohren kann der Filter langziehen, sondern Architektur zum Schmelzen und Autos zum Zwinkern bringen.

Agfarelle und Illustrationen

Der neue Pfad: Formebenen

Das Design für die Navigationselemente der Webseite, ein Logo oder die kleine Illustration für den Spielplan des Theaters – wer die Vorzüge der Vektorgrafik schätzt, setzt auf Formebenen.

Das Rechteckwerkzeug neben dem Zeichenstift in der Werkzeugleiste öffnet den Weg zu Formen für Grafiken wie Buttons und Rahmen, Logos und kleinen technischen Zeichnungen. Wir betreten die hybride Welt zwischen Pixelbild und Vektorgrafik.

Wenn der Mauszeiger mit gedrückter Maustaste kurz auf dem Rechteck-Werkzeug verweilt, klappt eine Liste mit den grundlegenden Formen wie Rechteck, Kreis und Polygon auf, die auch in der Menüleiste aufgelistet sind. Das EIGENE FORM-WERKZEUG bringt noch einmal weitere Formen in einer Kollektion zum Vorschein, die später noch erweitert werden kann.

Variante 1: flink gefüllte Auswahlformen

Das dritte Werkzeug zieht die gewählte Form aus der Werkzeugleiste als Auswahl auf – nicht anders als das Auswahloval und das Auswahlrechteck – und füllt es sofort mit der Vordergrundfarbe der Werkzeugleiste. Dabei funktioniert das Aufziehen der Form mit den gleichen Optionen wie bei den herkömmlichen Auswahlwerkzeugen: Das Festhalten der Umschalttaste zieht perfekte Kreise oder Quadrate auf, das Polygon erhält gleichgroße Seiten, der Linienzeichner zieht gerade oder senkrechte Linien oder rastet bei einem Winkel von 45° ein, eigene Formen werden mit proportionalen Seitenverhältnissen aufgezogen.

Füllwerkzeuge wie das Verlaufswerkzeug oder BEARBEITEN/FLÄCHE FÜLLEN verändern die Farbe oder füllen die Auswahl mit einem Muster.

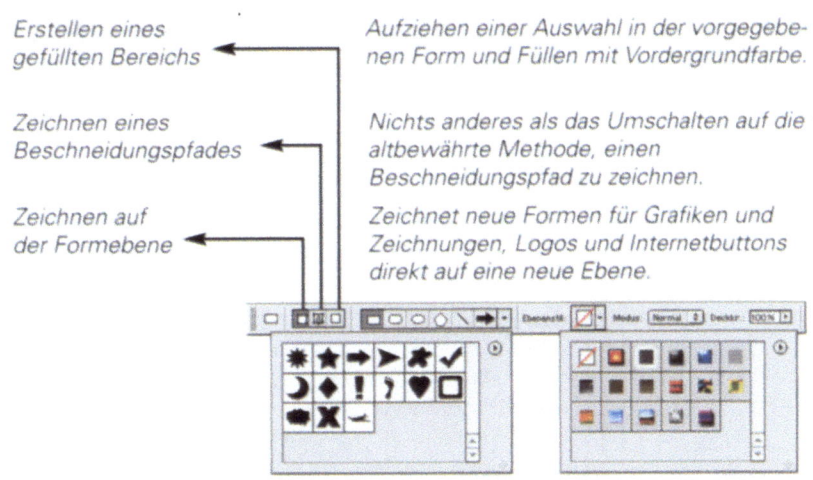

Das Rechteckwerkzeug neben dem Zeichenstift in der Werkzeugleiste bietet drei Optionen in der kontextsensitiven Menüleiste.

Erstellen eines gefüllten Bereichs

Zeichnen eines Beschneidungspfades

Zeichnen auf der Formebene

Aufziehen einer Auswahl in der vorgegebenen Form und Füllen mit Vordergrundfarbe.

Nichts anderes als das Umschalten auf die altbewährte Methode, einen Beschneidungspfad zu zeichnen.

Zeichnet neue Formen für Grafiken und Zeichnungen, Logos und Internetbuttons direkt auf eine neue Ebene.

Variante 2: Der Beschneidungspfad

Die zweite Variante im kontextsensitiven Menü der Formwerkzeuge ist der Beschneidungspfad, der Motive für den Druck in Satzprogrammen wie QuarkXPress oder InDesign und für Montagen freistellt. Der Pfad ist zwar auf der Ebene sichtbar, wenn er gezeichnet wird, liegt aber tatsächlich in der Pfadpalette und zeigt sich nicht mehr, sobald der Pfad in der Pfadpalette deaktiviert wurde.

Variante 3: Der Pfad in Form gebracht

Im Grunde genommen ist NEUE FORMEBENE ERSTELLEN – die erste Variante in der kontextsensitiven Menüleiste der Form-Werkzeuge – nichts anderes als ein Beschneidungspfad auf einer Ebene. Die Form wird mit der Zeichenfeder wie ein Pfad angelegt und automatisch mit der aktuellen Vordergrundfarbe gefüllt. Dabei spielt es keine Rolle, ob die Vordergrundfarbe später einmal geändert wird – auf die Füllfarbe der Formebene hat die Änderung keine Auswirkung mehr.

Auch die anderen Techniken, eine Auswahl oder eine Ebene mit Farbe zu füllen, wirken nicht auf Formebenen: Weder Verlaufs- noch Füllwerkzeug oder das Füllen mit Farben oder Mustern im Menü BEARBEITEN bewirken eine Änderung auf der Formebene.

Erst ein Doppelklick auf das Ebenensymbol der Formebene öffnet das Dialogfeld FARBWÄHLER, in dem eine neue Farbe festgelegt wird.

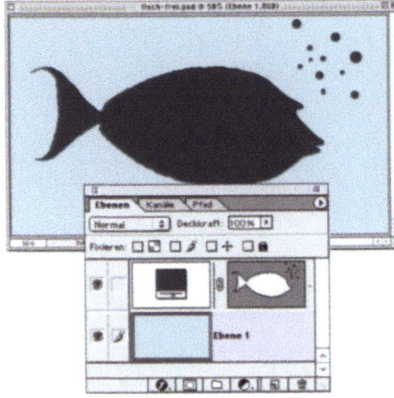

Die Formebene hat ihr eigenes Symbol: ein Farbfeld mit einem Schieberegler. Nur der Doppelklick auf das Formebenensymbol erlaubt eine Änderung der Farbe.

Formen anlegen und transformieren

Aus den vorhandenen Grundformen und den eigenen Formen im Klappmenü der Menüleiste werden Formen im Dokumentenfenster aufgezogen. Die erste Form legt die Formebene an und weitere Formen legen sich zwar auch über die bereits eingezogenen Formen, bleiben aber eigenständige Objekte, die mit dem PFADKOMPONENTEN-WERKZEUG aus der Werkzeugleiste durch einen Klick in das Objekt markiert und verschoben, mit BEARBEITEN/PFAD TRANSFORMIEREN gedreht, skaliert und verzerrt werden können.

Formen lassen sich in vielfältiger Weise miteinander kombinieren, um neue Formen zu bilden. Vier Funktionen bestimmen das Verhalten übereinanderliegender Formen:

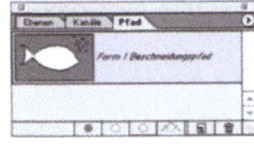

Wenn die Formebene markiert ist, zeigt die Pfadpalette, was hinter der Formebene steckt: Die Ebene ist vollständig mit einer Farbe gefüllt, und ein Beschneidungspfad verbirgt die Pixel rund um das Motiv.

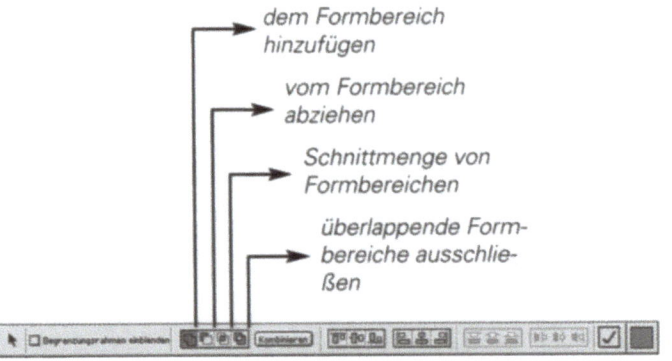

- dem Formbereich hinzufügen
- vom Formbereich abziehen
- Schnittmenge von Formbereichen
- überlappende Formbereiche ausschließen

Agfarelle und Illustrationen

Das P<small>FADKOMPONENTEN</small>-W<small>ERKZEUG</small> aus der Werkzeugleiste markiert und verschiebt ein Objekt. Das Objekt kann an einer beliebigen Stelle »gegriffen« werden.

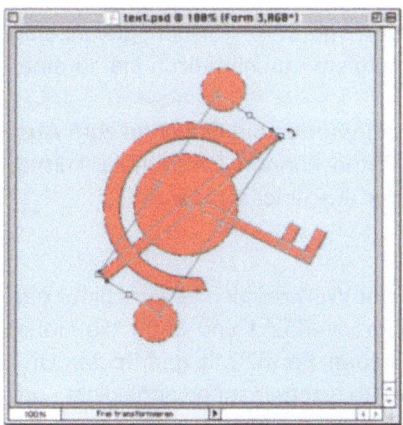

B<small>EARBEITEN</small>/P<small>FAD TRANSFORMIEREN</small> dreht, skaliert, spiegelt und verzerrt ein Objekt. Exakte Transformationen werden durch die Eingabefelder in der kontextsensitiven Menüleiste erzielt.

Das D<small>IREKT</small>-A<small>USWAHL</small>-W<small>ERKZEUG</small> aus der Werkzeugleiste verändert Formen an ihren Ankerpunkten – sowohl Basisformen als auch eigene Formen können auf diese Weise manipuliert werden.

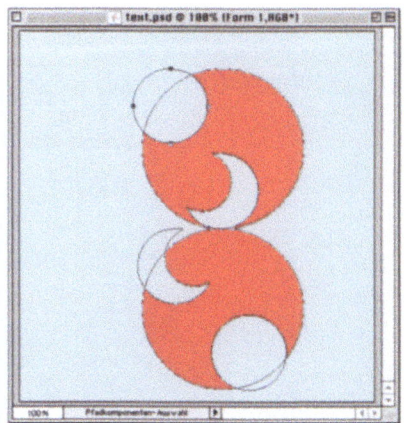

Mit gedrückter Umschalttaste wird ein zweites und drittes Objekt gleichzeitig markiert, damit mehrere Objekte gleichzeitig transformiert werden können.

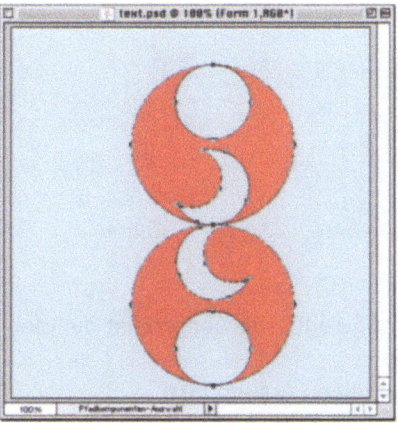

Wenn mehr als ein Objekt markiert ist, können die Objekte gegeneinander ausgerichtet – etwa vertikal zentriert – werden.

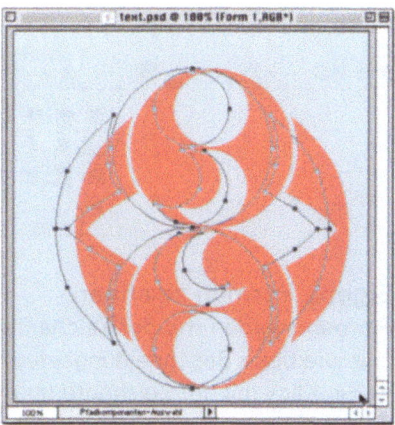

Einzelne oder mehrere Objekte werden schnell kopiert, wenn sie mit gedrückter Alt-Taste verschoben werden.

Mit gedrückter Umschalttaste werden mehrere Formen gleichzeitig markiert. Mit KOMBINIEREN aus der Menüleiste verschmelzen sie zu einer einzelnen Form.

Sobald mehr als eine Form markiert ist, werden die Optionen zum Ausrichten von Objekten aktiviert und Formen können linksbündig, mittig, rechtsbündig, oben und unten aneinander ausgerichtet werden.

Formen verändern
Das DIREKT-AUSWAHL-WERKZEUG aus der Werkzeugleiste verschiebt einzelne Ankerpunkte einer Form, verlängert, verkürzt und dreht die Hebel und verändert so die Form zu einer neuen Form. Mit gedrückter Umschalttaste werden mehrere Ankerpunkte nacheinander angeklickt, um sie gleichzeitig zu markieren und zu verschieben. Mit dem Pfeiltasten der Tastatur werden sie exakt um einen Pixel in die gewünschte Richtung verschoben, bei gleichzeitig gedrückter Umschalttaste um jeweils 10 Pixel.

Formen speichern
Selbstentwickelte Formen lassen sich in der Formensammlung mit BEARBEITEN/EIGENE FORM FESTLEGEN speichern, um auch nach dem Beenden von Photoshop zu einem späteren Zeitpunkt zur Verfügung zu stehen.

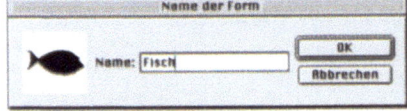

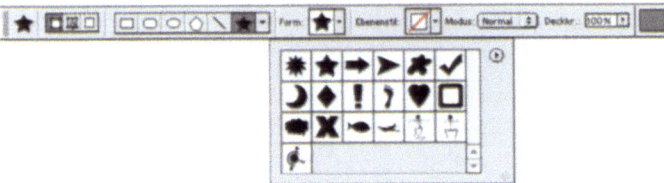

Eigene Formen zeichnen
Formen werden mit der Zeichenfeder angelegt – die Technik ist die gleiche wie beim Beschneidungspfad:
- Ein Klick mit der Zeichenfeder erzeugt einen Ankerpunkt.
- Wenn beim Klick die Maustaste gleich festgehalten und die Maus ein Stück gezogen wird, zieht sie zwei Hebel aus dem Ankerpunkt, die Kurvenkrümmung und Richtung des Pfades zwischen zwei Ankerpunkten bestimmen.

Beide Techniken – der Einsatz von vorhandenen Formen und das Zeichnen von Formen – können auf einer Formebene gemischt werden.

Formen für Anwendungen speichern
Einer der großen Vorteile der Vektorformen besteht in ihrer beliebigen Skalierbarkeit und in der perfekten Glätte ihrer Kanten. Damit diese Eigenschaften für den Druck ausgenutzt werden können, müssen Dateien mit Formebene als EPS-Dateien gespeichert werden.

In den Satzdateien von QuarkXPress oder Adobe InDesign kann die Vektorgrafik ohne Schärfeverlust beliebig skaliert werden. Wird sie aller-

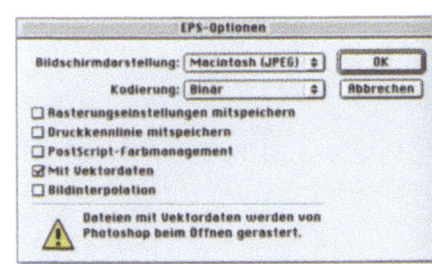

Aqfarelle und Illustrationen

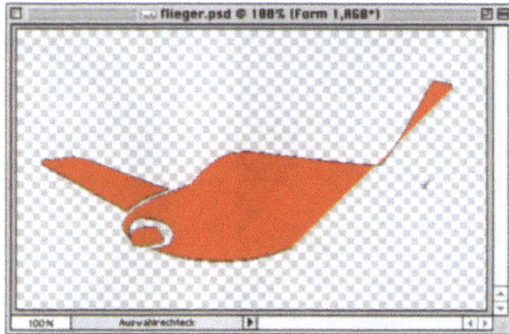

Die Form wird bereits beim Zeichnen mit Farbe gefüllt.

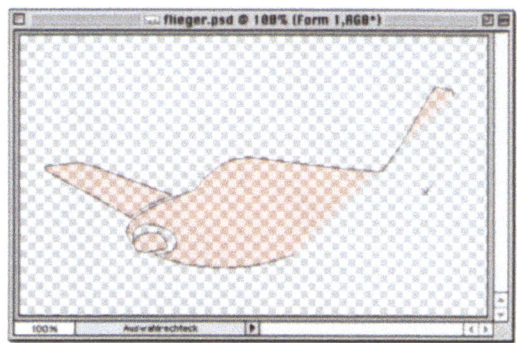

Wenn diese Darstellung das Zeichnen behindert, kann die Deckkraft der Formebene heruntergesetzt werden.

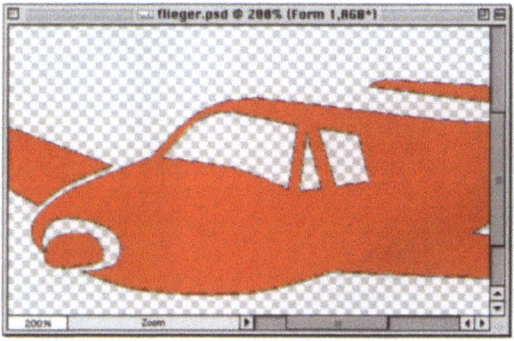

🔳🔳🔳🔳 *In eine fertig gezeichnete Form können »Löcher« geschnitten werden, wenn VOM FORMBEREICH SUBTRAHIEREN in der Menüleiste aktiviert ist.*

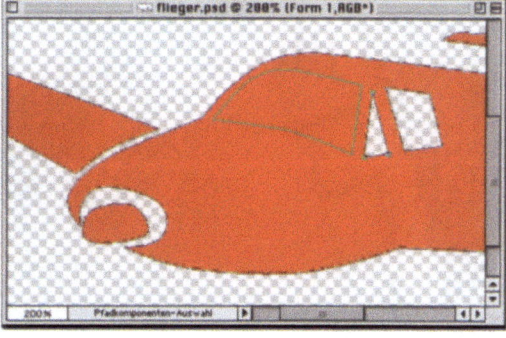

🔳🔳🔳🔳 *Ob eine neu eingezeichnete Form VOM FORMBEREICHT SUBTRAHIERT, ADDIERT, als SCHNITTMENGE oder im Modus AUSSCHLIESSEN wirkt, kann bei jedem Pfad individuell entschieden werden.*

Ein Klick auf die Miniatur für den Ebenen-Beschneidungspfad aktiviert einen zarten Rahmen und, der nächste Klick deaktiviert den Rahmen.

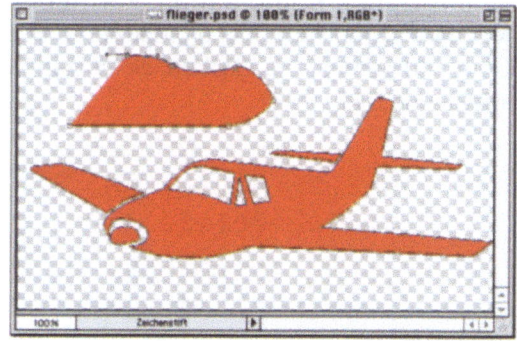

Wenn der Rahmen um die Miniatur aktiv ist, wird die nächste Form auf der gleichen Formebene angelegt. Bei deaktiviertem Rahmen erzeugt die Zeichenfeder eine neue Formebene.

Agfarelle und Illustrationen

dings erneut in Photoshop geöffnet, dann wird sie in ein Pixelbild beliebiger Auflösung »aufgerastert« und verliert die Vektoreigenschaften.

Nur im Photoshop-eigenen PSD-Format überleben die Formen ungerastert auf allen Ebenen.

Eine reizende Kombination: Formebenen und Ebenenstile

Aus der flachen Formebene produzieren Ebenenstile dreidimensionale Effekte und gemusterte Flächen, sie setzen Verläufe und glänzende Metalleffekte ins Bild.

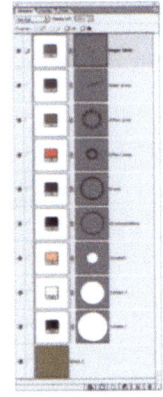

Da Formebenen in Wirklichkeit mit einer Farbe gefüllte Ebenen sind, muß für jede Farbe eine eigene Formebene angelegt werden.

Agfarelle und Illustrationen

Nur das Ticken fehlt noch: Ebenenstile in Formebenen

Der runde Rahmen rund um die Uhr ist ein radialer Verlauf, der als VERLAUFSÜBERLAGERUNG ins Bild gesetzt wird. Damit der Ring auch an die richtige Stelle plaziert wird, kann der Verlauf bei geöffnetem Dialogfenster EBENENSTIL direkt im Dokumentenfenster mit der Maus gezogen und per SKALIERUNG in die richtige Größe versetzt werden.

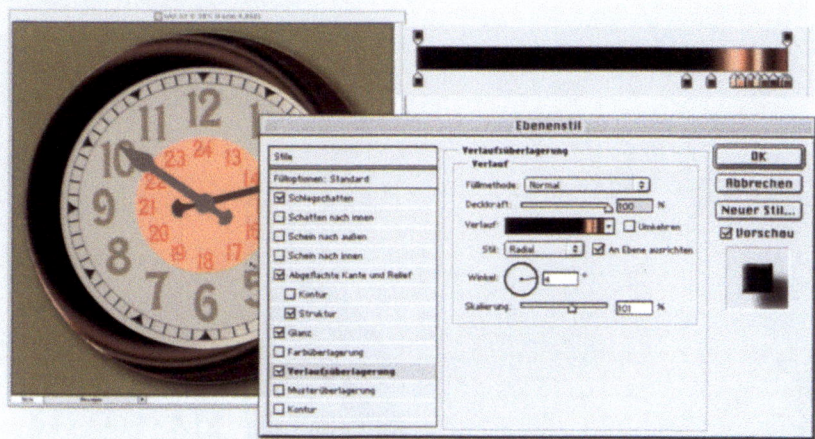

Ein Muster hat den Alterungsprozeß des Ziffernblattes als MUSTERÜBERLAGERUNG mit einer geringen Deckkraft beschleunigt. Das gleiche Muster dient auch als STRUKTUR unter ABGEFLACHTE KANTE UND RELIEF, damit das Rostmuster plastisch erscheint.

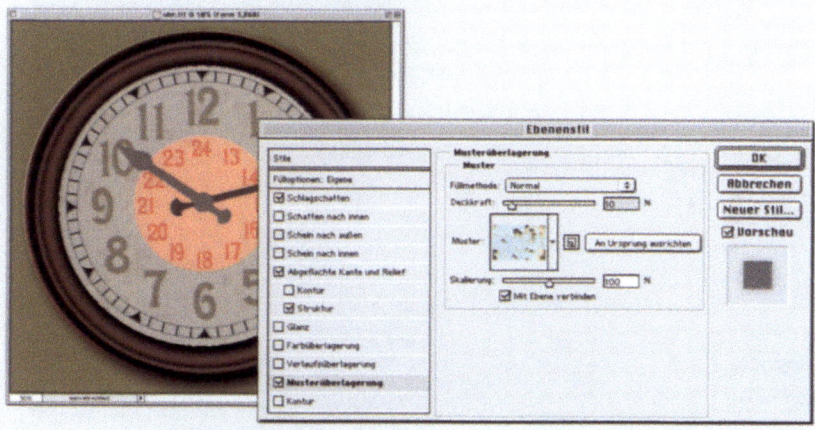

Die STÖRUNGEN im SCHLAGSCHATTEN rund um die großen Ziffern sorgen für den Eindruck von Dreck und Staub. Ansonsten sind die Ziffern ein wahrer Klassiker der Ebeneneffekte mit ABGEFLACHTER KANTE UND RELIEF. Der GLANZ sorgt für die feinen Lichtsäume auf der linken Seite: Aus welcher Richtung das Licht jeweils scheint, legt der WINKEL in den jeweiligen Stilen fest. GLOBALEN LICHTEINFALL VERWENDEN läßt das Licht in allen Effekten aus der gleichen Richtung einfallen.

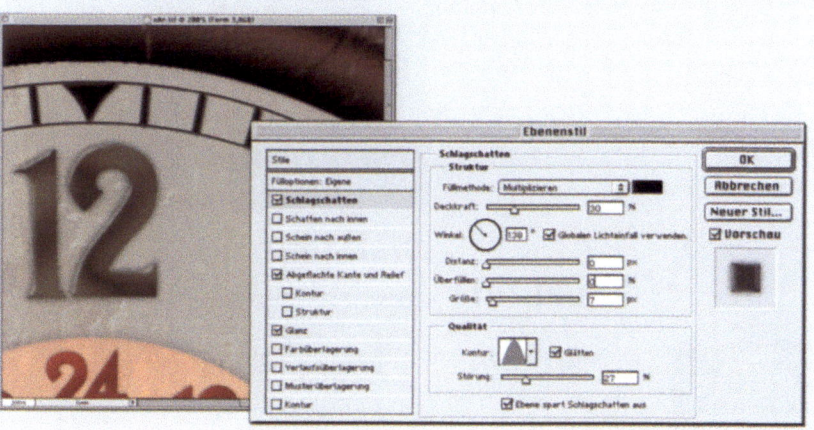

Kapitel 7   Wie gedruckt

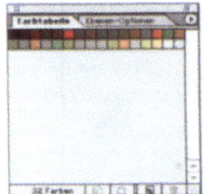  

 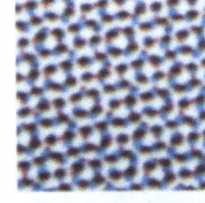

 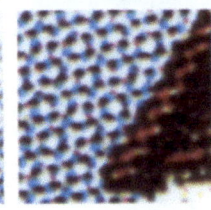

 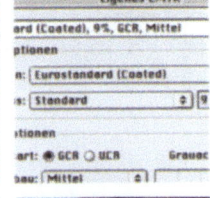 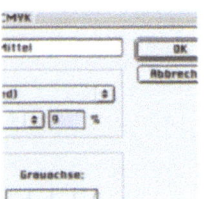 

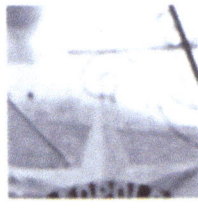  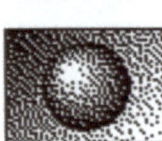 

Qualität

Halbton

Medium

Auf den Punkt gebracht

Wehe dem Bild, wenn es aufs Papier soll: Es wird konvertiert und separiert, aufgerastert und voll unter Druck gesetzt. Nicht jede Farbe, nicht jeder feine Verlauf überlebt diese Qualen ...

Unsere Bildschirme, Scanner, Digitalkameras arbeiten mit den drei Farben Rot, Grün und Blau. Wer sich einmal die Mühe macht, mit einer starken Lupe nah genug an den Monitor heranzugehen, sieht, wie sich die bunten Strukturen des Bildes in diese drei Farben auflösen, und zwar entweder in einer Streifenmaske oder in einer Lochmaske.

Zudem stellen sie die drei Farben mit Licht dar: Man nehme zwei Lampen mit bunten Glühbirnen und sehe sich die Wirkung von rotem und grünem Licht an, die beide auf die gleiche Stelle auf einen weißen Untergrund strahlen – aus der Mischung von rotem und grünem Licht entsteht die gelbe Farbe.

Unsere Drucker hingegen setzen ihre Punkte mit Cyan, Magenta, Gelb und Schwarz. Wir brauchen keine Lupe, um dies zu prüfen – wir müssen nur neue Patronen für den Tintenstrahldrucker einkaufen.

Farbempfindung	Additive Farbmischung			Subtraktive Farbmischung		
	Blau	Grün	Rot	Yellow	Magenta	Cyan
Blau	100	0	0	0	100	100
Eisblau	100	50	0	0	50	100
Cyan	100	100	0	0	0	100
Seegrün	50	100	0	50	0	100
Grün	0	100	0	100	0	100
Gelbgrün	0	100	50	100	0	50
Yellow	0	100	100	100	0	0
Orange	0	50	100	100	50	0
Rot	0	0	100	100	100	0
Karmin	50	0	100	50	100	0
Magenta	100	0	100	0	100	0
Violett	100	0	50	0	100	50
Weiß	100	100	100	0	0	0
Schwarz	0	0	0	100	100	100
Mittelgrau	50	50	50	50	50	50

◀ *So einfach sieht die Umrechnung von RGB nach CMY aus – aber im wirklichen Leben mischen sich Yellow, Magenta und Cyan nicht zu einem astreinen Schwarz, sondern bestenfalls zu Dunkelbraun. Zu guter Letzt werden die Druckfarben auch nicht gemischt, sondern in einem raffinierten Raster neben- und übereinander gedruckt, das nur durch seine Feinheit und den Betrachtungsabstand den Eindruck einer Farbenvielfalt erweckt.*

Wie gedruckt

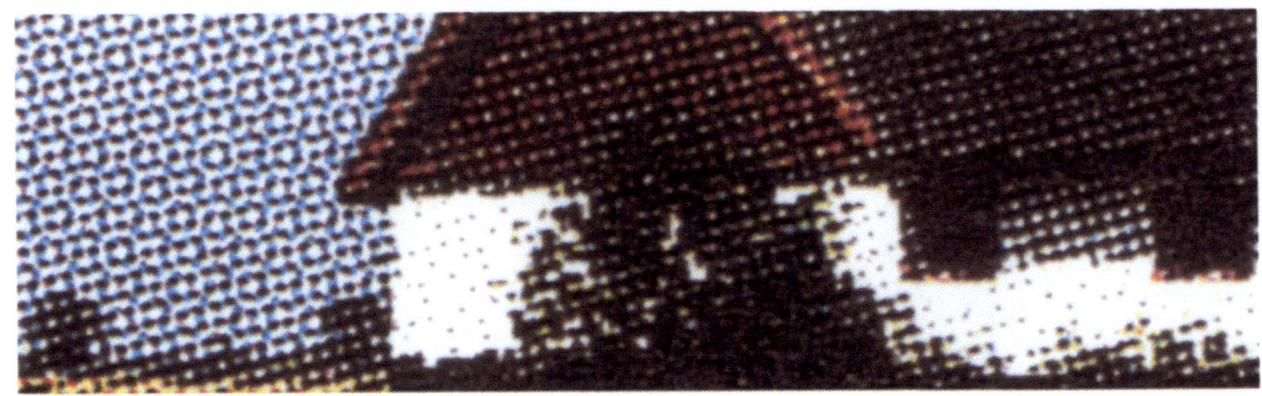

Cyan, Magenta, Gelb und Schwarz – mehr Farben stellt uns der Druck nicht zur Verfügung. Kleine Punkte bedrucken helle Bereiche, große Druckpunkte werden für dunkle Bereiche gesetzt.

Die bloße Theorie

Eigentlich sollte es kein Problem sein, das Bild aus den RGB-Farben in CMYK-Farben zu übersetzen. Beim Desktop-Drucker erledigt das der Druckertreiber im Verborgenen für uns, im Offsetdruck überlassen wir Photoshop die Moduskonvertierung.

Aber in der Praxis schaffen es die drei Druckfarben Cyan, Magenta und Gelb nicht, in der Mischung zu einem reinen Schwarz zu verschmelzen. Wir müssen Schwarz als vierte Farbe zusetzen – hiermit beginnen die Probleme.

Mit dem Druckraster geht es weiter: Die Farben werden nicht im Drucker gemischt, sondern als vier Druckpunkte nebeneinander gesetzt. Erst die Feinheit des Rasters und der Abstand des Betrachters läßt die vier Farben Cyan, Magenta, Gelb und Schwarz in verschieden großen Punkten miteinander zu einer gewünschte Farbe verschmelzen.

Also braucht der Drucker auch nicht etwa 300 dpi, um ein Bild mit 300 dpi zu drucken, sondern mindestens das Vierfache.

Testbild: Fujifilm

Der Tintenstrahldrucker nutzt zwar ein vielfach raffinierteres Raster als der Offsetdruck, aber letztendlich setzt auch er das Bild aus Punkten in den vier Grundfarben zusammen.

Jedermanns Liebling: Der Tintenstrahldrucker

Eine ähnlich steile Karriere wie der Scanner hat der Tintenstrahldrucker hingelegt. A3-Drucker gibt es schon für 1000 DM und sie können dabei bis zu 6 Farben mit bis zu 2880 dpi Druckerauflösung vorweisen.

Die Qualität der »Fotodrucker« ist in den letzten Jahren rasant gewachsen. Manch ein hartnäckiger Anhänger der analogen Dunkelkammer gerät ins Schwanken, wenn er die Ergebnisse eines guten Prints vor Augen sieht: ohne sichtbares Druckraster, kräftige Farben, feine Verläufe und große Formate.

Der Tintenstrahldrucker, noch vor kurzem (liebevoll oder abfällig) »Tintenpisser« genannt, eröffnet dem ambitionierten Fotografen den Weg »back to the roots«, wobei die Dunkelkammer gemütlich auf dem Arbeitstisch untergebracht werden kann.

Krtierien für den Druckerkauf: Zahlen, Zahlen, Zahlen

Die Druckerauflösung und das bedruckbare Format – das sind die Eckdaten des Druckers, die bei der Kaufentscheidung an erster Stelle stehen.

Wie beim Scanner zeigt das Datenblatt immer öfter zwei Werte als Druckerauflösung. Bei einer Auflösung von 720 x 2880 dpi beschreibt die erste Zahl, wie viele Punkte pro Zoll der Drucker setzen kann, und die zweite bezieht sich auf die Schrittweite des Schrittmotors beim Zeilenvorschub.

Weiterhin verheißen uns sechs Farben die Erweiterung des Tonwertspektrums. Mit sechs Farben brechen Verläufe nicht so schnell auf – 600, 720, 1200, 1440 und selbst 2880 dpi Druckerauflösung alleine vollbringen noch keine feinen Pastelltöne und natürliche Hauttöne.

Wie gedruckt

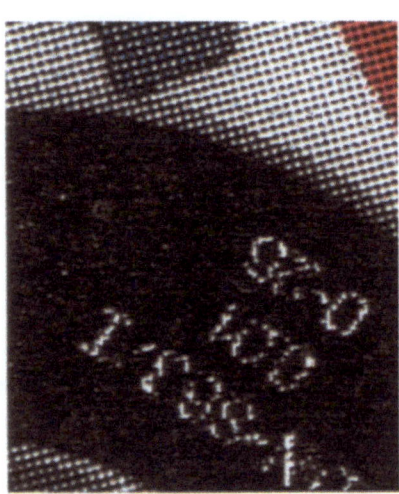

▲ *Drei im Vergleich: Der »fotografische Print« (also ein klassischer Abzug), der Druck aus dem Tintenstrahldrucker (Epson 1290) und das Raster des Offsetdrucks. Der Tintenstrahldrucker hat also in Hinsicht auf die Auflösung und den Schärfeneindruck sein Klassenziel erreicht: den Fotorealismus. Wenn wir jetzt noch die Kleinigkeit mit den stimmigen Farben hinbekommen ...*

Speed!

Wie schnell der Drucker vollfarbige Seiten ausspuckt, interessiert den Fotografen und den Grafiker in den Studios mächtig – schließlich passiert es immer wieder, daß ein ungeduldiger Kunde auf einen ganzen Stapel von digitalen Polaroids und »Proofs« wartet, die noch am gleichen Tag ausgeliefert werden müssen.

Quanta costa?

Während die Preise für den Drucker in den letzten Jahren konstant gefallen sind, sind die Kosten für die Verbrauchsmaterialien ungebrochen hoch – Tinten und spezielle Papiere für den fotorealistischen Druck auf dem Tintenstrahldrucker sind weiterhin teuer. Da spielt es eine Rolle, ob die Tintentanks in einem Stück oder einzeln austauschbar sind.

Es muß nicht immer Farbe sein

Wer sich dem Schwarzweißbild widmen möchte, braucht einen Drucker, der die Option »Schwarz« anbietet. Ansonsten wird der Drucker auch Graustufenbilder mit allen vier Farben drucken und nur unter erschwerten Bedingungen ein neutrales Grau produzieren. Wenn der Drucker außerdem auch schon mal für einen Brief oder einen besonders schnellen Probedruck eingesetzt werden soll, hilft die Option, die teuren farbigen Patronen zu sparen.

Die Mechanik

Achten Sie beim Kauf des Druckers darauf, ob Sie den Drucker von der Rückseite mit Papier bestücken können. Viele Künstlerpapiere sind viel zu schwer und zu dick, um aus einer Kassette auf der Vorderseite des Druckers um die relativ dünne Walze gewickelt zu werden. Dabei bleiben sie entweder im Drucker stecken oder werden zu stark geknickt.

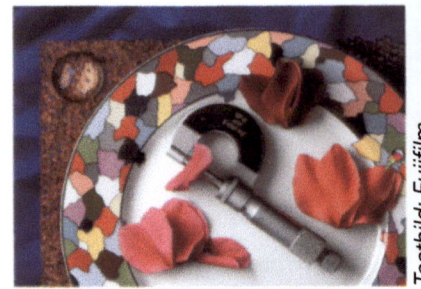

PostScript
PostScript ist eine Seitenbeschreibungssprache für Drucker, die von Adobe entwickelt wurde. Der PostScript-Drucker beherrscht ein paar Kunststücke, die dem »normalen« Desktop-Drucker nicht ohne weiteres gelingen: Er kann EPS-Grafiken sauber und farbkorrekt ausgeben, Schriften in jeder Größenordnung glatt und sauber setzen und dem Drucker das Druckraster vorschreiben.
Auf PostScript-Druckern können Satzdateien und Bilder für den Offsetdruck preiswert »geprooft« werden – darum sind sie bei Grafikern und Layoutern besonders beliebt.

In diesem Sinne ist es eine feine Option, wenn der Drucker seine Voreinstellung von Papieren im wahrsten Sinne des Wortes lockert und eine besondere Einstellung für dicke Papiere besitzt.

Manche Drucker erweitern ihre bedruckbaren Papierformate um Rollenpapiere – damit lassen sich Panoramen und Banner drucken.

Ins rechte Licht gerückt und auf den Punkt gebracht

Da geben die meisten Tintenstrahldrucker tatsächlich vor, RGB-Drucker zu sein – das ist natürlich glatt gelogen: Da auch der Tintenstrahldrucker mit den Farben Cyan, Magenta, Gelb und Schwarz druckt, ist er natürlich ein CMYK-Drucker. Der Tintenstrahldrucker erfordert keine Filme, sondern verarbeitet Bilddaten aus dem Rechner direkt. So kann er RGB-Bilder genauso drucken wie CMYK-Bilder – die Druckersoftware (auch »Druckertreiber« genannt) separiert bei RGB-Bildern die Bilddaten selbsttätig (und zwar nach einem Geheimrezept des Herstellers), ohne den Inhaber mit Fragen der Separation zu belästigen.

Einige Druckertreiber – insbesondere klassische Office-Drucker – sind gar nicht in der Lage, CMYK-Daten zu verarbeiten. Wird aus Photoshop gedruckt, wandelt der Druckertreiber das Bild zum Druck wieder in RGB-Daten um und transformiert es dann in seinen eigenen CMYK-Farbraum. Der Bildqualität dient das nicht, aber auf diese Weise vereinfachen Office-Drucker dem Anwender das Leben mit den Parametern des Vierfarbdrucks.

Error Diffusion: Der Zufall schafft die feinsten Raster

Beim konventionellen Rasterdruck sind die Rasterpunkte auf einem regelmäßigen Gitter angeordnet und verschiedene Helligkeitsstufen werden durch eine variable Punktgröße erreicht.

Die elektronische Bildverarbeitung ermöglicht eine Rastertechnik, die auf fotografischem Weg nicht machbar war: die frequenzmodulierte Rasterung. Statt die Punktgröße zu variieren und die Abstände konstant zu lassen, wird mit gleichbleibenden Punkten gearbeitet, die aber je nach gewünschtem Deckungsgrad mehr oder weniger dicht beisammen liegen. Die Verteilung der Punkte folgt einer ausgefeilten Zufallsfunktion, denn schließlich darf sich das Raster auf der Seite nicht wiederholen.

Frequenzmodulierte Raster wirken feiner: Die Größe der Rasterpunkte wird so klein wie drucktechnisch möglich gewählt. In den dunklen Bildbereichen, wo beim herkömmlichen Rasterdruck große Rasterpunkte sichtbar sind, werden beim frequenzmodulierten Raster sehr viel kleinere Punkte nebeneinander gesetzt, wodurch die Zeichnung besser erhalten bleibt und der Eindruck einer konsistenten Abdeckung mit Farbe entsteht. Das Druckraster ist mit bloßem Auge kaum noch sichtbar, frequenzmodulierte Raster sind schärfer.

Unter Druck gesetzt: Druckertreiber

Nichts setzt den Bildbearbeiter so sehr unter Druck wie der Druckertreiber. Unzählige Optionen, die bei jedem Drucker anders aussehen und anders heißen, entscheiden über Wohl und Wehe des Prints.

Gleich drei Menüs offeriert Photoshop für den Druck: DRUCKOPTIONEN, SEITE EINRICHTEN und den eigentlichen Druckbefehl DRUCKEN. Dabei ist Druckoptionen die Schaltzentrale, von der aus auch die beiden anderen Dialogfenster geöffnet werden können.

Service: Von der Positionierung bis zum Auswahlbereich

Die DRUCKOPTIONEN erfüllen seit Version 6 einen alten Traum der Photoshop-Benutzer: zu bestimmen, wie und wo das Bild auf dem Druckmedium gesetzt wird.

Heute stellen die Druckoptionen die Einrichtungszentrale dar: Hier wird das Bild auf der Seite positioniert, entweder numerisch über die Eingaben unter POSITION oder bei aktiver Option BEGRENZUNGSRAHMEN EINBLENDEN durch Verschieben des Vorschaubildes im Dialogfenster.

In gleicher Weise wird die Größe des Bildes auf der Seite angepaßt: entweder durch die Eingabe von Höhe und Breite, durch die Eingabe eines Skalierfaktors oder durch Vergrößern oder Verkleinern des Begrenzungsrahmens in einer der Ecken der Bildvorschau bei aktiver Option BEGRENZUNGSRAHMEN EINBLENDEN.

Mit dem Schalter DRUCKEN gelangt der Benutzer in das Druckmenü des Druckers (genauso wie mit dem Aufruf DATEI/DRUCKEN), mit SEITE EINRICHTEN in die Seiteneinrichtung des Drucker (genauso wie mit dem Aufruf (DATEI/SEITE EINRICHTEN).

Beschneiden und Beschriften

WEITERE OPTIONEN EINBLENDEN wendet sich im wesentlichen an die Druckvorstufe und kann beim eigenen Desktop-Drucker beruhigt übergangen werden. Andererseits gibt es hier auch ein paar Dienstleistungen, die dem Urlaubsfoto oder dem Galerieprint zugute kommen:

PASSERMARKEN drucken dünne Begrenzungslinien, anhand derer das Bild auf einem Schneidegerät vom überflüssigen Rand befreit werden kann. Um der Gefahr von Blitzern zu entgegnen, werden sie mit ein paar Millimetern ANSCHNITT in das Bild hineingelegt.

Haben Sie sich schon einmal die Mühe gemacht, Informationen zum Bild in die Datei-Information zu schreiben? Unter DATEI/DATEI-INFORMATIONEN werden Informationen zusammen mit den Bilddaten abgelegt – von der Objektbeschreibung über Stichwörter bis zum Copyright. Einen Teil davon kann Photoshop gleich mit auf die Druckseite setzen.

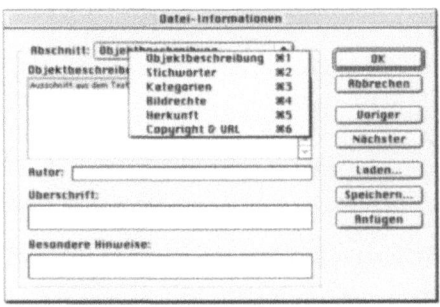

Die Datei-Informationen fristen in der Regel ein stilles Leben fernab von den aufregenden Pixeln des Bildes. Dabei sind sie eine gute Vorbereitung auf das Dasein im Bildarchiv.

> Unter DATEI/DRUCKOPTIONEN liegen die Einstellungen, für die Photoshop verantwortlich zeichnet.
- Seit Version 6 kann der Bildbearbeiter die POSITION des Bildes auf dem Papier beeinflußen, indem er die Position auf dem Papier von der oberen linken Ecke aus angibt.
- Wenn ein rechteckiger Bereich im Bild ausgewählt ist, wird bei aktiver Option AUSWAHLBEREICH DRUCKEN nur die Auswahl gedruckt.

WEITERE OPTIONEN EINBLENDEN zeigt Einstellungen, die im wesentlichen der Belichtung und dem Offsetdruck dienen.
- Der HINTERGRUND kann flächig in einer Farbe gedruckt werden, und das Bild kann mit einem Rand bis zu 10 Pixel (3,5 mm oder 0,15 Inch) Breite versehen werden.
- BILDSCHIRM ist ein liebenswerter Übersetzungsfehler des englischen Ausdrucks SCREENING, der die Einstellung des Druckrasters beschreibt.
- Bei aktiver Option OBJEKTBESCHREIBUNG setzt Photoshop die Daten, die unter DATEI/DATEI-INFORMATIONEN zusammen mit einer Bilddatei gespeichert werden können, in den Ausdruck.
- SCHICHTSEITE HINTEN ist für den Druck auf der Rückseite von transparenten Filmen vorgesehen und spiegelt das Bild.
- Die DRUCKKENNLINIE kompensiert den Tonwertzuwachs zwischen Bild und Film.
- Nur auf PostScript-Druckern wird ein Bild mit Beschneidungspfad als Freisteller gedruckt.

Werden Optionen vom aktuellen Drucker nicht unterstützt, so bleiben sie inaktiv und sind im Menü nur schwach dargestellt. PostScript-Drucker zum Beispiel unterstützen die NEUBERECHNUNG des Bildes beim Druck, wenn AUF MEDIENGRÖSSE SKALIEREN aktiviert ist und verhindern so die Treppchenbildung in den Diagonalen (Aliasing).

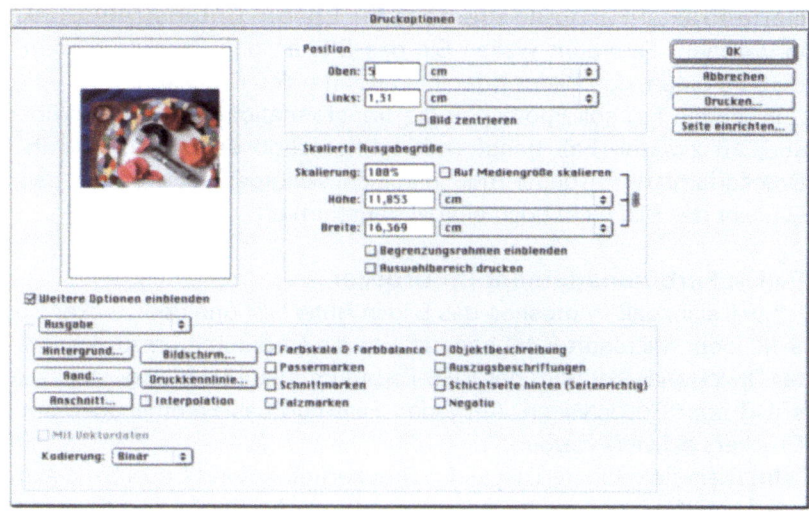

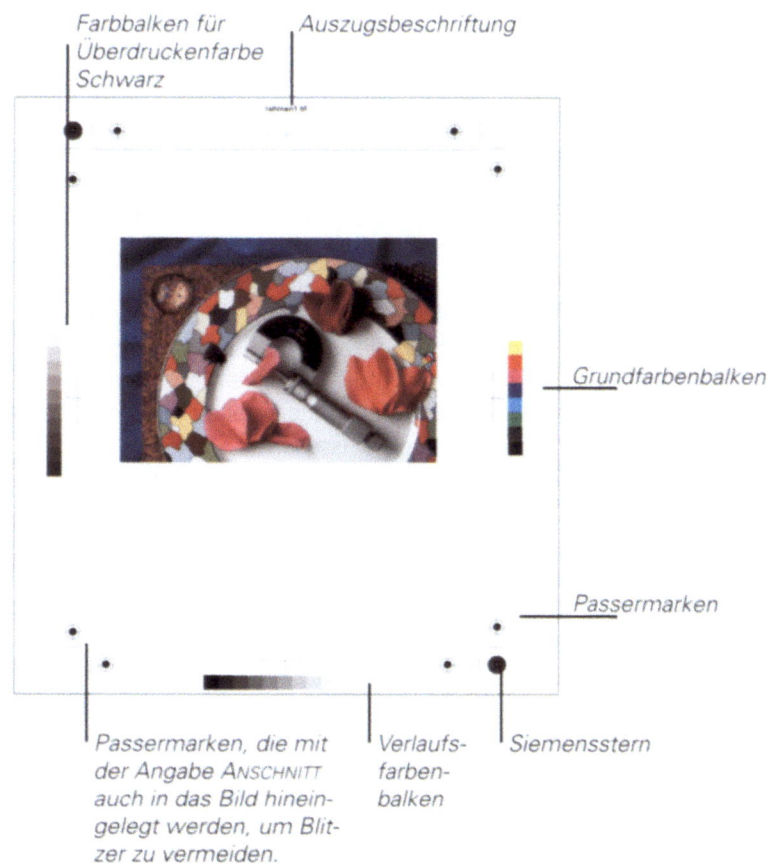

Farbbalken für Überdruckenfarbe Schwarz

Auszugsbeschriftung

Grundfarbenbalken

Passermarken

Passermarken, die mit der Angabe ANSCHNITT auch in das Bild hineingelegt werden, um Blitzer zu vermeiden.

Verlaufsfarbenbalken

Siemensstern

Harte Praxis: Farbmanagement für Epson-Tintenstrahldrucker

In welchem Farbraum wollen Sie das Bild an den Drucker senden? Im RGB-Farbraum des Bildes oder im Farbraum des Druckers?

Im ersten Fall soll Photoshop die Transformation dem Drucker überlassen, im zweiten Fall transformiert Photoshop selbst das Bild in den Druckerfarbraum – dabei muß natürlich sichergestellt werden, daß der Drucker das Bild nicht noch einmal transformiert.

Fall 1: Farbmanagement im Drucker

Ich will also, daß Photoshop das Bild in Ruhe läßt und der Drucker COLOR-SYNC (oder Microsoft ICM) benutzt, um die Farbräume umzurechnen. Unter DRUCKFARBRAUM wird der RGB-Farbraum des Bildes eingestellt – etwa sRGB oder COLORMATCH. Auf jeden Fall muß das Farbmanagement des Druckers aktiviert werden.

Im Dialogfeld EINSTELLUNGEN im Druckertreiber wird COLORSYNC aktiviert – jetzt darf ich meine Anpassungsmethode (in Photoshop RENDER-PRIORITÄT unter BEARBEITEN/FARBEINSTELLUNGEN/KONVERTIERUNGSOPTIONEN oder auch RENDERING INTENT) wählen.

Die ANPASSUNGSMETHODE legt fest, in welcher Weise Farben ersetzt und umgerechnet werden, die im Farbraum des Bildes liegen, aber vom Drucker nicht wiedergegeben werden können. Empfehlenswert für den Druck von Fotografien sind WAHRNEHMUNG (in Photoshop PERZEPTIV genannt) oder RELATIV FARBMETRISCH.

Photoshop schickt das Bild im RGB-Farbraum an den Drucker, der Drucker ruft ColorSync auf und ColorSync benutzt die Farbanpassungstechnologie, die ich im Kontrollfeld ColorSync unter CMM ausgepackt habe (etwa Heidelberg CMM oder Apple CMM).

Fall 2: Transformation in Photoshop

Wir setzen den Farbraum auf das gewünschte Druckerprofil. FARBMANAGEMENT IM DRUCKER muß deaktiviert werden. Auf der linken Seite des folgenden Menüs ist alles wie immer: Papier und Druckerauflösung einstellen.

Nun transformiert Photoshop das Bild in den Farbraum des Druckers und der Drucker läßt das Bild so wie es ist. Photoshop benutzt die Farbanpassungstechnologie (z.B. seine eigene Technologie Adobe ACM, Apple oder Microsoft ICM), die in BEARBEITEN/FARBEINSTELLUNGEN/KONVERTIERUNGSMETHODEN eingestellt wurde, und das ebenfalls dort eingestellte Umrechnungsverfahren.

Um die Farbeinstellungen des Druckers abzustellen, müssen wir die Farbanpassung deaktivieren – die Option KEINE FARBANPASSUNG taucht bei den älteren Epson-Treibern nur auf, wenn wir zunächst die Farbanpassung aktivieren, um sie dann auszuschalten (tata! Epson hat ein Patent auf Spagatlogik).

Farbanpassungsmethoden
Perzeptiv oder Wahrnehmung wurden in der Literatur rund um das praktische Farbmanagment immer als Umrechnungsmethode bei Fotografien empfohlen. Hier versucht die Umrechnungsmethode – das CMM –, die Beziehungen zwischen den Farben zu erhalten und eine natürliche Wirkung der Farben zu erzielen. Relativ Farbmetrisch eignet sich ebenfalls gut zur Umrechnung des RGB-Farbraums in den Druckerfarbraum, insbesondere, wenn der Drucker einen relativ großen Farbraum aufweist und Wert auf die Erhaltung von Farben gelegt wird.

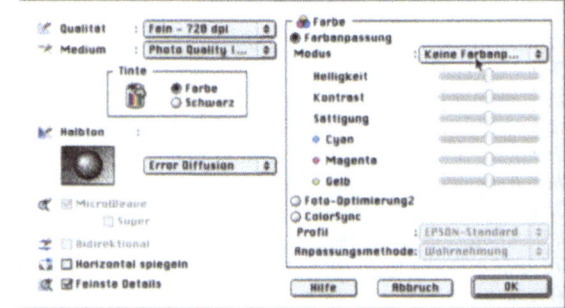

Wie gedruckt

Farbmangement im Druckertreiber oder in Photoshop

Zwei Wege, ein Ziel? Photoshop ist besten willens, uns das Farbmanagement einfach zu machen, und setzt in der Dialogbox des Druckers ein Klappmenü voraus, pragmatisch »Druckfarbraum« genannt. Von hier aus beginnt eine wilde Jagd nach Parametern und Einstellungen quer durch die Dialogfenster.

Um das Farbmanagement bei einem Epson-Drucker einzurichten, muß der Benutzer über den Schalter EINSTELLUNGEN in das detaillierte Druckermenü.

Wer das Farbmanagement ausschalten will, muss sich ebenfalls durch die Einstellungen in Druckerdialog klicken.

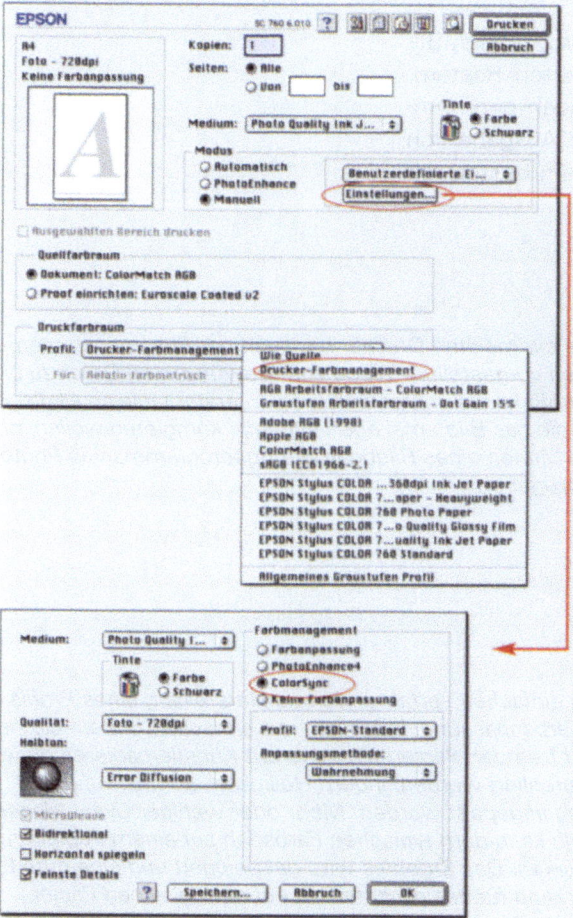
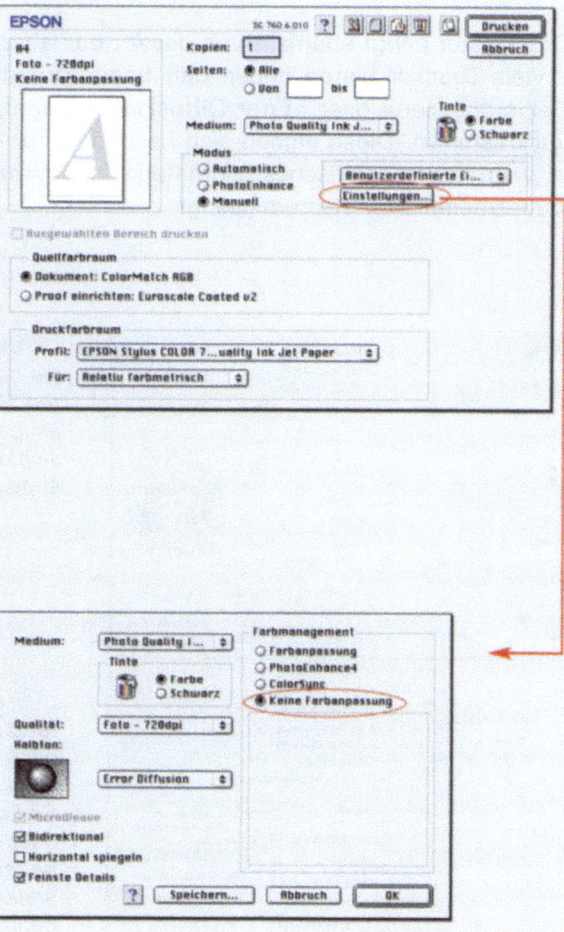

227

Individuell: Druckertreiber

Wenn es ernst wird und ans Drucken geht, überläßt Photoshop der Software des Druckers, dem Druckertreiber, das Terrain: Jeder Drucker hat seine spezifischen Eigenheiten, seine Funktionen und Optionen. Ein paar Einstellungen sind fundamental und tauchen in mehr oder minder allen Druckertreibern auf: die Druckerauflösung (bei Epson QUALITÄT), das Profil für die Tinten/Papierkombination (bei Epson MEDIUM) und sein Format, die Frage, mit welchem Druckraster und ob nur mit schwarzer Farbe oder mit aller Farbkraft gedruckt werden soll.

Klar – je höher die Auflösung, desto höher die Druckqualität. Dennoch ist es nicht notwendig, jedes Bild gleich in höchster Auflösung zu drucken. Vergleichen Sie Probeausdrucke mit verschiedenen Druckerauflösungen, um zu entscheiden, ab wann sich der Aufwand für die höchste Druckerauflösung lohnt: Portraits und feine Verläufe brauchen höhere Auflösungen.

Das Druckraster hängt ebenfalls von der Art des auszudruckenden Bildes ab. Viele Drucker bieten neben den frequenzmodulierten Rastern, auch »Fehlerdiffusion« oder »Error Diffusion« genannt, noch geometrische Druckraster an. Diese eignen sich besonders für die Ausgabe von Grafiken, während fotografisches Bildmaterial fast immer am besten mit den frequenzmodulierten Rastern gelingt.

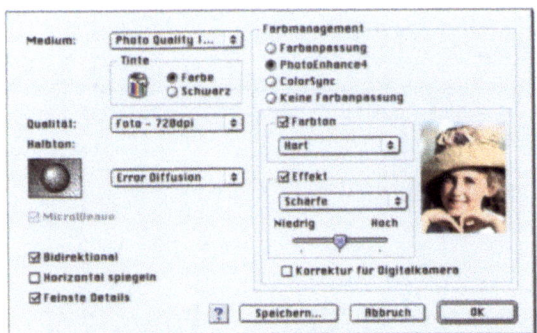

◀ Wie die meisten Drucker hat auch der Epson noch mehr als die beiden vorgestellten Wege zum gewünschten Druck zu bieten. PhotoEnhance richtet sich wohl in erster Linie an all diejenigen, die das Bild »mal eben schnell« korrigieren wollen, ohne sich den Mühen eines Bildbearbeitungsprogramms wie Photoshop hinzugeben.

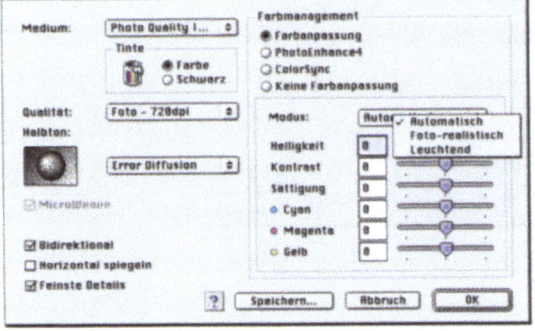

◀ Ein einfaches Verfahren für die Herstellung eines Profils bietet die Farbanpassung. Hier kann mit einfachen Mitteln die Ausgabe auf fremden Papieren – etwa auf Künstlerpapieren ohne Profil – profiliert werden, indem Helligkeit, Kontrast und Sättigung angepaßt werden. Mehr oder weniger Cyan, Magenta oder Gelb kann dem typischen Farbstich auf einem Papier entgegenwirken. Das Ergebnis wird gespeichert und eine gute Einstellung kann für das nächste Bild auf dem gleichen Papier benutzt werden.

Und noch einmal das Wort zur Farbe ...

Mit raffinierten Verfahren haben die Druckerhersteller das Druckraster heute so gut im Griff, daß die neuen Fotodrucker ohne sichtbares Raster daherkommen und es mit dem richtigen Papier durchaus mit einem guten fotografischen Print aufnehmen können. Auf den glänzenden Fotopapieren sind die Farben brillant und die Schärfe besticht.

Trotzdem sind Fotografen häufig enttäuscht – dabei sind es nicht nur die Farbstiche, die den Frust bereiten:

- Der Farbraum des Druckers ist kleiner als der Farbraum des Bildschirms. Vielleicht kann der Drucker das leuchtende Dunkelblau der Samtdecke noch ausgeben – aber die Zeichnung wird fehlen. Der Drucker hat schlichtweg nicht ausreichende Helligkeitsabstufungen zur Verfügung, um dem Faltenwurf die erwünschte Tiefe und Struktur zu geben.
- Wenn die Farben nicht leuchten, sondern stumpf und matt erscheinen, liegt die Ursache auch im Papier begründet. Ein mattes Papier kann Farben niemals so brillant wiedergeben wie ein Monitor, der Farben durch Licht darstellt.
- Wer Schwarzweißbilder auf dem Farbdrucker ausgeben will, muss sich auf langwierige Kämpfe einstellen: Aus der Mischung von Cyan, Magenta und Gelb kann nun einmal kein Schwarz entstehen und ebenso wenig ein neutrales Grau. Zwar wird als vierte Druckfarbe Schwarz zugesetzt, aber solange der Drucker nicht ausschließlich mit schwarzer Farbe druckt, wird immer wieder ein Farbstich das Schwarzweißbild überziehen. Auch hier spielt das Papier eine entscheidende Rolle: Es ist nie Reinweiß und bringt seine eigene Farbe mit.

Dies soll kein Aufruf zur Resignation sein – mit jeder neuen Generation von Desktop-Druckern verbessern neue Technologien das Druckbild. Noch mehr aber bringen die Erfahrung des Benutzers und das Verständnis vom Zusammenwirken zwischen Drucker, Tinte und Papier.

Ausdruck oder Digital Fine Art Print?

Auch auf dem Computer sind feine Drucke eine Kunst, und der Knopfdruck alleine liefert nur selten ein ansehnliches Ergebnis. Erst das Verständnis für das Verhalten der Kombination von Papier und Tinte macht aus dem Ausdruck einen Fine Art Print.

Nur die oberflächenveredelten Papiere des Druckerherstellers, die für seine Druckertechnologie und Tinten optimiert sind, verschaffen dem Einsteiger schnelle Ergebnisse. Auf anderen Papieren sind Prints oft enttäuschend, die Farben verlaufen oder trocknen nicht, sind flau und matt oder sammeln sich gar in sichtbaren kleinen Klümpchen.

Die starken und die schwachen Seiten
Die Kunst, einem fremden Papier einen feinen Druck abzuringen, bleibt dem erfahrenen Benutzer, seiner Energie und seinem Geldbeutel vorbehalten: Nur mit dem teuren Meßgerät und einer »Profilierung« gelingen auf fremden Papieren perfekte Ausdrucke. Immerhin liefern die Hersteller von Künstlerpapieren jetzt so nach und nach selbst die Profile für bestimmte Drucker mit – allerdings bislang zumeist nur die Profile für die Großformatdrucker der Printshops.

Die Papiere des Druckerherstellers
Die Papiere des Druckerherstellers sind auf die Drucktechnologie und die Tinte abgestimmt und verhelfen dem Anfänger noch am ehesten zu guten Ergebnissen. Für seine eigenen Papiere bringt der Druckerhersteller auch die passenden Profile im Druckertreiber mit. Typischerweise heißen sie InkJet Papier, Photo Glossy Papier, Photo Glossy Film oder ähnlich.

◄ Drei Papiere, drei Charaktere: Künstlerpapier und Sepiatinten von Lyson, ein beschichtetes hochweißes Papier (Heavy Matte von Epson) und ein Hochglanzpapier (Photo Glossy Film von Epson). Der Umgang mit einem Papier erfordert Erfahrung, damit Ergebnisse vorhersehbar werden. Wie in der traditionellen Dunkelkammer gehört die Spezialisierung auf wenige Papiersorten zu den besten Voraussetzungen für feine Drucke.

Glänzende und matte Papiere

Glänzende Papiere reflektieren das Licht, steigern die Sättigung der Farben und sorgen für ein teuflisches Schwarz. Matte Papiere verdanken ihren sanften Glanz einer pulverisierten Porzellanerde, die auf das Papier aufgebracht wird. Sie bieten selten den hohen Kontrast und die volle Farbsättigung der Hochglanzpapiere, sind aber vor allem bei Fotografen sehr beliebt. Insbesondere die optischen Aufheller sorgen für den frühen Tod durch Farbschwund: Nach ein paar Wochen, bestenfalls ein paar Monaten im Tageslicht vergilben die Papiere und die Farben verblassen.

Künstlerpapiere

Künstlerpapiere locken mit besonderen Oberflächen und charakteristischer Haptik – etwa die Aquarellpapiere von Hahnemühle, die es bereits für den Druck mit dem Tintenstrahldrucker gibt.

Edel und haltbar sind Papiere, die holzfrei aus Baumwoll- und Leinenlumpen hergestellt werden. Ohne Chemie und optische Aufheller produziert, werden sie als »säurefreie« Papiere bezeichnet und verheißen eine lange Lebensdauer. Ihr Naturweiß bringt einen schwächeren Kontrast und weniger helle Spitzlichter hervor. Künstlerpapieren werden die verschiedensten Rohstoffe beigefügt, über deren Rezeptur sich die Papierhersteller gerne ausschweigen. Das Ergebnis sind schwere Papiere mit Hammerschlagstruktur, die bislang dem Aquarellmalen vorbehalten waren, Strukturpapiere mit dem Charakter einer Leinwand und Reispapiere, deren feine Haptik aus einem Druck einen Fine Art Print macht.

Bislang aber war der Fotograf stets auf glatte Papiere angewiesen und die Oberflächenstrukturen von Künstlerpapieren waren dem Aquarell und der Kreidezeichnung vorbehalten – eine Einschränkung, die mit dem Einzug neuer Papiere für den Tintenstrahldruck ein Ende findet.

Hahnemühle Bütten

Illford Seide

Aufbau digitaler Papiere

Digitale Fotopapiere bestehen aus mehreren Schichten. Zuoberst sitzt die Farbempfangsschicht. Das Papier saugt die Tinte auf und hält sie fest. Was nicht aufgesaugt wird, erzeugt einen Feuchtigkeitsstau auf der Oberfläche.

Für den schnellen Druck sind also Papiere gefragt, die Tinte schnell aufnehmen – das sind Papiere mit einer mikroporösen Beschichtung. Die halten die Tinte durch Kapillarwirkung fest und sorgen für ein schnelles Gefühl von Trockenzeit, auch wenn die Farbe im Papier tatsächlich noch lange nicht getrocknet ist.

Polymerbeschichtete Papiere hingegen quellen bei der Berührung mit Wasser auf und können sich durch die Flüssigkeitsaufnahme bis auf ein Vielfaches ihrer ursprünglichen Stärke ausdehnen. Bei einem schnellen Drucker quillt die Oberfläche nicht schnell genug, dadurch nimmt sie deutlich weniger Tinte auf und die überschüssige Tinte klumpt auf dem Papier zusammen.

Leider verrät uns die Packung Fotopapier nicht, welche Papiertechnologie in ihrem Inneren untergebracht ist.

Das alte Thema: Gut Ding will Weile haben

Die Druckgeschwindigkeit ist also ein weiterer Faktor im Wettstreit um scharfe Drucke mit sauberen Farben. Wenn der Drucker zu schnell für PE-Papiere ist, bilden sich Klümpchen, die einen ungleichmäßigen Oberflächeneindruck hinterlassen – ein Effekt, der als Koalessenz bezeichnet wird.

Polymerpapiere zeigen noch einen weiteren Effekt, wenn die Tinte zu schnell aufs Papier gerät: Das Lösungsmittel dringt schneller in das Papier ein als die Farbe, und die Farbstoffe bilden eine feine Schicht auf der Oberfläche, die nach dem Trocknen einen metallischen Glanz ohne Zeichnung zeigt – Bronzing.

Wie wasserfest ein digitaler Druck ist, hängt von der Tinte und vom Lösungsmittel ab. Tinten auf Wasserbasis werden niemals vollkommen wasserfest sein; andere Lösungsmittel sind zwar wasserresistent, aber nicht umweltfreundlich und werden nur noch selten genutzt.

Tinten

Tinten bestehen aus Farb- und Lösungsstoffen und sind dem jeweiligen Druckverfahren angepaßt. Pigmentfarben hingegen weisen zwar eine höhere Haltbarkeit und Resistenz gegen das gefürchtete Ausbleichen auf, doch ihre geringere Brillanz und ihr kleinerer Farbraum genügt vielen Fotografen nicht.

Aber die Entwicklung macht nicht halt: Gerade kommen neue Tinten auf dem Markt, die mit drei oder vier Abstufungen von Grau der Qualität eines Schwarzweißabzugs aus der Dunkelkammer nicht nachstehen.

Tips für den Druck auf Künstlerpapieren

- Legen Sie dicke Papiere nicht im Stapel ein, sondern nur ein einzelnes Künstlerpapier und dahinter ein dünnes, extrem glattes Papier, besser eine Folie. Manchmal hilft »Anschieben«, ein leichter Druck auf die Kante das Papiers, damit das Papier erfaßt und eingezogen wird. Bei teuren Papieren empfiehlt sich immer das manuelle Füttern des Druckers.
- Einige Drucker haben eine Einstellung für die Papiertoleranz – gedacht für das Bedrucken von Briefumschlägen. Unter der höchsten Toleranz ziehen diese Drucker schwere Papiere wesentlich besser ein.
- Bei den klassischen InkJet-Medien ist es in der Regel einfach, die beschichtete Seite zu erkennen. Nicht so aber bei den Künstlerpapieren, bei denen die Beschichtung so gut wie unsichtbar ist. Ein »Zungentest« bringt die Beschichtung an den Tag: Die Seite, bei der die Zunge ein wenig klebt, ist die beschichtete.
- Auch der »Rolltest« gibt Auskunft über die beschichtete Seite: Innerhalb weniger Sekunden, nachdem Sie das Papier aus der Verpackung genommen haben, rollt sich das Papier mit der beschichteten Seite nach innen.
- Für den Schwarzweißdruck: Wandeln Sie ein RGB-Bild nicht in ein Graustufenbild um, sondern in den Lab-Modus (Photoshop: BILD/MODUS/LAB). Behalten Sie nur den Helligkeitskanal und deaktivieren Sie die Farbkanäle. Drucken Sie das Bild als RGB-Bild. Wenn Sie allerdings mit einem RIP (Raster Image Processor) drucken, separieren Sie das Bild – egal ob Graustufen- oder RGB-Bild – in den CMYK-Farbraum.
- Wenn Sie kein Farbprofil für ein Künstlerpapier haben oder mit dem Thema Farbmanagement noch nicht vertraut sind, stellen Sie im Druckertreiber »Photo Quality InkJet Papier« als Medium ein und aktivieren Sie die Option FEHLERSTREUUNG oder ERROR DIFFUSION.
- Für eine optimale Druckqualität stellen Sie die Druckauflösung auf einen ganzzahligen Teiler der Druckerauflösung – zum Beispiel 360 dpi bei einer Ausgabe auf einem Drucker mit einer Auflösung von 1440 dpi.
- Lassen Sie Ausdrucke einen Tag lang offen »ruhen«. Auch wenn die Tinten schnell trocknen, entfalten Ausdrucke erst nach etwa 24 Stunden ihre volle Tiefe und Sättigung. Farbige Tinten zeigen nach dem Ausdruck manchmal einen Farbstich, der sich nach einen Tag legt.
- Künstlerpapiere sind teuer und der Ausdruck nimmt viel Zeit in Anspruch: Ergo sind Testausdrucke angebracht. Teilen Sie das Blatt in Streifen und benutzen Sie unterschiedliche Einstellungen. Als Motiv wählen Sie den Bildausschnitt, der Ihnen besonders am Herzen liegt: Bei einem Portrait Mund oder Augen, bei einer Landschaftsaufnahme den Horizont, wo das Grün der Wiese auf das Blau des Himmels trifft.
- Für das Künstlerpapier mit seiner strukturierten Oberfläche kommen sie natürlich nicht in Frage: Laminierfolien. Aber für Photo-Glossy-Papiere stellen Laminate oder UV-Sprays ein längeres Leben im hellen Licht des Tages in Aussicht. Künstlerpapiere benötigen keine Lamminierung: Sie enthalten keine optischen Aufheller.

Wie gedruckt

Verdruckt

Wenn sich im Druck statt des erwarteten brillanten Bildes vom Bildschirm ein flauer Abklatsch zeigt, wenn Mitteleuropäer zu Indianern mutieren und der Monitor die irische Berglandschaft noch in frühlingshaften Farben darstellt, die sich auf dem Papier als Sonnenuntergang erweisen ...

Was auf dem Monitor noch ein zarter Verlauf war, mutiert auf dem Papier zu abgegrenzten Farbstreifen, der Ausdruck will nicht trocknen und ist selbst nach Tagen nicht wirklich hand- und wischfest. Mitunter weiten sich die Druckpunkte aus wie auf Löschpapier, oder die Tinte gerinnt zu kleinen Hügeln auf dem Papier. Und selbst wenn auf dem Drucker ein perfekter Ausdruck entsteht – spätestens nach ein paar Monaten vergilbt das Papier und schwinden die Farben. Auf welches Druckermodell unsere Wahl letztendlich auch fällt – entscheidend für die Qualität des Ausdrucks sind das Papier und der richtige Umgang mit dem Druckertreiber.

Das Bild ist zu dunkel

Die Tiefen laufen zu und bilden einen dunklen Farbauftrag ohne jede Zeichnung.
1. Die Druckauflösung ist zu fein für das Papier. Setzen Sie die Auflösung im Bildmenü des Photoshops zurück (mit dem Parameter NEUBERECHNUNG, wenn das Bild dabei seine Maße im Druck behalten soll). Benutzen Sie im Tintenstrahldrucker die speziell beschichteten InkJet-Papiere, auf denen die Farben nicht so stark verlaufen.
2. Einstellungen wurden an einem schlecht kalibrierten Bildschirm vorgenommen. Benutzen Sie Adobe Gamma für eine einfach visuelle Kontrolle.
3. Im Offsetdruck: Im Menü BEARBEITGEN/FARBEINSTELLUNGEN ist der falsche Druckprozeß eingestellt. Erfragen Sie den korrekten Druckprozeß bei Ihrer Druckerei.

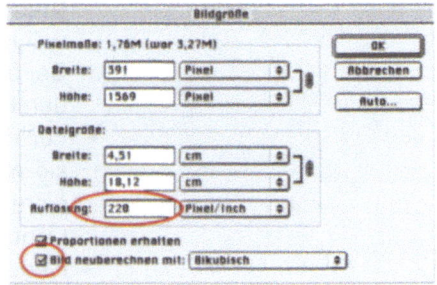

Farbe lagert sich auf dem Papier in kleinen Hügeln ab (»Koalessenz«) oder bildet nach dem Trocknen glänzende Stellen ohne jede Zeichnung (»Broncing«), oder die Tinte trocknet auch nach Tagen nicht.

1. Papier und Tinte passen nicht zusammen. Die Tinte wird nicht schnell genug eingezogen und bildet kleine Erhebungen auf dem Papier. Manchmal gelingt es, die Tinte mit Laminierspray aufzulösen.
2. Im Druckertreiber wurde eine falsche Papiereinstellung gewählt. Wenn das Papier eine extrem geschlossene Oberfläche zeigt, bringen Einstellungen wie »Photo Glossy Film« vielleicht bessere Ergebnisse.
3. Verringern Sie den Farbauftrag, indem Sie die Sättigung im Druckertreiber senken.

Im Druck zeigen sich weiße Querstreifen: »Banding«

1. Überprüfen Sie Ihren Tintenvorrat, ob eine Druckfarbe verbraucht ist.
2. Meistens sind verstopfte Düsen der Grund für weiße Streifen.
3. Erhöhen Sie die Druckerauflösung – nicht die Druckauflösung im Bildmenü von Photoshop, sondern die Druckerauflösung im Druckertreiber.

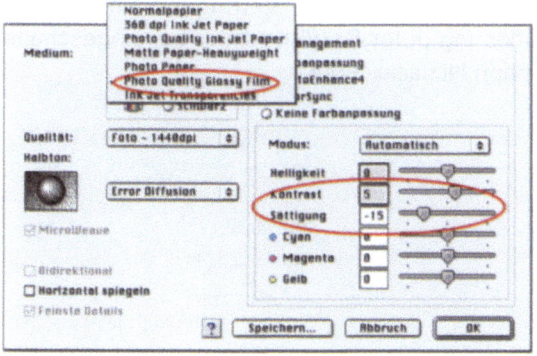

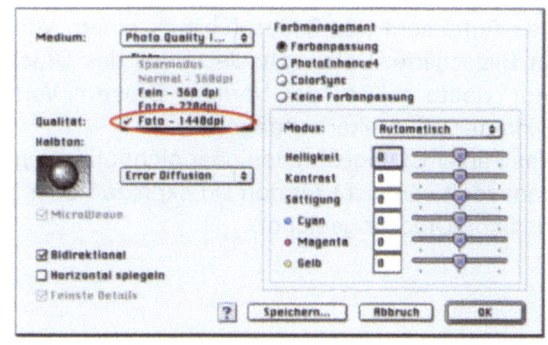

Wie gedruckt

Das Bild ist unscharf und/oder zeigt Pixel

1. Prüfen Sie die Druckauflösung in BILD/BILDGRÖSSE. Auf dem Tintenstrahldrucker sollte die Druckauflösung mindestens 180 bis 240 dpi betragen. Ist sie deutlich kleiner, hilft nur eine erneute Aufnahme oder ein erneuter Scan.
2. Das Bild wurde zu stark komprimiert. Bei starkem Komprimieren verliert das Bild an Informationen. Hoffentlich haben Sie das Original archiviert – denn die Rekonstruktion eines zu stark komprimierten Bildes ist kaum möglich.
3. Das Bild wurde im EPS-Format gespeichert und auf einem Drucker ausgegeben, der nicht PostScript-fähig ist.
4. Das Bild verliert an Schärfe, wenn es im Photoshop rotiert, verkleinert oder vergrößert wurde. Das Vergrößern und Verkleinern des Bildes in der Software bringt immer einen Qualitätsverlust mit sich. Benutzen Sie den Filter UNSCHARF MASKIEREN (USM) unter den SCHARFZEICHNUNGSFILTERN.
5. Das Aufrastern des Bildes führt zu einem Verlust an Bildschärfe. Dabei gilt: Je feiner das Druckraster, desto größer der Verlust. Diesem Verlust wirkt der USM-Filter entgegen.
6. Das Papier ist ungestrichen oder nicht oberflächenbehandelt und nicht für den Druckprozeß oder den Desktop-Drucker geeignet.

Eine Streifenbildung in den Verläufen

Das Bild sieht aus wie eine Tontrennung aus der Dunkelkammer: Statt weicher Farbverläufe erscheint die Farbe stufig wie in einer Grafik.

1. Das Bild wurde in der Tonwertkorrektur oder per Gradationskurve zu heftig korrigiert.
2. Das Bild wurde versehentlich in einen Modus mit weniger als 8 Bit umgewandelt. Überprüfen Sie, ob das Bild als GIF-Bild vorliegt oder im Modus Indizierte Farben (BILD/MODUS). Wenn das der Fall sein sollte, können Sie nur noch nach einem Originalbild oder den »Rohdaten« des Bildes suchen, denn GIF-Bilder und andere Bilder mit indizierten Farben weisen zu wenige Helligkeitsstufen auf, um feine Verläufe auszugeben. Daran kann eine Umwandlung in den Modus RGB auch nichts mehr ändern.
3. Das Bild wurde mit einer zu hohen Druckauflösung gedruckt, so daß nicht genug Farbabstufungen ausgegeben wurden. Verringern Sie die Druckauflösung unter BILD/BILDGRÖSSE bei eingeschalteter Option NEUBERECHNUNG.

Wie gedruckt

Das Schwarzweißbild zeigt auf dem Tintenstrahldrucker einen deutlichen Farbstich

1. Viele Tintenstrahldrucker drucken auch das Graustufenbild mit allen Farben und verwenden nicht ausschließlich schwarze Farbe. Da die Farben immer mehr oder minder Verunreinigungen enthalten, entstehen Farbstiche. Aktivieren Sie »Drucken in Schwarz« im Druckertreiber, falls der Drucker diesen Modus unterstützt.
2. Auch das verwendete Papier kann zu Farbstichen führen. Machen Sie Probedrucke auf verschiedenen Papieren, um eine Papiersorte zu finden, die einen möglichst neutralen Charakter aufweist.
3. Auch den speziellen »Grautinten«, die von einigen Drittherstellern angeboten werden, können im Druck einen Farbstich aufweisen. Erkundigen Sie sich beim Hersteller der Tinte nach den bevorzugten Papiersorten und einem besonderen Separationsverfahren oder einer Profilierung für eine Tinten/Papierkombination.

Wo sind meine Farben geblieben?

Die Farben stimmen nicht, insbesondere kräftige und leuchtende Farben sind flau und flach und sehen einfach falsch aus.

1. Handelt es sich um ein CMYK- oder Lab-Bild? Viele Tintenstrahldrucker können nur mit RGB-Bildern umgehen und drucken ein CMYK- oder Lab-Bild in falschen Farben. Wandeln Sie das Bild in ein RGB-Bild um (BILD/MODUS/RGB).
2. Da der Farbraum des Druckers kleiner ist als der RGB-Farbraum des Bildschirms, können gerade leuchtende Farben im Druck nicht so wiedergegeben werden, wie sie der Monitor darstellt.
3. Überprüfen Sie Ihren Tintenvorrat. Eventuell müssen auch die Druckköpfe gereinigt werden. Auch einige Papiersorten bringen schnell einen leichten Cyan- oder Magentastich ins Bild.
4. Matte Papiere zeigen nicht die Brillanz eines Hochglanzpapiers (Glossy).
5. Wenn das Bild nach ein paar Tagen oder Wochen verbleicht oder ein Farbstich einzieht: Langlebige Tinten/Papierkombinationen kommen erst in jüngster Zeit auf dem Markt. Für die meisten Tinten/Papierkombinationen gilt: Nach ein paar Wochen oder Monaten im Tageslicht verbleichen Farben unterschiedlich schnell, so daß häufig ein Farbstich einzieht. Vermeiden Sie eine direkte Bestrahlung mit Sonnenlicht, hängen Sie das Bild unter Glas auf und benutzen Sie einen UV-Spray oder ein Laminat, das den Druck längere Zeit vor dem Ausbleichen schützt.

Separiert und aufgerastert

Unzählige Bilder landen tagein, tagaus im Layout von Zeitschriften, Plakaten und Werbematerial. Sie werden separiert und skaliert, seitenweise belichtet und aufgerastert. Das muß so ein armes Bild erst einmal überleben.

Wenns ans Drucken geht, trennen sich die Wege der Bilder: Die einen wandern durch den Desktop-Drucker, die anderen in die Druckerei. In diesem Fall wird das Bild auf dem Rechner des Grafikers in ein CMYK-Bild umgewandelt – separiert.

Da die meisten dieser Bilder für Zeitschriften und Bücher, für Kataloge oder Werbematerial bestimmt sind, landen sie in einem Satzprogramm wie QuarkXPress oder Adobe PageMaker.

In der Druckerei oder beim Belichter wird das fertige Dokument von einem Filmbelichter auf vier Filme – einer für Cyan, einer für Magenta, einer für Gelb und einer für Schwarz – belichtet (oder auf einen einzigen Film, wenn es sich um eine Schwarzweißpublikation handelt). Der Film ist ein »Positiv« und sieht nicht anders aus als das Schwarzweißdia aus der konventionellen Kamera – nur eben größer, nämlich in etwa so groß wie das endgültige Druckwerk. Allerdings ist das Bild auf dem Film »aufgerastert«. Mit der Lupe erkennt man das Druckraster des Offsetdrucks.

Der klassische Filmbelichter beim Belichter oder in der Druckerei rastert das Bild mit 2440 dpi, und das Bild selbst hat hier typischerweise eine Auflösung von 300 dpi.

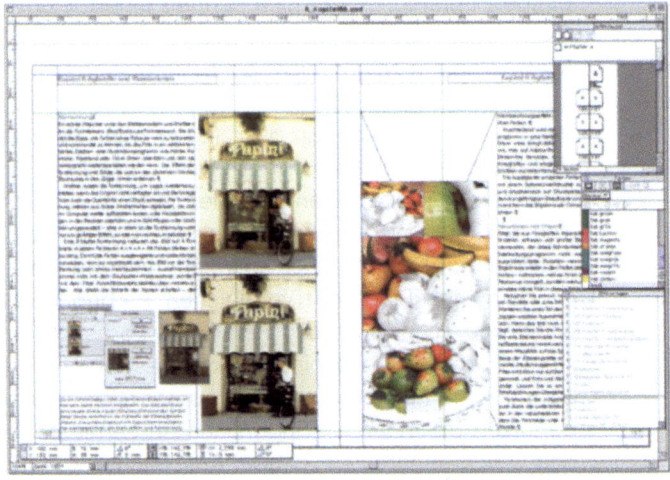

◂ Jedes einzelne Bild wird vor dem Belichten in den CMYK-Farbraum transformiert. Ein kleiner Schritt in Photoshop (Menü BILD/MODUS/CMYK), der dem Grafiker auf dem Monitor bereits einen ersten Eindruck von den tatsächlichen Farben im Offsetdruck vermittelt.

Wie gedruckt

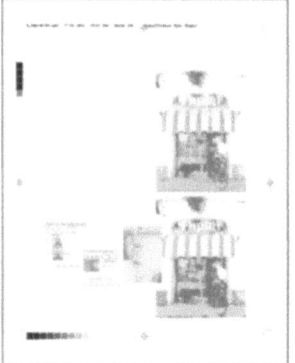 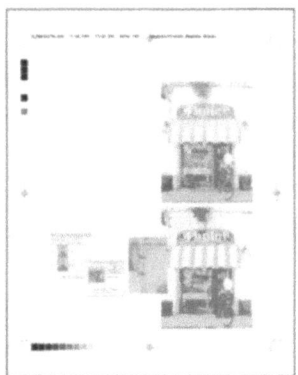 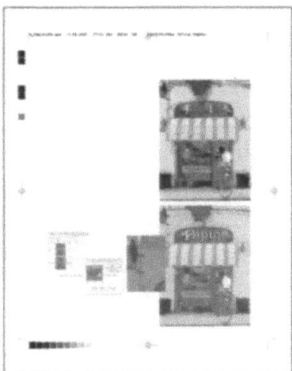 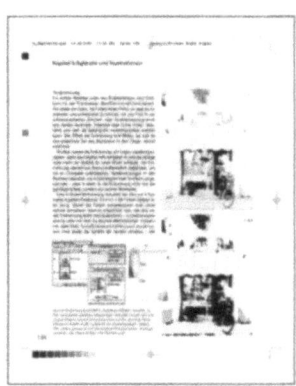

▲ *Vier Filme werden für den Offsetdruck belichtet – für jeden Farbauftrag einer.*

Vier Filme für den Druck

Anders als beim Tintenstrahler auf dem Schreibtisch, der alle Farben gleichzeitig auf das Papier aufbringt, durchläuft ein Farbdruck nacheinander vier Druckwalzen, wobei jede nur eine Grundfarbe aufträgt. Entsprechend müssen die Farbinformationen aufgespalten werden. Bei dieser Farbseparation sind vier Filme für die Belichtung der vier Druckfarben erforderlich.

Beim Offsetdruck für Zeitschriften und Papier-Drucksachen aller Art sowie beim Siebdruck, mit dem vor allem Folien und Kunststoffe bedruckt werden, müssen Druckwalzen oder Folien generiert werden, mit denen die Farbe auf die Oberfläche gebracht wird. Dies geschieht in einem fotochemischen Prozeß. Dabei wird ein Film, der Ähnlichkeit mit einem Schwarzweißdia hat, über die Walze gelegt. Bei deren Belichtung sorgt der Film dafür, daß nur bestimmte Bereiche auf der Walze Licht auffangen und so nach der Entwicklung Farbe beim Drucken aufnehmen, um sie an das Papier weiterzugeben.

Für die Erstellung des Films wird das Bild im Photoshop in den CMYK-Modus umgewandelt. Anschließend werden ein Raster-Image-Prozessor (RIP) und ein Filmbelichter benötigt: Der RIP im Belichtungsstudio wandelt die Bildinformationen in einzelne Punkte um, die der Belichter mit einem Laserstrahl auf den fotoempfindlichen Film überträgt.

Für graues Grau und tiefes Schwarz

Daß im Druck aus der Mischung der drei Primärfarben CMY Schwarz entsteht, ist bloße Theorie, da die Druckfarben nicht farbmetrisch »rein« sind. Das Ergebnis ist ein dunkles Braun, stark gesättigte Farben wirken schmutzig oder flau. Um einen brillanten Bilderdruck zu erreichen, wird Schwarz als »Skelettfarbe« K zusätzlich gedruckt und muß in der Separation als vierte Farbe entsprechend angelegt werden: Die Anteile von Cyan, Magenta und Gelb werden aus den Bereichen entfernt, in denen sich diese Farben überlappen und statt dessen wird Schwarz zugegeben. Dabei ist bei jedem Drucker eine andere Schwarz-Zumischung erforderlich, um schließlich einen identischen Farbeindruck zu erhalten.

Verfahren der Umrechnung: UCR und GCR

Die Umrechnung der Farben aus dem RGB- in den CMYK-Farbraum unter Berücksichtigung der zusätzlichen Schwarzanteile kann durch verschiedene mathematische Formeln geschehen. Entscheidend dafür, welches Verfahren gewählt wird, sind letztlich die Papiersorte und die Art des Bildmaterials. Es gibt eine ganze Reihe von Verfahren, Farben durch Schwarz zu ersetzen – üblicherweise benutzt die Repro die Unterfarbenentfernung (UCR = Under Color Removal) oder den Unbuntaufbau (GCR = Gray Color Replacement).

Der Schlüssel zum grauen Grau: GCR

Beim UNBUNTAUFBAU (GCR) werden in farbigen und neutralen Bereichen gleiche Anteile der drei Primärfarben Cyan, Magenta und Yellow entfernt, bis eine der drei Grundfarben verschwindet. Die Menge der verschwundenen Farbe wird durch Schwarz ersetzt. Der Unbuntaufbau bringt die gesättigten, dunklen Farben besser zur Geltung als die Unterfarbenentfernung. Da die neutralen grauen Flächen fast nur noch aus Schwarz aufgebaut werden, ist die Graubalance stabiler – der Unbuntaufbau tendiert weniger zu Farbstichen.

Brillante Tiefen: UCR

Bei der UNTERFARBENENTFERNUNG (UCR) wird schwarze Farbe benutzt, um Cyan, Magenta und Gelb in den neutralen Bereichen mit gleichen Farbanteilen zu ersetzen. Der Farbauftrag ist geringer und die Tiefen wirken brillanter. Insbesondere für die ungestrichenen Papiere des Zeitungsrollendrucks ist der geringere Farbauftrag und die damit verbundene geringe Trockenzeit attraktiv.

Die Unterfarbenentfernung kommt aber auch für andere Reproarbeiten zum Tragen. Zarte Farbverläufe, Pastelltöne und Hautfarben reißen allerdings im UCR-Verfahren leicht auf und zeigen schnell harte Kanten.

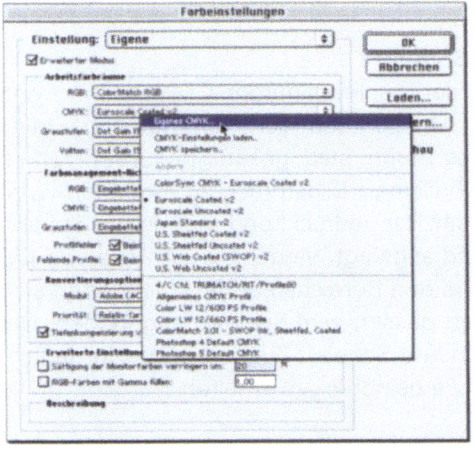
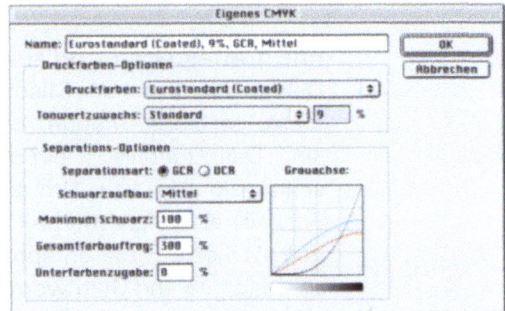

◀ Es gibt sie noch in Photoshop 6: Die eigenen Einstellungen für UCR und GCR liegen unter DATEI/FARBEINSTELLUNGEN/CMYK/EIGENES CMYK.

Tonwertzuwachs

Der Tonwertzuwachs oder Punktzuwachs ist eine Größenänderung der Rasterpunkte, die durch das Auslaufen oder Verschmieren der Druckfarbe entsteht, wenn diese vom Papier aufgesogen wird. Wenn ein 50%iges Raster eine tatsächliche Dichte von 55% aufweist (gemessen mit einem Densitometer), entspricht diese Charakteristik einem Tonwertzuwachs von 5%. Die empfohlenen Werte erfragen Sie bei Ihrem Belichtungsunternehmen.

Eine Änderung des Tonwertzuwachses läßt das Bild auf dem Monitor heller oder dunkler erscheinen, ohne das Bild tatsächlich zu verändern. Erst wenn das Bild separiert wird, geht der Wert in die Berechnung der CMYK-Werte ein.

Rasterweite, Rasterfrequenz und Auflösung

Mit Begriffen wie Rasterweite, Rasterdichte, Rasterfrequenz bringt der Offsetdruck noch ein paar Maße in die Welt des digitalen Bildes ein. Die Rasterweite gibt an, wie weit voneinander entfernt die einzelnen Rasterpunkte liegen. Sie wird in Linien pro Zentimeter (Linien pro cm, lpc), oder Linien pro Zoll (lines per inch, lpi) gemessen. Ein größerer Wert bedeutet hierbei ein feineres Raster – also wird hier eigentlich eine Rasterdichte bzw. die Rasterfrequenz beschrieben.

Im Offsetdruck hängt die Rasterweite vom Papier ab, auf das gedruckt wird – bei den preiswerten Papieren der Tagespresse etwa würde ein zu feines Raster durch den Tonwertzuwachs den Druck »zulaufen« lassen. Auf dem Tintenstrahl- bzw. Laserdrucker hängt die Rasterweite von der Auflösung des Druckers ab: Ein 300-dpi-Drucker kann gerade noch ein 30er Raster drucken, ein 720-dpi-Drucker ein 54er Raster.

Da früher für jede Rasterweite eine spezielle Rasterfolie gekauft werden mußte, haben sich einige Standardwerte eingebürgert. Zwar kann heute auf dem Computer jede beliebige Rasterweite eingegeben werden, aber dennoch hält man sich in der Regel an die gängigen Rasterweiten.

Der Rasterfaktor

In der Praxis gelingt es nur mit großen Schwierigkeiten, daß die einzelnen Pixel genau mit den Rasterpunkten übereinstimmen, so daß Bildraster und Druckraster deckungsgleich sind. Würde die Scanauflösung der Ausgabeauflösung entsprechen, könnte der Rasterpunkt einen falschen Farbwert annehmen, was sich vor allem an scharfen Kanten im Bild niederschlägt.

Darum kalkuliert man einen Sicherheitsfaktor (den sogenannten »Rasterfaktor«) ein, der die Scanauflösung erhöht und so dem Ausgabegerät eine bessere Berechnung des Farbwertes jedes Rasterpunktes ermöglicht. Üblicherweise beträgt dieser Sicherheitsfaktor 2. Dann wird der Farbwert jedes Rasterpunktes aus insgesamt vier Pixeln ermittelt und damit genauer.

Kapitel 8   ImageReady: Fit fürs Web

Komprimiert, reduziert und indiziert

Das Bild im Internet muß sich harten Prüfungen und Riten unterziehen: Es wird komprimiert und indiziert, in kleine Scheibchen geschnitten und animiert. Am Ende landet es auf unbekannten Bildschirmen in irgendeinem Browser und muß dabei noch ein gutes Bild abgeben.

Mit DATEI/SPEICHERN FÜR WEB optimiert, komprimiert und speichert Photoshop Bilder für das Internet. Darüber hinaus wird Photoshop 6 mit einem Programm ausgeliefert, dessen Funktionalität für die Aufbereitung von Bildmaterial über die von Photoshop hinausgeht: Adobe ImageReady.

Während Photoshop der große Generalist für die Bildbearbeitung darstellt, ist ImageReady ganz und gar darauf ausgerichtet, Bilder mit allen Schikanen auf den Cyberspace vorzubereiten. Die Benutzeroberfläche ist die gleiche wie die von Photoshop.

Von der Animation bis zur fertigen Seite

ImageReady kann mehr als Bilder nur einfach für das Internet komprimieren: Das Anlegen von Animationen ist ebenso ein Fall für ImageReady wie das Design der Rollover-Buttons, die beim Kontakt mit der Maus Farbe oder Form wechseln.

Durch eine raffinierte Unterteilung des Bildes in Kacheln – SLICES – werden die Wartezeiten auf Grafik und Bild noch weiter reduziert, oder das gekachelte Bild lockt als »Imagemap« – eine Landkarte mit vielen klickbaren Ortschaften zum Suchen und Erkunden.

Wer sich für die eigene Homepage nicht gleich mit einem speziellen Webeditor vertraut machen möchte, kann die ganze Seite in ImageReady anlegen, denn ImageReady versteht sich nicht nur auf Bilder, sondern beherrscht auch die Kunst, sie gleich in ein vollständiges HTML-Dokument einzubetten.

JPEG, GIF oder PNG?

Sowohl Photoshop als auch Adobe ImageReady zeigen dem Benutzer, was bei der Komprimierung eines JPEG- oder GIF-Bildes passiert. Anhand des Originals und optimierten Varianten entscheidet der Benutzer, ob die Komprimierung oder Farbreduzierung noch akzeptabel ist und ob die Speicherersparnis befriedigend ausfällt. Die Vierfachvorschau erlaubt den direkten Vergleich von verschiedenen Komprimierungsverfahren mit ihren unterschiedlichen Optionen und Qualitätsstufen. Im großen und ganzen läuft die Optimierung des Bildes für das Internet in beiden Programmen in gleicher Weise ab.

ImageReady: Fit fürs Web

Komprimieren und Optimieren in Photoshop und ImageReady

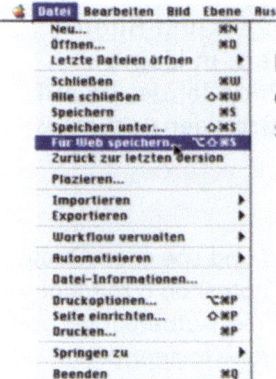

In Photoshop wird das Bild in der Dialogbox DATEI/FÜR WEB SPEICHERN optimiert.

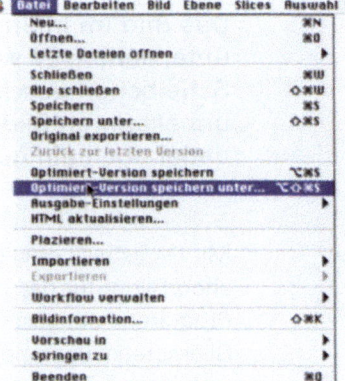

ImageReady: Schalten Sie die Vierfachübersicht im Bildfenster ein und öffnen Sie die Optimieren-Palette (Menü FENSTER/OPTIMIEREN EINBLENDEN), falls sie nicht schon auf dem Bildschirm liegt.

1. Markieren Sie eine Variante und suchen Sie in den EINSTELLUNGEN ein Komprimierverfahren aus. Zur Auswahl stehen verschiedene Qualitäten und Komprimierstufen für JPEG, GIF, PNG-8 und PNG-24. Das Format kann auch direkt eingegeben und die Qualität numerisch eingestellt werden. Bei GIF entscheidet in erster Linie die Anzahl der Farben über die Größe der Datei. PNG-8 verwendet ähnliche Techniken wie GIF, während PNG-24 keinerlei Optionen bietet, um die Bildgröße und den Verlust zu steuern.
2. Markieren Sie das nächste Vorschaubild der Dialogbox und stellen Sie Varianten ein: GIF versus JPEG, hohe und niedrige Komprimierung. Auf der einen Seite bietet jedes Fenster eine Vorausberechnung der resultierenden Bildgröße und theoretischen Übertragungsdauer, auf der anderen Seite entscheidet die Optik über den Kompromiß zwischen Bildgröße und -qualität.
3. Wenn Sie das Bild jetzt noch vergrößern oder verkleinern wollen, benutzen Sie die Palette BILDGRÖßE unten rechts in der Dialogbox FÜR WEB SPEICHERN.
4. Wenn Sie sich für eine Variante entschieden haben, speichern Sie das Bild mit einem Klick auf OK.

1. Markieren Sie eine Variante und stellen Sie in der OPTIMIEREN-Palette ein Komprimierverfahren ein. Zur Auswahl stehen verschiedene Qualitäten und Komprimierstufen für JPEG, GIF, PNG-8 und PNG-24. Das Format kann auch direkt eingegeben und die Qualität numerisch einstellt werden. Bei GIF entscheidet in erster Linie die Anzahl der Farben über die Größe der Datei. PNG-8 verwendet ähnliche Techniken wie GIF, während PNG-24 keinerlei Optionen bietet, um die Bildgröße und den Verlust zu steuern.
2. Markieren Sie das nächste Vorschaubild der Dialogbox und stellen Sie Varianten ein: GIF versus JPEG, hohe und niedrige Komprimierung. Auf der einen Seite bietet jedes Fenster eine Vorausberechnung der resultierenden Bildgröße und theoretischen Übertragungsdauer, auf der anderen Seite entscheidet die Optik über den Kompromiß zwischen Bildgröße und -qualität.
3. Wenn Sie das Bild jetzt noch vergrößern oder verkleinern wollen, geschieht das im Menü BILD/BILDGRÖßE in gewohnter Manier.
4. Wenn Sie sich für eine Variante entschieden haben, benutzen Sie den Befehl OPTIMIERT-VERSION SPEICHERN UNTER im Dateimenü. Sie haben die Wahl, entweder das Bild für sich alleine, das HTML-Dokument mit dem eingebundenen Bild oder nur das HTML-Dokument speichern.

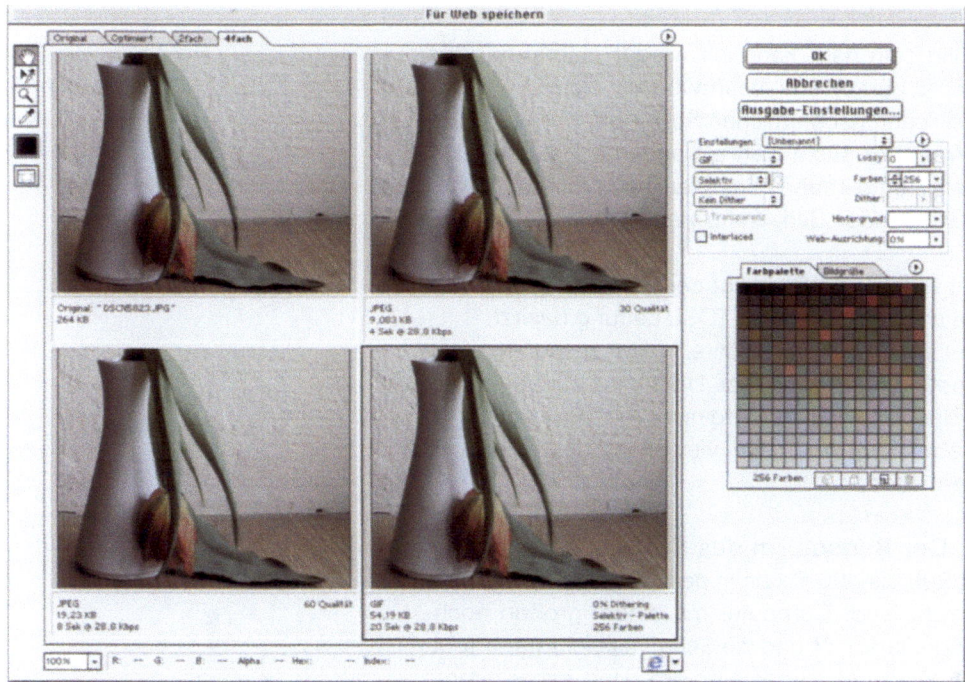

Adobe Photoshop
Alles unter einem Dach: In der Vierfachvorschau der Dialogbox FÜR WEB SPEICHERN *befinden sich alle Optionen für die Bildoptimierung.*

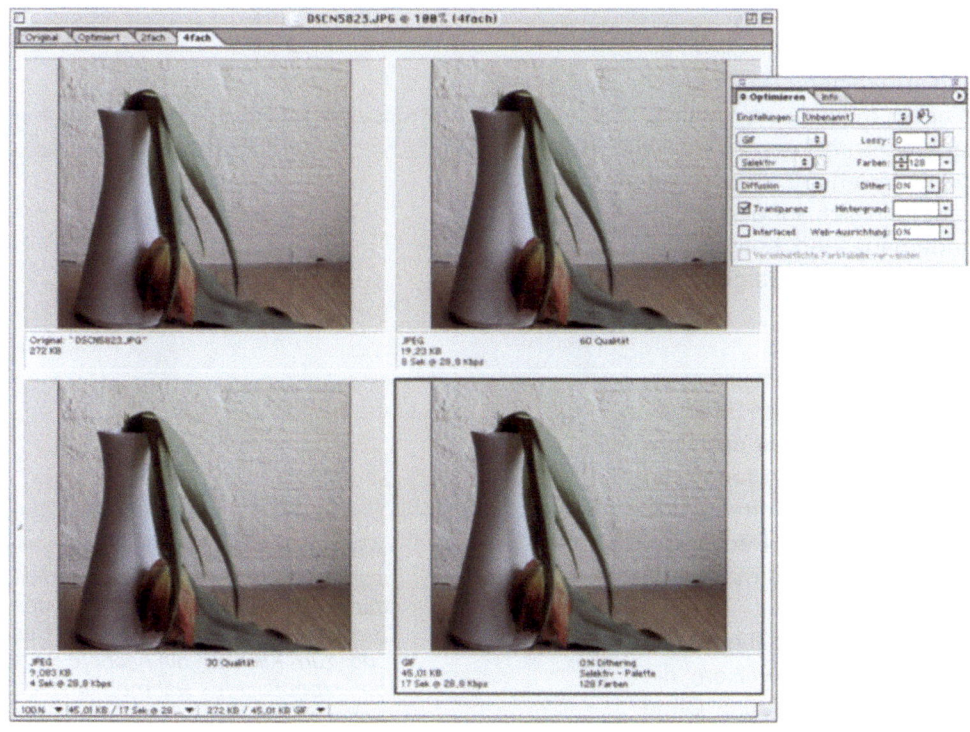

Adobe ImageReady
Fast identisch sieht die Bildoptimierung fürs Web bei ImageReady aus – nur daß hier das Bildfenster gleichzeitig schon die Variationen bietet.

ImageReady: Fit fürs Web

Small is beautiful

Die Frage, wie groß das Bild sein darf, kann ich wieder einmal nur mit dem klassischen »es kommt darauf an« beantworten. Irgendwo zwischen 20 bis 40 KB reißt dem durchschnittlichen Surfer beim Warten auf die Seite der Geduldsfaden und er sucht sich ein anderes Ziel. Da auch Schriften und Navigationselemente mehr oder weniger Kilobytes beanspruchen, bleiben etwa 8 KB für jedes Bild, wenn vier Bilder auf einer Seite gezeigt werden sollen.

Auf ein einzelnes Bild mit 20 bis 30 KB wartet der Surfer hingegen nur in Ausnahmefällen oder wenn er eine schnelle TDSL-Leitung besitzt.

Wer seine Bilder optimal präsentieren möchte, sollte darauf achten, daß Bilder im Browserfenster nicht nach der Hälfte im Nirwana verschwinden, und sollte den Besucher seiner Seite nicht mit 10 Bildern à 10 KB strapazieren, sondern lieber nach zwei, drei, vier Bildern auf einer weiteren Seite weitere Bilder anbieten.

Die große Unbekannte: Der Bildschirm des Surfers

Generell sollte das Bild mit 200 bis 400 Pixeln in der Breite auskommen – vergessen wir nicht, daß nicht jeder Computer mit einem großen hochauflösenden Bildschirm ausgestattet ist und die Seite vielleicht nur mit einer Auflösung von 800 x 600 Pixeln dargestellt wird. Und dabei nimmt auch noch der Browser selbst mit Symbolleisten und Adreßfeld einen guten Teil der kostbaren Pixel für sich in Anspruch.

Es kann also nie schaden, das Bild zur Kontrolle in einer kleinen Monitorauflösung anzusehen.

Auch in Hinsicht auf die Farben müssen wir Verluste hinnehmen: Das Farbmanagement im Internet steckt noch in den Kinderschuhen (nur Internet Explorer 5 auf dem Mac). Am besten verläßt man sich auf den sRGB-Farbraum, der die Farbwiedergabe und Kontrasteinstellungen des typischen PC-Monitors wiedergibt.

Das passende Format fürs Bild

Bilder in bester Qualität – dabei aber so klein wie möglich – sind ein wesentliches Kriterium für den Erfolg einer Internetseite. Die beiden Klassiker, die das Foto auf einen Bruchteil seiner Originalgröße schrumpfen lassen, sind GIF (Graphic Interchange Format) und JPEG (Joint Photographers Expert Group). Neu im Cyberraum der Computernetze sind die Bildformate PNG und FlashPix.

Zahlreiche »proprietäre« Formate von eifrigen Programmierern und Softwareherstellern bevölkern die Cyberlandschaft und sorgen für Artenreichtum. Ohne eine Zusatzsoftware – sprich Plug-in – zeigen Browser allerdings nur JPEG- und GIF-Dateien an.

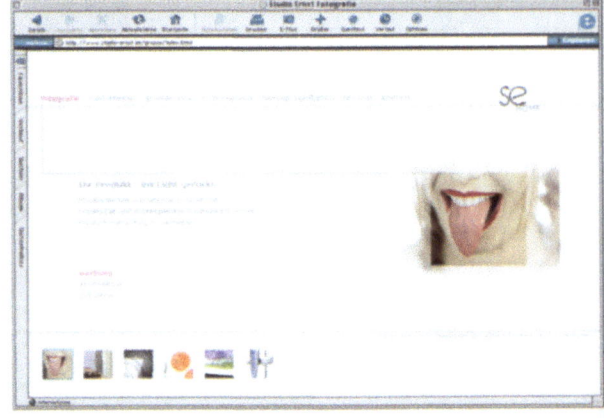

Weißraum macht edel – eine alte Designerweisheit. Kleine Übersichtsbilder in 50 Pixeln Breite am Rand des Browserfensters verlocken den Besucher zum Klick auf die nächste Seite, der »abgeflachte« Rahmen um die Bilder ist effektvoll und sorgt für die schnelle Datenübertragung: www.studio-ernst.de.

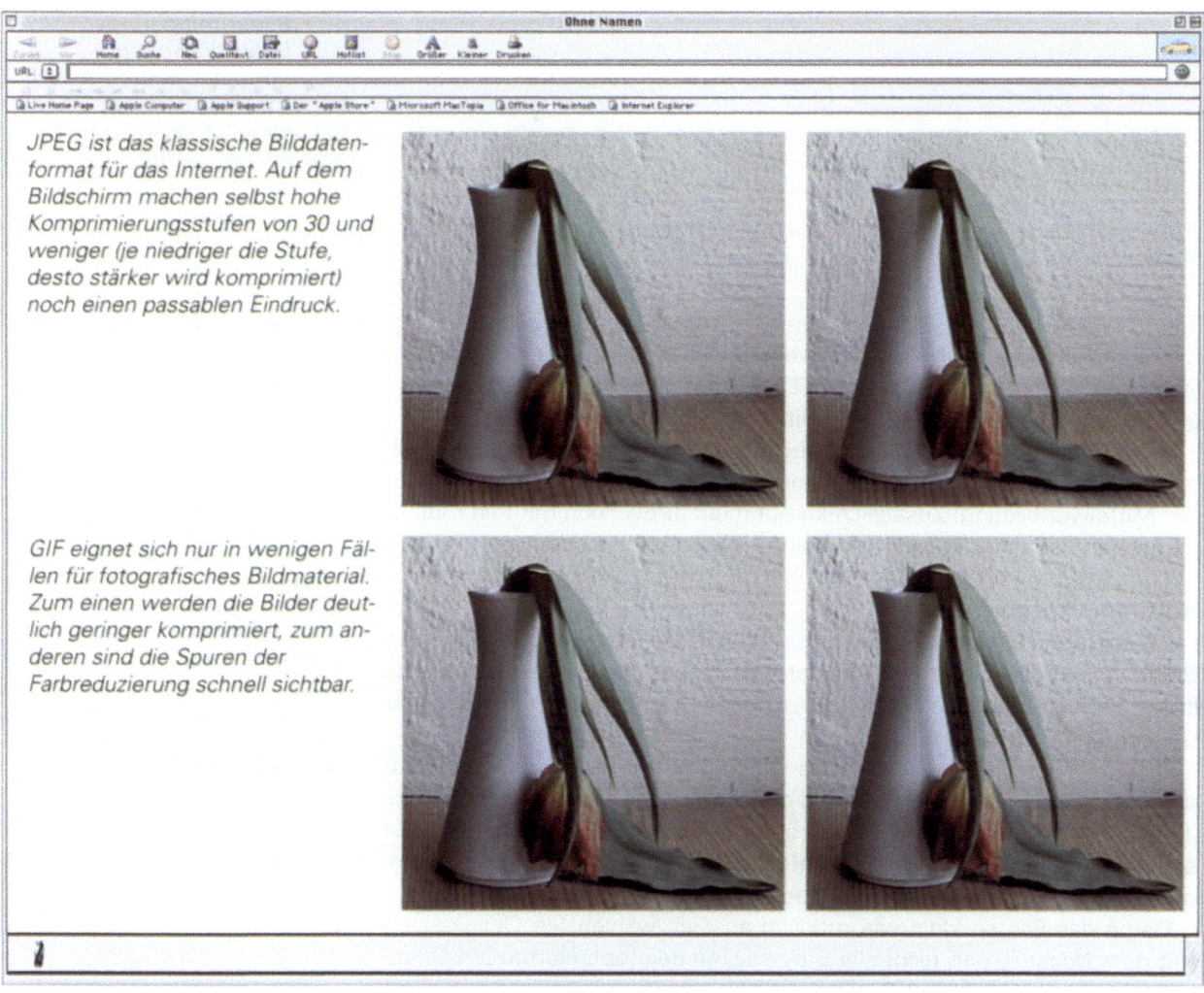

JPEG – Joint Photographer Expert Group

Der Name sagts schon: JPEG ist die erste Wahl, wenn fotografische Echtfarbenfotos und Graustufenbilder für das Internet komprimiert werden. JPEG bietet hohe Komprimierungsraten – 1:3 bis 1:20, je nach Bildcharakter und akzeptablem Qualitätsverlust. Eine 10 MB große Datei paßt als JPEG noch locker auf eine Diskette, wichtiger noch für das Bild im Internet: Ein 470 KB großes Bild braucht als JPEG nur noch 7 KB und landet im Idealfall über die ISDN-Leitung oder ein schnelles Modem in drei Sekunden auf dem Bildschirm des Surfers.

Die JPEG-Strategie für kleine Bilder

Helligkeitsinformationen sind für das menschliche Auge wichtiger als Farben. Wir können noch in der Dämmerung Konturen ausmachen, wenn wir schon lange keine Farben mehr sehen. Also speichert JPEG – gleichmä-

ImageReady: Fit fürs Web

Die JPEG-Palette in ImageReady
Die JPEG-Optionen in der Dialogbox FÜRS WEB SPEICHERN in Photoshop

▶ *Bilder mit geringer Detailzeichnung*
Ein JPEG mit einer Qualität von 20 bis 30 reicht in den meisten Fällen aus und liefert dabei noch ein ansehnliche Qualität.

ßig über das Bild verteilt – die Mehrzahl der Pixel nur mit der Helligkeitsinformation und spart pro Pixel zwei Drittel des Speicherplatzes. Die übrigen Bildpunkte erhalten die Helligkeits- und Farbwerte vollständig.

Beim Öffnen des Dokuments errechnet die Software aus diesen noch vorhandenen Farben die Informationen für die verbleibenden Bildpunkte per Mittelwertbildung. Zusätzlich komprimiert JPEG noch mit rein mathematischen Verfahren, die keine weiteren Verluste mit sich bringen.

Raffiniert komprimiert

Im Klappmenü EINSTELLUNGEN bieten Photoshop und ImageReady eine Reihe von vorgefertigten Komprimierungsstufen. Wer darüber hinaus das letzte Kilobyte aus dem Bild holen möchte, benutzt die Optionen der Checkboxen.

▶ *Bilder mit mittlerer und hoher Detailzeichnung*
Schon eine mittlere Detailzeichnung liefert ein größeres JPEG. So kann es manchmal einfach angebracht sein, nicht gleich das ganze Bild auf die bescheidenen Maße einer Internetdarstellung herunterzurechnen, sondern statt dessen nur einen Ausschnitt zu wählen.

Die Einstellung des Höchstwertes von 100 liefert die beste QUALITÄT für das JPEG-Bild, komprimiert das Bild dabei allerdings auch nur sehr wenig: Je nach Bildtyp auf 20 - 30% der Größe des Originals. Die Einstellung auf eine mittlere Qualität (30 bis 50) liefert ein Optimum an Komprimierung, ohne daß die Spuren der Komprimierung stark ins Gesicht springen.

Damit das Bild so klein wie möglich ausfällt, wählen Sie OPTIMIEREN – mit dem Nachteil, daß nicht alle Browser mit dem optimierten JPEG-Format klarkommen (Internet Explorer und Netscape ab Version 4 allerdings haben hier keine Probleme) und deaktivieren die Einbettung eines Profils (Checkbox ICC-PROFIL) beim Speichern.

▶ *Der kleine Trick mit der Unschärfe*
Hier muss man schon genau hinschauen: Ein paar unwesentliche Bildbereiche mit dem Weichzeichner aus der Werkzeugleiste »aufgelöst«, das Bild nur moderat geschärft – und schon wieder ein paar Bytes gespart.

Das WEICHZEICHNEN des Bildes mit Werten von 0,1 bis 0,2 beugt der typischen Kästchenbildung einer grausamen JPEG-Komprimierung vor und spart gleichzeitig wieder ein paar Bytes.

MEHRERE DURCHGÄNGE ist eine kleine Raffinesse: Das JEPG-Bild wird stufenweise geladen. Es taucht fast sofort, aber weich und pixelig auf dem Bildschirm des Surfers auf und wird dann mit jedem Datenschub besser dargestellt – das soll den Surfer bei der Stange halten. Leider unterstützen nur sehr wenige Browser diese feine Option.

Darstellen können auch diese Browser das Bild zumeist trotzdem, so daß die Aktivierung des Ladens in mehreren Durchgängen keinen Schaden anrichtet und den Surfer nicht vor einen leeren Bilderrahmen setzt. Allerdings wird das Bild durch die Option MEHRERE DURCHGÄNGE wieder etwas größer.

ImageReady: Fit fürs Web

JPEG
11,06 KB
3 Sek @ 56,6 Kbps
50 Qualität

JPEG
6,075 KB
2 Sek @ 56,6 Kbps
20 Qualität

JPEG
4,169 KB
2 Sek @ 56,6 Kbps
7 Qualität

JPEG
13,25 KB
3 Sek @ 56,6 Kbps
50 Qualität

JPEG
7,184 KB
2 Sek @ 56,6 Kbps
20 Qualität

JPEG
4,858 KB
2 Sek @ 56,6 Kbps
7 Qualität

JPEG
11,8 KB
3 Sek @ 56,6 Kbps
50 Qualität

JPEG
6,476 KB
2 Sek @ 56,6 Kbps
20 Qualität

JPEG
4,456 KB
2 Sek @ 56,6 Kbps
7 Qualität

ImageReady: Fit fürs Web

Komprimierstufe 50
Mäßige Komprimierung, große Bilddatei: So gut wie keine Beschädigung sichtbar.

Komprimierstufe 20
Hohe Komprimierung, kleine Bilddatei: Auf dem Monitor noch soeben akzeptabel.

Komprimierstufe 7
Extreme Komprimierung, sehr kleine Bilddatei: Weichgezeichnet, aufgelöst und extreme Bildung von Artefakten.

Wie weit reicht die Qualität?

Bei einer Komprimierung von 1:50 erkennen wir die ersten »Artefakte«, die allerdings zumeist noch akzeptabel sind. Darüber hinaus komprimiert verliert das Bild seine Brillanz, und die viereckigen Artefakte – die typische Kästchenbildung – springen schnell ins Gesicht.

Dennoch bleibt uns für die Präsentation des Bildes im Internet kaum etwas anderes übrig, als das Bild auf Komprimierungsraten von 1:20 bis 1:30 einzustellen, damit es überhaupt in akzeptabler Qualität beim Besucher eingespielt wird. Fast immer gilt: Geschwindigkeit ist Trumpf.

Einmal und nie wieder

JPEG – insbesondere, wenn es auf die harte Tour für das Internet mit hohen Komprimierungsraten benutzt wird, darf nur ein einziges Mal angewendet werden. Jedes erneute Speichern des Bildes als JPEG schadet den bereits angegriffenen Pixelstrukturen noch mehr. Zudem wird das Bild durch ein erneutes Speichern auch noch größer, da JPEG beim nächsten Speichern die Artefakte des ersten Komprimierungsganges als besonders erhaltenswert ansieht.

*Jedes Bildbearbeitungsprogramm bietet unterschiedliche Skalen für die Stärke der Komprimierung. Im Dialogfenster F*ür *W*eb speichern *in Photoshop und der* Optimieren*-Palette in ImageReady wählt der Benutzer die Stärke der Komprimierung in einer Skala von 1 bis 100, im* Dialogfeld Datei/Speichern unter *in Photoshop reicht die Skala von 1 bis 12. Wenn hier von Komprimierraten wie 1:50 die Sprache ist, ist damit eine Komprimierung auf die Hälfte der jeweiligen Skala gemeint.*

JPEG bei einer Auflösung von 300 x 300 Pixeln und Komprimierfaktor 1:50: 20 KB.

Tips für kleine JPEG-Bilder
- Bilder mit wenig Details lassen sich besser komprimieren als solche mit fein strukturierten Hintergründen und Mustern. Eventuell hilft das Freistellen eines Bildausschnittes anstelle des Verkleinern des Bildes, um eine bessere Komprimierung zu erzielen.
- Ein leichtes Weichzeichnen mit Gaußschem Weichzeichner sorgt auch für ein paar Kilobyte weniger.
- Etwas weniger Kontrast – dafür die Sättigung leicht erhöhen: Das läßt das Bild auf dem Monitor gut aussehen und noch um ein paar Bytes schrumpfen.
- Effekte wie die Tonwertsenkung in einem breiten Rahmen um das Bild herum wirken nicht nur interessant, sondern verkleinern auch die Datenmenge.
- Schrift im Bild erhöht nicht nur die Datenmenge, sondern sieht in einem stark komprimierten JPEG-Bild auch noch besonders schlecht aus. Hier ist es fast immer besser, das Bild in »Slices« zu unterteilen und die Slices mit der Schrift getrennt als GIF zu speichern.

Bildausschnitt bei einer Auflösung von 300 x 300 Pixeln und Komprimierungsfaktor 1:50: 11 KB.

Bildausschnitt und Kontraste gesenkt bei einer Auflösung von 300 x 300 Pixeln und Komprimierungsfaktor 1:50: 7 KB.

GIF (Graphic Interchange Format)

Während JPEG aufgrund der Art und Weise der Komprimierung für Fotos mit vielen Details und feinen Verläufen geeignet ist, versagt es fast immer bei Bildern mit flächigen, wenigen Farben und Schriften. Grafiken, Skizzen, Logos und Schriften sind eher ein Fall für das »andere« Bildformat des Internets: GIF.

GIF war das bevorzugte Bildformat der frühen Internet- und CompuServe-Zeiten. CompuServe, der Entwickler von GIF, wollte damit ein Dateiformat anbieten, das auf allen Betriebssystemen verwendet werden konnte. Dieser Schritt war so erfolgreich, daß GIF bis heute bei den meisten Webdesignern noch immer das beliebteste Grafikformat ist.

GIF komprimiert ein Bild durch die Reduzierung der Farben: Ein GIF-Bild kann maximal 256 Farben enthalten. Mehr Farben sind nicht möglich, weniger schon. Je geringer die Anzahl der Farben ist, desto kompakter ist die entstehende GIF-Datei. Ein Bild, das bei 256 Farben gut wirkt, sieht meistens auch noch bei 128 Farben gut aus und spart schon ein Drittel des Speicherplatzes.

Die Komprimierung wird in horizontaler Richtung durchgeführt: Farben mit demselben Farbwert können mit dem GIF-Algorithmus als eine horizontale Einheit beschrieben werden. Von daher werden GIF-Dateien mit horizontalen Verläufen stärker komprimiert als Bilder mit senkrechten Verläufen.

Mehr als eine Bilddatei

Darüber hinaus kann GIF mehr, als nur Bilder speichern und komprimieren. Insbesondere kann GIF mit Transparenzen umgehen: Freisteller oder runde Schaltflächen, die in eine Seite mit einem Hintergrundmuster eingesetzt werden, dürfen in der Umgebung des Knopfes den Hintergrund nicht überlagern, um den Knopf herum muß also das Bild durchsichtig – transparent – sein. In GIF läßt sich eine beliebige Farbe aus der Farbpalette des Bildes zur Transparenzfarbe erklären und wird dann dort im Webbrowser durchsichtig.

FARBREDUZIERUNGS-ALGORITHMUS
DITHERING-ALGORITHMUS

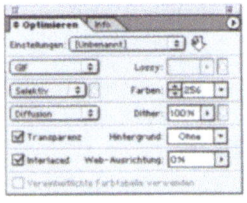

◀ Nach welcher Methode die Farben reduziert werden, entscheidet die Wahl des FARBREDUZIERUNGS-ALGORITHMUS: Meistens liefern SELEKTIV, PERZEPTIV oder ADAPTIV vergleichbare Ergebnisse.
Der Dithering-Algorithmus DIFFUSION sorgt mit Streupixeln für eine bessere Simulation fehlender Farbenabstufungen.
TRANSPARENZ unterdrückt die Ausgabe aller Pixel einer ausgewählten Farbe.
INTERLACED spielt das Bild in immer besseren Qualitätsstufen ein.

ImageReady: Fit fürs Web

Ein klarer Fall für GIF: Schriften kommen mit 4 Farben aus und die resultierende Dateigröße ist dementsprechend befriedigend klein.

Dieser Comic ist bei JPEG immer noch besser aufgehoben, auch wenn es heißt, GIF sei das richtige Format für Illustrationen: Es sind einfach noch zu viele Farben.

Zu GIF greifen wir, wenn das Motiv frei und ohne störende Rechteckumgebung auf der Seite stehen soll: GIF kann eine Farbe im Bild zur Transparenzfarbe erklären und den Hintergrund durchscheinen lassen.
Die Qualität eines Alphakanals oder eines Beschneidungspfades erreicht GIF allerdings nicht. Die Konturen sind stufig und pixelig. Wie so oft sorgt der Abstand des Betrachters für eine akzeptable Kontur.

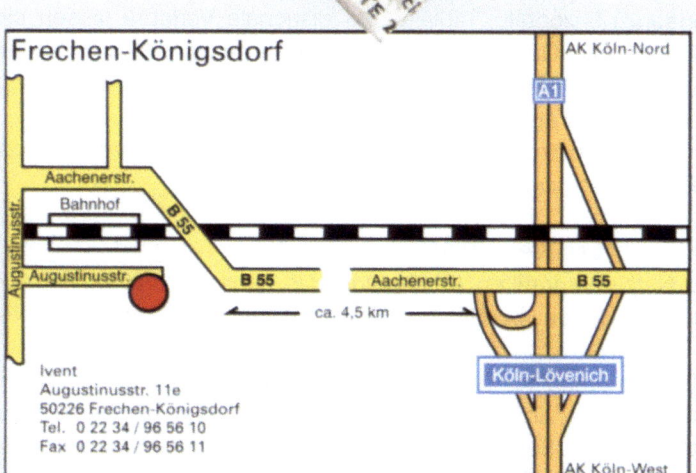

Perfekt ist GIF, wenn nur 8 bis 16 Farben im Bild vorkommen: Dann ist es kleiner und sauberer als ein JPEG.

Und noch mehr: GIF kann nicht nur ein Einzelbild speichern, sondern eine ganze Folge von Bildern, für die zusätzlich festgelegt werden kann, in welchem Tempo die einzelnen Bilder nacheinander eingespielt werden sollen. Auf diese Weise werden die kleinen Filme des Internets angelegt: GIF-Animationen ist hier das Schlagwort.

Interlacing und Transparenz

GIF hilft dem Surfer über die Wartezeit hinweg: GIF kann in Stufen geladen werden (»GIF Interlaced«) und dabei von Stufe zu Stufe ein immer detaillierteres und kompletteres Bild bieten. Der Vorteil dieses Verfahrens: Der Surfer sieht Teile oder Schemen der Grafik schneller in seinem Browser. Dieser Mechanismus soll dem Surfer über die Wartezeit hinweghelfen und bei der Stange halten.

In einem ersten Durchgang wird nur ein grober Anriß des Bildes auf den Bildschirm geladen, in dem man das Bild aber bereits erkennen kann; danach wird das Bild auf dem Monitor schrittweise verfeinert. Zwar wird eine GIF-Datei durch das Interlacing etwas größer, aber für die Webdesigner ist Interlacing ein Segen: Der Ladevorgang wirkt spannender als ein leere Bildfläche während des gesamten Ladevorgangs.

Tips für kleine GIFs

- Bei der Umwandlung des Bildes probieren Sie aus, ob das Bild nicht auch mit 3, 4 oder 5 Bit pro Pixel anstelle der Vorgabe von 8 Bit pro Pixel Ihren Qualitätsansprüchen genügt.
- Legen Sie Grafiken von vornherein mit wenigen Farben an und reduzieren Sie das Bild auf 32 und weniger Farben über eine flexible Farbtabelle.
- Benutzen Sie in GIF-Bildern vorzugsweise serifenfreie Schriften wie Arial, Verdana oder Helvetica ohne ANTIALIAS. Serifenschriften wie Times und Garamond sind auf dem Monitor gerade in kleinen Punktgrößen schwerer lesbar und erzeugen größere GIF-Dateien.
- Insbesondere horizontale, radiale und diagonale Verläufe lassen sich kaum ohne starke Qualitätsverluste in indizierte Farben umwandeln. Wenn Sie vertikale Verläufe ins Bild setzen möchten, dann beschränken Sie den Verlauf auf relativ kleine Farbsprünge.
- In Grafiken aus Illustrator, Freehand oder Corel Draw! schalten Sie die Option POSTSCRIPT GLÄTTEN aus.

Moderne Pixel fürs Netz: PNG

Portierbare Netzwerkgrafiken (PNG) sind das neueste Webformat – es vereint die guten Seiten von GIF und JPEG und vermeidet die Schwächen der beiden »Alten«.

PNG wurde als Ersatz für GIF entwickelt; insbesondere wollten die Entwickler von PNG den Lizenzgebühren, die beim Einsatz von GIF an die GIF-Entwickler CompuServe und Univac abzuführen sind, ein Ende bereiten. Ersetzen konnte PNG das beliebte GIF allerdings nicht.

ImageReady: Fit fürs Web

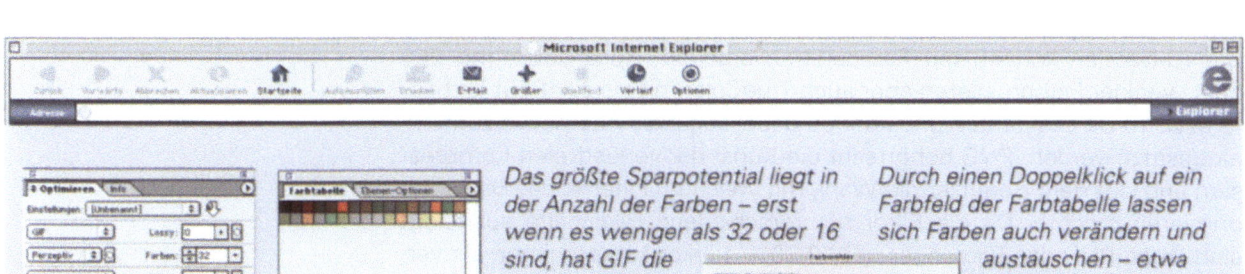

Das größte Sparpotential liegt in der Anzahl der Farben – erst wenn es weniger als 32 oder 16 sind, hat GIF die Nase vor JPEG.

Durch einen Doppelklick auf ein Farbfeld der Farbtabelle lassen sich Farben auch verändern und austauschen – etwa wenn die exakte Farbe für ein Logo erwünscht ist.

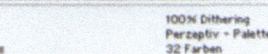

Mit der Option DITHER versucht GIF der Bildung von Bändern entgegenzuwirken – dabei werden fehlende Farben durch ähnliche Farben ersetzt und auf den Mischeindruck gesetzt.
DITHER vergrößert das GIF wieder – aber unter Umständen erspart es ein paar zusätzliche Farben.
DIFFUSION ist die feinste Variante für das Foto, MUSTER entwickelt den Charme der Computergrafik der 70er Jahre und Störungsfilter liegt irgendwo dazwischen.

Bei INTERLACED wird das Bild stufenweise eingespielt und mit jeder Stufe wird das Bild detaillierter und vollständiger dargestellt.
Auch INTERLACED bläst das GIF wieder auf – dafür ist das Bild schneller auf dem Monitor.

LOSSY bringt wieder Einsparungen über eine verlustbehaftete Komprimierung. Bei LOSSY verliert das Bild schnell an Qualität, aber LOSSY kann durch einen Alphakanal auf den Hintergrund oder unwesentliche Teile des Bildes beschränkt werden.

255

PNG-Dateien können mit Farbpaletten arbeiten – das heißt, mit 256 oder weniger Farben, bieten aber auch TrueColor mit bis zu 48 Bit Farbtiefe bzw. 16 Bit Graustufen und können dabei sogar als Alternative zum TIF eingesetzt werden. PNG beherrscht die Kunst der verlustfreien Kompression und läßt dem Benutzer die Wahl, mit welchem Filter er das Bild komprimieren möchte. Da die Filter für verschiedene Bildinhalte ausgelegt sind, kann PNG das Bild sogar um 10-30% stärker komprimieren als vergleichbare GIF-Dateien.

Nett, aber nicht weltbewegend

Bei GIF-Dateien wird ein Bild im Web angezeigt, wenn 1/8 der Daten im Browser angelangt sind. Bei PNG-Dateien reichen bereits 1/64 der Daten, um das Bild anzuzeigen. Das verwendete Vorschauverfahren trägt den Namen ADAM7 nach seinem Entwickler Adam Costello. Das Interlacing der PNG-Dateien erfolgt in acht Schritten (bei GIF sind es 4 Schritte).

Von allen Webformaten besitzt PNG die feinste Transparenz – allerdings nur in der verlustfreien 24-Bit-Komprimierung. Während GIF nur die zwei Stufen TRANSPARENZ EIN/AUS kennt, wird die Transparenz des PNG-Bildes über einen Alphakanal definiert. So sind bei PNG 256 Stufen von Transparenz möglich – endlich Freiheit für den weichen Schatten. Jeder einzelne Pixel kann einen Transparenzwert von völlig transparent bis völlig opak beinhalten, und Grafiken gehen nahtlos in den Hintergrund über.

Zum breiten Erfolg allerdings fehlen die beliebten Animationen. Das PNG-Format bietet keine Unterstützung für Animationen und ist hier auch nicht erweiterbar. Nachdem die PNG-Entwickler entdeckten, daß sie hier etwas übersehen hatten, kehrten sie an ihre Schreibtische und in ihre Labore zurück und entwickelten das MNG (Multiple-Image Network Grafic).

JPEG 2000 – die Reform macht alles kleiner

Auch JPEG bedarf dringend einer Runderneuerung und moderne, bessere Verfahren warten auf all die Bilder, die es zu komprimieren gilt. Das neue JPEG benutzt ein sogenanntes »Wavelet«-Verfahren, um die Qualität hochkomprimierter Bilder besser zu erhalten. Zudem soll JPEG 2000 eine verlustfreie Speicheroption anbieten.

Zerschnippelt und gestückelt

Die Profis haben unzählige Tricks entwickelt, um die schmalen Bandbreiten des Internets zu überlisten. Zu den raffiniertesten Verfahren gehört der »Slice«.

Wenn ein Kunstwerk zu groß für eine flotte Übertragung auf den Bildschirm des Surfers wird, servieren Sie das Bild in Häppchen: Unterteilen Sie es in ImageReady per SLICING in Kacheln, kleine Bildausschnitte, die im Browser nahtlos aneinander gesetzt werden.

Slice für Slice für Slice
Für die Aufteilung des Bildes gibt es mehrere Strategien:
- Unterteilen Sie das Bild in 2 x 3 oder 3 x 3 Kacheln mit HILFSLINIEN ERSTELLEN aus dem Menü ANSICHT und benutzen Sie SLICES ENTLANG HILFSLINIEN ERSTELLEN im Menü SLICES, um das Bild entsprechend der Hilfslinien in Kacheln zu schneiden.
- ANSICHT/LINEALE EINBLENDEN zeigt die Lineale des Bildfensters und mit gedrückter Maustaste ziehen Sie horizontale und vertikale Hilfslinien aus dem Lineal. Das Slice-Werkzeug aus der Werkzeugleiste richtet sich an den Hilfslinien aus und schneidet das Bild exakt entlang der Kacheln.

Jeder für sich und alle für ein Bild
Das Slice-Werkzeug schneidet das Bild auch in unterschiedlich große und beliebig angeordnete Kacheln. Die Grenzen der Slices sind leicht »magnetisch« und die Anziehungskraft reicht, um Slices exakt aneinander zu legen.

Per Slicing können verschiedene Teile eines Bildes unterschiedlich komprimiert werden – sogar unterschiedliche Komprimierverfahren sind möglich, so daß Teile des Bildes als GIF- und andere Teile als JPEG gespeichert werden können. Das macht insbesondere dann Sinn, wenn es sich um Hintergrundbilder mit Text, Grafik und Foto handelt.

Im Dialogfenster OPTIMIERT SPEICHERN UNTER werden Slices als Einzelbilder, aber auch gleich als HTML-Dokument, in dem die Kacheln bereits nahtlos aneinander gesetzt sind, gespeichert.

- Markieren Sie Slices mit dem Slice-Auswahlwerkzeug aus der Werkzeugleiste (Maus kurz auf dem Slice-Werkzeug gedrückt halten, damit die zweite Variante des Werkzeugs eingeblendet wird) und wählen Sie in der Optimieren-Palette ein Komprimierverfahren und die Stärke der Komprimierung.
- Wenn nicht alle Kacheln benötigt werden, markieren Sie nur die Kacheln, die Sie brauchen und aktivieren die Option NUR SELEKTIERTE SLICES SPEICHERN im OPTIMIERT-VERSION SPEICHERN-Menü.
- ImageReady nummeriert die Kacheln beim Speichern. Wie das geschieht, bestimmten Sie im OPTIMIERT-VERSION SPEICHERN-Menü unter den Ausgabe-Einstellungen.

ImageReady: Fit fürs Web

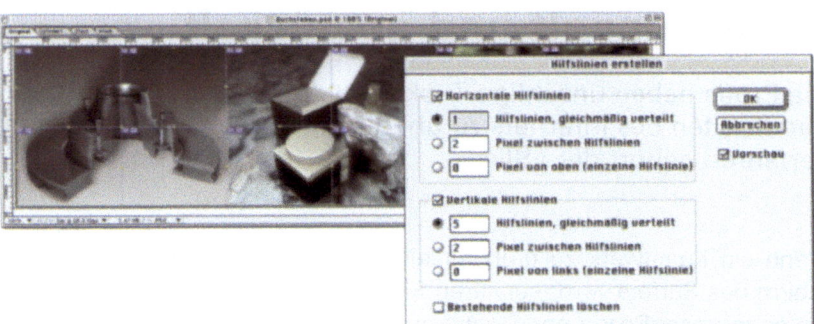

◀ Methode 1: Das Bild wird durch gleichmäßig verteilte Hilfslinien in gleich große Bereiche unterteilt und Slices entlang der Hilfslinien angelegt. Jeder Slice kann unterschiedlich komprimiert werden – selbst verschiedene Bildformate können gemischt werden.

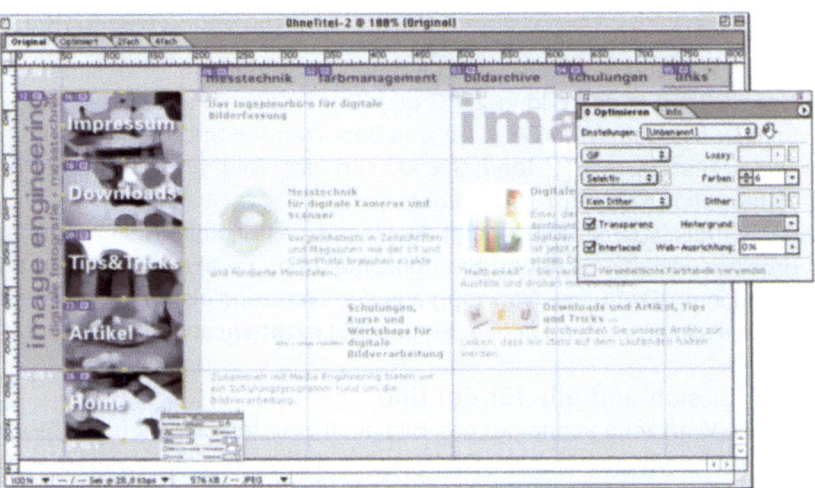

◀ Methode 2: Aus den Linealen (ANZEIGE/LINEALE EINBLENDEN) werden die Hilfslinien passend eingezogen, um mit dem Slice-Werkzeug exakte Slices zu schneiden.
Mit gedrückter Shifttaste markiert das Slice-Auswahlwerkzeug mehrere Slices gleichzeitig und ganze Gruppen von Slices erhalten so die gleichen Optionen. Dabei müssen nicht alle Slices aus einem Design mit den gleichen Einstellungen komprimiert werden.

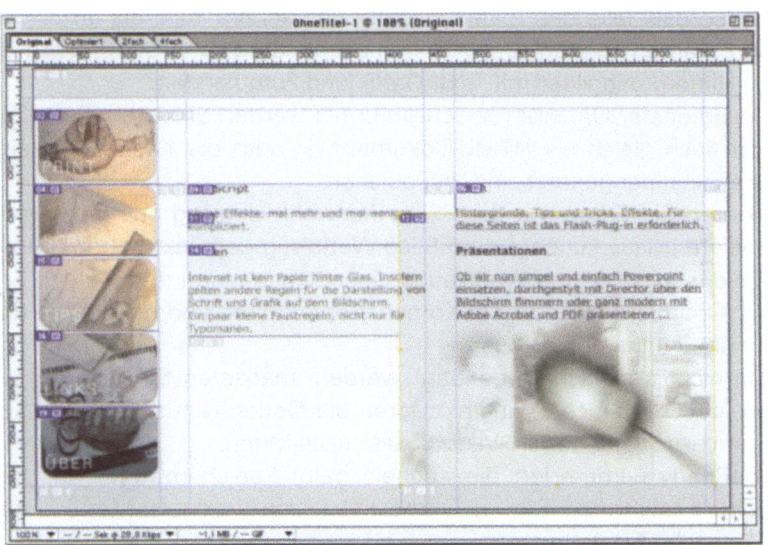

◀ Methode 3: Da auch die Grenzen der Slices magnetisch sind, kann das Slice-Werkzeug auch ohne Hilfslinien exakt arbeiten. Die gelben Grenzen der Slices lassen sich mit dem Slice-Auswahlwerkzeug an den Knotenpunkten nachträglich aufziehen,

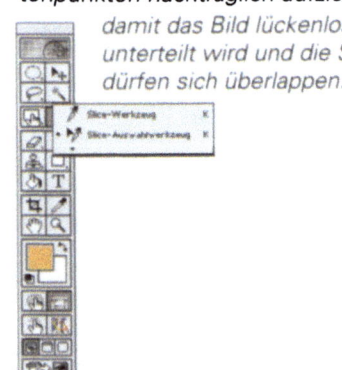

damit das Bild lückenlos unterteilt wird und die Slices dürfen sich überlappen.

Wenn die Maus kommt: Rollover-Effekte

Der wohl beliebteste Effekt des Internets ist der Rollover-Button, der bei der Berührung mit der Maus seine Form oder Farbe ändert und dem Besucher sofort die optische Bestätigung gibt: Hier passiert etwas und ich habe bemerkt, daß Du da bist.

Müssen Rollover-Buttons eigentlich immer brav nebeneinander oder untereinander liegen? Mit SLICES in ImageReady werden Rollover-Buttons übereinander- und hochgestapelt – eine besondere Optik für Buttons, die ansonsten immer nur in Reihen auftauchen.

Die Funktion, die hierfür benötig wird, liegt im Slices-Menü: SLICES ANORDNEN. Der Aufwand ist nicht größer als bei den klassischen Rollover-Buttons, die uns im wahrsten Sinne des Wortes immer reihenweise im Internet begegnen.

Mit Formebenen und Ebenenstilen

Formebenen erlauben zügiges Arbeiten ohne Gedanken an die Größenverhältnisse – der Button wird in einer angenehmen Größe entworfen und kann jederzeit ohne Qualitätsverlust auf die angemessene Größe für die Webseite verkleinert oder vergrößert werden.

Ebenenstile hingegen wachsen bei Vergrößerungen und Verkleinerungen nicht so locker mit, sondern behalten exakt ihre Einstellwerte für abgekantete Konturen und Schlagschatten. Dafür bringen Sie die Rollover-Effekte bereits mit. Vor allem bei den sich stets wiederholenden Effekten einer Seite erlauben sie freies Experimentieren und sicheres Arbeiten.

Der erste Button ist als abgerundetes Rechteck aus der Werkzeugleiste in einer Formebene angelegt. Die restlichen drei Buttons sind Kopien auf eigenen Formebenen (das Ebenenicon auf das Symbol NEUE EBENE in der Ebenenpalette ziehen) und mit dem Verschieben-Werkzeug aus der Werkzeugleiste stufenförmig übereinander angeordnet.

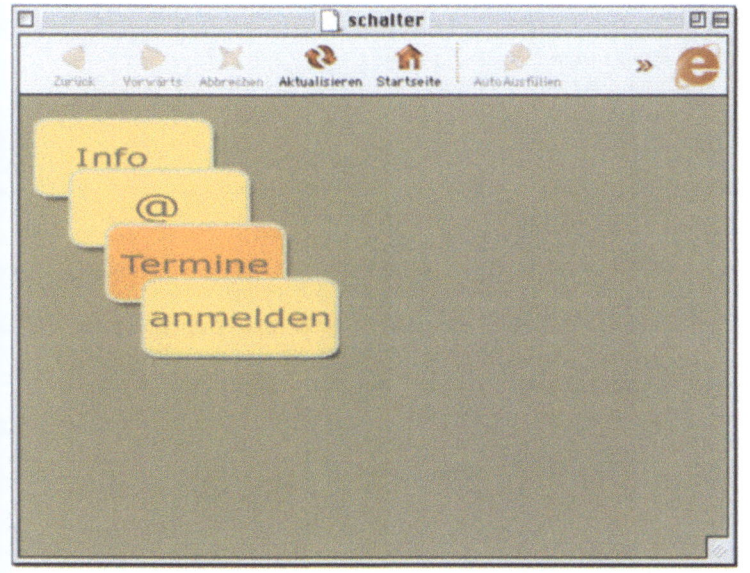

ImageReady: Fit fürs Web

Hochgestapelt: Übereinanderliegende Rollover-Buttons

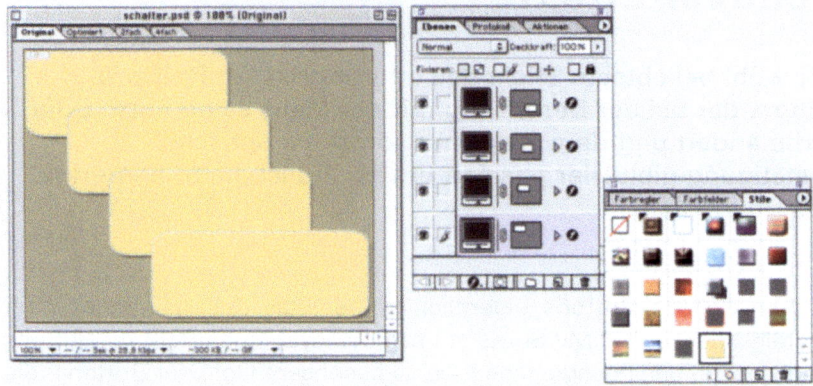

Der Ebenestil stammt aus der Stilpalette (FENSTER/STILE EINBLENDEN) und wird direkt auf die Ebene gezogen.

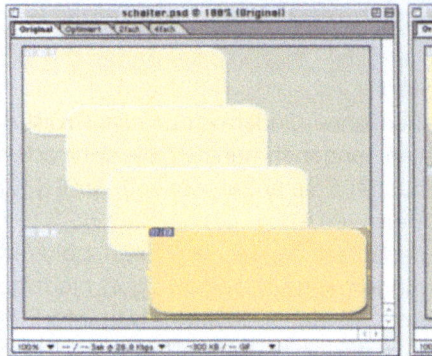
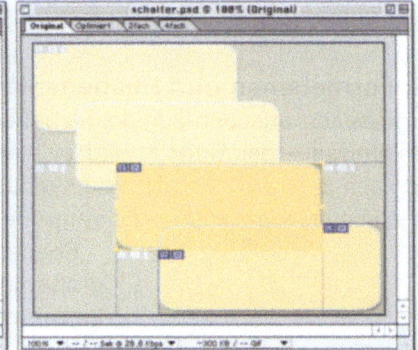

Das Slice-Werkzeug aus der Werkzeugleiste schneidet den vorderen Button aus und zerlegt dabei automatisch den Rest des Bildes in passende Slices.
Anschließend zieht das Slice-Werkzeug ohne Beachtung der vorhandenen Slices ein Rechteck um den nächsten, dahinter liegenden Button.

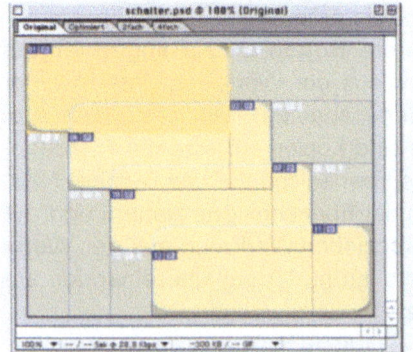

Slices sind immer viereckig. Eine »L«-Form wäre die richtige Lösung – aber diese Form kann ein Slice nicht annehmen und so zerschneidet die Slices-Funktion in ImageReady die Buttons in kleine Kacheln. Jetzt ist der vordere Button in Slices zerschnitten, während der hintere Button ein korrektes Viereck bildet.

ImageReady: Fit fürs Web

Hochgestapelt: Übereinanderliegende Rollover-Buttons

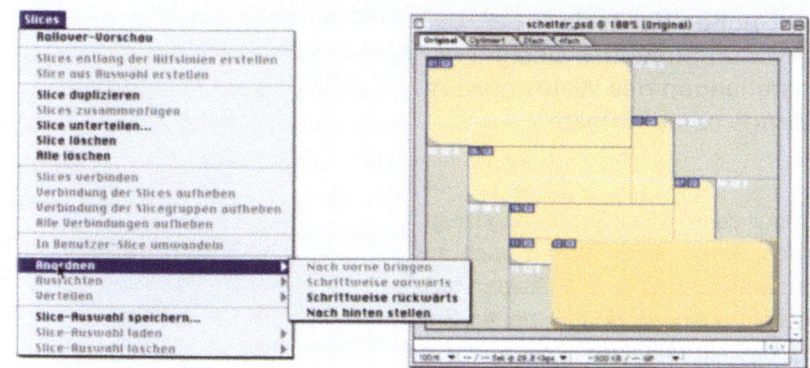

Für die richtige Reihenfolge sorgt ANORDNEN aus dem Slices-Menü. Dafür wählt das Slice-Auswahlwerkzeug aus der Werkzeugleiste die vordere Schaltfläche aus und ANORDNEN/NACH VORNE BRINGEN ändert die Aufteilung und Anordnung der Slices.

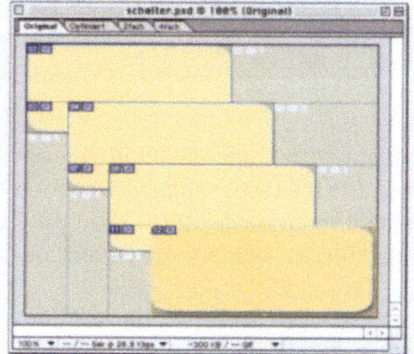

Äquivalent müssen die dahinter liegenden Slices in den Hintergrund versetzt werden. Interessant ist, daß das Slice-Auswahlwerkzeug mit einem Klick auf einen Button nicht einen einzelnen Slice markiert, sondern gleich alle Slices, die eine Schaltfläche ausmachen.
Für jede einzelne Schaltfläche kann jetzt ein Rollover-Stil ausgewählt und in der Rolloverpalette (FENSTER/ROLLOVER EINBLENDEN) festgelegt werden.

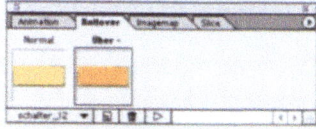

Der Über-Zustand für den ersten vorderen Button.

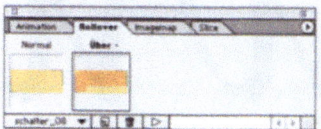

Der Über-Zustand für den dahinterliegenden zweiten Button.

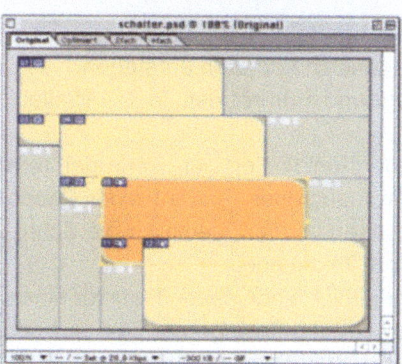

Ein Klick auf das Symbol ERSTELLT EINEN NEUEN ROLLOVER-STATUS erzeugt den Zustand ÜBER, den der Button annimmt, sobald die Maus den Button berührt. Der Zustand ÜBER in der Rolloverpalette wird markiert und aus der Stilpalette ein neuer Stil auf den Button im Originalbild oder auf die entsprechende Ebene gezogen.
Beim zweiten Button tritt die kleine Raffinesse zutage: Der vordere Button liegt tatsächlich über dem folgenden.

261

Sag es durch Texte

Die Kunst des Textsatzes gehört zur hohen Kunst der Webgrafik. Sie sorgt dafür, daß Texte im Sinne des Designers gezeigt werden und nicht den Einstellungen des Webbrowsers unterliegen und ist gut für jede Menge cooler Effekte.

Texte werden im Browser des Surfers nur dann in der Schrift angezeigt, die sich der Designer der Seite aussucht, wenn diese Schrift auch auf dem Rechner des Surfers installiert ist. Viele Designer entscheiden sich darum dafür, Menütexte nicht als Schrift einzugeben, sondern ziehen Grafiken vor. Grafiken geben die Sicherheit, daß ein Text auch in der vorgesehenen Größe und Schriftart angezeigt wird.

Für Schmuckschriften und Fantasiefonts ist die Grafik die einzige Methode, die Schrift auch tatsächlich auf den Bildschirm des Surfers zu bringen, denn die Chance, eine bestimmte Schmuckschrift auf dem Rechner des Surfers installiert zu finden, dürfte verschwindend gering sein.

Grafische Texte für die Navigation

Das Textwerkzeug aus der Werkzeugleiste setzt Texte direkt an den gewünschten Platz im Dokumentenfenster. Die meistgebrauchten Optionen für Texte befinden sich in der kontextsensitiven Menüleiste:

- Die TEXTAUSRICHTUNG bestimmt, ob der Text horizontal oder vertikal gesetzt wird.
- Die SCHRIFTENFAMILIE ist frei wählbar unter allen Schriften, die auf dem System installiert sind. Die meisten Schriftenfamilien bringen verschiedene SCHNITTE wie Regulär, Fett und Kursiv mit und der SCHRIFTGRAD kann auch über die vorgegebenen Pixelgrößen numerisch eingegeben werden (zwischen 0,1 px bis 1296 px, mit zwei Stellen hinter dem Komma).
- Die SCHRIFTENGLÄTTUNG beseitigt Aliasingeffekte – die unschönen Treppenstufen, die durch die Pixel in diagonalen Konturen entstehen.
- VERKRÜMMTEN TEXT ERSTELLEN verbiegt und krümmt den Text in Wellen, Bögen und Fischformen.

Die Änderung von Schriftenmerkmalen funktioniert nur, wenn der Text markiert ist. Insbesondere kann dadurch auch der Text auf einer Ebene mit unterschiedlichen Merkmalen versehen werden. Lediglich die Schriftenglättung wirkt immer auf die gesamte Textebene.

Jedesmal, wenn die Maus durch einen Klick einen neuen Platz für einen Text bestimmt, wird eine neue Ebene erstellt. Solange der Text auf der Ebene nicht durch die Funktion EBENE/RASTERN/TEXT »gerastert« – in Pixel umgerechnet – wird, kann die Schrift verändert werden. Der Text bleibt als Schrift sogar dann erhalten, wenn er mit Effekten versehen wird.

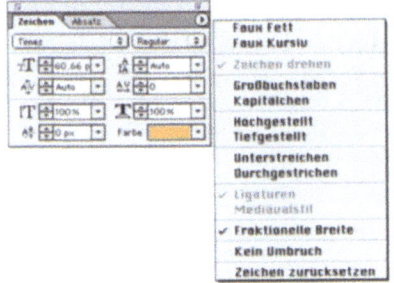

Im Optionsmenü der Textpalette (schwarzes Dreieck oben rechts in der Palette) werden Einstellungen zurückgesetzt.

Schriftenglättung oder Antialias: Semitransparente Pixel an den Konturen glätten den Text.

ImageReady: Fit fürs Web

Texte als Grafik und für MouseRollOver-Effekte anlegen

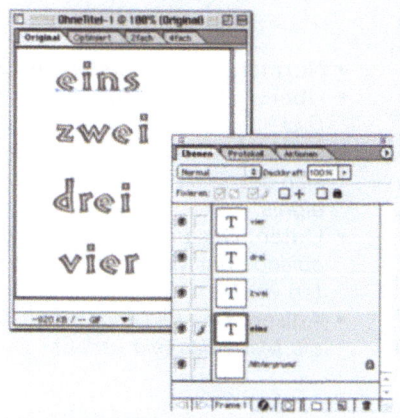

Jeder Begriff wird auf einer neuen Ebene eingegeben. Markieren Sie den Text, um eine andere Farbe einzustellen. In der kontextsensitiven Menüleiste ändern Sie Schrift und Größe oder rufen mit PALETTE die Zeichenpalette auf, um die Laufweite zu ändern.

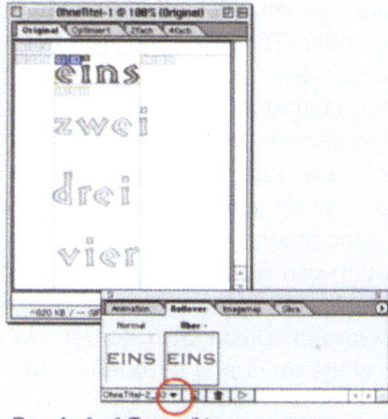

Der Aufruf EBENE/NEUES EBENENBASIERTES SLICE zieht einen perfekt angepaßten Slice rund um Ebene 1 auf. Im Anschluß wird ein neuer Rollover-Status in der Rollover-Palette erzeugt.

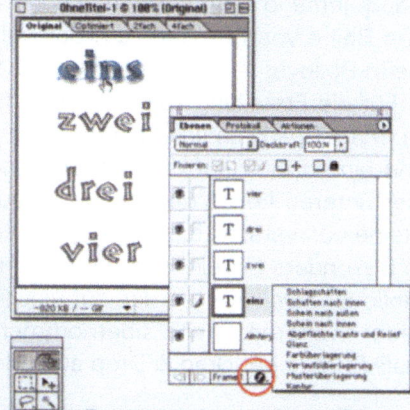

EBENENEFFEKT HINZUFÜGEN/FARBÜBERLAGERUNG sorgt hier für die Rollover-Farbe. Wenn Sie SLICES EINBLENDEN in der Werkzeugleiste abstellen und statt dessen die ROLLOVER-VORSCHAU aktivieren, sehen Sie den Effekt im Dokumentenfenster.

Sehr praktisch: Wird der Effekt nachträglich verändert – etwa ein Schlagschatten eingefügt –, paßt ImageReady die Größe des Slice automatisch an.

Der Rollover-Stil enthält drei Effekte: die Farbüberlagerung, Glanz und einen Schlagschatten. Mit allen Komponenten wird er in der Stile-Palette gespeichert (NEUEN STIL ERSTELLEN), damit er aus der Stile-Palette auf jede Ebene gezogen werden kann. Die Slices legt Image Ready dabei automatisch an.

Auf allen Ebenen liegt nun der gleiche Rollover-Effekt und kann direkt getestet werden. Markieren Sie alle vier Slices mit dem Slice-Auswahlwerkzeug, um die optimierte Version für die Webseite zu speichern.

ImageReady: Fit fürs Web

Rollover für Navigationstexte und Rollover-Stile

Neben dem animierten Button, der beim Kontakt mit der Maus seine Farbe oder Form ändert, steht der Rollover-Effekt bei Texten hoch im Kurs. Kaum jemand kann der Versuchung widerstehen, den Text mit einer ganzen Reihe von Effekten zum Schweben oder Glühen zu bringen oder ihn beim Rollover in den Hintergrund zu versenken.

Für die Erstellung von Rollover-Effekten bietet sich die Rollover-Palette in ImageReady an (FENSTER/ROLLOVER EINBLENDEN). Neue Zustände werden mit einem Klick auf das Symbol ERSTELLT EINEN NEUEN ROLLOVER-STATUS in der unteren Leiste der Palette erzeugt, und für jeden Zustand kann eine Reihe von verschiedenen Ereignissen angegeben werden.

Besonders hilfreich bei der Generierung von Rollover-Effekten sind die Rollover-Stile – sie werden auf einer Ebene definiert und können dann auf jeder weiteren Ebene übernommen werden. Diese Stile sorgen dafür, daß Effekte per Drag & Drop auf jeder weiteren Ebene gezogen werden.

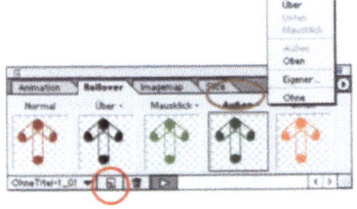

- **Normal:** *vor dem ersten Ereignis.*
- **Über:** *Die Maus liegt über dem Bild.*
- **Mausklick:** *Beim Klick verändert sich das Bild bis zum nächsten Ereignis.*
- **Unten:** *Das Bild wird geändert, solange die Maustaste festgehalten wird.*
- **Außen:** *Das Bild ändert sich, wenn die Maus das Bild verläßt.*

◄ *Den Rollover-Effekt speichert ImageReady mit DATEI/OPTIMIERT-VERSION SPEICHERN UNTER auf Wunsch gleich zusammen mit dem nötigen HTML-Code.*

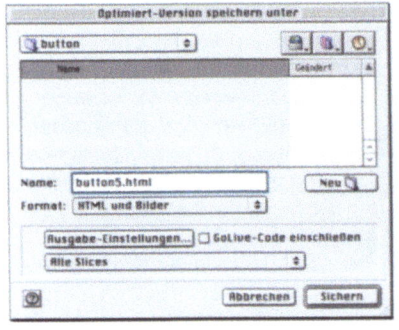
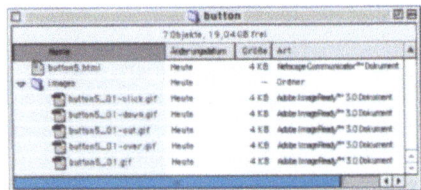

Bewegter Text – Animationen

»Tweening« zwischen zwei Bildern ist eine beliebte Technik, die von vielen Animationsprogrammen geboten wird. Dabei werden in der Animationspalette zwei Frames vorgegeben, und das Animationsprogramm setzt automatisch eine Reihe von Frames zwischen Anfang und Ende der Animation ein und schafft so einen weich fließenden Übergang.

ImageReady animiert auf diese Weise die Bewegung eines Objekts von einem Ort zum anderen, Transformationen wie das Vergrößern und Verkleinern von Objekten, die Verformung eines Textes und Effekte wie Farbüberlagerungen.

Animationen werden in der Animationspalette angelegt. Genauso wie in der Rollover-Palette liegt ein erster Frame immer bereits vor und weitere Frames werden mit dem Symbol DUPLIZIERT AKUTELLEN FRAME erzeugt. Beiden Frames können z.B. unterschiedliche Effekte aus der Ebenenpalette (Symbol EBENENEFFEKT HINZUFÜGEN in der unteren Leiste der Ebenenpalette) zugewiesen oder das Objekt unterschiedlich plaziert werden.

ImageReady: Fit fürs Web

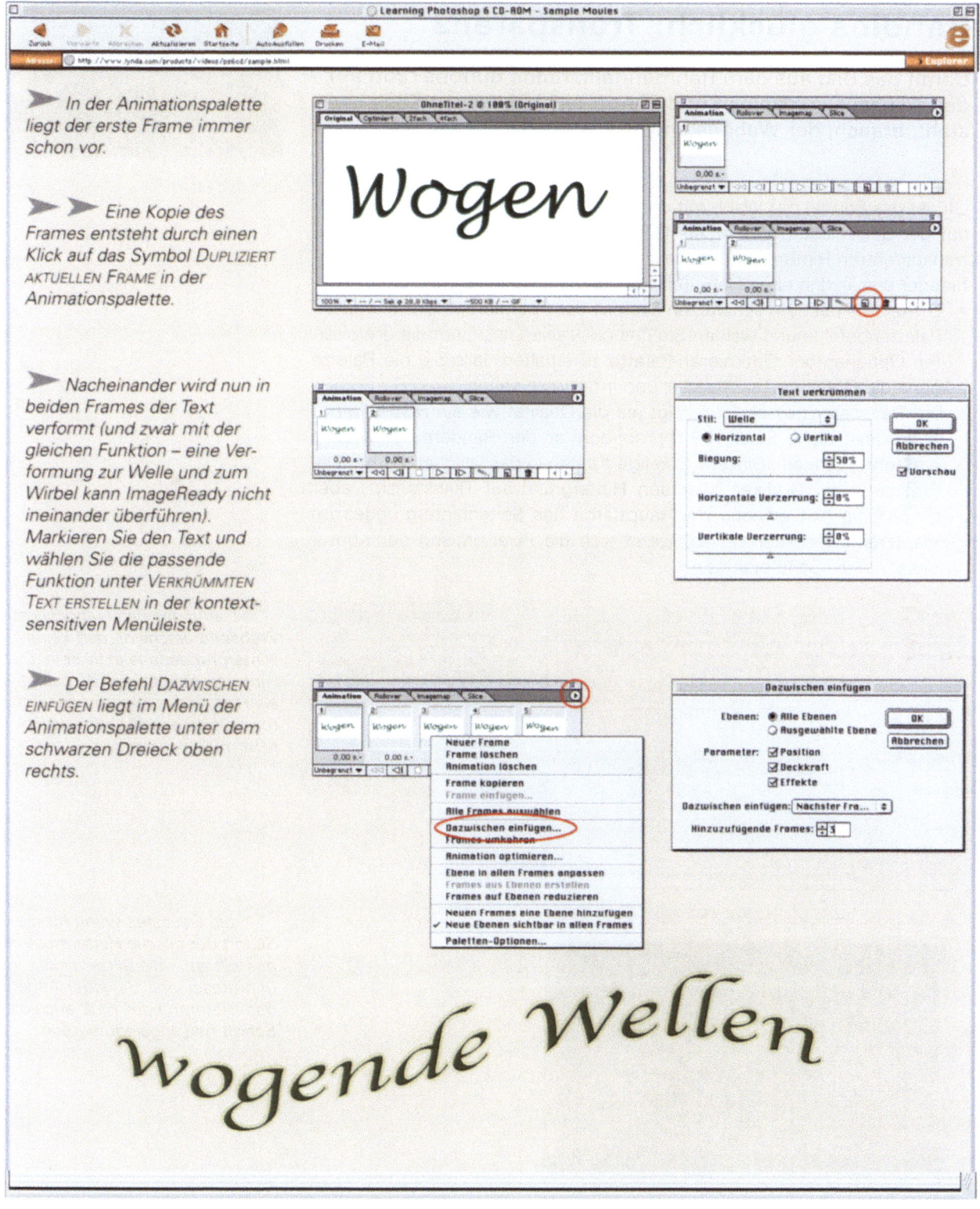

▶ *In der Animationspalette liegt der erste Frame immer schon vor.*

▶▶ *Eine Kopie des Frames entsteht durch einen Klick auf das Symbol DUPLIZIERT AKTUELLEN FRAME in der Animationspalette.*

▶ *Nacheinander wird nun in beiden Frames der Text verformt (und zwar mit der gleichen Funktion – eine Verformung zur Welle und zum Wirbel kann ImageReady nicht ineinander überführen). Markieren Sie den Text und wählen Sie die passende Funktion unter VERKRÜMMTEN TEXT ERSTELLEN in der kontextsensitiven Menüleiste.*

▶ *Der Befehl DAZWISCHEN EINFÜGEN liegt im Menü der Animationspalette unter dem schwarzen Dreieck oben rechts.*

ImageReady: Fit fürs Web

Randlos glücklich: Transparenz

Damit das Bild aus dem Rahmen fällt, runde Buttons rund auf der Webseite erscheinen und Schrift nicht in kleinen Kästchen steht, braucht der Webdesigner Transparenz.

GIF ist das Format der Wahl, mit dem Grafiken frei und ohne Hintergrund auf der Seite liegen dürfen: Als GIF kann eine Grafik oder ein Text mit transparentem Hintergrund gespeichert werden. Dafür legen Sie die Grafik oder den Text in einer Datei mit transparentem Hintergrund an.

- Öffnen Sie mit dem schwarzen Dreieck der Optimieren-Palette weitere Palettenbefehle und wählen Sie OPTIONEN EINBLENDEN, um die erweiterten Optionen der Optimieren-Palette zu erhalten, falls Sie die Palette ohne die Optionen TRANSPARENZ und INTERLACED sehen.
- Die Transparenz eines GIFs zeigt nie die Qualität wie ein RGB-Bild mit Alphakanal (siehe Seite 189 ff.), sondern an den Rändern des Motivs entstehen schnell »Blitzer«, pixelige Kanten in der falschen Farbe. Darum setzt der Grafiker zwar den Hintergrund auf TRANSPARENT, aber gleichzeitig gibt er noch die Hauptfarbe des Seitenhintergrundes im Klappmenü HINTERGRUND an, damit sich die Pixel entlang der Kontur besser in die Seite einfügen.

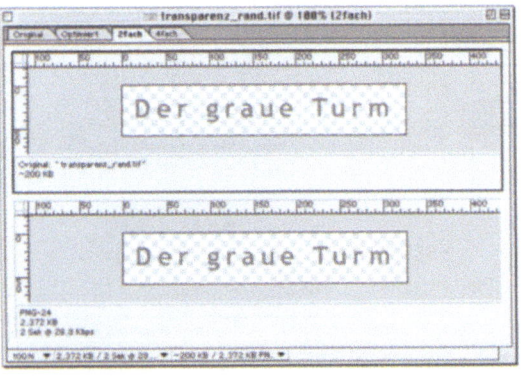

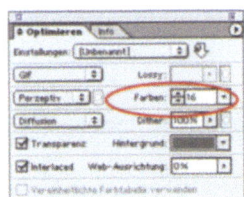

◄ Damit das Bild »randlos« auf der Webseite erscheint, darf keine Hintergrundebene aktiv sein. Die Hintergrundfarbe der Webseite wird als HINTERGRUNDFARBE in der Optimieren-Palette eingegeben und TRANSPARENZ muß aktiviert sein.

◄ Ein Desaster, wenn für die GIF-Schrift der falsche Hintergrund eingestellt ist ... die Blitzer sind unprofessionell. Bei jeder Änderung des Hintergrundes muß auch die GIF-Schrift neu angelegt werden.

ImageReady: Fit fürs Web

Transparente Hintergründe für Fotografien

Wenn ein fotografisches Motiv ohne störenden Hintergrund auf die Seite gesetzt werden soll, muß entweder das raumgreifende PNG-24-Format herhalten (das nicht in jedem Browser korrekt angezeigt wird und fast immer viel zu große Dateien liefert), oder der Hintergrund des Bildes muß mit der exakten Hintergrundfarbe aufgefüllt werden.

1. Damit sich das Bild und der Hintergrund nahtlos aneinanderfügen, nutzen Sie als Hintergrundfarbe Ihrer HTML-Seite eine aus 216 websicheren Farben, die auf jeder Betriebssystemplattform in jedem Browser korrekt dargestellt werden.
2. In ImageReady setzen Sie das freigestellte Motiv in eine neue Ebene und schalten Sie jeden Hintergrund aus. Stellen Sie JPEG in der Optimieren-Palette ein.
3. Stellen Sie die Hintergrundfarbe Ihrer Webseite als Vorder- oder Hintergrundfarbe in der Werkzeugleiste von ImageReady ein. Die meisten Webeditoren benutzen das Hexadezimale Farbsystem, in dem jeweils zwei Ziffern oder Buchstaben einen der drei RGB-Werte darstellen. Stellen Sie in der Optimieren-Palette die Hintergrundfarbe ein oder wählen Sie die Farbe im Farbfeld. (Menü FENSTER/FARBFELDER EINBLENDEN und mit dem schwarzen Dreieck WEBSICHERE FARBEN einstellen).
4. In der Optimieren-Palette stellen Sie über das Klappmenü HINTERGRUND die Vorder- oder Hintergrundfarbe der Werkzeugleiste ein.

▶ *Damit das Bild »randlos« auf der Webseite erscheint, darf – genauso wie beim GIF-Bild – keine Hintergrundebene aktiv sein. Die Hintergrundfarbe der Webseite wird im Farbwähler eingestellt und in der Optimieren-Palette als Hintergrundfarbe des Bildes übernommen.*

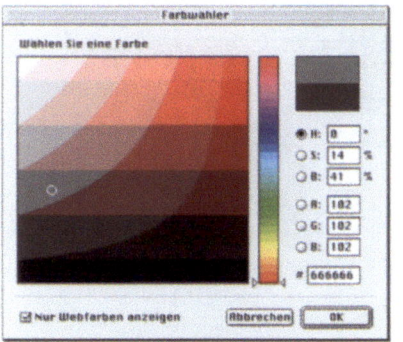 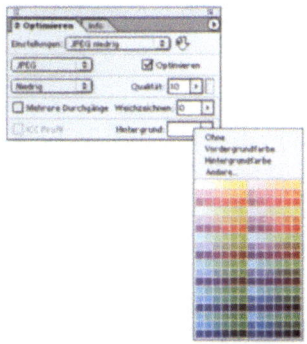

▶ *Wenn die Hintergundfarbe der Webseite geändert wird, muß also auch das Bild neu angelegt werden.*

ImageReady: Fit fürs Web

Fotos vor einem Musterhintergrund

Nur websichere Farben gewährleisten den nahtlosen Übergang zwischen Hintergrund und dem JPEG-Bild. Wenn Ihr Hintergrund nicht einfarbig ist, sondern aus einem Hintergrundmuster besteht, wird das Verfahren komplizierter:

1. Öffnen Sie das Hintergrundbild in ImageReady und deklarieren Sie es als Muster (Menü BEARBEITEN/MUSTER DEFINIEREN).
2. Mit dem Muster füllen Sie eine Ebene, während Sie das freigestellte Bildmotiv eine Ebene darüber plazieren.
3. So weit – so gut, aber der Teufel steckt im Detail: Jetzt müssen Sie das Bild exakt auf der HTML-Seite plazieren, damit das Muster der Seite und des Bildes nahtlos greifen. Das sieht im Webeditor noch recht einfach aus, aber jeder Browser hat einen eigenen »Browserversatz« – ein Abstand der Elemente auf einer Seite zum oberen linken Seitenrand. Prüfen Sie Ihr Dokument in möglichst vielen Browsern, um sicher zu gehen, daß der Übergang auch tatsächlich funktioniert.

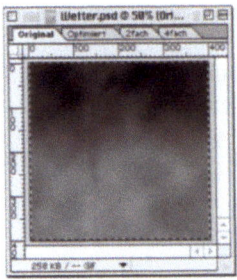
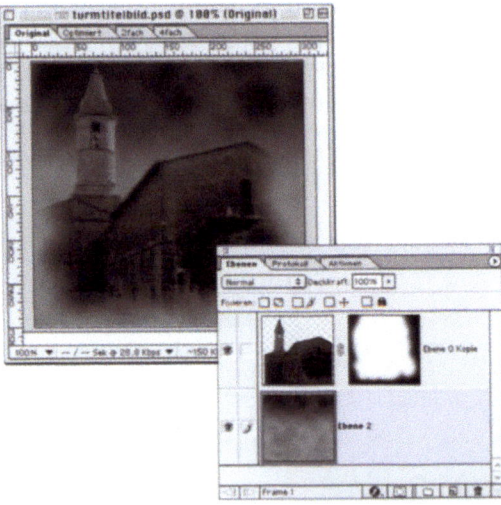

◀ *Das JPEG-Bild, das scheinbar transparent über dem Hintergrund schweben soll, muß vor den »echten« Hintergrund der Webseite gelegt werden.*

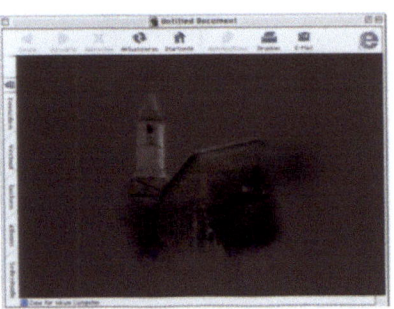

◀ *Am besten funktioniert das exakte Überlagern mit Ebenen oder Style Sheets, die sich exakt auf der Seite positionieren lassen.*

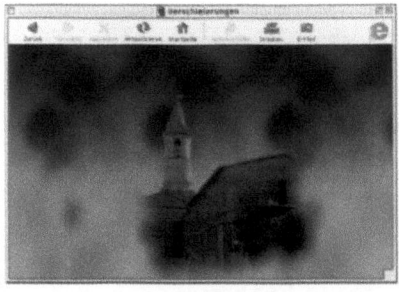

Geschummelt: Semitransparenz
Die weichen Kanten eines Alphakanals oder eine Semitransparenz für coole Effekte bietet GIF nicht. Im Internet bietet nur PNG-24 elegant abgesoftete Kanten – das liefert aber leider für die meisten Anwendungen im Internet zu große Dateien. Also schummeln wir mit einem Trick:
1. Legen Sie ein neues Bilddokument mit transparentem Hintergrund und einer Größe von 2 x 2 Pixeln an.
2. Markieren Sie den linken oberen und den rechten unteren Pixel und füllen Sie beide Pixel mit der exakten Hintergrundfarbe.

3. Markieren Sie das gesamte Bild (Menü BEARBEITEN/ALLES MARKIEREN oder Strg/⌘+A) und deklarieren Sie es als Muster (Menü BEARBEITEN/MUSTER DEFINIEREN).
4. Markieren Sie den Rand des Bildes, der abgesoftet werden soll, legen Sie eine neue Ebene über dem Motiv an und füllen Sie den markierten Bereich mit dem Muster.

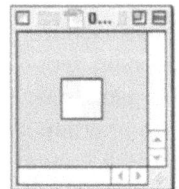 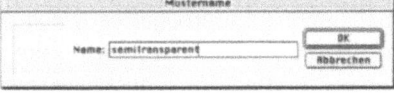

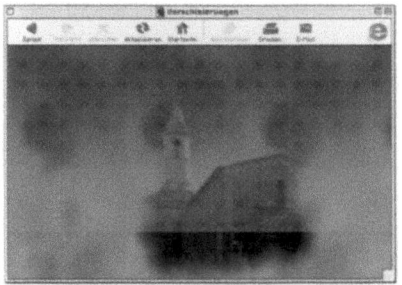

◀ *Der Schleier, der sich langsam über das Bild senkt, ist ebenfalls ein halbtransparentes GIF-Bild, das aus dem Vier-Pixel-Muster entstanden ist.*

◀ *Aus dem halbtransparenten GIF-Bild wird durch BEARBEITEN/FLÄCHE FÜLLEN/MIT MUSTER FÜLLEN das Bild, das langsam vor den Hintergrund geschoben wird.*

Digitales Daumenkino – animierend

In Hollywood überschlagen sich die Regisseure mit ihren Special Effects – aber was könnte auf- und anregender sein als die daumennagelgroßen GIF-Animationen im Internet? Noch nie war Filmen so einfach.

Wenn kleine Flugzeuge Loopings drehen, Comic-Figuren im Fenster tanzen und Schriften pulsieren, dann steckt dahinter meist eine GIF-Animation. Da GIF-Animationen in jedem Browser ohne Plug-in ablaufen, gehören sie noch immer zu den beliebtesten Effekten im Internet.

Animationen

Eine GIF89a-Animation ist eine Sammlung von in einem Dokument zusammengefaßten Bildern, die in schneller Abfolge »abgespielt« werden – ein echtes digitales Daumenkino also. Alle Vorteile des GIF89a-Formats bleiben in einer Animation erhalten: Transparenz, Interlacing und die GIF-Komprimierungstechnik.

Eine einfache Animationstechnik hat ImageReady aus den klassischen Animationsprogrammen übernommen: Tweening. Beim Tweening gibt der Benutzer zwei Bilder vor, und das Animationsprogramm ergänzt die dazwischen liegenden Einzelbilder, die Frames. Auf diese Weise entsteht eine flüssige Bewegung von links nach rect, dreht sich ein Ball, eine Form wächst oder schrumpft. In ImageReady heißt die Technik schlicht und ergreifend DAZWISCHEN EINFÜGEN.

Eine weitere Technik beruht auf den Bildebenen: Jeder Frame zeigt die Ebenen eines Bildes, die gerade eingeblendet sind. Im nächsten Frame können weitere Ebenen eingeblendet oder Ebenen ausgeblendet werden. Natürlich können das Ein- und Ausblenden von Ebenen und die Technik DAZWISCHEN EINFÜGEN miteinander gemischt werden.

Animationen speichern

Nur GIF ist in der Lage, Animationen zu speichern, und braucht für eine Animation nur eine einzige Bilddatei. Da die Bilddatei allerdings aus einer ganzen Reihe von Einzelbildern besteht, kann eine Animation schnell sehr groß werden. Die klassischen GIF-Techniken greifen auch hier, und insbesondere die Reduzierung der Farben kann den GIF-Film klein halten.

Obwohl es sinnvoll sein kann, ein Bild im Web im Interlacing-Verfahren anzuzeigen, sollten Sie dies bei einer GIF-Animation vermeiden. Ansonsten würde die Animation immer das Bild 1 im Interlacing-Verfahren anzeigen, die restlichen Bilder aber nicht.

ImageReady: Fit fürs Web

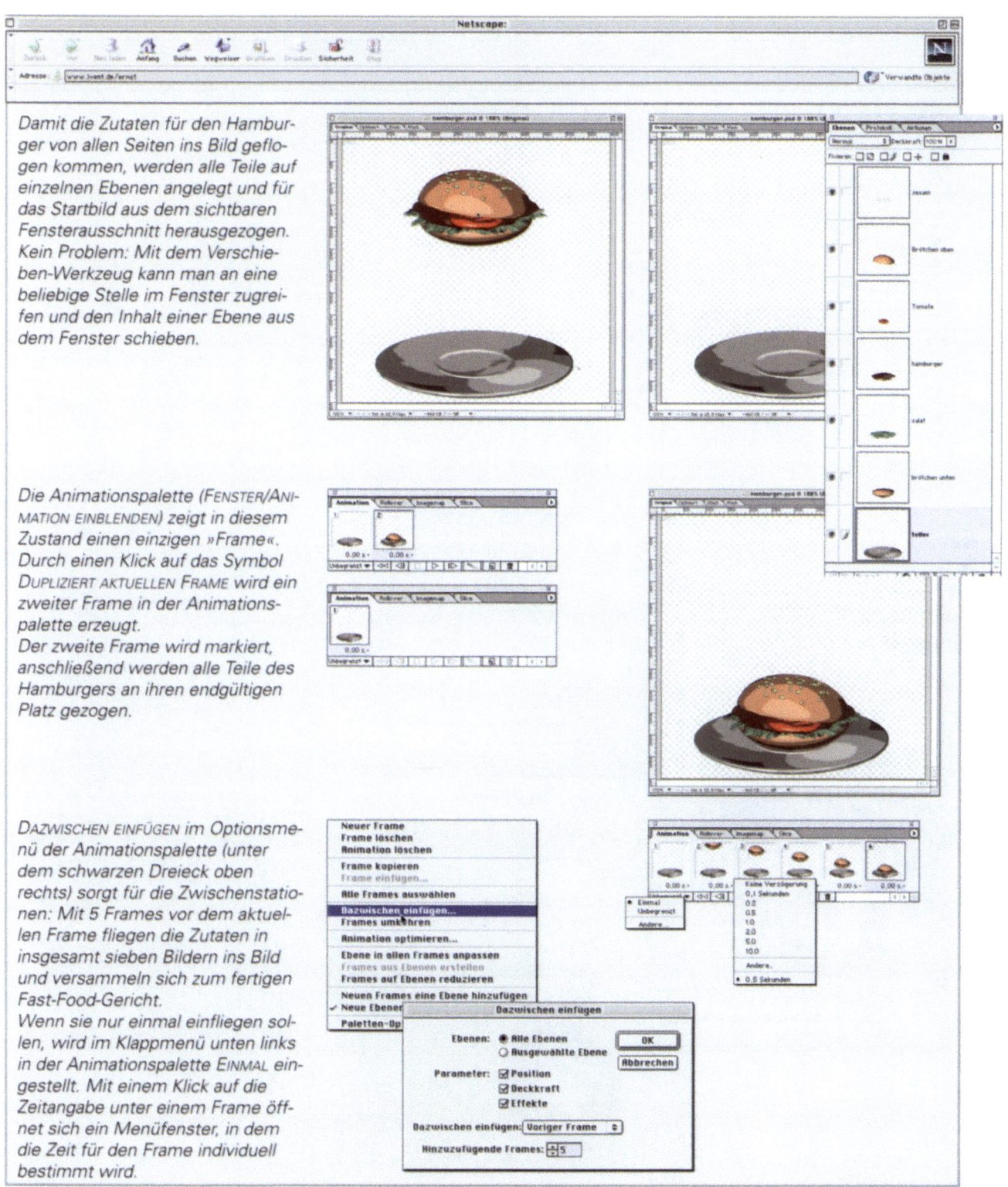

Damit die Zutaten für den Hamburger von allen Seiten ins Bild geflogen kommen, werden alle Teile auf einzelnen Ebenen angelegt und für das Startbild aus dem sichtbaren Fensterausschnitt herausgezogen. Kein Problem: Mit dem Verschieben-Werkzeug kann man an eine beliebige Stelle im Fenster zugreifen und den Inhalt einer Ebene aus dem Fenster schieben.

Die Animationspalette (FENSTER/ANIMATION EINBLENDEN) zeigt in diesem Zustand einen einzigen »Frame«. Durch einen Klick auf das Symbol DUPLIZIERT AKTUELLEN FRAME wird ein zweiter Frame in der Animationspalette erzeugt.
Der zweite Frame wird markiert, anschließend werden alle Teile des Hamburgers an ihren endgültigen Platz gezogen.

DAZWISCHEN EINFÜGEN im Optionsmenü der Animationspalette (unter dem schwarzen Dreieck oben rechts) sorgt für die Zwischenstationen: Mit 5 Frames vor dem aktuellen Frame fliegen die Zutaten in insgesamt sieben Bildern ins Bild und versammeln sich zum fertigen Fast-Food-Gericht.
Wenn sie nur einmal einfliegen sollen, wird im Klappmenü unten links in der Animationspalette EINMAL eingestellt. Mit einem Klick auf die Zeitangabe unter einem Frame öffnet sich ein Menüfenster, in dem die Zeit für den Frame individuell bestimmt wird.

ImageReady: Fit fürs Web

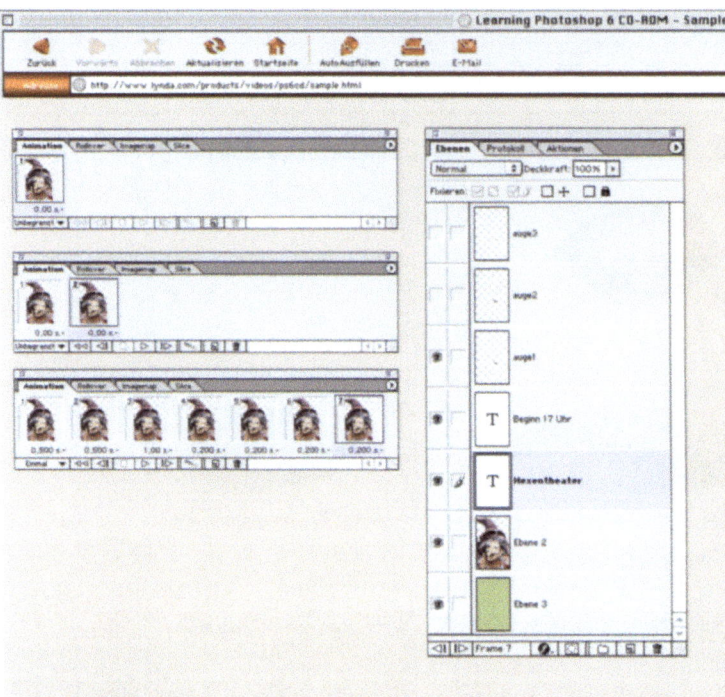

Eine andere Technik der Animation arbeitet auf der Basis des Ein- und Ausblendens von Ebenen in den einzelnen Frames einer Animation.
In der Einladung ins Hexentheater ist zunächst nur der Hintergrund eingeblendet. In Frame 2 wird die erste Textzeile eingeblendet, in Frame 3 die zweite Zeile.
Im nächsten Frame kneift die Hexe ein Auge zu, im nächsten noch ein wenig, im letzten Frame der Animation werden die drei »Augenebenen« wieder ausgeblendet. Die Hexe hat einmal cool mit dem Auge gezwinkert.

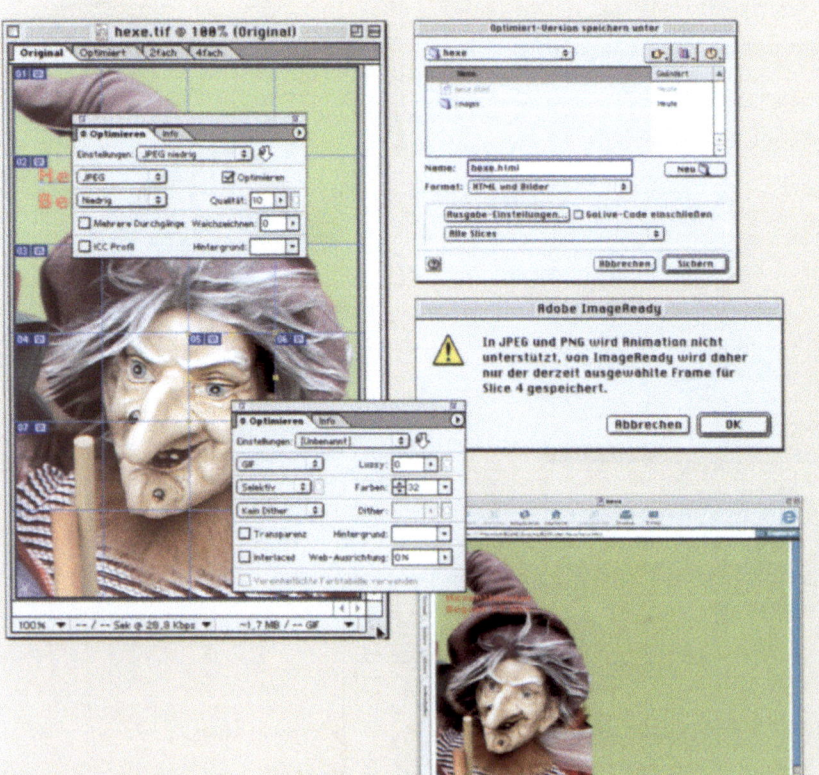

So gut wie ausgeschlossen ist es allerdings, so ein großes Bild als Animation ins Internet zu setzen. Also wird das Bild auf der Basis von Hilfslinien in Slices geschnitten, so daß die beiden Textzeilen und das animierte Auge vollkommen in jeweils einen Slice hineinpassen. Während alle anderen Slices mit dem Slice-Auswahlwerkzeug markiert und für die Komprimierung per JPEG vorgesehen werden, wird bei diesen beiden Slices GIF als Format eingestellt. Das reicht schon aus: Mit OPTIMIERT-VERSION SPEICHERN werden HTML-Code und Bilder gespeichert.
Zwar bringt ImageReady eine leicht mißverständliche Warnmeldung, aber die aufgemischte Animation läuft tadellos: ein Film mit vielen JPEGs und zwei GIF-Animationen.

Effektiv und effektvoll

Der wohl beliebteste Effekt des Internets ist der Rollover-Button, der bei der Berührung mit der Maus seine Form oder Farbe ändert und dem Besucher sofort die optische Bestätigung gibt: Hier passiert etwas und ich habe bemerkt, daß Du da bist.

Imagemaps

Eine Imagemap ist ein großes Bild, in dem mehrere Bereiche klickbar sind und zu unterschiedlichen URLs verlinken. Bestes Beispiel ist eine Landkarte mit mehreren Orten, in denen der Klick auf Aachen zur Seite von Aachen leitet und der Klick auf Köln auf die Kölner Seite.

Für das Anlegen von Imagemaps gibt es in ImageReady ein eigenes Werkzeug in der Werkzeugleiste. Ziehen Sie Kreise, Vierecke oder zeichnen Sie mit dem Polygonwerkzeug einen Rahmen um ein Motiv im Bild.

1. Mit dem Imagemap-Auswahlwerkzeug markieren Sie einen solchen Rahmen. In der Imagemap-Palette (FENSTER/IMAGEMAP EINBLENDEN) prüfen Sie Maße und Position des Rahmens. Bezeichnen Sie den Rahmen mit einem Namen und geben Sie die Adresse ein, zu der dieser Bereich des Bildes verlinken soll.
2. In ZIEL bestimmen Sie, ob die Seite im gleichen Fenster des Browsers angezeigt (SELF) oder ob ein neues Browserfenster geöffnet werden soll (BLANK). PARENT und TOP sind interessant, wenn Sie Ihre Seiten mit »Frames« gestalten und die gelinkte Seite nicht in einem Frame, sondern solo im Browserfenster auftauchen soll.
3. ALT ist das Feld für den Kurztext, der als Quickinfo erscheint, wenn die Maus über einem Rahmen liegt – eine freundliche Geste gegenüber dem Besucher Ihrer Seite.

ImageReady: Fit fürs Web

Kapitel 9 Voll erfaßt: Digitalkamera und Scanner

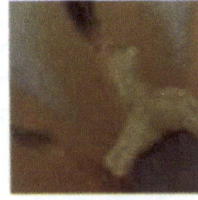
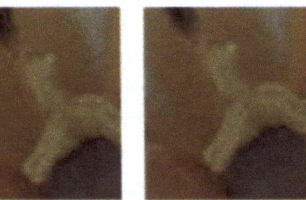

Pixelfänger – die Digitalkamera

Wie auch immer man es anstellt – ein Bild, das gedruckt werden will, muß digitalisiert werden. Entweder wird es konventionell aufgenommen und gescannt, oder es wird digital aufgenommen und landet direkt im Rechner.

Zwar kann sich die Chemiebranche ruhig zurücklehnen – die digitale Fotokamera wird den Fotolaboren das Wasser nicht abgraben –, aber die digitale Sofortbildkamera hat schnell an Pixeln und an Qualität zugelegt. Die Auflösung der »einfachen« Varianten reicht für Internet, Multimedia und Präsentationen allemal und mit drei oder vier Millionen Pixeln, den berüchtigten »Megapixeln«, lockt die Digitalkamera immer mehr Fotografen an. Gleichzeitig zieht die Ausstattung der digitalen Kamera nach: Bessere Optik, reifere Software und Sensoren sorgen für ein deutliches Ansteigen der Qualität der Pixel.

Auch wenn der Scanner mit Tiefstpreisen als verlockende Alternative einen hybriden Arbeitsablauf nahelegt – analog fotografieren und per Scanner digitalisieren –, so winkt doch die digitale Kamera mit einer gewaltigen Zeitersparnis im Arbeitsablauf.

Kleiner Leitfaden für die Auswahl der ersten Digitalkamera

Digitale Kameras gibt es in gewohnter Form als Sucherkamera, als Spiegelreflexkamera oder als Rückteil für die Studiokamera. Wer Fotos für Kataloge und industrielle Produkte, für das Web oder die Tageszeitung produziert, kann mit der digitalen Schnappschuß-Megapixelkamera durchaus schon akzeptable Ergebnisse erreichen. Digitale Kameras liegen in einem Preisgefüge von 1500 DM bis 10.000 DM und erzielen ohne Interpolation bis 14 x 18 cm im Druck oder 20 x 26 cm bei der Ausbelichtung auf Fotopapier.

Alles bestimmende Megapixel?

Die Menge der Megapixel ist für die meisten Käufer das Thema Nr. 1. Ist die Bildgröße, die heute bei 3,3 bis 6 Megapixel liegt, damit tatsächlich noch weit von der »Auflösung« des ganz normalen Kleinbildes entfernt? Schließlich würde das Kleinbilddia, daß mit 2700 ppi gescannt wurde, doch satte 28 MB an Bilddaten liefern.

Wir müssen Megapixel von Megabytes trennen: Jeder Pixel kann eine von drei Farben aufweisen und »wiegt« darum 3 Byte. Eine 3-Megapixel-Kamera hat also schon 9 MB Bilddaten oder anders herum weist der analoge Film rund 9 Megapixel auf. Die Differenz reduziert sich also auf 3 Megapixel aus der digitalen Consumer-Kamera und 9 Megapixel aus der analogen Spiegelreflexkamera.

Dabei hinkt der Vergleich immer noch, denn die 2700 ppi, mit denen das analoge Bild gescannt werden kann, übertreffen fast immer die Leistungsfähigkeit des analogen Filmmaterials. Der »normale« Negativfilm mit 100 ISO liefert bei Scanauflösungen über 2100 ppi kaum noch mehr an Informationen und Detailzeichnung, und nur wenn ein 100 ISO-Diafilm bei besten Voraussetzungen belichtet wurde – bei sauberer Ausleuchtung und mit einem sehr guten Objektiv – sind 2700 dpi für den Scan angebracht.

Und die Qualität?

Immer wieder erhebt sich die Frage nach der Qualität des Bildes aus der digitalen Kamera. Die hat sich – insbesondere durch die Fortschritte in der Software – weit nach vorn entwickelt. Die Blauempfindlichkeit des Sensors wurde bei den neuen Modellen erhöht, die Nebenfarbendichte reduziert, und hinter dem Objektiv verhindert heute ein Antialiasfilter die Treppchenbildung in den diagonalen Kanten des Bildes.

Eine Histogrammfunktion, ein LCD-Farbdisplay für die Bildvorschau und -analyse, eine schnellere Bildfolge bei Serienbildern bieten dem Fotografen Komfort, Sicherheit und Tempo.

Aber auch die Digitalkamera gewinnt durch ein gutes Objektiv. Denn nicht nur das Auflösungsvermögen des Sensors ist entscheidend für die »echte« Auflösung des Bildes, sondern auch die Qualität des Objektivs.

Die digitale Bildfehler

Weiterhin tragen Sensoren mit einer hohen Farbtiefe von 12 Bit dazu bei, saubere und scharfe Bilder auf den Speicher zu bannen. Die berüchtigten Fehler wie Bildrauschen, Blooming und Moiré sind bei Kameras und Software der neuen Generation nur noch in schwierigen Aufnahmesituationen anzutreffen. Lediglich bei Kameras mit einem kleinen Bildspeicher, die ihre Aufnahmen heftig komprimieren, bleiben sichtbare Spuren der digitalen Erfassung zurück: Die preiswerten kleinen »Web-Kameras« sind berüchtigte Vertreter diese Gattung.

Die Bildfehler der frühen Digitalkameras sind überwunden:
- Bildrauschen (bunte Pixel in den Tiefen des Bildes) weist das digitale Bild nur noch in den schwierigsten Lichtsituationen auf, wo auch der Film kaum bessere Ergebnisse liefern kann.
- Blooming, das »Überlaufen« weißer Pixel in Spitzlichtern, kommt in den besseren Kreisen nicht mehr vor und selbst die billigen Schätzchen unter den Digitalkameras zeigen bei Metall und Glas feine Strukturen und Lichtkanten.
- Nur die violetten oder blauen Lichtsäume gibt es immer noch an den zarten Konturen im Gegenlicht – aber der Film kann die kahlen Zweige eines Baumes im Gegenlicht auch nicht zuverlässig aufnehmen.

Rauschen

Das Rauschen, das insbesondere in den dunklen Bereichen bei Aufnahmen mit der digitalen Kamera auftritt, ähnelt in der Struktur einem unterbelichteten Negativ. Es entsteht in besonderem Ausmaß bei langen

Fehler in digitalen Aufnahmen

In den Tiefen des Schattens tauchen die brunten Fehlpixel, die auch als »Rauschen« bezeichnet werden, noch auf. Auch Langzeitaufnahmen mit der Digitalen können zu Bildrauschen tendieren. Allerdings würde in der gleichen Situation auch der analoge Film keine fehlerfreie Wiedergabe garantieren.

Blooming ist ein Fehler digitaler Aufnahmen, der in den Kameras der neueren Generationen kaum noch auftritt. Spitzlichter in Metall werden übergroß und zeigen einen Farbsaum.

Interferenzen in kleinen Mustern und Strukturen – Moiré – kann durchaus noch vorkommen.

Der häufigste Bildfehler der Digitalen ist und bleibt eine zu heftige Komprimierung beim Speichern auf den stets zu kleinen Speicherkarten. Dabei reicht die Aufnahme für einen einfachen Druck oft noch aus, bei einer Skalierung oder bei stärkeren Korrekturen treten die Artefakte – ein Bildung von Kästchen in flachen Farben – deutlich hervor.

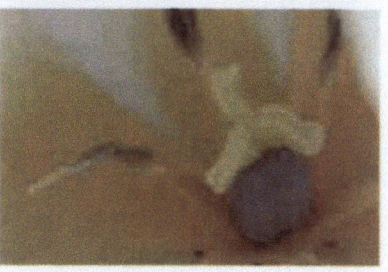

Belichtungszeiten und hohen ISO-Zahlen der Kameraeinstellung. Gefördert wird es durch hohe Temperaturen, so daß Kameras für technische Anwendungen und in der Meßtechnik gekühlt betrieben werden.

Am stärksten tritt dieser Effekt im lichtschwächsten Kanal, dem blauen Kanal, auf. Deswegen wird hier auch differenziert vorgegangen: Der Filter HELLIGKEIT INTERPOLIEREN kann dem Rauschen durch seinen Weichzeichnungseffekt entgegentreten. Im Gegensatz zum Gaußschen Weichzeichner beschränkt sich die Wirkung des Filters auf benachbarte Pixel – die Weichzeichnung diffundiert nicht.

Ein relativ einfaches Verfahren ist es also, im blauen Kanal den Filter HELLIGKEIT INTERPOLIEREN mit kleinen Werten von 1 bis 2 Pixeln aufzurufen, während der rote und auch eventuell der grüne Kanal unscharf maskiert werden.

Blooming

Beim Blooming wird ein heller Bereich, auf den eine extreme Menge Licht aufgefallen ist, größer dargestellt, als er tatsächlich ist. Häufig ist dieser Bereich im digitalen Bild auch von Farbsäumen umgeben. Der Effekt tritt bei Kameras der neueren Generation nicht mehr auf.

Moiré

Werden Muster und feine Bildstrukturen fotografiert, die nur über wenige Pixel reichen, kommt es zu einer Schwebung, die als gröberes Muster im Bild sichtbar wird. Aus dem Fernsehen kennen wir den Effekt kleinkarierter Jacketts oder Krawatten mit feinem Muster. Da auch dieser Effekt am stärksten im blauen Kanal auftritt, begegnet man ihm gegebenenfalls mit den gleichen Mitteln wie dem Bildrauschen: mit dem Filter HELLIGKEIT INTERPOLIEREN unter den Störungsfiltern.

Sensor und Bildgröße

Die sogenannten »Prosumer«-Kameras (eine Mischung aus »Profi« und »Consumer«) lassen sich ganz gut mit dem Mittelfeld der analogen, filmbestückten Consumerkameras vergleichen. Das Bild wird von der Linse des Objektivs auf ein CCD projiziert – ein Schachbrett winzig kleiner lichtempfindlicher Elemente –, und jedes dieser Elemente nimmt dabei eine Ladung auf, die dem Licht entspricht, das auf sie fällt. Sobald die Aufnahme getätigt ist, rechnet die Kamera die Ladung in einen digitalen Wert um, berechnet daraus die RGB-Farben und baut das Bild aus mehreren Reihen von Pixeln auf.

Die meisten Anbieter digitaler Kameras beschreiben die Größe des CCDs durch zwei Zahlen: die Diagonale des Chips (die üblicherweise zwischen 1/3" bis 1/2" liegt) und der Anzahl der CCD-Elemente (die in Megapixeln angegeben werden).

Der Sensor ist kleiner als der Film. Durch die kleinere Abbildungsfläche kommt es zu einer sogenannten »Brennweitenver-

Unser Testchart ermöglicht die visuelle Kontrolle digitaler Kameras: Das Sieb testet, ob Interferenzen in feinen Strukturen auftreten, Teller und Eier zeigen, wie gut die Zeichnung in den Lichtern widergegeben wird. Ob Blooming auftritt, verraten die Spitzlichter im Besteck. Farben werden anhand von bekannten Produktverpackungen getestet, die Garne zeigen besonders kritische Farben. Im schwarzen Stoff zeigt sich, wie gut die Zeichnung in den Tiefen ist und Bildrauschen tritt hier besonders schnell zutage.

längerung« – an der digitalen Spiegelreflexkamera würde ein 50-mm-Objektiv etwa um den Faktor 1,5 »telewinkliger«, also zum leichten Teleobjektiv. Das freut den Sportfotografen, aber wer weitwinklige Objektive mit 30-mm oder weniger Brennweite vorzieht, muß nun deutlich mehr für sein Weitwinkelobjektiv bezahlen.

Tief in der technischen Spezifikation

Die technischen Details der Kamera wie Brennweiten, Belichtungs- und Verschlußzeiten sind im Datenblatt der Kamera aufgeführt. Schwieriger wird es schon, wenn es um die Bildschärfe und Farbqualität geht. Hier können Sie nur aufgrund von Probeaufnahmen die Qualität der Kamera beurteilen. Wenn Sie tatsächlich planen, die Kamera professionell einzusetzen, muss die Kamera
- über ein lichtstarkes, scharfes Objektiv verfügen,
- neben den Automatikprogrammen eine manuelle Belichtungskontrolle bieten,
- eine manuelle Belichtungskorrektur in kleinen Schritten vorweisen,
- neben dem Autofokus das manuelle Einstellen der Entfernung unterstützen,
- über einen manuellen Weißabgleich verfügen,
- das Licht durch die Optik messen (TTL - Through the Lens) und
- mit einem Synchronblitzanschluß ausgestattet sein.

Pixel aus Physik und Mathematik

Immer mehr Kameras nehmen das Bild intern mit 12 Bit Farbtiefe auf, auch wenn fast alle semiprofessionellen Kameras das Bild noch auf 8 Bit Farbtiefe reduzieren, bevor sie es auf dem Speichermedium ablegen. Dieser »Überschwang« dient einer besseren Ausnutzung des Tonwertbereichs und nimmt für sich in Anspruch, die bessere Tiefenzeichnung, weniger Bildrauschen und stimmigere Farben zu liefern.

Eine Handvoll Anbieter wie Agfa, Epson und Polaroid benutzen bei einigen Modellen Softwaretechniken, um die Ausgabeauflösung des Bildes zu erhöhen. Bei Agfa etwa heißt dieser Trick in der ePhoto 1680 »PhotoGenie«. Sie erzeugt damit aus einem 1384 x 972-CCD ein 1600 x 1200 Pixel großes Bild. Hier handelt es sich um eine mehr oder minder einfache Interpolation der Pixel – ein Verfahren, das auch schon bei Scannern von den Marketingabteilungen der Hersteller zur Aufbesserung des guten Eindrucks verwandt wurde. Sowohl ein digitaler Zoom als auch Spielereien wie PhotoGenie können ebensogut später von der Bildbearbeitungssoftware erledigt werden.

Findet den Sucher

Die meisten Megapixelkameras besitzen einen optischen Sucher und ein LCD-Display. Obwohl sie auch als besonders komfortabler Sucher agieren können, brauchen die LCDs eine immense Power aus der Batterie und können bei hellem Tageslicht auch ein viel zu helles Bild und zu wenig Details und Farben zeigen.

Da das LCD auch die bereits aufgenommenen Aufnahmen zeigt, ist ein großes LCD natürlich ein Plus für die Kamera. Viele Kameras zeigen die Aufnahmen auch in Gruppen als daumennagelgroße Bildchen auf dem LCD. Wenn Sie mit der Batterie sparsamen umgehen wollen, werden Sie ein Modell vorziehen, bei dem Sie das LCD während der Aufnahme ausschalten können, und großen Wert auf einen TTL-Sucher (Through-the-Lens) legen, der Ihnen das Bild durch die gleiche Optik zeigt, durch die das Bild auch aufgenommen wird.

Wichtig also: Trotzdem das LCD eine verführerische Vorschau auf das Motiv liefert und Sie es bald keineswegs mehr missen wollen – die Kamera sollte trotzdem auf jeden Fall einen Sucher haben, damit sie auch dann noch benutzt werden kann, wenn das nächste Ladegerät meilenweit entfernt ist.

Des Pudels Kern im wahren Lichte

Da der Sensor kleiner als der Kleinbildfilm ist, sind die Ansprüche an die Optik besonders hoch. Immerhin muß sie das einfallende Licht ohne Verzerrung und Farbverfälschungen auf den Sensor leiten. In Kameras wie der Canon Powershot 70 etwa spiegelt sich der Trend zur feineren Optik wider. Die Nikon CoolPix 950 hingegen, deren Sensor farbbrillante und gestochen scharfe Bilder liefert, tendiert im Weitwinkelbereich leider zu einer unangenehmen Tonnenverzerrung.

Die Schärfe des Bildes beruht im wesentlichen auf der Güte der Optik. Billige Kameras benutzen einen festen Fokus, der scharfe Bilder lediglich innerhalb eines begrenzten Bereichs liefert. Bessere Schnappschußkameras haben einen Autofokus, der sich automatisch auf das Motiv in der Bildmitte scharf stellt. Die Olympus Camedia 2500, die Nikon CoolPix 950 und die Sony DSC-D700 offerieren die volle Kontrolle über den Fokus und erlauben wie herkömmliche Spiegelreflexkameras manuelle Einstellungen.

Die Lichtstärke des Objektivs ist ein weiterer entscheidender Faktor für die Qualität der Bilder – ein lichtstarkes Objektiv holt auch noch in dunklen Zeiten das Beste aus dem Pixel heraus und verhindert das unerwünschte Bildrauschen.

Im rechten Licht gemessen

Auch digitale Kameras unterscheiden sich in der Methode der Lichtmessung. Die meisten Kameras messen das einfallende Licht durch eine separate Optik im Kamerakorpus, aber einige messen auch – wie Spiegelreflexkameras – das Licht durch die Linse des Objektivs.

Die Coolpix 950 und 990 von Nikon gehören noch zu den digitalen Raritäten unter den semiprofessionellen Digitalkameras, die eine Matrix zur Lichtmessung einsetzen, um so komplexe Kontrastsituationen korrekt auszumessen. Sie benutzen dazu eine Matrix aus 64 Zonen, um die Verteilung des Lichts zu bestimmen. Nachdem die Entfernung des Motivs, die Brennweite und Farbtemperatur und andere Faktoren einberechnet sind, bestimmt das Mehrfeldmeßsystem die Belichtung.

Da aber keines der Systeme immer und unter allen Umständen richtig arbeiten kann, bieten viele Modelle eine schrittweise Blendenkorrektur. Wenn die gemessenen Werte das Bild zu hell oder zu dunkel erscheinen lassen, können Sie die Blenden schrittweise nach oben oder unten korrigieren. Die Kodak DC220 Zoom kann um zwei Blenden nach oben oder unten korrigieren und zwar in Schritten von halben Blenden, während die Olympus D-600 L um drei Blenden nach oben oder unten in Schritten von ganzen Blenden korrigieren kann.

So verlockend auch das Angebot klingt, daß Autofokus und Kameraprogramme jede Aufnahme ohne jede Einstellung scharf und optimal ausgemessen liefern – jeder erfahrene Fotograf kennt viele Situationen, in denen er auf Autofokus und Programmautomatik lieber verzichtet oder eine andere Meßtechnik bevorzugt. So haben viele Digitalkameras (und auch analoge Kameras) ihre Probleme mit dem Autofokus, wenn es etwas dunkler wird, und wollen das Motiv nicht mehr fokussieren.

Der Weißabgleich: Die Farben des Lichts neutralisieren

Wir alle kennen den Effekt: Aufnahmen, die bei Neonlicht entstanden sind, haben eine grünliche Ausstrahlung, Aufnahmen beim Licht von Glühbirnen werden gelblich warm, ein wolkiger Tag sorgt für eine kühle Blaustimmung im Bild. Aufnahmen mit Blitzlicht liefern in der Regel neutrale echte Farben. Ein automatischer Weißabgleich korrigiert die Farben des Bildes, die durch die Lichtquelle (Sonne, Blitz, Halogen ...) entsteht. Der Weißabgleich der digitalen Kamera hat also einen ähnlichen Effekt wie spezielle Filter auf der analogen Kamera.

Während die einfachen Consumerkameras häufig nur mit dem automatischen Weißabgleich arbeiten, bieten ausgefeiltere Modelle die Korrektur verschiedener Lichtverhältnisse an: sonnig, wolkig, Blitz, Halogen, Glühbirnen. Beim manuellen Weißabgleich zückt der Fotograf seine Graukarte und zeigt der Kamera, welche Lichtverhältnisse gerade herrschen: eine feine und einfache Methode, um zu natürlichen Farben im Bild zu kommen. Mit einem manuellen Weißabgleich sorgen Sie in schwierigen Lichtsituationen selbst für einen neutralen Lichtcharakter.

Die »langsamen« Digitalen ...

In den ersten Tagen ist wohl jeder frischgebackene Digitalfotograf entsetzt, wie langsam seine Digitale ist. Von einer Aufnahme zur nächsten ist jedes Rehlein und manchmal auch die Schnecke weg.

Der große Faktor bei der Aufnahmegeschwindigkeit sind ein großer Cache-Speicher in der Kamera, der die Aufnahmen zwischenspeichert, bis sie auf der langsameren Speicherkarte angelegt sind, und die Größe der Aufnahmen. Ein stark komprimiertes JPEG-Bild wird schneller verarbeitet als ein wenig oder gar nicht komprimiertes Bild. Wenn eine schnelle Aufnahmeserie gefragt ist, kann es also Sinn machen, auf die hohe Qualität der Komprimierung zu verzichten und eine stärkere Komprimierung zu wählen.

Noch ein Faktor für Geschwindigkeit: der ISO-Wert

Die Lichtempfindlichkeit des CCDs wird in ISO-Werten angegeben. Je höher der ISO-Wert, desto schneller kann die Kamera auf das einfallende Licht reagieren. Ein schneller CCD kann mit einer kürzeren Verschlußzeit arbeiten und kommt mit weniger Licht aus. Die meisten Digitalkameras arbeiten mit dem relativ langsamen ISO 100. Eine Reihe von Kameras bietet einen breiteren Spielraum – die Nikon CoolPix etwa bietet 100, 200 und 400 ISO an.

Bei den höheren ISO-Werten muß der Digitalfotograf fast immer einen Bildfehler in Kauf nehmen: »Bildrauschen« nennt man die bunten Pixel, die sich in den Tiefen des Bildes zeigen und den Eindruck einer gewissen Körnigkeit vermitteln.

Mit der relativ niedrigen ISO-Empfindlichkeit der meisten Consumerkameras ist der Blitz eine unerläßliche Standardausrüstung. Der eingebaute Blitz der Kameras hat eine eingeschränkte Reichweite, aber nur wenige digitale Kameras verfügen über eine externe Blitzlichtsynchronisation (so wie Nikon CoolPix 950 und Olympus Camedia 2500).

Nah ran oder nah ran geholt: Makro und Teleobjektiv

Die meisten »besseren« Consumerkameras bieten einen Makromodus. Beachten Sie bitte, daß die Angaben der Hersteller hier keinesfalls standardisiert sind. Nichtsdestotrotz bieten die Digitalen erstaunliche Makrofähigkeiten: Die CoolPix kommt so nah ans Motiv, dass sie es schlichtweg in den Schatten stellt.

Einen »3fach-Zoom optisch« und einen »digitalen 6fach-Zoo« bieten viele Kameras. Der von vielen Herstellern hervorgehobene digitale Zoom hingegen macht nichts anderes als ein Bildbearbeitungsprogramm, das einen Bildausschnitt vergrößert. Der digitale Zoom ist also nur dann interessant, wenn Sie das Bild direkt ausgeben und sich dafür nicht den Mühen der Vergrößerung des Bildausschnitts in der Bildbearbeitung unterwerfen wollen. Ansonsten ist der digitale Zoom eine Verschwendung des ohnehin sehr knappen Speicherplatzes und schlimmer noch – er liefert nur selten die Qualität einer »bikubischen« Vergrößerung im Bildbearbeitungsprogramm, sondern arbeitet bei vielen Digitalkameras mit einer simplen Pixelwiederholung und stellt den gleichen Bauernfänger dar, wie die bereits erwähnte »interpolierte« Auflösung der Scanner.

Der Standard der digitalen Prosumerkameras liegt heute bei einem 3fach-Zoom, der in der Kleinbildkamera etwa einer Brennweite von 30 bis 100 mm entspricht. Die neue gehobene Klasse von digitalen Kameras bringt bereits einen optischen 10fach-Zoom mit, und einige bieten einen Bildstabilisator, der das telewinklige Bild vor dem Verwackeln schützt. Auch hier gilt wieder: Ein optischer Bildstabilisator ist die »echte« Lösung, ein elektronischer Bildstabilisator eine Softwarelösung.

Voll erfaßt: Digitalkamera und Scanner

Wie die Pixel in den Computer kommen
Mehr oder minder alle Mittelklasse-Kameras liefern ihre Daten über die USB-Schnittstelle auf der Festplatte des Computers ab. Das Kabel für den Datentransfer gehört zur normalen Ausstattung jeder Digitalkamera – zusammen mit einem kleinen »Plug-in«-Programm für die Bilderfassungssoftware, mit dem Thumbnails – daumennagel- bis diagroße Vorschaubilder – auf den Monitor des Computers geholt und die gelungenen Aufnahmen für den Transfer auf die Festplatte ausgesucht werden. Die Plug-ins sind einfacher Natur und schnell und einfach installiert.

Wer schon vergessen hat, daß es ein paar Tage dauert, wenn man den Film zum Entwickeln ins Labor schickt, und auch nicht mehr für ein oder zwei Stunden Kamera und Computer blockieren möchte, kann die Zeit für den Transfer drastisch abkürzen: Für die kleinen Speicherkarten gibt es spezielle Laufwerke, in die mittels Adapter sowohl SmartMedia- als auch CompactFlash-Karten geschoben werden und die innerhalb von Sekunden die Ausbeute einer Karte auf die Festplatte schieben.

Glückliche Besitzer eines Notebooks brauchen nicht einmal ein spezielles Laufwerk – der Adapter für SmartMedia oder CompactFlash paßt in den PCMCIA-Slot ihres Notebooks. Ansonsten kostet das Laufwerk rund 120 bis 200 DM und der SmartMedia- bzw. CompactFlash-Karten-Adapter rund 25 DM.

Olympus und auch andere Hersteller vermarkten einen Adapter für das Diskettenlaufwerk, um damit SmartMedia-Karten in den Computer zu übertragen.

Der K(r)ampf der Speichersysteme: Speichermedien
Eine Vielzahl von verschiedenen Speichermedien ersetzt den Film der analogen Kamera. Hier liegt bei den preiswerteren Kameras immer noch der größte Qualitätsverlust der digitalen Aufnahme, denn fast alle Kameras komprimieren ihre Aufnahmen, um sie auf den beschränkten Speichermedien unterzubringen – die Speichermedien sind fast immer viel zu klein und selbst die semiprofessionellen Kameras wie die Canon EOS D30 werden mit einer viel zu kleinen Speicherkarte ausgeliefert, auf die in bester Qualität gerade einmal 5 Bilder passen. Dem Benutzer wird die Komprimierung der Aufnahmen ans Herz gelegt (oder der Kauf einer großen Speicherkarte).

Auf die 48-MB-Karte in einer 3,3-Megapixel-Kamera passen 7 bis 10 unkomprimierte Aufnahmen mit maximaler Auflösung oder rund 25 Bilder, die als JPEG in höchster Qualität komprimiert wurden. Die 128- oder 256-MB-Speicherkarte wird bei jedem glücklichen Besitzer einer Digitalkamera ganz oben auf der Wunschliste stehen: Sie kostet 300 bis 800 DM – oder rund 40 bis 100 Diafilme.

Die Folgen der Komprimierung sind kleine Bildstörungen, meistens eine kleine Struktur – auch »Artefakte« genannt –, die sich allerdings erst bei einer Vergrößerung deutlich erkennbar zeigt, die aber auch bei heftigen Bildkorrekturen ins Auge springt. Drei Varianten von Speichersystemen sind im Markt vertreten: die preiswertere SmartMedia-Karte, die solide CompactFlash-Karte und der luxuriöse Microdrive. Alle anderen Speichersysteme wie IomegaClick und Sonys Memory Stick sind mehr oder minder liebenswerte Exoten.

Während die Kamera mit der SmartMedia-Karte für bestimmte Größen der Speicherkarten programmiert ist, kann die Kamera die Größe des Mediums aus der CompactFlash-Karte auslesen. Damit sind also Kameras mit SmartMedia-Speicher auf die Speicher fixiert, die beim Kauf der Karte gerade aktuell waren, während Kameras mit CompactFlash jede neue, noch größere Karte dankbar entgegen nehmen: CompactFlash ist also das flexiblere System. Außerdem zeichnet sich ab, daß CompactFlash-Speicher auf die Dauer die größere Speicherkapazität bieten können.

Power!

Der Chip, der Blitz, die Elektronik, der Autofokus, das LCD – sie alle sorgen für einen flotten Umsatz an Batterien. Ein Ladegerät und ein Satz kräftiger NiMH-Akkus sollten bereits zum Lieferumfang der Digitalen gehören. NiMH-Batterien, die sich nachladen lassen, gibt es heute als 1500 mAH-Ausführung. Sie liefern einer sparsamen Kamera genügend Kraft, um die 128-MB-Speicherkarte mit Bildern aufzufüllen, auch wenn das Display dabei eingeschaltet ist und der Blitz häufig in Aktion treten muss.

Professionelle Spiegelreflexkameras wie die Nikon D1 und die Canon EOS 30 sparen Energie, indem Sie nur die Fotos zeigen, die bereits in der Kamera sind, nicht aber das Bild, das Sie gerade aufnehmen. Die Epson PhotoPC 750Z macht einen anderen Ansatz: Sie arbeitet mit einer Solarzelle, die ihre Energie aus hellem Tageslicht oder Kunstlicht bezieht. Noch raffinierter sind die Kameras aus dem Hause Sony: Sie benutzen mit einer besonderen Technik das Umgebungslicht, um das Display aufzuhellen.

Rund 30 bis 40 DM kostet ein neuer Satz Akkus für die semiprofessionellen Kameras. Runde 10 Stunden braucht ein einfaches Ladegerät, um die 1500mAH-Akkus voll aufzuladen. Es gibt auch einen Schnelllader für NiMH-Akkus – hier heißt es allerdings, gut aufzupassen, denn er muss auch für NiMH-Akkus geeignet sein!

Lichtstreifen – der Scanner

Das gescannte Bild weist matte und falsche Farben auf, der Hintergrund schimmert durch, und die Fingerabdrücke sind das schärfste Motiv im Bild. Dabei wollten Sie doch eigentlich einen Farbstich in der Vorlage beheben und dem Bild etwas »knackigere« Farben verleihen ...

Der Scanner hat eine rasante Karriere hinter sich und befindet sich im Zenit seiner Laufbahn. Sein Preis hat sich Jahr für Jahr auf die Hälfte reduziert, dabei hat er ordentlich an Qualität und an Funktionalität gewonnen. Preiswerte Scanner kosten heute weniger als eine gute optische Maus. Der engagierte Fotograf liebäugelt heute mit dem Filmscanner, der Dias und Negative ohne den Umweg über den Abzug digitalisiert. Filmscanner – bis vor kurzem immer noch einer zahlungskräftigen Minderheit von Profis vorbehalten – sinken schon unter die 1000-Mark-Grenze.

Qualitätskriterien für Scanner

Die Suche nach dem »richtigen« Scanner wird dadurch nicht einfacher. Kommt es auf die magischen »dpis« an oder auf die Farbtiefe? Spielt die Dichte eine größere Rolle als die Größe des Vorlagenglases? Ist die Geschwindigkeit ein Thema für Sie? Dazu noch die Gewissensfrage: Ein Flachbettscanner oder ein Filmscanner? Und wenn es der Alleskünstler mit Vorlagenglas und Deckel sein soll – wie gut sind die Durchlichteinheiten, wenn Sie doch einmal ein Negativ oder ein Dia scannen möchten?

Kriterium No. 1: Die Auflösung

Die Auflösung des Scanners wird in Pixel pro Zoll – in ppi – angegeben, die aber gerade bei preiswerten Scannern als »dpi« ausgewiesen sind (natürlich scannt der Scanner keine »dots«, sondern »Pixel«). Sie mißt die Anzahl der Punkte, in die der Scanner das Bild zerlegen kann.

Während Flachbettscanner im unteren und mittleren Preissegment Auflösungen zwischen 300 bis 1200 ppi erzielen, lösen Filmscanner das Bild mit 2000 ppi und mehr auf. Das müssen sie auch, wenn sie ein 24 x 36 mm großes Kleinbilddia oder -negativ auf Maße bis zu DIN A4 vergrößern sollen.

Genauso wichtig: Die Dichte

Die Dichte ist ein Maß für die Menge des Lichts, die einen Film durchdringt. In den dunklen Bereichen läßt der Film nur wenig Licht durch – dort ist er also besonders dicht und bereitet dem Scanner die größten Schwierigkeiten. Je höher die Dichte eines Scanners, um so mehr Details kann er in den dunklen Bereichen eines Bildes erfassen.

Flachbettscanner weisen in der Regel eine geringere Dichte auf als Filmscanner, da Aufsichtsvorlagen nicht so kontrastreich wie Dias oder

Negative sind. Zwar lassen sich auch viele Flachbettscanner mit einer Durchlichteinheit ausrüsten, mit der sie auch Filmmaterial einscannen können, aber um den Anforderungen hier gewachsen zu sein, müssen sie auch eine höhere Dichte bewältigen. Fotografische Abzüge weisen eine Dichte von etwa 2 bis 2,4 auf, während Dias und Negative Dichten bis zu 3 und die niedrigempfindlichen Filme wie der Fuji Velvia noch höhere Dichten aufweisen.

Vorbereitungen

Wenn alle diese Fragen beantwortet sind und der Scanner endlich neben dem Bildschirm aufgestellt ist, werden Sie schnell feststellen, daß Sie sich eine Diva zugelegt haben: Auch wenn die Scansoftware immer leistungsstärker und umgänglicher wird, erfordert das Scannen von Abzügen, Druckerzeugnissen und Filmen den sorgfältigen Umgang mit den Vorlagen. Für optimale Ergebnisse verlangt der Scanner die richtige Einschätzung der Art der Vorlage und des Motivs.

Scanner sollten grundsätzlich an einem möglichst dunklen Platz aufgestellt werden. Helles Umgebungslicht, insbesondere schräges Streiflicht führt bei dicken Scanvorlagen schnell zu Farbverfälschungen an den Rändern dicker Vorlagen. Die Unterlage sollte fest und sicher stehen und vor Vibrationen geschützt sein, damit der Scanschlitten nicht aus der Ruhe gebracht wird und die Vorlage nicht auf dem Vorlagenglas wandert.

Die Scansoftware

Das Herz des Scanners ist auf jeden Fall seine Software. Ein preiswerter Scanner kann mit guter Software durchaus bessere Ergebnisse liefern als ein wesentlich teureres Gerät mit weniger ausgefeilter Software.

Scanprogramme, auch Twainprogramme genannt, sind – bis auf sehr wenige Ausnahmen – keine Programme, die wie andere Anwendungen für sich allein laufen, sondern sie sind sogenannte Plug-ins in Bildbearbeitungsprogrammen wie Photoshop oder in Layout- und Illustrationsprogrammen wie QuarkXPress und Adobe Illustrator. Nach der Installation der Scan-software findet sich die Schnittstelle zum Scanner fast immer im Dateimenü unter der Funktion IMPORTIEREN.

Der Scan wird zuerst nur in einer kleinen Vorschau, auch Preview genannt, auf den Monitor geladen, wo Sie ihn begutachten und gegebenenfalls korrigieren: eine leichte Unterbelichtung ausgleichen oder einen Farbstich der Vorlage entfernen. Erst dann wird der Scan mit den korrigierten Werten aus der Scansoftware durchgeführt. Je besser Ihre Möglichkeiten zur Korrektur des Bildes schon im Scanner sind, desto besser geraten Ihre Scans.

Scansoftware sollte also die wesentlichen Korrekturfunktionen – wie man sie auch im Bildbearbeitungsprogramm findet – aus dem Effeff beherrschen: Setzen von Weiß- und Schwarzpunkt sowie Kontrast- und Farbkorrekturen. Die Korrekturen am Prescan sollten gespeichert werden können – so werden ganze Bildserien mit den gleichen Einstellungen gescannt. Ein guter Scanner kann eine Vorlage entrastern (wenn von einer Vorlage gescannt wird, die bereits einmal gedruckt war) und eventuell auch schärfen.

Wenn der Scanner seine hohe Farbtiefe von 12, 14 oder 16 Bit an das Bildbearbeitungsprogramm weiterreicht, ziehen viele Bildbearbeiter einen unkorrigierten Scan vor. Diese sogenannten »Rohdaten« eigenen sich besonders für die Archivierung. Erst wenn das Bild gedruckt oder für das Internet oder Multimedia aufbereitet werden soll, wird die Bildgröße angepaßt und die Korrekturen in Photoshop durchgeführt.

Scanner kalibrieren

Effizientes Arbeiten mit dem Scanner ist nur möglich, wenn die angezeigten Farben so exakt wie möglich der Vorlage entsprechen. Voraussetzung für eine farbtreue Wiedergabe ist das Kalibrieren des Systems, also der Vergleich der Farben auf dem Bildschirm mit den echten Farben der Vorlagen und den Farben des Ausdrucks. Viele Scanner bieten dazu eine Sollwert-Kalibrierung, bei der die Farbwerte eines gescannten Spezialfotos mit gespeicherten Werten verglichen werden.

Aus den Abweichungen der gescannten Istwerte wird während des Kalibrierens mit den Sollwerten eine Korrekturkurve ermittelt, die für eine möglichst originalgetreue Farbwiedergabe sorgt. Das mitgelieferte Kalibrierbild sollten Sie immer trocken und lichtgeschützt aufbewahren und die Kalibrierung in regelmäßigen Abständen wiederholen.

Damit das Bild auf unterschiedlichen Systemen, beim Druck oder der Wiedergabe auf dem Monitor stets den gleichen Farb- und Helligkeitscharakter aufweist, wird es zusammen mit einem »Farbprofil« gespeichert. Mehr zu diesem (sehr wichtigen!) Thema finden Sie in Kapitel 2: »Farbmanagement – ein Königreich für die Farbe«.

Besser sauber fotografiert als schlecht gescannt

Die Qualität des digitalen Bildes beginnt mit der Vorlage – zu den großen Legenden rund ums digitale Bild gehört nämlich der Glaube, daß sich mit dem richtigen Bildbearbeitungsprogramm per Knopfdruck aus einer schlechten Vorlage ein vernünftiges Bild auf die Beine stellen läßt.

Die Vorbereitungen beginnen mit der Auswahl des Films und des Objektivs. Wenn der Film eine höhere Dichte aufweist als der Scanner digitalisieren kann, verliert sich die Zeichnung in den dunklen Bereichen der Vorlage im Scan in einem tiefen Schwarz ohne Details. Die Wahl eines höher empfindlichen Filmmaterials liefert zwar kontrastärmere Bilder, die aber wiederum mehr Details zeigen und eine vorsichtige Kontrastkorrektur in Photoshop erzielt dann insgesamt ein besseres Ergebnis.

Die Schärfe des Bildes hängt in erster Linie von der Güte des Objektivs ab und die verschiedenen Schärfefilter der Bildbearbeitung können die Qualität einer guten Optik an der Kamera nicht ersetzen.

Besser sauber montiert als umständlich rotiert

Wenn Sie Ihre Vorlagen nicht absolut waagerecht montieren, müssen Sie ein Bild anschließend im Photoshop rotieren. Das ist nicht nur eine lästige Arbeit, sondern schadet auch der Bildqualität: Jede Rotation, die nicht ein Vielfaches von 90° ist, führt zu einem Weichzeichnungseffekt.

Für einen schnellen Scan von der Aufsichtsvorlage reicht es ab und zu schon, einfach ein Lineal auf das Aufsichtsglas zu legen, damit man immer die exakte Waagerechte findet.

Aktion »Sauberer Scanner«

Fussel, Staubkörner und Kratzer in der Vorlage eines Scans werden vom CCD des Scanners oder der Kamera genauso sorgfältig digitalisiert wie der Grashalm am Flußufer. Insbesondere beim Rasterdruck gehen Staubkörner und Rasterpunkte eine unheilige Allianz ein: Da schwillt das Staubkorn, das auf dem Bildschirm nur in der 200%igen Vergrößerung sichtbar war, zu einem Klecks im blauen Himmel oder auf dem sauber ausgeleuchteten Untergrund an.

Filter wie STAUB & KRATZER ENTFERNEN unter den Störungsfiltern in Photoshop und vielbesungene Programme wie Kai's Soap helfen hier überhaupt nicht, da sie mit einem starken Weichzeichnungseffekt einhergehen, den auch ein UNSCHARF MASKIEREN unter den Schärfefiltern in Photoshop nicht neutralisieren kann. Eine saubere Vorlage, ein gewienertes Vorlagenglas des Scanners, Handschuhe und ein makellos staubfrei gehaltener Aufbau des Sets sparen zeitaufwendige Pixelbewegungen.

Was trotz aller Anstrengungen den sauberen Eindruck stört, wird mit dem Stempelwerkzeug aus der Werkzeugleiste des Photoshops Staubkorn für Staubkorn überstempelt. Nehmen Sie mit gedrückter Alt-Taste einen sauberen Bereich nahe bei der verschmutzten Stelle auf und klonen Sie die sauberen Pixel über den Störenfried. Achten Sie darauf, daß Sie den Ursprung nicht zu nahe bei der Schadstelle setzen, sonst kommt es schnell zu sichtbaren Mustern. Weitere Hinweise für die Retusche von verschmutzen und verkratzen Bildern finden Sie in Kapitel 4: »Zeitzeugen: Staub und Kratzer«.

Ein scharfes Stück

Beim Scannen gilt: Hochglänzende Fotopapiere liefern bessere Ergebnisse als matte, denn sie haben einen größeren Dichteumfang. Leider zieht gerade das glänzende Material Staubpartikel besonders gut an. Außerdem wollen die Vorlagen mit Bedacht auf dem Vorlagenglas oder der Trommel des Scanners befestigt sein: Liegen sie nicht absolut plan auf dem Glas auf, ist der partielle Weichzeichner vorprogrammiert.

Dias werden darum in die vorgesehenen Halterungen geklemmt oder mit Tesafilm aufmontiert, bei Aufsichtvorlagen verhelfen Telefonbücher eher zum scharfen Scan als der geschlossene Deckel des Scanners, der die Vorlage fast nie ausreichend andrückt.

Frisch gefönt
»Frische« Dias liefern manchmal auf dem Flachbettscanner mit Durchlichteinheit ein unerwünschtes Interferenzmuster: Newtonringe. Dem begegnen Sie am besten mit dem Fön aus dem Badezimmer und fönen das Dia, bis es trocken ist und die Newtonringe gemildert. Da auch falsch gelagerte Dias Newtonringe zeigen können, bewahren Sie Dias trocken auf – eventuell mit einem Trockensalzpack.

Schokoladenseite
Fast alle Scanner haben ihren »Sweet Point«, ihre Schokoladenseite, in der Mitte des Vorlagenglases, denn am Rand des Vorlagenglases kann es beim einen oder anderen Scanner schon mal zu Verzerrungen kommen.

Ohne »Reserverahmen«
Scannen Sie Dias und Negative ohne »Sicherheitsrand«. Die Tonwerte, die von den Pixeln am Rand mitgebracht werden, verfälschen die Meßwerte und rauben dem Bild eventuell ein paar kostbare Tonwerte.

Verdammt langsam
Fast niemand, der sich nicht über die launige Langsamkeit seines Scanners ausläßt ...

Gut Ding will Weile haben: Auf dem Flachbettscanner kann der Scan einer 13 x 18 cm großen Aufsichtvorlage vom Overviewscan über den Prescan bis zur Übertragung auf den Rechner gut fünf Minuten und etwas mehr dauern. Auch der Diascanner will in Ruhe das Bild fokussieren und abtasten. Wenn er außerdem in der Lage ist, Staub und Fussel zu erkennen, wird er ein paar Sekunden brauchen, um die feinen Höhenunterschiede auszumessen.

Die Software der preiswerten Scanner »bremst« den Scanvorgang schon mal aus. Ab einer bestimmten Geschwindkeit gilt der Scanner als Kopiergerät und der Hersteller muß eine spezielle Gebühr entrichten. Das erspart die mechanische Bremse. So kann die englische oder französische Fassung der Scansoftware schnellere Scans liefern.

Stapelverarbeitung am Scanner
Noch immer ist das Einscannen von Bildern ein zeitraubender Prozeß. Ein Overviewscan, ein Prescan, die Bildkorrektur und dann das endgültige Scannen: Das alles kostet eine Menge Zeit. Professionelle Scansoftware bietet darum eine Stapelverarbeitung von Scans an. Dabei werden alle Bilder auf dem Vorlagenglas nacheinander im Prescan korrigiert, danach erfaßt die Software automatisch alle Vorlagen ohne weiteres Zutun des Scanneroperators.

Bilderfassung per Twainprogramm

Über die Bedeutung der Bezeichnung »Twain« gibt es nur Gerüchte: Tool Without An Interesting Name. Aber wen interessiert das schon?

Seit einigen Jahren gibt es eine Standardschnittstelle, an der digitale Bilderfassungsgeräte wie Scanner und digitale Kamera ihre Pixelmassen abliefern: TWAIN. Fast immer sind Twainprogramme als Plug-ins für Bildbearbeitungssoftware konstruiert – also als ein Programm, das sich nahtlos in den Photoshop einklinkt und vom Photoshop aus aufgerufen wird. Im Photoshop finden sich die Twainprogramme der verschiedensten Scanner im Dateimenü unter dem Befehl IMPORTIEREN.

Wenn der Scanner frisch installiert wurde oder mehrere Geräte an einem Rechner wirken, wird hier das Gerät angegeben (TWAIN_32 QUELLE WÄHLEN ...), mit dem das Bild erfaßt wird. Anschließend wird das Twainprogramm aktiviert (TWAIN_32 ...). Mit dem Aufruf TWAIN_32 ... wird also ein Plug-in gestartet, mit dem das Bild eingescannt und unter Umständen schon während des Scannens korrigiert wird.

Ein paar Grundfunktionen haben alle Twainprogramme gemeinsam: Bei einem Flachbettscanner liefert ein Overviewscan ein Bild des gesamten Vorlagenglases. Im Overviewscan wird das Bild lokalisiert und der Bildausschnitt festgelegt. Der nachfolgende Prescan dient der Korrektur des Bildes vor dem eigentlichen Scan. Am Prescan oder Preview werden Kontrast und Helligkeit geregelt und Farbkorrekturen eingestellt.

Korrekturen im Prescan

Die moderne Bilderfassungssoftware, auch Twainsoftware genannt, mißt die Vorlage aus und richtet die Belichtung automatisch ein. Im Regelfall liefert die Autokorrektur auch farbechte und kontrastreiche Ergebnisse. Erst ausgesprochene High-Key- und Low-Key-Bilder, Vorlagen und Setaufbauten mit einem dominanten Anteil einer Farbe sowie Scanvorlagen mit einem Farbstich erfordern den gekonnten Umgang mit der Twainsoftware.

Dabei sind die Funktionen der Twainsoftware, mit denen das Bild bei der Aufnahme oder beim Scan korrigiert wird, im wesentlichen die gleichen wie in der Bildbearbeitungssoftware. Dennoch ist es mehr als empfehlenswert, das Bild bereits am Prescan zu korrigieren: Moderne Chips arbeiten mit einer höheren Farbtiefe als 24 Bit – in der Regel sind es heute bereits 36 Bit. Die höhere Farbtiefe sorgt dafür, daß bei Korrekturen die Tonwerte nicht aufreißen und eine maximale Anzahl von Helligkeitsstufen für ein kontrastreiches und farbechtes Bild ausgenutzt werden kann.

Vergrößern und Verkleinern beim Scannen

Wollen Sie die Größe des Bildes ändern, müssen Sie dies bei der Berechnung der Scanauflösung berücksichtigen. Eine gute Scansoftware wird Ihnen die Berechnung der Auflösung durch integrierte Formeln abnehmen. Sie müssen nur noch die gewünschte Größe und die Rasterweite in dpi eingeben. Details zum Zusammenhang zwischen Scanauflösung und Rasterweite beim Druck finden Sie im Kapitel 1: »Völlig aufgelöst«.

Das Ende der Vergrößerungen

Der Vergrößerung der Vorlage beim Scannen sind natürliche Schranken gesetzt durch die Anzahl der CCDs des Scanners und ihre Qualität auf der einen Seite und die Natur der Vorlage auf der anderen Seite. Wollen Sie die Größe des eingescannten Bildes über das Auflösungsvermögen des Scanners hinaus verändern, müssen Sie sich eines anderen Hilfsmittels bedienen. Die Softwarelösung heißt »Interpolation«. Die Interpolation bietet allerdings nicht die Qualität der optischen Auflösung, denn sie ermittelt zusätzliche Bildpunkte durch eine Zwischenwertermittlung – die Interpolationssoftware »schätzt«, welcher Farbwert zwischen zwei erfaßten Bildpunkten liegt.

Die richtige Auflösung?

Auch eine so relativ junge Disziplin wie die Bildbearbeitung hat bereits ihren Aberglauben. Es bringt keinerlei Qualitätsgewinn, Bilder in höherer Auflösung als der benötigten zu erfassen und dann zu verkleinern. Das Bild wird nicht schärfer durch die Verkleinerung – im Gegenteil. Darum sollte das Bild, wann immer es machbar ist, in genau der Auflösung erfaßt werden, in der es auch benötigt wird.

Der Qualitätsverlust einer Vergrößerung springt sogar direkt ins Auge: Da durch eine Vergrößerung keine echten neuen Details im Bild herauskommen, werden die Linien im Bild nur aufgeblasen – wenn auch auf eine äußerst raffinierte Art und Weise. Die »bikubische Interpolation«, die feinste Methode für die Verkleinerung oder Vergrößerung des Bildes, ist ein aufwendiger Berechnungsprozeß, der den Qualitätsverlust einer Verkleinerung auf 50% und die Vergrößerung um 30% in akzeptablen Grenzen hält (die Zahlen schwanken jedoch je nach Detailreichtum des Bildes). Ein anschließendes »unscharf Maskieren« täuscht über den Weichzeichnungseffekt der Größenänderung hinweg.

Vergrößern je nach Art der Vorlage

Die Art der Vorlage setzt der Scanauflösung Grenzen. Selbst der Abzug auf den besten Fotopapieren (im Sinne des Scanners) gerät bei einer drei- bis vierfachen Vergrößerung an seine Grenzen, auch wenn der Scanner die dafür erforderlichen 1000 und mehr dpi leistet. Das Dia oder das Negativ weisen hingegen mehr »Informationen« auf – ihre Dichte ist größer. Einen Diafilm mit 100 ISO kann man durchaus mit 2700 dpi einscannen und auf diese Weise um den Faktor 10 vergrößern. Besonders hochwertige Diafilme wie Fuji Velvia und Fuji Provia gestatten eine Vergrößerung um den Faktor 10 bis 20 – hier muß aber schon ein Trommelscanner oder ein professioneller Filmscanner eingesetzt werden.

Scannen in RGB oder CMYK?

Da Scanner und digitale Kameras das Bild mit Licht erfassen, ist der RGB-Farbraum der Ausgangsfarbraum der Bilderfassung. Für die meisten Druckverfahren ist die Umwandlung in CMYK erforderlich – mit Ausnahme etwa der meisten Tintenstrahldrucker (die die Umwandlung lieber selbst vornehmen), der Diabelichtung oder dem Pictrography-Verfahren. Hochwertige Scanner und Kameras liefern auf Wunsch direkt CMYK-Daten. Der Scanner kann natürlich nur RGB-Farben erfassen, aber das RGB-Signal der Sensoren wird in der Hard- oder Software des Scanners in den CMYK-Modus umgewandelt. Die Konvertierung der Bilddaten gewährleistet optimale Farbtreue, da sie durchgeführt wird, bevor der Scan mit 24 Bit Farbtiefe gespeichert wird.

Die Bilderfassung im CMYK empfiehlt sich allerdings nur dann, wenn beim Scan bereits die Daten des Druckprozesses bekannt sind und das Bild ohne jede Bearbeitung und Retusche für die Druckausgabe verwendet wird. Soll das Bild noch umfangreich retuschiert und korrigiert werden, ist abzuwägen, ob dies im RGB- oder CMYK-Farbraum geschehen soll: Die Datenmengen sind beim CMYK-Bild um ein Drittel größer und nicht alle Korrekturen lassen sich am CMYK-Bild durchführen. Allerdings entgeht man auf diese Weise der Gefahr, daß die Farben eines RGB-Bildes bei der anschließenden Separation Einbußen erleiden.

Schwarzweißvorlagen scannen

Sie glauben, weil Sie nur Schwarzweißbilder einscannen wollen, kämen Sie mit einem preiswerten Scanner zurecht?

Wer seine Schwarzweißfotos in bester Qualität einscannen möchte, sollte bei der Anschaffung des Scanners nicht sparen. Viel wichtiger als die Auflösung – in der Werbung Anschaffungskriterium Nummer eins – ist der Dichteumfang des Scanners. Den findet man gerade bei preiswerten Scannern selten in den Prospekten.

Der Dichteumfang

Der Dichteumfang einer Vorlage, sei es nun ein fotografischer Print, Negativ oder Dia, ist der Unterschied zwischen dem hellsten und dem dunkelsten Punkt. Je größer der Dichteumfang, desto kontrastreicher und brillanter ist das Bild. Schwarzweißfotografien auf Barytpapier erreichen einen Dichteumfang von 2,2; auf Hochglanzpapier erreichen sie Werte um 2,5. Barytpapiere sind aufgrund ihrer feinen Struktur wenig geeignet, zarte Verläufe und feine Details einzuscannen. Ist das Papier außerdem leicht körnig, ist diese Struktur für den Scanner ein Gebirge, das beim Abtasten der Vorlage regelrechte Schatten wirft.

Beim Schwarzweißnegativ oder gar -dia sind Filmscanner oder Flachbettscanner gefordert, die einen Dichteumfang von 3,3 und noch mehr unterscheiden können. Bei der Anschaffung des Scanners sollte man also auf jeden Fall darauf achten, daß der Scanner den Dichteumfang der Vorlage noch erfassen kann.

Schwarzweißfotos als Graustufenbild scannen

Fast alle Scanner bieten die Option, ein Schwarzweißfoto direkt als Graustufenbild einzuscannen. In den meisten Fällen wird man dieses Verfahren auch gegenüber einem Farbscan vorziehen: Die Graustufendatei ist kleiner, wird schneller gescannt und an den Rechner übertragen.

Unerläßliches Instrument: Der Graukeil

Jeder Scanner bietet die Option, ein Bild als »Graustufenbild« zu erfassen. Das Ergebnis enttäuscht aber immer wieder, denn es macht seinem Namen alle Ehre: Grau und flach erscheint das ehemalige Schwarzweißfoto auf dem Bildschirm. Hier empfiehlt sich der Griff in die Schublade: Ein Graukeil muß her. Insbesondere, wenn High-Key- oder Low-Key-Bilder gescannt werden, legt man einen Graukeil mit auf das Vorlagenglas des Scanners, damit der Scanner den eingeschränkten Tonwertbereich nicht für eine mangelhafte Vorlage hält und das Bild automatisch vom tiefsten Schwarz bis zum hellsten Weiß spreizt.

Sie können einen Graukeil auch im Photoshop selbst machen: Legen Sie eine neue Datei mit den Maßen 200 x 1800 Pixel bei 200 dpi als Graustufendatei an (Menü DATEI/NEU). Benutzen Sie das Verlaufswerkzeug aus der Werkzeugleiste des Photoshops mit einem linearen Verlauf von Schwarz nach Weiß. Achten Sie darauf, daß die Einstellung für Schwarz auf 0 und die Einstellung für Weiß auf 100 steht und stellen Sie die kleine Raute für die Gewichtung des Verlaufs auf Position 50. Ziehen Sie den Verlauf über die gesamte Breite des Bildes – mit gedrückter Umschalttaste erzielen Sie eine perfekte waagerechte oder senkrechte Ausrichtung des Verlaufs. Danach reduzieren Sie die Anzahl der Helligkeitsstufen im Bild mit dem Befehl BILD/EINSTELLEN/TONTRENNUNG auf 18 Stufen und drucken das Bild auf dem Laserdrucker oder auf dem Tintenstrahler aus.

Farbfotos in Graustufenbilder umwandeln

Die Scansoftware und das Bildbearbeitungsprogramm können das farbige Bild in Sekundenschnelle in ein Graustufenbild umwandeln. Allerdings geht dabei der besondere Charakter des Schwarzweißfotos in der Formel »Schwarzweiß gleich Farbfoto minus Farbe« verloren. Hier erzielen Sie fast immer das bessere Ergebnis, wenn Sie das Bild zunächst als RGB-Bild einscannen und dann im Photoshop in den Graustufenmodus umwandeln.

Photoshop bietet verschiedene Möglichkeiten, ein Farbbild in ein Graustufenbild abzuändern. Am einfachsten ist die Option, das Bild in den Modus GRAUSTUFEN umzuwandeln (BILD/MODUS/GRAUSTUFEN). Dabei wichtet der Photoshop die Farben im Bild mit 30% für Rot, 11% für Blau und 59% für Grün. Mehr zum Thema »digitales Schwarzweiß« finden Sie im Kapitel 4: »Vom Farbbild zum Schwarzweißbild«.

Weitere Vorlagentypen

Auf dem modernen Scanner kann man so ziemlich alles digitalisieren: Grafiken, Abzüge, Dias, Negative, Zeitschriften. Dabei hat jede Vorlage ihre Eigenarten und will eine gesonderte Behandlung, um optimal in den Rechner zu gelangen.

Die Vorlage der Wahl ist eindeutig die Aufsichtvorlage: Am besten kann der Scanner mit dem fotografischen Abzug umgehen. Erst professionelle Scanner und Filmscanner werden mit der Dichte eines Dias oder den besonderen Herausforderungen eines Negativs fertig.

Für den Profi stellt der Filmscanner noch immer die feinste Alternative zu einem Trommelscanner dar. Der größte Vorteil des Filmscanners, der Dias oder Negative direkt erfaßt, liegt gegenüber dem Vorlagenscanner mit Durchlichteinheit in dem fehlenden Vorlagenglas. Durch das Vorlagenglas werden Scans in der Regel nicht so scharf erfaßt wie durch den Diascanner. Außerdem bilden sich durch das Vorlagenglas schnell Newtonringe als störende Artefakte auf dem Scan.

Dias scannen

Achten Sie beim Scan vom Dia darauf, die schwarzen Ränder des Films nicht mitzuscannen, sondern schließen Sie den Rand durch ein sorgfältiges Freistellen des Bildausschnittes aus. Der schwarze Rand des Dias kostet Tonwerte, die dem eigentlichen Bild verlorengehen und verfälscht u.U. die Tonwerte des Scans beim Prescan.

Negative scannen

Der alte klassische Negativfilm hat seine Vorteile: Er nimmt es mit der Belichtung nicht so genau und kann heute gut mit dem Diamaterial konkurrieren. Aber beim Scannen erfordert er eine Sonderbehandlung. Nicht daß gute Durchlichtscanner oder Filmscanner Probleme mit dem Material hätten – vielmehr liegt das Problem in der Scansoftware oder der Bildbearbeitungssoftware.

Ein Negativ ist nicht einfach die Umkehrung der Farben eines Dias. Wird das Farbnegativ als Dia gescannt und werden die Farben einfach nur umgekehrt, weist das Bild einen unrealistischen Farbstich auf, der von der Orangeschicht des Negativfilms herrührt. Also muß entweder die Scansoftware den Filter mitbringen, der den Farbstich eliminiert, oder der Farbstich muß im Photoshop durch das Setzen des neutralen Tons entfernt werden.

Das gelingt allerdings nicht immer zur vollen Zufriedenheit – bessere Ergebnisse erzielt man fast immer mit einem Abzug vom Negativ.

Scannen von gedruckten Vorlagen

Beim Scannen von gedruckten Vorlagen aus Zeitschriften, Prospekten oder Büchern schlägt das Druckraster als sogenanntes »Moiré« durch. Das eingescannte Druckraster überlagert sich mit dem Raster eines erneuten Druckes, wenn das Bild noch einmal in den Offsetdruck geht. Ein ganzes Buch ließe sich alleine mit den vielfältigen Rezepten gegen das Moiré in gescannten Bildern füllen – wir beschränken uns hier lieber auf ein paar einfache Methoden:

Gute Scansoftware bringt die Funktion ENTRASTERN mit. Sie ist die erste Wahl bei der Vermeidung eines Moirémusters. Bei der Verwendung der Entrastern-Funktion in der Scansoftware müssen Sie allerdings die Größe des Rasters kennen. Wenn dem Scanner kein Rastermaß beiliegt, mit dem Sie das Raster ausmessen können, müssen Sie sich mit einer Abschätzung begnügen: Der Zeitungsdruck arbeitet mit einem recht groben Raster von 85 lpi (lines per inch) oder 33 lpc (Linien/cm), Magazine und Zeitschriften mit 133 lpi oder 52 lpc, der Kunstdruck mit 175 lpi oder 69 lpc. Mit diesen Werten faßt die Scansoftware die Helligkeit nebeneinander liegender Pixel zusammen und erzeugt daraus neue Punkte im Raster der gewünschten Ausgabegröße.

Wenn die Scansoftware keine Funktion zum Entrastern der Vorlage mitbringt, legen Sie eine dünne, verzerrungsfreie Glasscheibe (am besten ein sogenanntes »Newtonglas«), auf das Vorlagenglas und darauf Ihre Vorlage. Die Entfernung zwischen Vorlage und Scanschlitten hebt die Vorlage aus dem Schärfentiefenfokus der Scanoptik und erzielt damit einen feinen Weichzeichnungseffekt, der das Raster unterdrückt.

Entrastern im Photoshop

Im Photoshop geht man einem Raster mit dem Filter HELLIGKEIT INTERPOLIEREN aus den Störungsfiltern (Menü FILTER/STÖRUNGSFILTER) an den Kragen. HELLIGKEIT INTERPOLIEREN ist ein Weichzeichnungseffekt, der aber im Gegensatz etwa zum Gaußschen Weichzeichner nicht generell auf alle Pixel des Bildes wirkt, sondern nur dort, wo zwischen benachbarten Pixeln ein bestimmter Helligkeitsunterschied nicht überschritten wird. Dadurch bleiben die Konturen im Bild erhalten, während in den Flächen der Helligkeitsunterschied zwischen den Pixeln ausgeglichen wird.

Wenn der Weichzeichnungseffekt des Filters HELLIGKEIT INTERPOLIEREN doch zu stark wird, bevor das störende Moiré verschwindet, kopieren Sie das Bild vor der Verwendung des Filters auf eine separate Ebene und blenden Sie zunächst die Kopie mit einem Klick auf das Augensymbol der Ebenenminiatur aus. Markieren Sie die Hintergrundebene und stellen den Filter HELLIGKEIT INTERPOLIEREN auf einen Wert ein, bei dem das Raster nicht mehr zu sehen ist. Um den Weichzeichnungseffekt zu mildern, blenden Sie die Kopie wieder ein, überblenden die Hintergrundebene im Modus »Luminanz« und regeln die Deckkraft der oberen Ebene, bis sich ein zufriedenstellendes Ergebnis einstellt.

Grafiken und Strichzeichnungen scannen

Auf dem Scanner lassen sich auch Aquarelle, Acryl- und Ölbilder für die Reproduktion einscannen – vorausgesetzt, die Vorlagenfläche des Scanners ist groß genug. Sowohl bei »natürlichen« als auch bei künstlichen Grafiken und Bildern wird eine Farbreferenzkarte und einen Graukeil mit auf das Vorlagenglas gelegt, um eine ungenaue Farbwiedergabe des Scanners auszuschließen.

Besteht ein Originalbild nur aus Linien und vollflächigen schwarzen oder dunklen Tönen, kann es als Strichvorlage gescannt werden. Alle Farben oder Grautöne werden auf reines Schwarz oder Weiß reduziert. Als Strichvorlagen gescannte Zeichnungen können zur weiteren Bearbeitung im Zeichenprogramm in Konturen umgesetzt werden (Vektorisierung). Mit einer einzigen Farbe gezeichnete Logos werden ebenfalls als Strichzeichnungen gescannt.

Die Auflösung für Strichvorlagen richtet sich nach der vorgesehenen Verwendung. Soll das Bild zur Verwendung in einem Zeichenprogramm vektorisiert werden, empfiehlt sich meistens die höchste Auflösung des Scanners – bis zu einer Auflösung von 1200 dpi. Soll die Strichvorlage ohne jede weitere Bearbeitung ausgegeben werden, sollte die Scanauflösung der Auflösung des Ausgabegerätes entsprechen – auch hier wieder bis zu einer Obergrenze von etwa 1200 dpi. Auf einem Laserdrucker mit 600 dpi gewinnt man allerdings durch einen Scan mit 1200 dpi keinerlei Qualitätsvorteil, sondern handelt sich nur eine wesentlich höhere Dateigröße ein.

Verfügt Ihr Scanner nicht über eine Auflösung von 1200 dpi, dann können Sie das Bild auch im Photoshop vergrößern (mit der Option BIKUBISCH) und einen Schärfefilter anwenden.

Da das Papier, von dem gescannt wird, nur in den seltensten Fällen reinweiß ist, wird bei der Umsetzung von Grautönen in Schwarz oder Weiß ein Schwellenwert festgelegt. Pixel, die heller als der Schwellenwert sind, werden in Weiß umgewandelt, während dunklere Pixel in Schwarz geändert werden. Um die Details einer Graustufenvorlage zu erhalten, sollte der Schwellenwert etwa in der Mitte des vorhandenen Tonwertumfangs angesetzt werden. Ein Scharfzeichnen vor der Konvertierung kann die Ergebnisse gegebenenfalls noch verbessern, und mit Hilfe unterschiedlicher Schwellenwerte für das Einscannen von Strichvorlagen kann die Strichstärke variiert werden.

Ohne Umwege

Ein guter Flachbettscanner kann viel mehr, als nur flache Fotos scannen. Kleine Gegenstände leuchtet der Scanner so weich und diffus aus, daß es schon mal Sinn macht, ihn zur Digitalkamera umzufunktionieren. Ein paar Zentimeter tief in den Raum hinein sehen die meisten Scanner noch scharf. Sobald die Gegenstände aber tiefer sind als die Schärfenzone des Scanners – schon nach wenigen Zentimetern –, wird der abgelichtete Gegenstand schnell unscharf.

Anhang A Glossar der digitalen Bildbearbeitung

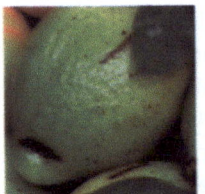

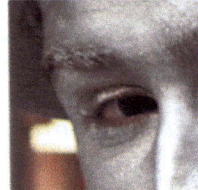
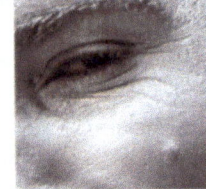
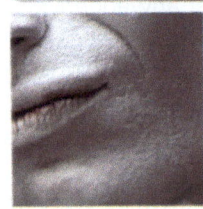

Glossar der Bildbearbeitung

Jede neue Technologie bringt eine neue Begriffswelt mit sich. In der Bildbearbeitung mischen sich die alten Bezeichnungen der Druckkunst und der Fotografie mit den neuen Wortschätzen aus der Welt der Computer.

Additive Primärfarben
Rot, Grün und Blau sind die Primärfarben des Lichts, aus denen alle anderen Farben hergestellt werden.

Aliasing
Sichtbare Treppenstufen an diagonalen Konturen aufgrund von scharfen Tonwertgegensätzen zwischen Pixeln.

Antialiasing
Ein rechnerisches Verfahren, um bei niedrigaufgelöster Bildschirmdarstellung von Grafikobjekten und Buchstaben unschöne, treppenartige Kanten zu entschärfen. Dies erfolgt durch das Errechnen von Farbverläufen zwischen der Objekt- und der Hintergrundfarbe. Dadurch verlieren die Objekte jedoch ihre Randschärfe.

Alphakanal
Von Bildbearbeitungsprogrammen angebotener Kanal, der für das Maskieren von bestimmten Bildteilen vorgesehen ist und meistens eine Datentiefe von 8 Bit (entspricht 256 Farben) unterstützt.

Batch-Verarbeitung
Das automatisierte Abarbeiten von Aufgaben, wie zum Beispiel das Scannen mehrerer Vorlagen nacheinander, nach zuvor definierten Einstellungen oder die Korrektur einer Serie von Bildern mit der Stapelverarbeitung des Photoshops.

Belichter
Ein Gerät zur Aufzeichnung von digitalen Daten (Bildern oder Texten) auf Monochromfilm oder Offsetdruckfolien mit Hilfe eines oder mehrerer intermittierender Lichtstrahlen. Daten werden als eine Folge von leicht überlappenden Punkten aufgezeichnet, die entweder Volltonfläche für Strichbilder oder Rasterpunkte für den Druck von Halbtonbildern ergeben.

Binärsystem
Ein für den Computer verwendetes Zahlensystem, das nur mit Nullen und Einsen arbeitet. Da es nur aus zwei Zahlen besteht, braucht ein Wert mehr Stellen: So sind es acht Bit, die ein Wort oder einen Pixel kodieren.

Glossar der digitalen Bildbearbeitung

Bit
Die kleinste Informationseinheit in einem Computer. Ein Bit kann entweder den Wert Null oder den Wert Eins annehmen.

Bitmap
Ein digitalisiertes Bild, das in einem Raster von Pixeln dargestellt wird. Die Farbe jedes einzelnen Pixels wird durch eine bestimmte Anzahl von Bits definiert.

Bittiefe
Die Anzahl der verwendeten Bits zur Wiedergabe jedes einzelnen Pixels in einem Bild. Sie bestimmt den Farb- bzw. Tonwertumfang.

Blitzer
Kleine weiße Stellen, die im Druck bei aneinandergrenzenden Farbflächen entstehen, wenn die Bögen ungenau montiert wurden. Zur Vermeidung von Blitzern arbeiten Reprobetriebe mit Überfüllungen.

Byte
Eine Einheit von 8 Datenbits.

CCD (Charge-Coupled Device)
Ein integriertes, mikroelektronisches, lichtempfindliches Bauteil von Bilderfassungsgeräten.

CIE (Commission Internationale de l´Éclairage)
Die internationale Beleuchtungskommission entwickelt seit den 20er Jahren Farbsysteme und Farbmeßnormen. Unter anderem definierte sie die Farbräume CIEXYZ, CIELab und CIELUV.

CIELab (auch L*a*b*)
Ein 1976 definierter Farbraum zur Darstellung von Farbe in einer dreidimensionalen Matrix. Er erreicht eine dem Empfinden nach gleichabständige Farbdarstellung und eignet sich vor allem für die Messung kleiner Farbabstände. L steht für Helligkeit, a für den Rot-Grün-Wert, b für den Gelb-Blau-Wert.

CMS
Color- oder Farbmanagementsystem, das für einheitliche Farben über Ein- und Ausgabegeräte hinweg sorgt, damit das gedruckte Ergebnis möglichst weitgehend dem Original, der Vorlage, entspricht.

CMYK
Cyan, Magenta, Gelb und Schwarz sind die Grundfarben des Vierfarbdrucks. CYM sind die primären Farben des subtraktiven Farbmodells.

Glossar der digitalen Bildbearbeitung

Colorimeter
Ein lichtempfindliches Gerät zur Messung von Farben, das die Rot-, Grün und Blauanteile wie das menschliche Auge filtert.

DCS (Desktop Color Separation)
Ein Bildformat, das aus vier separaten CMYK-PostScript-Dateien in voller Auflösung sowie einer fünften EPS-Master-Datei für die niedrigauflösende Plazierung in Dokumenten besteht.

Dekomprimierung
Die Aufschlüsselung komprimierter Bilddateien.

Densitometer
Gerät zur Messung der Schwärzungen fotografischer Schichten bei der Qualitätskontrolle und der Belichterkalibrierung sowie zur Erfassung des Dichteumfangs von fotografischen Vorlagen.

Dichte/Densität
Der Grad der Opazität (Undurchsichtigkeit, Dichte) eines lichtabsorbierenden Filters, Pigments oder einer belichteten Foto-Emulsion.

Digitalproof
Eine Art Andruck, der mit gängigen PC-Farbdruckern (Thermotransfer-, Thermosublimations- oder Tintenstrahldrucker) ein Vorprodukt erzeugt, das dem späteren Druckergebnis möglichst nahekommt. Er entsteht ohne die vorherige Belichtung von Filmen.
Im Gegensatz dazu benötigen fotografische Andrucke, wie zum Beispiel das Cromalin-Verfahren, Matchprint von 3M und klassische Andrucke auf Druckmaschinen, Filme.
Der Digitalproof ist zwar preiswerter als der Andruck, aber er kann nicht immer auf dem später verwendeten »Bedruckstoff«, dem richtigen Papier, durchgeführt werden – von daher ist er in der Darstellung der Farben und insbesondere auch des Tonwertzuwachses ungenauer als ein Andruck.

Direct-to-Plate
Die direkte Belichtung von Bilddaten auf Druckplatten/-folien durch direkte Übertragung der Bilddaten an die Druckzylinder auf der Druckmaschine.

Dmax
Der Punkt der maximalen Dichte in einem Bild.

Dmin
Der Punkt mit der minimalen Dichte in einem Bild.

Glossar der digitalen Bildbearbeitung

Downsampling
Die Verringerung der Auflösung in einem Bild, die mit einem Verlust an Detailschärfe verbunden ist.

dpi (Dots per inch oder Punkte pro Zoll)
Ein Maß für die Auflösung eines Ausgabegerätes. Siehe auch lpi.

Entrastern
Das Beseitigen von Rasterpunktmustern während oder nach dem Scannen bereits gedruckter Vorlagen durch eine Defokussierung des Bildes. Hierdurch werden Moirémuster und Farbverschiebungen bei der anschließenden Rasterreproduktion verhindert.

EPS (Encapsulated PostScript)
Ein Standardformat für eine Zeichnung, ein Bild oder ein komplettes Seitenlayout, das die Einbindung in andere Dokumente erlaubt. EPS-Dateien enthalten auch noch zusätzlich eine niedrigauflösende Bilddarstellung für das Layout – früher ihr großer Vorteil für den Grafiker, heute kann Photoshop auch die TIFF-Datei mit einem Vorschaubild für das Layout ausstatten.

Farbkalibrierung
Zur korrekten Reproduktion von Bildern im Druck sollten sämtliche eingesetzten Geräte, etwa Scanner, Farbbildschirm und Grafikkarte, Farbdrucker und Belichter, aufeinander abgestimmt sein, so daß sie numerisch festgelegte Werte für Cyan, Magenta, Gelb und den Schwarzanteil übereinstimmend darstellen.

Farbstich
Ein generelles Farbungleichgewicht in einem Bild, so als betrachte man es durch eine farbige Folie.

Farbsublimation
Ein Druckverfahren unter Verwendung kleiner Heizelemente zum Verdampfen von Farbpigmenten auf einem Trägerfilm, wodurch diese stufenlos auf einem Sichtträger abgelagert werden.

Farbtiefe
Anzahl der Speicherbits, die für die Klassifizierung von Farbwerten bereitstehen. Mit 8 Bit lassen sich zum Beispiel 256 Farbnuancen für jede der drei Grundfarben Rot, Grün und Blau unterscheiden, aus denen sich 16,7 Millionen von Farbnuancen mischen lassen.

Farbumfang
Der begrenzte Bereich von Farben, den ein bestimmtes Eingabegerät, Ausgabegerät oder Pigment erlaubt.

FlashPix
Bilddatenformat, das verschiedene Auflösungsstufen innerhalb eines Dokuments in unabhängigen Ebenen anlegt, so daß der Rechner immer nur die Informationen für den vom Betrachter gewünschten Ausschnitt und die gewählte Auflösung in den Arbeitsspeicher laden muß. Die Firmen Kodak, Hewlett-Packard, Live Picture und Microsoft haben das Format entwickelt und im Juni 1998 eingeführt. Ein Zusammenschluß dieser und anderer Hersteller kümmert sich unter dem Namen Digital Imaging Group (DIG) um die Verbreitung des Formats, unter anderem zur Darstellung skalierbarer Bilder im Web.

Filmrekorder
Gerät zum Aufzeichnen von Farbdias. Insbesondere verwendet man Filmrekorder, um digitale Daten auf Dia- oder Filmmaterial zu belichten.

Frequenzmodulierte Raster
Rasterverfahren, das Helligkeiten und Farben nicht mit unterschiedlichen großen Druckpunkten und geometrischen Anordnungen der verschiedenfarbigen Druckpunkte erzeugt, sondern durch Streuung und Dichte von Rasterpunkten (Dithering). Daraus resultiert eine wesentlich feinere Halbtonwiedergabe.

Gammakorrektur
Die Korrektur des Tonwertumfanges eines Bildes, normalerweise durch die Einstellung der Tonwertkurven.

Gaußscher Weichzeichner
Der Gaußsche Weichzeichner ist ein Filter in Bildbearbeitungsprogrammen, der Konturen weicher zeichnet. Der Effekt ähnelt dem Unscharfstellen einer Fotokamera. Dabei wendet der Gaußsche Weichzeichner die mathematische Formel, die ihm zugrundeliegt, nicht gleichmäßig über alle Bildpunkte an, sondern entsprechend einer Glockenkurve – der Gaußkurve –, die aus der Mathematik zur Beschreibung statistischer Verteilungen bekannt ist. Er analysiert die Punkte des Bildes hinsichtlich ihrer Lage und korrigiert einen Punkt, der nahe am Maximum der Kurve liegt, stärker als einen Punkt am flachen Ende der Kurve.

GCR (Gray Color Removal)
Wird auch als Unbuntaufbau bezeichnet. Je dunkler ein Farbton wird, desto mehr der drei Grundfarben müssen gedruckt werden. Da das Papier die Flüssigkeit nur bis zu einem bestimmten Grad aufnehmen kann, werden die Farben zurückgenommen und durch Schwarz ersetzt. So wird der Farbauftrag von maximal 300% auf 140% reduziert.

Glossar der digitalen Bildbearbeitung

GIF (Graphics Interchange Format)
Von der Firma CompuServe entwickeltes komprimiertes Dateiformat, das vor allem für die Verbreitung von Bitmapgrafiken über Online-Dienste Verwendung findet.

Graubalance
Die Balance zwischen CMY-Farbstoffen, die zur Erzeugung neutraler Grautöne ohne Farbstich erforderlich sind.

Graustufen
Diskrete Tonwertstufen in einem Halbtonbild, typisch für digitale Daten. Die meisten Halbtonbilder weisen 256 Graustufen pro Farbe auf.

Halbtonbild
Ein Farb- oder Graustufenbildformat, das im Gegensatz zu Strichbildern kontinuierlich variierende Tonwerte wiedergeben kann.

Halo (Lichthof)
Eine helle Linie entlang der Kanten eines Bildobjektes, die durch die Unscharf-Maskierung entsteht.

High-Key-Bild
Ein helles Bild, in dem nur sehr wenige und kleine dunkle Bereiche auftreten, etwa eine Schneelandschaft mit einem weißgekleideten Skiläufer.

Histogramm
Ein Diagramm, das den Tonwertumfang eines Bildes als eine Reihe vertikaler Balken darstellt. Die Höhe der Balken entspricht der Häufigkeit, mit der ein Tonwert auftritt.

Interpolation
Von einer Interpolation spricht man, wenn ein Zwischenwert aus zwei vorhandenen Werten berechnet, aber nicht tatsächlich physikalisch erfaßt wird. Im Zusammenhang mit der Vergrößerung eines Bildes wird das Hinzufügen neuer Pixel im gesamten Bild als Interpolation bezeichnet. Beim Scannen spricht man von einer Interpolation, wenn das Bild mit Hilfe von berechneten Werten künstlich vergrößert wird.

IT8
Eine standardisierte Farbvorlage zur Kalibrierung von Ein- und Ausgabegeräten.

JPEG (Joint Photographic Expert Group)
Eine Organisation, die verschiedene Techniken zur Komprimierung digitaler Bilddaten definiert. Der JPEG-Standard hat sich mittlerweile über alle Rechnerplattformen und Systemwelten verbreitet.

Glossar der digitalen Bildbearbeitung

Komprimierung
Die Verringerung der Dateigröße einer Bilddatei.

Lichter
Die hellsten Töne in einem Bild.

Lithografie
Bezeichnet ein Flachdruckverfahren, das Alois Senefelder Ende des 18. Jahrhunderts erfand und zunächst Steindruck nannte. Die Druckform wird aus Kalkschieferplatten erstellt. Die Steine sind feinporig und nehmen Wasser und Fett auf. Auf die glattgeschliffenen Oberflächen wird mittels fetthaltiger Tuschen und Kreiden die Zeichnung aufgebracht. So entsteht fettsaurer Kalk, der wasserabstoßend wirkt.
Durch das Ätzen mit Salpetersäure und Behandeln mit Gummiarabicum werden die zeichnungsfreien Stellen wasseraufnehmend und fettabweisend. Daher nimmt beim Einfärben nur die Zeichnung Farbe an. Der Druck erfolgte mit einer Handpresse. Bis zu 16 Steinplatten wurden für farbige Drucke benötigt.

Lossy (Komprimierung)
Verfahren, die Bilder unter dem Verlust von Farben oder Helligkeitswerten komprimieren, was bei hohen Kompressionsergebnissen zu sichtbaren Qualitätsverlusten im Bild führen kann.

Low-Key-Bild
Ein dunkles Bild, in dem es nur wenige und kleine helle Bildbereiche gibt.

lpi/lpc (lines per inch oder Linien pro Zentimeter)
Eine Maßeinheit für die Rasterweite.

LZW (Lempel, Ziv und Welch)
1977 von Lempel und Ziv entwickelter und 1984 von Welch erstmals verfügbar gemachter Kompressionsalgorithmus. LZW nutzt die Tatsache, daß sich Redundanzen überwiegend durch wiederholte Zeichenketten widerspiegeln.

Mitteltöne
Der Bereich der mittleren Tonwerte in einem Bild.

Moiré
Ein sich wiederholendes Störmuster, das durch die Überlappung regelmäßiger Punkt- oder Linienraster mit unterschiedlicher Neigung bzw. unterschiedlichen Winkeln verursacht wird. Ein Moiré entsteht z.B. beim Einscannen eines Fotos aus einem Magazin durch das Druckraster oder durch ein kleinkariertes Jackett. Moiré kann auch durch einen Fehler bei der Rasterung von Bildvorlagen für die Vierfarbseparation entstehen:

Durch eine ungünstige Rasterwinkelung sind die Punkte der einzelnen Raster so angeordnet, daß sich bei der Überlagerung rosettenartige Muster im Bild ergeben.

Monochrom
Ein Bild oder Medium, das nur Schwarzweiß- oder Graustufendaten zeigt. In einer Farbe angezeigte Graustufendaten sind ebenfalls monochrom.

Non-lossy (Komprimierung)
Ein Verfahren zur Bildkomprimierung ohne Qualitätsverluste.

OCR (Optical Character Recognition)
Die Analyse gescannter Daten zur Erkennung von Zeichen und Umwandlung dieser Zeichen in einen bearbeitbaren Text.

Offsetdruck
Ein Druckverfahren für hohe Auflagen, bei dem die auf einer Druckplatte haftende Druckfarbe auf einen Gummizylinder übertragen wird, bevor sie auf das Papier oder einen anderen Bedruckstoff aufgebracht wird.

OPI (Open PrePress Interface)
Von Aldus in Zusammenarbeit mit Linotype-Hell spezifiziertes Verfahren für den Austausch von niedrigauflösenden Bildern (Bildreferenzierung in Layouts) durch deren hochaufgelöste Originaldaten. So kann in einem Layoutprogramm wie QuarkXPress oder Adobe PageMaker eine niedrigauflösende Vorschau eines Bildes eingesetzt werden, die das System viel weniger belastet als das hochauflösende Original, und erst bei der Belichtung der Satzdaten wird die Vorschau durch das Original ersetzt.

Optische Auflösung
Im Zusammenhang mit dem Scannen bezeichnet dies die Anzahl der aus einer Vorlage in einem bestimmten Abstand tatsächlich separat erfaßten Werte im Gegensatz zur anschließenden Erhöhung der Auflösung (jedoch nicht der Detailschärfe) durch die Scansoftware-Interpolation.

Passermarken
Kleine Kreuze oder Kreissegmente, die außerhalb der Seite liegen und mitbelichtet werden. Sie helfen bei der exakten Montage mehrerer Farbauszüge.

Piezo-Technik
Eine von Epson entwickelte Tintenstrahl-Drucktechnologie, die mit winzigen Kristallen arbeitet, die in jeder einzelnen Düse sitzen. Durch elektrische Spannung verformt sich der Kristall: Dehnt er sich aus, wird die Tinte auf das Papier geschleudert; zieht er sich wieder zusammen, wird Tinte aus dem Vorratsbehälter aufgesogen. Da sich mit dieser Methode die

austretende Tintenmenge gut steuern läßt, erreichen Geräte, die mit diesem Verfahren arbeiten, zur Zeit Auflösungen bis zu 2880 dpi. Sie bringen Fotodrucke in brillanter Qualität hervor, die sich von einem Papierabzug eines Fotos kaum noch unterscheiden lassen.

Pixel (Picture Element)
Kurzbezeichnung für Bildelement. Digitale Bilder bestehen aus nebeneinanderliegenden Pixeln, die jeweils eine bestimmte Farbe oder Tonwert aufweisen. Im Auge verschwimmen die unterschiedlich gefärbten Pixel zu kontinuierlichen Halbtonbildern.

Polygon
Vieleck aus beliebig vielen miteinander verknüpften Linien, die jeweils zwei Punkte auf kürzestem Wege miteinander verbinden.

Posterisieren
Die Umwandlung von Halbtonbilddaten in eine Folge von sichtbaren Tonwertstufen oder -bändern.

Primärfarbe
Eine Grundfarbe, die verwendet wird, um andere Farben zu erzeugen.

Profil
Die Farbeigenschaften eines Ein- oder Ausgabegerätes, die von einem Farbmanagementsystem verwendet werden, um die Farbtreue zu gewährleisten.

Proof
Probedruck vor dem eigentlichen Druck, mit dessen Hilfe die Farbqualität beurteilt wird.

Prozeßfarben
CMYK-Pigmente für den Druck, die gewählt werden, um den größtmöglichen Bereich an Mischfarben zu erzeugen.

Qualitätsfaktor
Ein Multiplikationsfaktor (zwischen 1 und 2), der auf die Ausgabe-Rasterweite angewendet wird, um die Scanauflösung für eine optimale Ausgabequalität zu berechnen. Wird auch als Rasterfaktor bezeichnet.

Rastern
Die Simulation von Halbtonbildern durch Verwendung von schwarzen oder überlappenden Prozeßfarben-Punkten verschiedener Größe und Position.

Glossar der digitalen Bildbearbeitung

Rasterweite
Die Anzahl der Reihen oder Linien von Rasterpunkten in einem Rasterbild in einem bestimmten Abstand, normalerweise angegeben in lpi (Linien pro Inch) oder lpcm (Linien pro Zentimeter). Eine Rasterweite von 200 lpi wird z.B. nur für den hochwertigen Druck verwendet.

Rauschen
Im Zusammenhang mit dem Scannen bezeichnet dies zufällig verteilte, fehlerhaft gelesene Pixelwerte, die durch elektrische Störungen oder die Instabilität der Geräte entstehen.

Rendering Intent
Die Art der Umrechnung, die ein Farbmanagementsystem bei der Konvertiertung von einem Farbraum in einen anderen vornimmt.

Resampling
Eine Erhöhung oder Verringerung der Anzahl von Pixeln in einem Bild, die erforderlich ist, um die Auflösung, nicht aber die Bildgröße zu verändern.

RGB
Rot, Grün und Blau sind die Primärfarben des vom menschlichen Auge wahrgenommenen Lichts.

RIP (Raster Image Processor)
Hardware und/oder Software, die aus Texten, Fotos und Grafiken in Form von mathematischen Seitenbeschreibungssprachen, wie beispielsweise PCL und PostScript, Pixelmuster errechnet.

Sättigung
Das Ausmaß, in dem eine oder zwei der drei RGB-Primärfarben in einer Farbe überwiegen. Je ausgeglichener die RGB-Anteile sind, desto geringer die Sättigung, und die Farbe tendiert zu Grau oder Weiß.

Schatten
Die dunkelsten Bereiche eines Bildes.

Schichtträger
Das Basismaterial zur Aufnahme eines Bildes, z.B. Papier oder Film.

Schwarzpunkt
Ein Referenzpunkt, der den dunkelsten Bereich in einem Bild definiert, damit alle anderen Bereiche dementsprechend eingestellt werden können.

Glossar der digitalen Bildbearbeitung

Schwellenwert
Der Punkt, ab dem ein Vorgang beginnt oder sich ändert. Die Schwellenwert-Einstellung beim Scannen von Strichbildern bestimmt z.B. welche Pixel in Schwarz und welche Pixel in Weiß umgesetzt werden.

Sekundärfarbe
Eine durch Mischen von zwei Primärfarben erhaltene Farbe. Cyan, Magenta und Yellow, auch bekannt als Primärfarbstoffe, sind die Sekundärfarben des Lichts. Rot plus Grün z.B. ergibt Gelb.

Spitzlicht
Eine helle Reflexion von einer Lichtquelle, die nur wenige oder keine Details mehr aufweist.

Strichbilder
Bilder, die nur schwarze oder weiße Pixel enthalten.

Subtraktive Primärfarben
Ein anderer Ausdruck für Primärfarbstoffe.

SWOP (Specification for Web Offset Publications)
US-Standard für die Druckfarben. Er legt ähnlich der europäischen Normung durch die Euroskala fest, welche Farbwerte die Prozeßfarben Cyan, Magenta, Gelb und Schwarz haben sollten.

TGA (TARGA)
Bilddatenformat aus der Workstation-Welt, ähnlich wie TIFF, mit einer Farbtiefe von 16 oder 32 Bit.

TIFF (Tagged Image File Format)
Ein Bilddatenformat, das von den meisten Bildbearbeitungsprogrammen auf einer Vielzahl von Computerplattformen unterstützt wird.

Tonwertkurven
Auch als Gammakurven bezeichnet. Diese Kurven werden verwendet, um den Gesamttonwertumfang eines Bildes oder den individuellen Tonwertumfang eines einzelnen Farbkanals stufenlos einzustellen.

Tonwertzuwachs
Der Tonwertzuwachs, auch Punktzuwachs, ist eine Größenänderung der Rasterpunkte, die durch das Auslaufen oder Verschmieren der Druckfarbe verursacht wird, wenn sie vom Papier aufgesogen wird.

TWAIN
Von Aldus, Caere, Kodak, Hewlett-Packard und Logitech federführend entwickelte, standardisierte Softwareschnittstelle für Scanner, über die

sich alle Scannerfunktionen per Software steuern lassen. Geräte, die diesem Standard entsprechen, lassen sich aus jedem TWAIN-kompatiblen Programm heraus steuern.

Überfüllungen
Ein Verfahren, das beim Mehrfarbendruck dafür sorgt, daß sich zwei aneinandergrenzende Farbflächen leicht überlappen, so daß auch bei geringen Ungenauigkeiten in der Bogenmontage keine weißen Stellen, sogenannte Blitzer, auftauchen. Bei diesem Verfahren muß stets die hellere Farbe die dunklere überlappen.

Under Color Removal (UCR)
Auch als Unterfarbenentfernung bezeichnet. Bei diesem Separationsverfahren wird schwarze Farbe benutzt, um Cyan, Magenta und Gelb in den neutralen Bereichen mit gleichen Farbanteilen zu ersetzen.

USM
Unscharfmaskierung. Ein Verfahren zur Erhöhung der Schärfe im Bild. Ein etwas ungewöhnlicher Name für einen Prozeß, durch den ein Bild für das menschliche Auge schärfer wird. Er stammt aus der konventionellen Farbseparation, in der unscharfe Masken aus Milchglas eingesetzt wurden, um die Kontraste zu verstärken. In der elektronischen Bildbearbeitung werden die Kontraste zwischen benachbarten Pixeln gemessen, und bei Dichtesprüngen (an Konturen also) wird der Kontrast durch Überzeichnung verstärkt. Durch die Überzeichnung entstehen kleine Höfe, die dem Auge eine größere Schärfe vorgaukeln.

Vierteltöne
Die Tonwerte zwischen den Schatten und Mitteltönen werden als Dreivierteltöne bezeichnet, die zwischen den Lichtern und Mitteltönen als Einvierteltöne.

Weißpunkt
Ein veränderlicher Referenzpunkt, der den hellsten Bereich in einem Bild definiert und anhand dessen alle anderen Bereiche des Bildes entsprechend eingestellt werden.

YCC-Format
Datenformat der Bilddateien einer Photo-CD. Das Y steht für Luminanz, die zwei C für zwei Chrominanzwerte, die die Farbleuchtkraft angeben.

Zoll
1 Zoll = 2,54 cm.

Quellen im Web

Nichts ist so flüchtig und doch so erschöpfend gefüllt wie das Internet. Hier finden sich Tutorials, unzählige Tips und Tricks und nicht zuletzt all die Updates für unsere Software.

http://www.adobe.de
Demoversion vom Photoshop 5 und ImageReady zum herunterladen, Updates und viele gute Tips und Tricks.

http://www.boxtopsoft.com/
http://www.extensis.com/
Plug-ins für optimale GIF- und JPEG-Dateien für das Web als Demoversionen zum Download.

http://www.creativepro.com/
Rund um Druck, Grafik, Web, Multimedia.

http://www.digfrontiers.com/
Plug-ins für die Aufbereitung von Bildern und Grafiken für das Internet auf der Basis des HVS-Farbsystems.

http://www.intensesoftware.com/
Photoshop-Plug-ins für besondere Separationen: Silvertone für metallische Farben und Powertone für den Druck mit nur zwei Farben.

http://www.ivent.de/
Die Seiten der Autorin im Netz: Tips und Tricks, Produktbesprechungen, Links und kleine Updates zum Buch.

http://www.lynda.com/
Rund um das Thema Webpublishing – mit vielen guten Links zu klasse gestalteten Seiten.

http://www.mindworkshop.com/alchemy/alchemy.html
Die Väter des Grafic Workshops for Windows – Shareware für die Bildverwaltung und -konvertierung.

http://www.pantone.com/
Demoversion von ColorReady für ein systematisches Colormanagement.

http://www.planetphotoshop.com/
Tutorials und Buchbesprechungen zum Thema Photoshop.

Quellen im Web

http://www.publish.com/
Das Online-Magazin von Publish RGB – eine professionelle Quelle für Informationen rund um das Digital Publishing (in englischer Sprache).

http://www.softline.de/
Das gesamte Spektrum der Software rund um Bildbearbeitung, Druck und Web.

http://www.w3.org/
W3C – World Wide Web Consortium

Literatur

Agfa Gevaert
Einführung in die digitale Fotografie, 1996

Obwohl sie schon ein paar Jahre auf dem Markt ist, gibt die Broschüre immer noch einen übersichtlichen Einblick in die Funktionsweise digitaler Kameras.

Agfa Gevaert
Einführung in die digitale Farbe, 1996
Ein herausragendes Standardwerk für die ersten Schritte in die digitale Bildbearbeitung und in das Farbmanagement.

Agfa Gevaert
Einführung in das Scannen, 1996
Kurze und prägnante Einführung in die Bilderfassung mit dem Scanner und erste Schritte zur Bildverbesserung bilden eine gute Ergänzung zu den beiden vorangegangenen Titeln.

M. Baumgardt
Web Design kreativ!, 2000
Von der Bildbearbeitung bis zur Erstellung von Animationen und der Programmierung mit HTML, JavaScript und Perl erklärt das Buch alles, was Sie für die professionelle Gestaltung erstklassiger Web-Sites wissen müssen.
Springer-Verlag Heidelberg, ISBN 3-540-66742-3

J. Böhringer, P. Bühler, P. Schlaich, H.-J. Ziegler
Workshop zur Mediengestaltung für Digital- und Printmedien, 2000
Der Workshop gibt eine tutorielle Anleitung in den gezielten Einsatz führender Programme zur digitalen Gestaltung und Medienproduktion, wie z.B. Adobe Photoshop, Adobe Premiere, QuarkXPress, Macromedia Director, Maxon Cinema 4D XL, Microsoft PowerPoint, Excel und QuickTime VR.
Springer-Verlag Heidelberg, ISBN 3-540-66420-3

Literatur

L. Dayton und J. Davis
The Photoshop 5/5.5 Wow! Book
Die Autoren vermitteln Grundlagen, spezielle Arbeitstechniken und praktische Tips für den Einsatz in Print, Web und Video. Auf der CD-ROM: Plug-Ins, Filter, Bildarchive und Demo-Versionen von Zusatzprogrammen.
Addison-Wesley, ISBN 3-8273-1580-8

U. Häßler, F. Pfennig, D. Wüller
Digitale Fotografie – von der Praxis zu den Grundlagen
Eine Einführung in die grundlegenden Techniken und Verfahren rund um die digitale Fotografie und Bildbearbeitung.
Springer-Verlag, ISBN 3-540-6288-8

J.-P. Homann
Digitales Colormanagement
Farbe in der Publishing-Praxis, 2000
Praxisorientiert mit vielen Tips und Tricks, vermittelt die komplett überarbeitete Neuauflage alle notwendigen Kenntnisse für ein farbsicheres Arbeiten in der Druckvorstufe.
Springer-Verlag Heidelberg, ISBN 3-540-66274-X

Peter Kentie
Web Graphics - 3
Tools und Techniken für die Webgestaltung
Das Buch macht Sie mit den Techniken anspruchsvoller Websites bekannt: Von den Grundlagen über spezielle Grafik- und Animationstechniken bis zu fortgeschrittenen Anwendungen wie ActiveX, DHTML, JavaScript, Database Publishing, CSS, ASP, XML und WAP.
Addison-Wesley, ISBN 3-8273-1622-7

H. Kraus
Scans, Prints & Proofs - Bessere Ergebnisse beim Scannen und Drucken, Januar 2001
Ein Buch für alle, die in der Druck- und Druckvorstufenbranche arbeiten und eine praxisrelevante Anleitung schätzen, gespickt mit hilfreichem Basis- und Hintergrundwissen.
Galileo Press, ISBN: 3-9343-5889-6

H. Kraus
Photoshop 6.0 & ImageReady 3.0
Perfekte Bildbearbeitung für Print- und Screendesign. 2001
Themen sind u.a. Vektorunterstützung, Farbmanagement, Webfunktionalität. Anhand von Beispielen werden die neuen Funktionlitäten in der Anwendung erklärt.
Addison-Wesley, ISBN 3-8273-1764-9

Nyman, M., Stockholm, Schweden
4 Farben - ein Bild, 2001
Grundwissen für die Farbbildbearbeitung mit Photoshop und QuarkXPress
Springer-Verlag, ISBN 3-540-41465-7

F. Thissen
Screen-Design-Handbuch
Effektiv informieren und kommunizieren mit Multimedia, 2000
Das Screen-Design-Handbuch gibt Gestaltern interaktiver Medien eine praktische Arbeitshilfe an die Hand, um Informationen zielgruppen- und mediengerecht aufzubereiten und darzustellen.
Springer-Verlag Heidelberg, ISBN 3-540-67970-7

L. Weinman
Insiderbuch WebDesign 2, 2000
Mit zahlreichen Beispielen und umfassender Anleitung zur Aufarbeitung von Bildern für das Internet führt Lynda Weinman den Einsteiger in die Tiefen der Webgrafik.
Midas, Zürich, ISBN: 3-9070-2086-3

Index

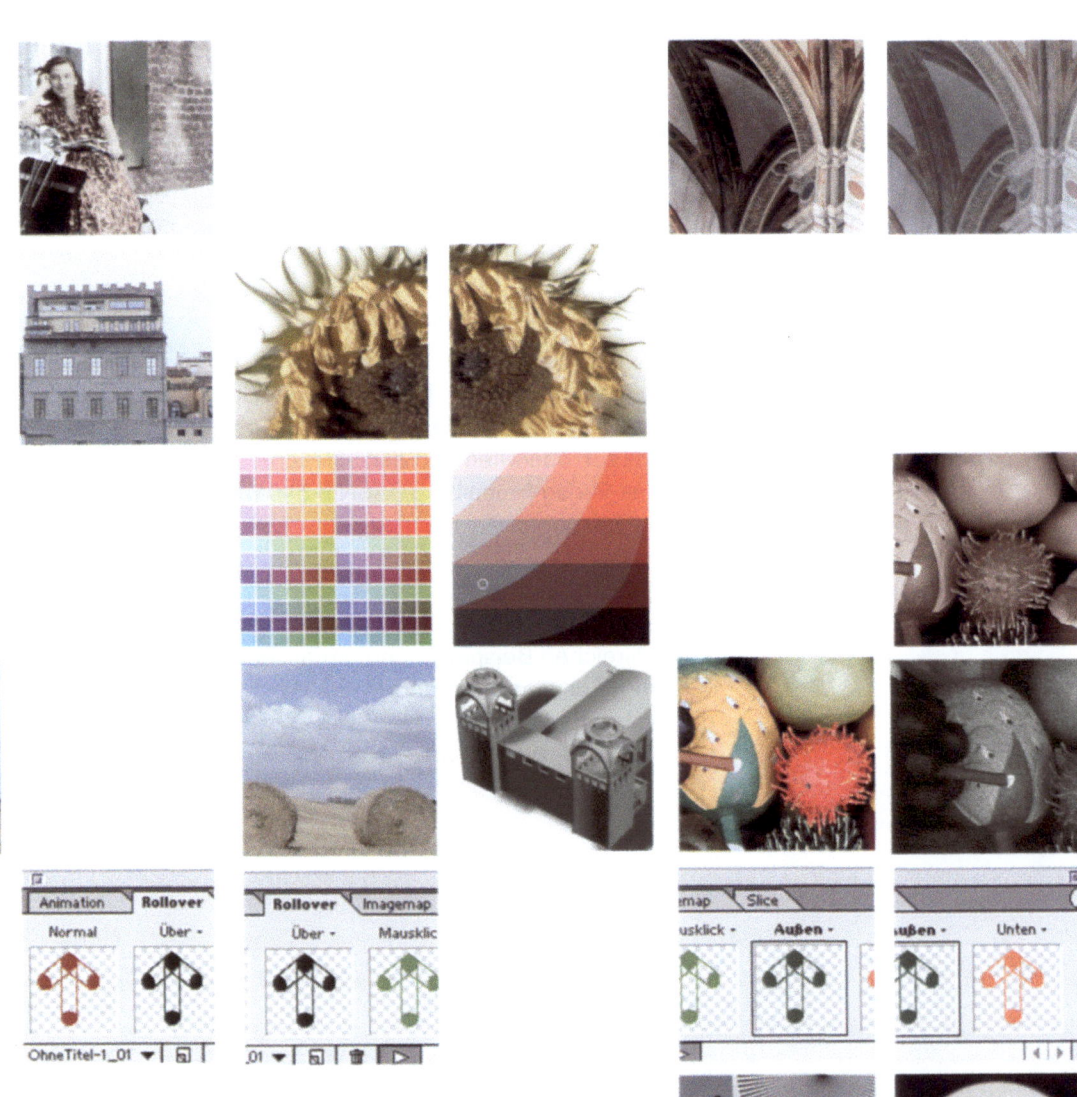

Index

A

Abstände 182
Abwedler 69, 178
Abzug 25
    fotografischer 25
Adobe Acrobat Reader 30
Adobe Gamma 40, 42
Adobe Illustrator 17
AdobeRGB 45
Airbrush 158, 178
Aktionen 98
Aktionssets 100
Alphakanal 29, 31, 33, 35, 134, 189, 266
    anlegen 191
    Bildformate für 191
    duplizieren 191
    löschen 191
    versus Beschneidungspfad 193
Ankerpunkte 164
Antialias 254
Anzeigen/Informationen 182
AppleRGB 45
Aquarel 195
Aquarellfarben 119
Arbeitsfarbraum 45
Arbeitspfad 162
Archiv 27
Archivieren 107
Artefakte 31, 153, 277
Auflösung 20, 23, 24
    Druckauflösung 22
    Interpolierte 24
    Monitorauflösung 20
    optische 24
Ausschnittsvergrößerungen 103
Auswahl 134, 145, 160, 190, 206
    ausweiten 156
    einengen 156
    Löcher 145
    Rahmen 145
    Ringe 145
    verschieben 156
    Weiche Auswahlkanten 156
Auswahlformen 211
Auswahlgrenze 156
Auswahlkante 110, 143, 148, 158, 191
Auswahloval 143
Auswahlrechteck 143
Auswahlverfahren 143
Auswahlwerkzeug 142, 144
Autokorrektur 73

B

Belichter 238
Belichtungskontrolle 279
Beschneidungspfad 29, 34, 35, 167, 168, 212

Bild 103
    neuberechnen 103
    vergrößern 103
    verkleinern 103
Bildauflösung 20
Bildausschnitt 24, 146
Bildhelligkeit 58
Bildmasken 189
Bildmodus 13
Bildmontagen 164
Bildrauschen 276
Bildröhre 20
Bildschärfe 51
Bildschirm 246
Bildschwarz 85
Bildserien 98
Bildweiß 85
Bitmap 19
Blende 128
    offene 128
Blendenfleck 179
Blendenzahl 128
Blitzer 167, 224
Blooming 276, 277
BMP (Bitmap) 34
Brennweitenverlängerung 278
Browserversatz 268
Byte 14

C

CCD 278
CMY 37
CMYK 14, 37
CMYK-Vorschau 79
ColorBlind 39
ColorMatch RGB 45
ColorSync 38, 42, 226
ColorTune 39
Corel Draw 17, 29

D

Dateiformat 27
Datenformat 13
Deckkraft 169, 202
Desktop-Drucker 23
Diamaterial 107
Dichteumfang 293
Digitalisierungsprozess 88
Digitalkamera 13, 20, 47, 275
    Auflösung 275
    Autofokus 281
    CompactFlash 284
    Macro 282
    Profile 41
    Rückteil 275
    SmartMedia 284
    Speichermedien 283
    Spiegelreflexkamera 275
    Sucherkamera 275
    Teleobjektiv 282
    Testbilder 41
    Weißabgleich 281
Dithermuster 199
dpi 20
Drop Shadow 173
Druckausgabe 22
Drucker 20, 38, 219
    Druckersoftware 223
    Druckoptionen 224
    Farbstich 237
    Mechanik 222
    Streifenbildung 236
    unscharf 236
Druckerauflösung 23, 221
Druckerei 238
Druckfarben 37
Druckfarbraum 227
Druckpunkt 20, 24, 220
Druckraster 23, 88
Drucktechniken 88
Dunkelkammer 141
Duplex 118
Duplex-Technik 117
Duplexmodus 19

E

Ebenen 143, 169
    Arbeitspfad 161
    ausrichten 172
    Dateiformat 161
    Deckkraft 175
    Füllmethoden: Techniken für das Überblenden von Ebenen 175
    gruppieren 172
    Hintergrundbild 172
    PowerPoint 161
    Reihenfolge 172
    verknüpfen 172
Ebenendeckkraft 175
Ebenenmaske 169, 172, 173
Ebenenpalette 180
Ebenensätze 171
Ebenenstil 259
Ebenenstile 173
    Speichern 174
Einstellungsebene 68, 171
EPS (Encapsulated PostScript) 26, 34
Extrahieren 151

F

Farbauswahl 141, 149, 153
Farbbalance 79, 80
Farbbereiche 149
    auswählen 149
Farbebene 119, 120

Index

Farben 19
    messen 74
Farbkanal 14, 19, 78
Farbkorrektur 53, 78, 82
    Farbbalance 80
    Farbstich 78
    Farbton & Sättigung 79
    globale Farbkorrekturen 78
    in den Gradationskurven 67
    komplementärer Farbstich 80
    selektive Farbkorrekturen 78
Farblaser 88
Farbmanagement 26, 37
Farbprofil-Warnungen 100
Farbraum 37
Farbsättigung 116
Farbstich 16, 59, 62, 98
    alte Fotografien 116
Farbstimmung 62
Farbstoffauftrag 37
Farbtiefe 14, 19, 27, 104, 276
Farbtiefe, 16 Bit 66, 170
Farbton & Sättigung 75, 86
Farbverschiebungen 93
Farbwiedergabe 37
Fehlbelichtungen 16
Feinretusche 134
Film 239
Filmbelichter 92, 238
Filter 111
    Gaußscher Weichzeichner 131
    Hochpass 95
    Ölbilder 195
    Staub & Kratzer entfernen 111
    Störungsfilter 111
Filtereffekte 195
FlashPix 29, 35
Format 26
Formebene 212, 259
    Eigene Formen zeichnen 214
    Ebenenstile 216
    Formen speichern 214
    Formen verändern 214
    transformieren 212
Fotodrucker 221
Fotogalerie 102
Fotomontagen 138
Frame 270
Freehand 29
Freistellen 251
Freisteller 29, 162, 168
Freistellpfad 159
Fülleffekt 179
Füllmethode 175, 199

G

Gamma 43
    Macintosh Gamma 43
    Windows Gamma 43
Gammakorrektur 58, 78
Gaußscher Weichzeichner 173
GIF (Graphic Interchange Format) 29, 35, 246, 252
    Farbpalette 252
    Schrift 253
    Transparenz 252
GIF-Animationen 35, 270
GIF89a-Animation 270
Gradationskurve 54, 63, 64, 77
Gradient 201
Grafikkarte 20
Graubalance 240
Graukeil 62, 293
Graustufenbild 19, 125
Graustufenmodus 199
Grundfarben 15

H

Hauttöne 83, 86, 87, 121, 126, 127
Helligkeit und Kontrast 74
Helligkeitssprünge 51
Hilfslinien 182
    magnetisch 182
Hintergrund
    -Radiergummi 143, 150
    -ebene 130, 133, 174, 178, 180
    -farbe 150, 267
Histogramm 52, 53, 61
HKS 19
Hochpassfilter 94
Homepage 243
HTML-Dokument 243

I

ICC (International Color Consortium) 37
ICC-Profil 33
ICM2 38
Illustrationsprogramme 29
Illustrator 17, 29, 167
Imagemaps 273
ImageReady 243, 267, 268
InDesign 167
InkJet-Druck 38
Interferenzen 277
Interlaced 35, 266
Internet 243
Internet Explorer 5 246
Interpolation 103
interpolieren 23
ISDN-Leitung 247
IT8-Testvorlage 39

J

JEPG 2000 27, 256

JPEG (Joint Photographers Expert Group) 26, 29, 33, 246
    -Artefakte 95

K

Kachel 208
Kalibriervorlage 39
Kanalmixer 125
Kanten 158
    glätten 158
Kantensoftung 159
Kästchenbildung 31
Kleinbilddia 103
Kleinbildfilm 280
Klonstelle 110
Kodak Photo-CD 35
Kolorieren 84
Komprimierung 26, 30, 31, 104, 248, 252, 281
    für Internet 33
    Qualitätsverlust 33
Kontaktabzug 102
Kontrast 51, 57, 58, 65, 74, 85, 251
kontrastarm 52
Kontrastkorrekturen 61
Konturschrift 188
Konvertierungsoptionen 46
Kopierstempel 107
Korrekturen 98
    speichern 98
Kratzer 57, 107
Künstlerpapier 38, 230
Kunstprotokollpinsel 198

L

Lab-Farbraum 38, 66
Lab-Helligkeit 84
Landschaft 73
Landschaftsbilder 124
Lasso 135, 143
LCD-Display 279
Lichtempfindlichkeit 282
    des CCDs 282
Linienzeichner 211
Lochmaske 219
Luminanz 38, 53
LZW-Komprimierung 30, 33

M

Macromedia Freehand 17
Maske 158
Maskenkanal 173
Maskiermodus 158
Megapixel 275
    Histogrammfunktion 276
    LCD-Farbdisplay 276

Objektiv 276
　versus Megabytes 275
Meßwerkzeug 182
Microsoft OLE 35
Microsoft Word 29
Mitteltöne 61
Modem 247
Moiré 276, 277
Monitor 20, 40
　Adobe Gamma 40
　Arbeitsfarbraum 45
　ICC-Profil 40, 44
　Monitorprofil 44
Monitorauflösung 21
Montage 56, 143, 173, 201
Montagekanten 134
Montagen 134
Muster 110
Musterhintergrund 268

N

Nachbelichter 69, 178
Nachtaufnahme 51
Namenserweiterung 32
Negativfilm 276

O

Offsetdruck 14, 23, 25, 37, 220, 239
　Schärfen nach Druckauflösung 92
Original 68

P

PageMaker 27, 167, 238
Pantone 19
Papier 37, 230
　Hochglanzpapiere 231
　Künstlerpapiere 231, 233
　Papiertechnologie 232
　säurefreie 231
PDF (Portable Document Format) 34
Perspektivenkorrektur 133
Perzeptiv 46
Pfad 31, 164
　versus Auswahl 164
Pfadpalette 165
Phosphorfarbstoffe 37
Pigmentfarben 14
Pinsel 158
Pinselspitze 150
Pixel 13, 20
Pixelbild 211
Plug-in 29, 246, 270
PNG 29
Polygonlasso 150
Polygonwerkzeug 135, 147
Portierbare Netzwerk-Grafiken (PNG) 254

Portrait 128
PostScipt 223
PowerPoint 29, 189
ProfileMaker 39
Profilierung 230
Proof 57
PSD (Photoshop Document) 32

Q

Quadrat 211
QuarkXPress 27, 32, 167, 238

R

Radiergummi 150, 158
Rahmen für die Galerie 206
Raster 182, 223
　Auflösung 241
　Frequenzmoduliert 223
　Rasterfaktor 241
　Rasterfrequenz 241
　Rasterweite 241
Raster-Image-Prozessor (RIP) 239
Rasterdruck 223
Rasterpunkte 223
Rastertechnik 223
Rauschen 277
Rechteckauswahl 208
Referenzfarben 51
Regenbogen 203
Relativ farbmetrisch 46
Rendering Intent 49
Rendering-Filter 179
Repro 141
Retusche 56, 201
RGB 13, 37
　indizierte 19
Rohdaten 287
Rollover 243

S

Sättigung 84
Satzprogramm 29, 167
Scanauflösung 104, 291
Scannen 295
　Dias 295
　Grafiken 297
　Negative 295
　Strichzeichnungen 297
　Zeitschriften 296
Scanner 13, 20, 38, 107, 285
　Auflösung 285, 291
　Dichte 285
　Filmscanner 285
　Flachbettscanner 285
　kalibrieren 287
　Korrekturfunktionen 286
　Newtonringe 289

Preview 286
　Scansoftware 286
　Stapelverarbeitung 289
　Trommelscanner 295
ScanOpen 39
Scansoftware 53
Schärfe 92
Schärfeverlust 55, 57
Scharfzeichnungsfilter 88
Schlagschatten 173
Schnappschuß 100, 110, 198
Schnee 204
Schrift 184, 251
Schriftenmerkmale 262
Schwarz 220
Schwarzpunktkompensation 49
Schwarzweißfilm 121
Schwarzweißfotos 117, 293
　einscannen 293
　kolorieren 119
Schwarzweißvorlagen 293
Selektive Farbkorrektur 78, 79
Sensor 278, 280
separieren 48
Siebdruck 197
skalieren 23
Skalierung 23
Skelettfarbe 239
Slice 243
Softproof 48
Sonderfarben 19
Sonnenuntergang 73
Sonnenuntergangsstimmung 51
Spektralfotometer 40
Spitzlichter 95, 149
sRGB 45
sRGB-Farbraum 41
Stapelverarbeitung 100
Staub 107
Stempel 108, 110, 144, 178
Stempelwerkzeug 115
Streifenmaske 219

T

Tangente 166
Texte 30
　Ausrichtung 186
　Ebenenstil 185
　Schriftart 185
　Schriftenglättung 186
　Schriftfamilie 186
　Schriftgrad 186
　Textattribute 186
　Textmerkmale 185
Textverarbeitung 29
Textwerkzeug 169
TGA (Targa) 26, 34
Tiefe 64

Tiefenzeichnung 279
TIFF (Tagged Image File Format) 30, 33
Tintenstrahldrucker 92, 219ff
    Duplexdruck 118
Toleranz 149, 164
Tontrennung 196
Tonwert 13
Tonwertkorrektur 53, 54, 63, 64
Tonwertsenkung 251
Tonwertspreizung 47, 53, 58, 87
Tonwertumfang 52, 127
Tonwertzuwachs 241
Transparenz 26, 33, 266
TTL - Through the Lens 279
TWAIN 290

U

Überbelichtung 72
UCR = (Under Color Removal) 240
Unbuntaufbau (GCR) 240
Unscharf maskieren 88, 95, 97
Unterfarbenentfernung (Under Color Removal oder UCR) 240

V

Vektorform 169
Vektorformat 197
Vektorgrafik 211
Verflüssigen 207
vergrößern 104
    der Arbeitsfläche 184
    Texteingabe 185
    Zeilenvorschub 185
Vergrößerung 23, 259, 291
verkleinern 104
Verkleinerung 23, 259
Verlauf 201
Verlaufswerkzeug 211
Videoschnitt 29
Vierfarbdruck 19
Vignette 158

W

Webseite 266, 267
Websichere Farben 267
Weichzeichnen 130, 248
Weichzeichner 144

Weißabgleich 85, 281
Weißpunkt 64
Werkzeugspitze 150
Wetter 204
Winkel 182
Wischfinger 134, 143, 158
Wolkenhimmel 204

Y

YCC 37

Z

Zauberstab 141, 142, 143, 149
Zeichenpfad 141, 142, 162
Zeichenstift 162, 166
Zeichnung 51, 119
Zoom 24
    digitaler 24
Zoomfaktor 164
Zuschneiden 146

MIX
Papier aus verantwortungsvollen Quellen
Paper from responsible sources
FSC® C105338

If you have any concerns about our products,
you can contact us on
ProductSafety@springernature.com

In case Publisher is established outside the EU,
the EU authorized representative is:
Springer Nature Customer Service Center GmbH
Europaplatz 3, 69115 Heidelberg, Germany

Printed by Libri Plureos GmbH
in Hamburg, Germany